高等职业教育系列教材
——房地产类专业

物业设备设施管理
（含实训）

主　编　张合振

副主编　聂英选

主　审　敬成君

机械工业出版社

本书系统地介绍了物业设备设施管理的内容、组织设计、风险管理，还讲述了建筑给水排水系统，小区给排水及热水、饮水供应，物业供暖及燃气供应系统，通风与空调系统，建筑消防系统，建筑供配电、电气照明系统，电气安全技术，电梯，物业弱电及智能化系统等物业设施设备及其维护与管理。书中设置了教学目标、引导案例、知识小结、强化练习、技能实训等环节的内容，便于教学和自学，具有较强的实用性。

　　本书可作为高职高专房地产类专业、物业管理（含物业智能化管理）专业、社区管理等专业的教材，也可以作为建筑工程等相关专业学生、建筑单位工程管理人员以及物业服务公司培训的参考用书。

图书在版编目（CIP）数据

物业设备设施管理：含实训/张合振主编. —北京：机械工业出版社，2015.2（2025.8重印）

高等职业教育系列教材. 房地产类专业

ISBN 978-7-111-47301-5

Ⅰ.①物…　Ⅱ.①张…　Ⅲ.①物业管理-设备管理-高等职业教育-教材　Ⅳ.①F293.33

中国版本图书馆 CIP 数据核字（2015）第 007930 号

机械工业出版社（北京市百万庄大街 22 号　邮政编码 100037）
策划编辑：马　宏　责任编辑：马　宏
版式设计：霍永明　责任校对：张莉娟　任秀丽
责任印制：常天培
河北虎彩印刷有限公司印刷
2025 年 8 月第 1 版·第 10 次印刷
184mm×230mm·23.25 印张·493 千字
标准书号：ISBN 978-7-111-47301-5
定价：59.00 元

电话服务　　　　　　　　　网络服务
客服电话：010-88361066　机　工　官　网：www.cmpbook.com
　　　　　010-88379833　机　工　官　博：weibo.com/cmp1952
　　　　　010-68326294　金　书　网：www.golden-book.com
封底无防伪标均为盗版　机工教育服务网：www.cmpedu.com

前言

Foreword ————————————————————————— ◎

物业设备设施管理是一门多学科、综合性和实践性很强的课程。本书主要内容包括物业给水排水、供暖和燃气供应、消防工程、通风及空调工程、建筑供配电、电梯、物业弱电及小区智能化系统等设备与设施。本书的主要特色如下：

(1) 内容充分体现了创新性。针对当前物业设备管理实践中的前沿内容，特别增加了如设备设施的风险管理、应急管理、特种设备管理等内容，设置了代表性案例并进行了解析。

(2) 本书在体例上强调了"学中做，做中学"。每一个单元都前置了引导案例，其后均附有知识小结、强化练习以及技能实训等强化学习环节。教材拟通过阶梯式的适度重复学习，达到巩固相关知识并提升应用能力的学习目标。

(3) 深入贯彻了"行动导向"的教改理念。每个单元都经反复斟酌后提炼出了其能力培养目标，彰显了高等职业技术教育强调实践能力培养的特色，突出了"基于工学结合"的教学改革理念。

(4) 各情境重点突出。教材知识目标和能力目标重点突出，层次分明，同时根据中海物业、保利物业、华润物业、成都麓山物业等校企合作企业各级管理人员、物业管理协会相关专家的建议，为部分内容有针对性地设置了拓展能力。

(5) 采用了最新的规范和标准。本书以国家最新颁布的有关给水排水、采暖、消防、燃气工程、建筑中水工程、通风与空调、电气等规范和最新的国家制图标准、新材料、新设备、新工艺等为依据进行编写。

随着物业现代化及智能化水平的不断提高，物业设备与设施所包含的内容也不断增加，出现了很多新设施、新产品和新技术，针对时下管理中的前沿问题，本书在编写过程中予以了适度体现。由于国内各区域地理特点不同，各地物业企业在不同季节针对设备设施管理工作的内容不尽相同，各学校及自学者可根据具体情况有针对性地选择学习内容。

本书由成都航空职业技术学院张合振担任主编，河南商业高等专科学校聂英选担任副主编，具体编写分工如下：成都航空职业技术学院张合振编写单元1~4、单元6、单元11；四川大学霍海娥博士编写单元5；成都师范学院任瑞全编写单元7；河南商业高等专科学校聂英选编写单元12、单元13，张德春编写单元8~10。全书由四川大学建筑与环境学院敬成君教授主审。

本书在编写过程中参考了大量的规范、标准、专业书籍、文献以及网上相关资源，并得到了四川大学建筑与环境学院敬成君教授、相关校企合作企业、专业顾问委员会多位资深专业人士的指导和帮助，在此一并表示衷心的感谢！

本书虽经反复斟酌，但由于编者水平所限，疏漏和不妥之处恳请广大读者批评指正。

编　者

目录
Contents

第一部分　课程认知

单元1 什么是物业设备设施管理

1. 知识目标

(1) 认知什么是物业设备设施管理；认知设备设施管理质量的衡量指标；认知物业设备设施管理中的 LCC 理论、可靠性理论和故障理论；认知物业设备设施管理的发展。

(2) 深刻认识物业设备基础资料的管理、物业设备运行管理、备品配件管理内容；认知物业设备维修管理、固定资产（设备）管理、物业设备更新改造管理内容。

(3) 认知物业设备管理的组织机构设置，认知相关岗位职责。

(4) 认识生产技术规章制度和各种管理工作制度等。

(5) 深刻认识物业设备设施风险管理的含义及实施；知道设备设施的管理有哪些应急管理预案。

2. 能力目标

(1) 能识记设备设施管理含义及物业设备设施的各组成部分。

(2) 能应用可靠性理论中的故障率曲线分阶段制订设备管理重点。

(3) 能通过强化独立进行设备设施基础资料的管理、备品配件管理和固定资产管理。

(4) 能借助资料独立制订物业设备设施管理的组织机构并评价其是否合理。

(5) 能识别物业设备设施风险；能合理选择风险处理措施。

📖 引导案例

认知物业设备设施及其风险管理

物业设备设施的管理包括物业给水排水、供暖和燃气供应、消防工程、通风及空调工程、建筑供配电、电梯、物业弱电及小区智能化系统等设备设施的管理。我们可通过下面的案例来了解设备设施管理的重要性及复杂性。

2012 年 7 月 21 日，一场 60 年未遇的暴雨袭击了北京，使这座内陆城市汪洋一片。作为某商住项目的物业经理，王经理在接到总部关于做好紧急防汛准备的通知后，立刻召集全体工作人员紧急进行了防汛准备工作，这些工作主要包括：

（1）设备机房的检查。保障物业正常运行的各种设备用房，如变（配）电室、发电机房、消防联动控制室、安全防范监控中心、给排水水泵房、锅炉房等基本都设置在一层甚至地下室，这是最容易遭水淹的地方。尤其是变（配）电室，它一旦出现问题，将意味着电梯、水泵等其他各种用电设备以及救援设备都无法启动；如果断电，尤其是在晚上，社区内居民将会陷入恐慌。对老一点的小区，很有可能存在电线老化问题，王经理要求工程维修人员对供配电系统各关键部位进行了仔细和认真的检查。

（2）电梯的应急管理。电梯作为特种设备，其安全运行对现代物业极为重要，王经理非常注重其安全管理和维护管理，并针对诸如电梯关人、冲顶或蹲底、湿水、火灾等紧急情况制订了完善的应急预案及防范措施。此时，为了避免电梯底坑进水发生安全事故，项目特别购置了防汛备用沙袋放在楼前备用。

（3）排水系统的检查。雨季，室内外排水系统的通畅与否至关重要，特别是地下室的排水尤为重要。接到暴雨紧急通知后，王经理马上增购了几台潜水泵以备紧急之需，并安排检修人员对现有排水泵进行检测，以保证其工作正常。为避免排水管道堵塞，项目上比较注意排水系统的日常管理及维护，每年汛期之前都会进行定期清理。但对规划设计存在的缺陷（如设计排水管径较小）或者建设质量问题，物业公司在承接项目时将难以改变现状。

针对暴雨可能面临的种种风险，公司按照预案进行了防范演习，甚至购买了一批水桶等用具以备紧急排水之需。但随着暴雨的到来，地下车库水最终越积越多，排水泵以及临时应急潜水泵大大超过运行负荷无法有效排除积水，物业积极进行了人力排水，及时关闭了电梯主电源，并将电梯停于最高层，防止电气短路、轿厢及其电气设备被水浸，并及时通知各住户电梯停用。虽然物业尽了最大努力，但小区内排水管道终因不堪暴雨重负发生了爆裂。根据公司的管理要求，辖区内大型公共设备的维修应先向上级报批申请维修资金等。紧急情况下王经理还是决定立刻开挖路面，对爆裂水管先进行简单修理再进行上报。

22 日雨停了，未来得及休息，王经理赶紧给公司总部写报告。首先面对的就是发生的各种应急费用问题；其次就是因漏水、地下车库车辆被淹等业主财产损失而造成的索赔等。（案例参考自 http://www.cb.com.cn/）请结合案例思考以下问题：

1. 物业中的设备设施主要有哪些？
2. 物业设备设施的管理只要能保障设备正常运行就可以了吗？
3. 物业设备设施的管理会不会产生风险？如果会，主要有哪些？
4. 物业设备实施管理中的突发事件是指什么？突发事件有哪些特点？其处理原则有哪些？

1.1　认知物业设备设施管理

伴随着我国物业管理市场化、专业化进程的推进，越来越多的物业服务企业认识到物业设备设施管理的重要性，越来越多的物业所有人及使用人认识到物业资产的保值、增值和优秀服务品质的获得离不开设施设备的支撑，离不开专业化的设备设施管理。

1.1.1　什么是物业设施设备管理

1. 什么是物业设施设备

物业设备设施是建筑物附属设备设施的简称，包括室内设备与物业管辖范围内的室外设备与设施系统。它是构成物业实体的重要组成部分，是物业运作的物质和技术基础。

我国城镇建筑的设施设备一般由给水、排水，供配电、照明，燃气供应、供暖、通风、空气调节、消防、电梯、通信网络以及智能化系统等设施设备组成。这些设备构成了物业设备的主体，是物业全面管理与服务的有机组成部分。一般来说建筑物等级越高，技术含量也会越高，其功能也会更加完善，承担以上功能的设备设施系统也就越复杂。

2. 什么是物业设备设施管理

国际物业设施管理协会（International Facility Management Association，IFMA）对物业设备设施管理（Facility Management，FM）给出了科学的定义："以保持业务空间高品质的生活和提高投资效益为目的，以最新的技术对人类有效的生活环境进行规划、整备和维护管理的工作"。它将物质的工作场所与人和机构的工作任务结合起来，综合了工商管理、建筑、行为科学和工程技术的基本原理。

IFMA 认为 FM 的主要业务有：①物业的长期规划；②物业管理的年度计划；③物业的财务预测和预算；④不动产的获得及其处理；⑤物业规划、业务房间装修标准的设定，机器、器具和备品的设置以及房间管理；⑥建筑和设备的规划和设计；⑦新建筑或原建筑的改造更新；⑧维护管理和运行管理；⑨物业的支援机能和服务。

从整体上看，物业设施设备管理的基本内容主要包括管理和服务两个方面。管理就是要保障物业服务范围内各种设备设施正常工作，满足人们工作和生活时对水、电、暖、信息等的需求；服务就是要科学合理做好物业设施设备的保养、维修工作，使设备设施始终处于良好的运行状态下，尽可能降低成本，最大程度发挥设备设施的经济效益。

1.1.2　物业设备设施管理的目标

科学的物业设备设施管理是对设备从采购、安装、使用、维护保养、检查维修、更新改造直至报废的全过程进行技术管理和经济管理，使物业设备始终可靠、安全、经济地运行，确保物业整体使用功能的良好实现，从而有效体现物业的使用价值和经济效益，达到物业保值增值的目的。用好、管好、维护好、检修好、改造好现有设备，提高设备的利用率及完好率，是物业设备管理的根本目标。

设备技术性能的发挥、使用寿命的长短，在很大程度上取决于物业设备管理的质量，衡量其管理质量的指标一般有设备的有效利用率和设备的完好率。

1. 设备的有效利用率

设备的有效利用率是指每年度设备实际使用时间占计划用时的百分率。它是反映设备工作状态及生产效率的技术经济指标。

$$A = \frac{T}{T + T'} \times 100\%$$

式中　　A——设备有效利用率（%）；

　　　　T——设备有效工作时间（h）；

　　　　T'——设备停机或无效工作时间（h）。

良好的设备管理可以提高设备的有效利用率，但设备管理部门在追求较高的设备有效利用率的同时，不能任意削减必要的维护保养时间，也不能使设备长时期超负荷运行，这样势必加剧设备的损坏，直至报废。

2. 设备的完好率

$$B = \frac{S_0}{S} \times 100\%$$

式中　　B——设备的完好率（%）；

　　　　S_0——设备完好的台数；

　　　　S——设备总的台数。

设备的完好与否是通过检查来评定的。一般的完好标准为：

①零部件完整齐全，符合质量要求及安全要求。

②设备运转正常，性能良好，功能达到规定要求。

③设备技术资料及运转记录齐全。

④设备整洁，无跑、冒、滴、漏现象。

⑤防冻、保温、防腐等措施完整有效。

对于评定为不完好的设备，应针对问题进行整改，经过维护、修理，使设备恢复到完好状态。对于经过维修仍无法达到完好的设备，应加以技术改造或做报废处理。

1.1.3　我国物业设施设备管理的发展

物业设备设施的发展同房地产业、建筑业密切相关。在我国全面推进住房制度改革之前，房屋主要以公有为主，其设备设施的管理一般由所在单位或房管（所）局承担。1994年住房全面商品化以后，随着经济的发展，消费水平的快速提高，住房消费理念的变化，人民群众对居住环境有了更高的需求，我国房地产业得到了井喷式的发展，物业设备设施的管理水平也有了很大程度提高。

物业设备设施管理的现代化是个宏观的、发展的、动态的概念，它需要运用现代技术手段和科学管理方法，对设备进行全员、全方位、全过程、系统化的管理。但纵观国内整个物业管理的市场，我们仍需正确面对设备设施管理市场环境不健全、技术含量较低、服务观念滞后、人才匮乏的发展现状。

市场的需求、企业的生存与发展以及国家行政主管部门对相关行业准入制度的规范，使更多的物业企业认识到必须转变经营管理理念。伴随着现代建筑技术、信息技术、智能化技术的兴起，我国的物业设备设施管理正逐步走向智能化、现代化、专业化、规范化，其发展趋势主要体现在以下方面。

1. 早期介入的应用日趋广泛

物业设备设施管理实施早期介入已被部分开发建设单位逐渐认可并采用。具有一定规模的物业服务企业可借助自身丰富的管理经验、专业化的技术，从物业实际管理和运作的角度为开发商提供有关项目规划设计、设备选用、功能布局、施工监理、竣工、验收接管等多方面的建设性意见，完善物业配套使用功能、优化设计、控制工程质量、收集技术资料、熟悉设备设施技术性能、培养和提升物业设备维修管理人员的专业技能，为后期物业的使用和管理奠定良好的基础。但前期介入的时机和深度还有待于实践中进一步落实。

对"引导案例"中类似暴雨形成的灾难，从前期介入的角度，我们应该从建筑的规划设计阶段就有前瞻性的考虑，对屋面雨水排放、室内外排水系统管材及管径的选择，管线的布局和敷设提出建设性意见，不能仅仅从成本经济的短视角度考虑设计及施工；我国城镇的排水管线设计大多都面临同样严峻的问题。

2. 管理趋向智能化

现代物业项目由于采用了许多新技术的自动化设备设施、通信网络、自动控制系统、视频设备以及计算机系统，使物业设备设施的管理日趋现代化、信息化和智能化。

3. 设备设施管理成本不断增加

物业设备管理技术含量的提高，导致物业管理维修费用的增加。当今的物业设备管理已不是过去那种简单的劳动密集型产业，而是逐步向专业技术型产业过渡，耗材及维修成本的增加、专业技术人员薪酬的增加、物业设备设施运行能耗的增加，使物业设备设施的服务成本在物业服务总成本中占有约30%以上的比重。

4. 专业化分工日趋明显，专业设备管理公司开始盛行

随着近年物业品质的提升，大量新产品、新技术的应用，物业设备设施管理的专业技术面越来越广，技术专业化程度越来越高，专业化分工日趋明显。对物业项目中的关键性设备设施，安全性能要求高、技术难度大的设备设施，如电梯、消防、中央空调、压力容器等，可委托给专业设备管理公司进行维修、管理，这样做既符合国家对相关设备设施管理的规范要求，又解决了因技术难度高，物业企业技术人才缺乏的难题。

5. TQM（全面质量管理）意识逐步增加

全面质量管理强调为了取得真正的经济效益，管理必须始于识别顾客的质量要求，终于

顾客对提高的产品（服务）感到满意。全面质量管理就是为了实现这一目标而指导人、机器、信息的协调活动。

全面质量管理在实践中应用广泛，其重要意义在于：提高产品（服务）质量意识，鼓舞员工士气，提高市场满意度，降低经营成本，减少亏损，减少责任事故等。物业设备设施管理中，如果整合好质量管理，可使所支持的物业服务有较大的提高和改善。

1.1.4 物业设备设施管理的基础理论

1. LCC 理论

寿命周期费用（Life Cycle Cost，LCC）也称为全寿命周期成本，是指设备从规划、设计、制造、安装、运行、维护、维修、改造、更新，直至报废的全过程需要投入的人力、物力、财力的价值量度。

LCC 理论是评价现代设备管理的主要经济指标之一，在物业管理实践中广泛应用在方案的比较和选择、根据设备利润收入测算投资回收期等方面。

设备的寿命一般有自然寿命、技术寿命、经济寿命和管理寿命之分。

（1）自然寿命。也称作物理寿命，是指设备在规定的使用条件下，从开始使用到无法修复而报废所经历的时间。

（2）技术寿命。一般是指设备在技术上有存在价值的时间，即设备从开始使用到因技术落后而被淘汰的时间。设备技术寿命的长短取决于设备磨损、老化的程度以及新技术发展的速度。

（3）经济寿命。又称为价值寿命，是指设备从开始使用到再继续使用时在经济上已经不合理为止的全部时间。

（4）管理寿命。管理寿命一般是指设施设备从安装交付使用开始，经过使用、维护、维修、改造阶段，直到最后报废处理为止的全过程。管理寿命可以是自然寿命，也可以是经济寿命或技术寿命。

物业设施设备寿命周期费用的构成主要有：前期费用、购买费用、使用费用、维修费用和回收报废成本等。资料显示：前期费用（主要包括采购对象功能定位、配置决策所涉及的费用；方案确定后的招投标费用、设计费用）约占 5%；购买费用约占 15% ~ 25%；使用和维修费用约占 50% ~ 65%；回收报废成本一般小于 5%。在全寿命周期费用中，一般使用和维修费用所占比例最大。

在设备设施的管理实践中，物业企业一般是承接已建好的项目，设备设施的 LCC 费用大多是其维持费用，主要包括：

（1）使用维护费：包括技术资料费、操作人员工资及培训费、日常维护材料费、维护工具仪表费、委托维护费和能源消耗费等。

（2）修理改造费：包括技术资料费、维修人员工资及培训费、维修材料、工具、备件、备品费、委托维修费和能源消耗费等。

（3）后勤保障费：包括材料保管费、管理人员工资及培训费、办公费、技术资料费、实验设备费和检测费等。

（4）报废处理费：包括拆除费和运输费等。

物业企业应对其进行细致分析，由粗到细，逐项列出其费用构成，只要是物业企业为保证设备设施正常运行所花费的人、财、物等各项费用都要计入，而折旧费、各种设备设施的建设费和管理费则应分摊到各个设备上。

2. 可靠性理论

物业设施设备的可靠性是指其无故障连续运转工作的性能，分为固有可靠性和使用可靠性。固有可靠性由设计、生产工艺和制作决定；使用可靠性则与使用、环境以及可维修性有关。物业设施设备丧失规定的功能或技术性能即产生了故障。研究设备设施可靠性的目的是为了预防、控制和消除设备出现故障。根据可靠性理论，可以合理地确定设备的管理目标和检修周期。

可靠性理论主要包括以下基本概念。

（1）可靠度与不可靠度。可靠度是指物业设施设备在正常使用、保养和维修的条件下，在其经济寿命期内完成规定功能的概率。不可靠度则是指设备设施在上述情况下，不能完成规定功能的概率。可靠度与不可靠度均是时间的函数，二者之和等于1。随时间的延续，可靠度逐渐下降，不可靠度逐渐增加。

（2）故障率和故障密度。设备的故障率是指物业设备在某时点 t 后的单位时间内发生故障的台数相对于 t 时间内还在工作的台数的百分率。即设备或部件在规定条件下、规定期限内发生故障的次数。

故障密度是指在单位时间内，发生故障的设备台数与总设备数之比。

故障率和故障密度越低，物业设备设施的运行就越稳定，其功能发挥就越大。

（3）故障分布规律。正常情况下，设备故障的出现呈随机性。但每台设备故障的出现都有一定规律可循，故障分布函数就反映了这种规律。常见的故障分布函数有指数分布、正态分布和威布尔分布。

指数分布规律适用于具有恒定故障率的部件及比较复杂的系统，如给排水、供配电及照明、采暖、通风与空调系统等。正态分布规律适用于磨损型部件，如灯泡、变压器等。威布尔分布规律适用于轴承、继电器、空气开关、电动机、液压泵和齿轮等。

（4）故障率曲线。又称"浴槽曲线"（Bath-tub Curve），是因为设备在其寿命周期内的故障率可用一个形似浴缸剖面的曲线来表示，如图1-1所示。

设备故障率随时间的变化可以分为初期故障期、偶发故障期和磨耗故障期。

初期故障期（又称磨合期），在此期间，故障率开始较高，但随时间推移会迅速下降。此期间故障主要是设计、制造缺陷或使用不当所致。故管理中应注意易损零部件、设计、施工及材料情况。深入的前期介入有助于该期间的科学管理。

偶发故障期，在此期间，故障呈随机偶发状态，故障率最低且趋于稳定，是设备的正常工作期或最佳状态期。此期间故障主要是使用不当或维修不到位所致。故管理中应注意加强教育培训，提高工程人员的故障检测诊断及维修能力，注意保养和维护工作，加强备品配件管理。

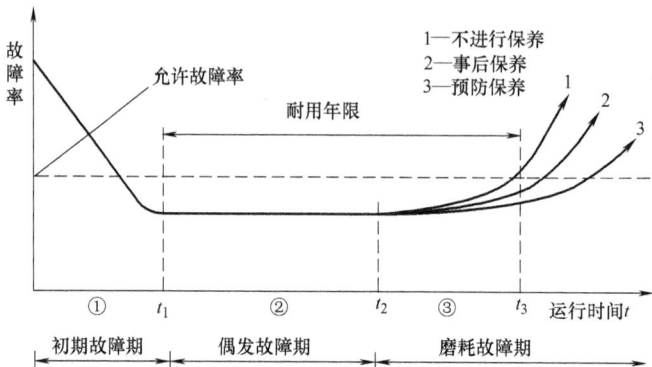

图 1-1　设备故障率曲线

磨耗故障期，在此期间，故障率不断上升。主要是由于设备零部件的磨损、疲劳、老化、腐蚀等所致。管理人员应精心维护保养，尽量延缓设备磨损及老化速度。

3. 故障理论

设备（系统）或零部件由于某种原因丧失其规定性能的状态，即发生了故障。一般来说，物业设备设施处于不经济运行的状态即为故障。故障理论主要包括故障统计分析和故障管理两个方面。设施设备故障管理的主要任务就是及时发现异常和缺陷，并对其进行跟踪监测和测定，预防故障的发生。

设施设备的每一项故障都有其主要的特征，称为故障模式，如磨损、老化、腐蚀等。实践中常见的故障模式有：异常振动、磨损、疲劳、裂纹、破裂、腐蚀、过度变形、剥离、渗漏、堵塞、松弛、熔融、蒸发、绝缘老化、异常声音、油质劣化、材料老化等。

故障产生的原因有硬件故障、软件故障，或者是硬件与软件不匹配等。现代物业中智能化控制系统软件应用越来越多，由软件引发的故障日趋增多。

物业设施设备故障产生的原因主要是运转缺陷造成。运转缺陷是指使用条件的影响和变化，导致设备过载、过热、腐蚀、润滑不良、漏电、维护修理不当、操作失误等。

1.2　物业设备设施管理的内容

物业设备管理的内容包括物业设备基础资料的管理、物业设备运行管理、物业设备维修管理、物业设备更新改造管理、备品配件管理、固定资产（设备）管理等。

1.2.1　物业设备设施基础资料的管理

物业设备基础资料的管理可以为设备管理提供可靠的条件和保证，主要包括设备原始档案、技术资料的管理以及相关职能管理部门颁发的有关法规、政策、规程、标准等强制性文件。

1. 原始档案及技术资料管理

原始档案及技术资料管理是物业档案管理的一个子工作，对促进物业设备设施管理的科学、规范、合理、经济具有十分重要的意义。

设备原始档案主要包括：设备清单或装箱单；设备发票；产品质量合格证书（进口设备检验合格证）；开箱验收报告；产品技术资料；安装施工、水压试验、调试、验收报告。

设备技术资料主要包括：设备卡片（表1-1为某企业设备卡片）；设备台账（将设备卡片按编号顺序统一汇总登记就形成设备台账，表1-2为某企业设备台账）；设备技术登记簿；竣工图等。

表1-1　设 备 卡 片

编号：　　　　　　　　　　　　　　　　　　登记日期：　　　　年　　　月　　　日

设备名称		制造厂家		主要责任人	
设备编号		出厂日期		安装日期	
设备型号、规格		出厂编号		交接验收日期	
安装地点		进场日期		使用日期	
设备参数				附件			
功率	电压	电流	转速	名称	型号	规格	数量

表1-2　设 备 台 账

序号	1	2	3
设备编号			
设备名称			
设备型号			
设备规格			
制造国别			
制造厂名			
配套电动机　台数			
配套电动机　总容量			
出厂编号			
出厂日期			
进场日期			
安装日期			

（续）

序号	1	2	3
使用日期			
安装地点			
设备原值/元			
年折旧率			
总重量/kg			
随机附件数			
备注			

2. 政府职能部门颁发的有关政策、法规、条例、规程、标准等强制性文件

（1）政策、法规、条例及规程。

环保方面：《中华人民共和国水污染防治法》《中华人民共和国大气污染防治法》《中华人民共和国固体废物污染环境防治法》《中华人民共和国环境噪声污染防治法》《中华人民共和国放射性污染防治法》和《中华人民共和国水法》等。

消防方面：《中华人民共和国消防法》《建筑设计防火规范》《人民防空工程设计防火规范》等。

节能方面：《中华人民共和国节约能源法》等。

建筑方面：《中华人民共和国建筑法》《住宅装修工程电气及智能化系统设计、施工与验收规范》《民用建筑工程室内环境污染控制规范》等。

电梯、变配电、燃气和给排水设备等都有政府部门的法规及条例进行监督和约束。

（2）技术标准。《生活饮用水卫生标准》《室内空气质量标准》《污水综合排放标准》、《工业锅炉水质》《锅炉大气污染物排放标准》《声环境质量标准》等。

国家相关部门颁发的政策、法规、条例、规范和各种技术标准是设备管理中的法律文件，指导和约束着物业设备的管理工作，必须分类存档，妥善保管。

1.2.2　物业设备设施的运行管理

物业设备的运行管理包括技术运行管理和经济运行管理。

1. 技术运行管理

物业设备技术运行管理的主要任务是保证设备安全、正常运行，其内容包括建立合理的运行制度和运行操作规定、安全操作规程等运行要求或标准，建立定期检查运行情况和规范服务的制度等。其中，对于设备安全管理，除了加强设备安全检查和对操作人员、维修人员的安全操作、安全作业的训练和管理外，还要建立安全责任制和对用（住）户进行安全教育，宣传危险设备（如电梯）的安全使用知识。在设备技术运行管理过程中要做到：

（1）制订科学、严密的操作规程。在设备管理工作中，应针对设备的特点制订切实可行的操作规程，例如二次水箱的清洗、空调制冷机组的启闭、消防联动系统的操作、送电及断电等的操作规程，同时应定期对操作人员进行考核和评定。

（2）加强专业培训教育，持证上岗。操作人员应积极参加相关专业培训，提高专业知识和操作技能。国家规定必须持证上岗的工种必须经专业培训、考核（考试）合格并取得上岗证或资格证后方能上岗，特别是特殊工种（如锅炉操作工、高低压电工、电梯操作及维修工、焊工等）一定要严格落实。

（3）加强维护保养工作。操作人员在使用操作设备的同时应做好维护保养工作，做到"正确使用，精心维护"，确保设备保持完好能用状态。

（4）加强特种设备及计量工具管理。设备中的压力表、安全阀等安全附件必须定期校验并保证其灵敏可靠。压力表运行时绝对不能超越红线。安全阀前面严禁装设阀门，为了防止安全阀芯、弹簧等锈蚀而影响使用灵敏度，需要定期人为开启到排放正常为止。压力表、安全阀的定期校验工作应由法定部门负责，校验报告应妥善保管。

（5）强化风险管理，制订应急预案。物业设备设施在使用过程中，管理缺失、违规操作以及工程项目建造中存在的瑕疵都会造成一定程度的风险，如不能及时有效处理就有可能演变成突发的、有负面影响的事故。管理缺失如因无证电工违规焊接造成的上海"11.15"特大火灾事故；自然灾害如2012年7月21日北京特大暴雨造成的人、财、物的重大损失。物业企业面对突发风险或事件应能做到合理防范、及时应对、处置合理，要争取把风险损失降低到最低限度。

（6）严格事故管理。设备设施管理发生事故后，要严格执行"四不放过"原则，即事故原因没有查清不放过；事故责任者没有严肃处理不放过；广大职工没有受到教育不放过；防范措施没有落实不放过。事故发生后应该对事故的潜在原因及故障规律进行分析，并提出有效的整改措施，确保类似事故不再发生。

2. 经济运行管理

物业设备经济运行的主要任务是在设备安全、正常运行的前提下，节约能耗费用、操作费用、维护保养费用以及检查修理费用。其内容包括在物业设备运行管理过程中采用切实有效的节能技术措施和加强设备能耗的管理工作。

物业设备经济运行管理应抓好以下几个方面：

（1）初期投资费用管理。在购置设备时，应综合考虑以下因素：

1）设备的技术性能参数必须满足使用要求，并注意考虑到发展的需要。

2）设备的安全可靠程度、操作难易程度及对工作环境的要求。

3）设备的价格及运行时能源的耗用情况。

4）设备的寿命。即设备从开始使用到因技术落后或经济上不合算而被淘汰所经过的时间，所谓经济上的不合算是指设备继续使用所需的维修费用高于该设备继续使用所能产生的效益。

5）设备的外形尺寸、重量、连接和安装方式、噪声和振动。

6）注意采用新技术、新工艺、新材料及新型设备，从而获得技术进步及一定的经济效益。

（2）运行成本管理。运行成本管理具体从能耗、专业操作人员的配置、经济合理的维修费用监控等方面，同时还应考虑绿色环保的标准。

（3）加强节能管理工作。作为微利型行业，物业设备运营成本的高低对企业利润目标的实现具有重要现实意义。物业企业应采取切实有效的技术和管理措施，加强节能管理工作。节能工作主要应从以下方面着手。

1）设备选用。设备技术参数要同工艺要求相匹配，应优先采用先进的电子控制技术，实施自动调节，使设备运行时一直处于最佳的运行状况和运行负荷之中。

2）节约用水。做到清浊分流、一水多用、废水利用。

3）节约用电。优先选用节能型电动机，在供配电设施上应有提高功率因数的措施；在照明方面，尽量利用自然光，选择合理的照明系统和照明灯具。照明灯具的控制应采用时间控制、日光控制或红外音频控制等。

4）管网维护。要防止管道、阀门及管道附件泄漏和损坏，发现问题及时修理和调换。对使用热源和冷源的管道和设备应加强保温绝热工作，以减少散热损失。

1.2.3　物业设备设施的维护管理

物业设备设施的维护管理主要包括维护保养和计划检修。设备管理的原则是"维护保养为主，计划检修为辅"。实践证明，设备的完好与否和寿命长短，很大程度取决于维护管理的优劣。

1. 物业设备的维护保养

设备在使用过程中会发生污染、松动、泄漏、堵塞、磨损、振动、发热、压力异常等各种故障，影响设备正常使用，严重时会酿成设备事故。因此，应经常对使用的设备加以检查、保养和调整，使设备随时处于最佳的技术状态。

（1）维护保养的方式。维护保养方式主要是"清洁、紧固、润滑、调整、防腐、防冻及外观表面检查"。对长时期运行的设备要巡视检查，定期切换，轮流使用，进行强制保养。

（2）维护保养工作的实施。维护保养工作主要分日常维护保养和定期维护保养两种。

日常维护保养工作要求设备操作人员在班前对设备进行外观检查，在班中按操作规程操作设备，定时巡视记录各运行参数，随时注意运行中有无异声、振动、异味、超载等现象，在班后对设备做好清洁工作。日常维护保养工作是设备维护管理的基础，应该坚持实施，并做到制度化，特别是周末或节假日前更应注意。

定期维护保养工作是以操作人员为主、检修人员协助进行的。它是有计划地将设备停止运行，进行维护保养。根据设备的用途、结构复杂程度、维护工作量及人员的技术水平等，来决定维护的间隔周期和维护停机时间。

（3）设备的点检。设备的点检就是对设备有针对性地检查。一些大型、重要设备在出厂时，制造厂商会提供该设备的点检卡或者点检规程，其内容包括检查内容、检查方法、检查周期以及检查标准等。设备点检时可按制造厂商指定的点检点和点检方式进行工作，也可根据各自的经验补充增加一些点检点。设备点检时可以停机检查，也可以随机检查。检查时可以通过摸、听、看、嗅等方式，也可利用仪器仪表进行诊断。通过设备的点检，可以掌握设备的性能、精度、磨损等情况，及时清除隐患，防止突发事故，不但保证了设备的正常运行，又为计划检修提供了正确的信息依据。

设备的点检包括日常点检及计划点检。

设备的日常点检由操作人员随时检查。日常点检主要包括：运行状况及参数；安全保护装置；易磨损零部件；易污染堵塞、需经常清洗更换的部件；在运行中经常要求调整的部位；在运行中经常出现不正常现象的部位等。

设备的计划点检一般以专业维修人员为主，操作人员协助进行，计划点检应该使用先进的仪器设备和手段。计划点检主要包括：记录设备的磨损情况，发现其他异常情况；更换零部件；确定修理的部位、部件及修理时间；安排检修计划。

2. 物业设备的计划检修

对在用设备，根据运行规律及计划点检的结果可以确定其检修间隔期。以检修间隔期为基础，编制检修计划，对设备进行预防性修理，这就是计划检修。

实行计划检修，可以在设备发生故障之前就对它进行修理，使设备一直处于完好能用状态。

根据设备检修的部位、修理工作量的大小及修理费用的高低，计划检修工作一般分为小修、中修、大修和系统大修四种。

（1）小修。主要是清洗、更换和修复少量易损件，并做适当的调整、紧固和润滑工作。小修一般由维修人员负责，操作人员协助。

（2）中修。除包括小修内容之外，对设备的主要零部件进行局部修复和更换。中修应由维修人员负责。

（3）大修。对设备进行局部或全部的解体，修复或更换磨损或腐蚀的零部件，力求使设备恢复到原有的技术特性。在修理时，也可结合技术进步的条件，对设备进行技术改造。大修应由专业检修人员负责，操作人员只能做一些辅助性的协助工作。

（4）系统大修。这种检修方式是一个系统或几个系统甚至整个物业设备系统的停机大检修。系统大修的范围很广，通常将所有设备和相应的管理、阀门、电气系统及控制系统都安排在系统大修中进行检修。在系统大修过程中，所有的相关专业检修人员以及操作人员、技术管理人员都应参加。

1.2.4　更新改造管理

设备使用到一定年限后，其效率会降低，消耗变大，年维护费用增加，且可能发生严重事故，如电梯的事故。为使设备性能得到改善和提高，降低年维护成本，需对有关设备进行更新改造。

设备更新就是以新型的设备来替代原有的旧设备。任何设备都有使用寿命，如果设备使用达到了它的技术寿命或经济寿命，就必须更新。

设备改造就是应用先进科学技术，对原有的设备进行技术改进，提高设备的技术性能及经济特性。设备改造的主要途径有：①对设备原有结构作局部改进；②增加新的零件和各种装置；③对设备的参数、容量、功率、转速、形状和外形尺寸作调整。

由于设备改造不舍弃原有设备，花费的技术改造费用一般比设备更新要少得多。所以，只要通过技术改造能达到同样目的，一般就不采用设备更新方式。

1.2.5　备品、配件及材料管理

设备运行过程中，零部件往往会磨损、老化，从而降低了其技术性能，为了恢复设备的技术性能，在检修时需要用新的零部件来更换已磨损老化的零部件。同时，为了缩短检修时间，应该在检修之前就把新的零部件准备好，这就是备品配件管理的基本原则。管理实践中应做到：计划管理、合理储备、节约开支、管理规范。

（1）计划管理。严格按物业设备设施技术文件的要求进行维修，使用前应列出使用计划，经批准后进行采购和领用。

（2）合理储备。物业企业应按设备设施维修计划及技术上要求的各类设备设施数量，对备品、配件、材料进行合理的储备，在确保设备设施维修的前提下，尽量减少对企业流动资金的占用，以提高企业经济效益。

（3）节约开支。对能修复利用的备品、配件、材料，应尽量实施修复后再利用，实践中应选择合格的材料供应商及品牌，减少因产品质量问题造成的浪费。

（4）管理规范。物业企业应设立备品、配件、材料管理库，建立备品、配件、材料使用的审批、采购、入库验收、领用、更换及按月核查制度。管理中要做到账、卡、物三相符。合格成品和收回的废品以及可以修复但未经修复品应分别存放。有特殊管理要求的备品、配件、材料应进行特殊管理，如防霉、防潮、防锈、防撞击等。

1.2.6　固定资产（设备）管理

固定资产（fixed asset）的定义为：企业使用期限超过 1 年的房屋、建筑物、机器、机械、运输工具以及其他与生产、经营有关的设备、器具、工具等。不属于生产经营主要设备的物品，单位价值在 2000 元以上，并且使用年限超过 2 年的，也应当作为固定资产。但2007 年新会计准则对固定资产的认定价值限制取消，只要公司认为可以的且使用寿命大于一个会计年度的均可认定为固定资产。

固定资产在使用过程中因损耗而转移到产品中去的那部分价值叫做折旧。简单说就是其在不断使用过程中的价值减少。折旧的计算方法主要有平均年限法、工作量法、加速折旧法、年限总和法等。为了简化计算，物业设备设施折旧的计算多采用平均年限法。平均年限法又称直线折旧法，它是将固定资产的折旧等额地分摊到各期的一种方法，计算公式如下：

$$年折旧额 = 固定资产原值 \times \frac{(1 - 净残值率)}{折旧年限}$$

例：某企业有一设备，原值为 500000 元，预计可使用 20 年，按照有关规定，该设备报废时的净残值率为 2%。采用平均年限法计算，则该设备的年折旧额为 24500 元。

各类设备的折旧年限应与预定的平均使用年限相一致。确定设备折旧年限的一般方法：①参考历年来同类设备的平均使用年限；②根据设备使用频率、工作环境恶劣程度和维修保养的质量；③技术进步的程度决定了产品淘汰的周期，也决定了折旧年限的长短。

设备由于严重损坏不能继续使用，或者达到经济寿命年限，就应该做报废处理，更新添置新设备。设备的报废处理应遵守企业的报废管理制度。

物业企业需加强固定资产管理，应遵循以下几个方面的要求：①要保证固定资产的完整无缺；②提高固定资产的利用效果；③正确核定固定资产需要量；④有计划地计提折旧；⑤进行固定资产投资的预测。

1.3　物业设备设施管理的组织设计

1.3.1　物业设备设施管理机构的设置

物业企业对设备设施管理工作所设的组织机构一般称为工程管理部，总工程师（或工程部经理）是设备设施管理部门的总负责人。组织机构的设置应根据实际情况（公司、人员、设备状况和所管物业的情况等）来确定，审慎考虑，并根据企业的发展、环境的变化做动态调整。

1. 组织机构设置应考虑的主要因素

1）物业企业的组织形式。

2）物业的用途和经营方式。

3）物业服务的规模和特点。

4）物业管理的目标和风格。

5）物业设备数量、形式、复杂程度、分布状况。

6）物业所在地与物业设备管理有关的社会化配套服务水平等。

2. 机构设置方案

设备设施的管理一般是在总工程师的领导下，设置工程部，工程部经理负责本部门职责范围内相关设备运行、保养、维护等管理工作。比较典型的设置方案有：

（1）按专业和设备系统分工的形式，见图1-2。

特点：专业分工较细；各专业设备主管负责本处工作，人员配备能满足设备运行、保养和中小型维修需要；各单位岗位职责明确，业务相对独立。但机构庞杂，管理层次多，专业间不易协调，人员配备较多，管理成本高。这种形式适用于规模大，专业技术人员较多，技术力量较强的物业企业。

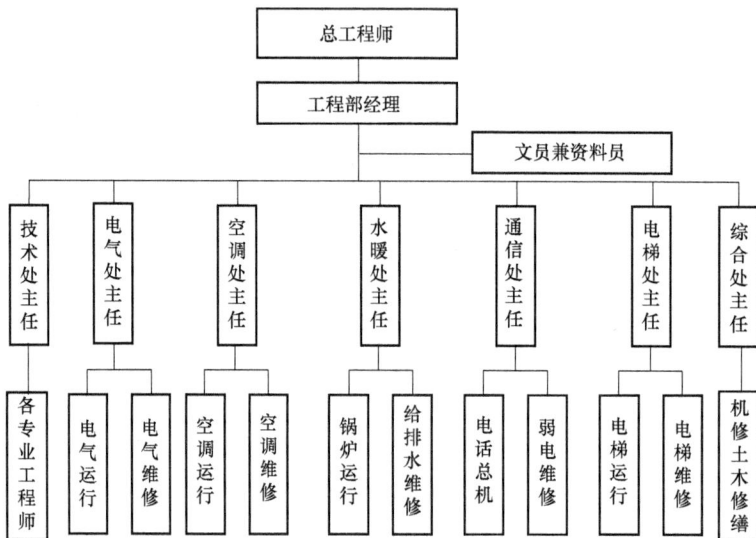

图 1-2   按专业分工的组织结构

（2）主管工程师负责形式，见图 1-3。

特点：各专业主管工程师负责专业工作，技术指导可靠；专业间能较好地做到分工合作，便于协调作业；人员配备较少，管理成本相对较低；但对专业技术人员的要求较高，要有技术，愿担当。

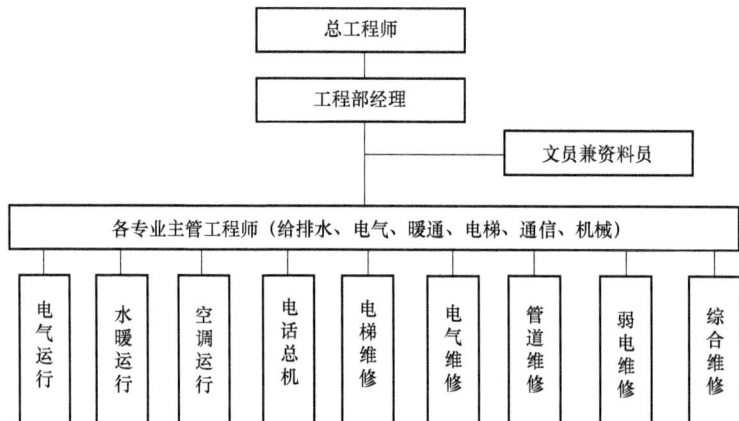

图 1-3   主管工程师负责制组织结构

（3）运行和维修分开管理的形式，见图1-4。

特点：各物业管理部（处）仅负责设备设施的操作运行及简单维护，技术人员要求较低、配置少；主要技术力量集中在工程维修部，维修质量有保障。管理的设备越多优势越明显。这种组织设置在一些管理项目多的企业得到广泛应用。

（4）最简单的形式，见图1-5。

特点：工程部仅负责日常运行及一般维修，人员配置少，管理简单；技术力量不足的设备设施管理可委托给专业维保企业，但设备维修保养费用高。

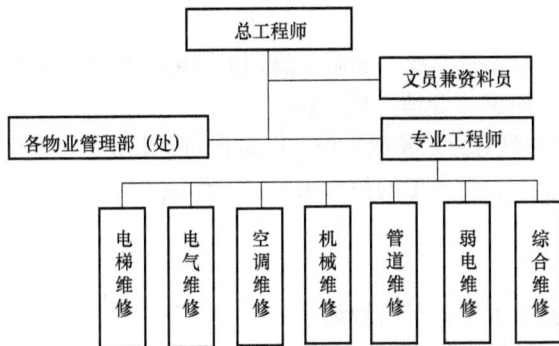

图1-4 运行和维修分管的组织结构　　　　图1-5 最简单的组织结构

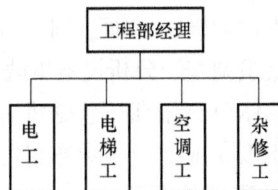

1.3.2 物业设备设施管理岗位职责

1. 总工程师（工程部经理）岗位职责

总工程师（工程部经理）是对机电设备进行管理、操作、保养、维修以及正常运行的总负责人，同时负责工程部与客户服务部、秩序维护部等内部机构以及市政、行业主管部门等外界机构的业务联系。其职责是：

①在公司经理领导下，贯彻执行有关设备和能源管理方面的工作方针、政策、规章和制度。

②负责设备全寿命周期内的技术和经济管理工作，使设备始终处于良好工作状态。

③组织拟定设备管理、操作、维修等规章制度和技术标准，并监督执行。

④组织、收集、编制各种设备的技术资料，做好设备的技术管理工作。

⑤组织编制各种设备的保养、检修计划，并进行预算，在公司经理批准后，组织人员实施。

⑥组织人力、物力，及时完成住户提出的报修申请。

⑦组织全体工程部员工进行政治学习，树立"业主至上，服务第一"的思想，进行技术业务学习，提高解决技术难题的能力。

2. 专业技术负责人（工程师或技术主管）岗位职责

在部门经理领导下，负责所辖维修班组的技术、管理工作，并负责编制所分管机电设备的保养计划、维修计划、操作规程及有关资料，协助部门经理完成主管部门布置的工作。具体职责为：

①负责编制所管设备的年、季、月检修计划及相应的材料、工具准备的预算计划，经工程部经理审批后负责组织计划的落实实施，并负责技术把关和检查。

②负责检查所有分管设备的使用、维护和保养的情况，并解决有关技术问题，以保证设备经常处于良好的工作状态。

③负责制订所管理设备的运行方案，督导操作工严格遵守岗位责任制，严格执行操作规程，以保证设备的正常运行。

④负责所管理设备的更新、改造计划，以完善原设计和施工遗留的缺陷，使各项机电设备投入正常运转，从而达到"安全、可靠、经济、合理"的目标。

⑤组织调查、分析设备事故原因，提出处理意见及整改措施，以防止同类事故再次发生。

⑥具体负责培训所管辖机电设备的检修工、操作工的技术水平、工作能力。

⑦积极完成上级领导布置的其他任务。

3. 领班岗位职责

①负责本班所管辖设备的运作、维护养护工作，严格做到：

"三干净"——设备干净、机房干净、工作场所干净；

"四不漏"——不漏电、不漏水、不漏油、不漏气；

"五良好"——使用性能良好、润滑良好、密封良好、紧固良好、调整良好。

②以身作则，带领并督促全班员工遵守岗位责任制、操作规程和公司制订的各项规章制度，及时完成上级下达的各项任务。

③负责本班的政治、业务学习，不断提高自身素质，负责本班的日常工作安排。

④严格考核全体员工的出勤情况，不允许擅离职守做私活。

⑤负责制订本班设备的检修计划和备件计划，报主管部门审核后组织实施。

4. 维修技术人员岗位职责

①按时上班，不得迟到早退，因故请假，需经上级部门批准。

②认真执行公司制订的各种设备维护规程。

③认真完成设备的日常巡检工作，发现问题及时处理。

④定期对机电设备进行保养维护。

⑤认真完成公司安排的设备大检修任务。

⑥正确、详细填写工作记录、维修记录，建立设备档案。

⑦爱惜各种设备、工具和材料，对日用维修消耗品要登记签认，严禁浪费。

⑧加强业务学习，认真钻研设备维护技术，并树立高度的责任心，端正工作态度。

5. 保管员岗位职责

①负责统计材料、工具和其他备件的库存情况，根据库存数量及其他使用部门提出的采购申请，填写采购申请表，报送经理审批。

②负责材料、工具和其他设备备件的入库验收工作，保证产品品种、规格、数量、质量符合有关规定要求。

③负责库房的保管工作，保证产品的安全和质量。

④负责材料、工具和其他设备备件的出库工作。

⑤负责统计库房材料的工作，按时报送财务部门。

⑥负责完成上级交办的其他任务。

6. 资料员岗位职责

①负责工程部设备原始档案、工程部各种技术资料以及相关行业管理政策、标准等资料的收集、整理、归档。

②负责本部门及下属单位各项工作报表的汇总、归档。

③负责能源、材料、人力等各项资源消耗的统计工作。

1.3.3　物业设备设施管理制度

制度是规范实施行为的必要措施和保证。物业设备设施的管理制度通常包括生产技术规章制度和各项管理工作制度等。这里仅就相关内容做简要介绍。

1.3.3.1　生产技术规章制度

生产技术规章制度包括设备的安全操作规程、验收制度、保养维修规程等。

1. 安全操作规程

"安全第一，预防为主"，在安全管理备受重视的今天，设备设施的安全操作运行已成为物业管理的重要环节。专业技术人员在工作中应遵守专业技术规程，接受专业培训，掌握安全生产技能，佩戴和使用劳动防护用品，服从管理。

高低压配电、弱电、楼宇自控系统、电梯、电脑中心、水泵房、电梯等设备的运行都会形成一定的风险，如不按规程操作，轻则造成设备故障，重则造成机毁人亡。因违规操作造成事故的案例举不胜举，如某公司管理处维修技术员王某、李某对小区低压配电柜进行带电除尘作业，在施工作业中，王某认为使用手动皮风器的除尘效果不好，便改用毛刷进行除尘作业，但未对毛刷的铁皮进行绝缘处理，刷子横向摆动时导致毛刷的铁皮将 C 相母排与零排短接，造成相对地短路，联络断路器总闸保护跳闸。但瞬间短路产生的电弧使王某的手部和面部有不同程度的烧伤。

2. 物业设备接管验收制度

设备设施的验收工作是设备安装或检修停用后转入使用的一个重要过程，做好验收工作对以后的管理和使用有着重要的意义。接管验收内容包括：新建设备设施的验收、维修后设备的验收、委托加工或购置的更新设备的开箱验收等。

对初验发现的问题应商定解决意见并确定复验时间，对经复验仍不合格的应限定解决期限。对设备的缺陷及不影响使用的问题可作为遗留问题签订协议保修或赔款补偿。这类协议必须是设备能用、不致出现重大问题时方可签订。验收后的基础资料应妥善保存。

3. 物业设备维修保养规程

物业设备在使用过程中会发生磨损、松动、振动、泄漏、过热、锈蚀、压力异常、传动皮带老化断裂等故障，从而会影响设备的正常使用。设备故障会产生相应的管理风险，甚至会形成事故，如电路老化易造成短路甚至发生火灾。管理实践中应正确掌握设备状况，根据设备设施的运行管理经验以及技术特点等情况，制订科学合理的预防性维修保养规划，按照预定计划采取设备点检、养护、修理的一系列预防性组织措施和技术措施，防止设备在使用过程中发生不应有的磨损、老化、腐蚀等现象，保证设备的安全运行，降低修理成本，充分发挥设备潜力和使用效益。

1.3.3.2　管理工作制度

物业设备设施的管理工作制度包括责任制度、运行管理制度、维修制度以及其他制度等。管理制度应"因人而异"。

1. 责任制度

一般包括各级岗位责任制度、报告制度、交接班制度，重要设备机房（变配电房、发电机房、空调机房、电梯机房、卫星机房、给水泵房、电信交换机房）出入安全管理制度，重要机房（锅炉房、变配电房）环境安全保卫制度等。

下面以某企业的交接班制度做为示例。

（1）接班人员必须提前10分钟作好接班的准备工作并穿好工作服，佩戴好工号牌正点交接班。

（2）接班人员要详细阅读交接日记和有关通知单，详细了解上一班设备运行的情况，对不清楚的问题一定要向交班者问清楚，交班者要主动向接班者交底，交班记录要详细完整。

（3）交班人员要对接班人员负责，要交安全、交记录、交工具、交钥匙、交场所卫生、交设备运行动态，且双方签字确认。

（4）如果在交班时突然发生故障或正在处理事故，应由交班人员为主排除，接班人员积极配合，待处理完毕或告一段落，报告值班工程师，征得同意后交班人员方可离去。其交班者延长工作的时间，视事故报告分析后再作决定。

（5）在规定交班时间内，如接班者因故未到，交班者不得离开岗位，擅自离岗者按旷工处理，发生的一切问题由交班者负责；接班者不按时接班，直接由上级追查原因，视具体情节做出处理；交班者延长的时间除公布表扬外，并发给超时工资（可在绩效工资中体现）。

（6）接班人员酒后或带病坚持上岗者，交班人不得擅自交接工作，要及时报告当班主管统筹安排。

2. 运行管理制度

设备运行管理制度主要有：机房设备（如锅炉、制冷机组、水泵等）安全运行管理制度、经济运行制度、巡视抄表制度、设备（如锅炉房、冷冻站、水泵房等）维修保养制度。对于特种设备需另行制订管理制度，严格管理，如电梯安全运行制度、配电及应急发电运行制度等。

3. 维修制度

日常巡视检查制度（如锅炉房、污水泵、燃气设备、高低压配电室）、定期检查及保养制度、计划检修制度、备品备件管理制度、更新改造制度、维修费用管理制度、工程部入户维修规定、锅炉水质管理制度等。

4. 其他制度

其他制度还包括节能管理制度、培训教育制度、事故分析报告制度、设备清点和盘点制度等。

物业企业应以各项法律、法规、条例、示范文本及服务合同等内容为依据，借鉴国内外物业企业的成功管理经验，根据企业的实际制订出适合自己的设备设施管理制度。

1.3.4 培养高素质的设备管理团队

管理和服务是物业设施设备管理的基本内容，二者的良好实现必须以高素质的技术人员为基础。

（1）克服"短板"现象，提升员工技能。管理学中有一个"木桶理论"，木桶盛水的多少不是取决于最长的那块板，而是取决于最短的那块板。管理实践中，可通过"传帮带"、定期培训、理论考核、实操大比武等多种方式让"短板"消失，从而使团队整体技能水平得以保持和提升，实践中应注意：择优的目的不在于淘汰，而在于整体提升。

（2）技术人员要"一专多能"。住宅小区（大厦）内配套的机电设备很多，有些是24h运行，因此机电人员随时要处理机电设备出现的故障。有些设施专业性强、技术要求高，需要不同专业的技术人员来承担。在实践中，机电人员一方面要受数量定编的限制，另一方面需要处理的事情又无定性，所以经常出现"时忙时闲"的工作量不平衡现象。要克服这一现象，除做好计划管理外，还必须实行"一专多能"的用人制度，在保持核心技术专长的同时，培养多种技能，使管理团队达到精干高效。需要注意的是，在采用"一专多能"的工作方式时，切忌无证上岗，避免造成安全事故和其他损失。

（3）熟悉物业设备，强化规范管理。住宅小区（大厦）设备设施种类多、数量大，人员又相对集中，这就增加了管理的难度。为了更好做好物业服务，工作人员必须熟知住宅小区（大厦）的物业情况和各项管理规定，在实践中做到"勤查、多思、善断"，对不规范使用设备的行为做到有效制止、纠正，发现设备不正常时，立即通知有关部门停机检修，迅速查明原因。

1.4 物业设备设施的风险管理

1.4.1 什么是物业设备设施管理风险

1. 风险

风险（risk）意味着未来损失的不确定性（F. G. Crane）；或者理解为损失的大小和发生

的可能性。风险具有客观性、普遍性、必然性、可识别性、可控性、损失性、不确定性和社会性等特征。

2. 风险管理

风险管理（risk management）是指对影响企业目标实现的各种不确定性事件进行识别和评估，并采取应对措施将其影响控制在可接受范围内的过程。它是以观察实验、经验积累为基础，以科学分析为手段，以制度建设为保证的科学方法。

3. 物业设备设施风险

物业设备设施风险是指在物业设施设备使用及管理过程中，由于企业内部或者企业外部的各种因素所导致的应由物业企业承担的意外损失。

物业设备设施形成的风险按不同分类标准一般可分为：

（1）按损失对象分类：人身风险、财产风险、责任风险。

（2）按损失产生的原因：自然风险、人为风险（行为风险、技术风险、经济风险）。

（3）按风险控制的程度分类：可控风险、不可控风险。

（4）按产生风险的原因分类：静态风险、动态风险。

现代物业建筑的规模化、使用功能综合化、建筑高层化以及管理智能化，使得设备设施管理在各种不确定性因素影响下带来的管理风险日趋增大，这些风险主要是由于项目建造中存在的"固有瑕疵"、管理不当以及自然灾害等因素造成。企业面对风险或突发事件时应能做到合理防范、应对及时、处置得当，争取把风险损失降低到最低限度。

1.4.2 物业设备设施风险管理的实施

物业设施设备风险的管理一般可以按以下简要步骤进行：风险识别→风险评估→风险处理→风险监控。

1. 风险识别

风险识别：识别物业设备设施管理中的风险因素及其来源。

（1）风险的来源。风险按其来源有内在风险和外在风险。内在风险是指能加以控制和影响的风险；外在风险是指超出管控能力和影响力之外的风险，如政府行为等。

另外，我们通常所接触到的风险来源有：①技术风险，指新技术应用和技术进步使设备设施管理发生损失的可能性；②市场风险，指由于市场价格的不确定性导致损失的可能性；③财产风险，指与企业或个人有关的财产，面临可能的破坏、损毁以及被盗的风险；④责任风险，指承担法律责任后对受损一方进行补偿而使自己蒙受损失的可能性；⑤信用风险，指由于有关行为主体不能做到重合同、守信用而导致损失的可能性。

（2）风险识别方法。对于风险识别方法，一般可利用已有的经验进行类推比较；也可以利用鱼骨图识别出风险因素（鱼骨图又称因果图，此处不作详细介绍，如需要可参阅其他书籍）。利用鱼骨图识别时应从以下五个方面分析：人、材料、机械（设备）、方法、环境。

1）人。人的技术水平、管理能力、组织能力、作业能力、控制能力、身体素质及职业道德等都会对物业设备设施的管理风险产生不同程度的影响。人的不安全因素如：不按操作规程进行设备操作；不按要求设置警示标牌；违规焊接；不按规定参加培训；带病上岗；酒后作业；刻意破坏；私拉乱接电线等。

2）材料。材料这里泛指构成各类设备设施的材料、构配件、半成品等。材料风险主要体现为：选用是否合理、产品是否合格、材质是否经过检验、保管使用是否得当等，都将直接影响设备设施使用功能和使用安全。

3）机械设备。机械设备可分为两类：一是指构成工程实体及配套的设备和各类机具，如电梯、水泵、通风空调设备等；二是指维修及改造过程中使用的各类机具设备，包括垂直与横向运输设备、各类操作工具、各种施工安全设施、各类测量仪器和计量器具等，简称施工机具设备。机具设备的性能是否先进稳定，操作是否方便安全等，都可能产生一定的风险，如安装质量造成的电梯导轨垂直度误差过大、设备选型功率过小（或过大）、化粪池井盖松动不严实等。

4）方法。对于物业设备设施管理，作业方法包括技术方案和组织方案。运行操作是否正确，维护保养方案、更新改造方案是否科学合理，都可能形成相应风险。如由于对新材料、新工艺、新方法的应用不恰当，造成某大厦地下室吊顶里的热水供应管道接头脱落跑水形成了较大经济损失。

5）环境。环境因素包括：工程作业环境如防护设施、通风照明等；工程管理环境如组织体制及管理制度等；工程技术环境如水文、气象等；周边环境如项目临近的地下排水管线的情况等。

2. 风险评估

风险评估：确定风险因素发生的可能性与影响程度。

风险评估的方法通常有定量、定性之分。在风险出现的可能性或影响程度难以精确定义时，应采取定性分析的方法。即对于所有风险因素发生的可能性与影响程度分别进行等级上的划分。但如果可以通过各种技术使风险出现的可能性及影响程度能够量化，那么就能更准确地区分出各种项目风险的轻重程度，从而对其采取针对性的应对方案。下面给出某物业企业的设备设施风险识别表（表 1-3）以供借鉴参考。

表 1-3　某物业企业设备设施管理风险识别与处理措施（节选）

风险名称	表现形式	发生概率	可能损失	风险预控	措　　施	备注
消防管理风险	消防栓等设施不完整	大	处罚，曝光，刑事拘役	风险自留	1. 在消防维保合同中明确管理责任 2. 在治安消防安全责任书中明确业主管理责任 3. 加强消防设施设备的日检、周检、月检、季检、年检，做好记录	
	消防器材老化或使用不当（灭火器爆炸）	大	处罚，曝光，刑事拘役	风险转移与自留		

（续）

风险名称	表现形式	发生概率	可能损失	风险预控	措　施	备注
消防管理风险	电气线路引发火灾	大	处罚,曝光,刑事拘役	风险转移与自留	1. 接管中明确要求消防已经过验收并合格 2. 在消防维保合同中明确管理责任 3. 在治安消防安全责任书中明确业主管理责任 4. 加强消防设施设备的日检、周检、月检、季检、年检,做好记录 5. 建立预案,加强人员培训和演练	
	明火引发火灾	大	处罚,曝光,刑事拘役			
	喷淋头破损致使室内外浸水	大	物品损坏,赔偿	风险自留	1. 加强消防设施巡查与维护 2. 在装修管理服务协议中明确责任 3. 建立预案和备用物资到位	
	消防水泵房进水	小	电动机等设备损毁或人员伤亡	风险自留	1. 加强机房巡视 2. 建立预案,并加强人员技术及风险培训	
设备管理风险	触电伤人	中	赔偿	风险自留	加强对建筑物内配电箱、线路的巡视,及时关闭或处理,并增加安全标识	
	排水管堵塞返水	小	物品损坏,赔偿	风险自留	1. 加强日常巡查及维护 2. 加强宣传教育	
	管道爆管	中	业主矛盾拒交物业管理费;水资源流失	风险自留	1. 加强巡视和维护 2. 建立预案,并组织人员培训和学习	
	二次供水设备损坏	小	业主矛盾拒交物业管理费			
	水箱污染	小	人员伤亡,赔偿,曝光	风险自留	1. 严格办理相关证件 2. 水箱上锁并按规定定期清洗、检测 3. 加强巡视	
	突然超负荷、短路或停送电造成电气设备设施损毁	小	赔偿	风险自留	1. 加强与供电局的沟通,保证停送电信息准确 2. 加强设备巡视,保证设备运行正常 3. 计划性停电提前告知业主 4. 建立预案,并加强人员培训	

（续）

风险名称	表现形式	发生概率	可能损失	风险预控	措　　施	备注
设备管理风险	电梯困人	大	业主矛盾	风险转移	1. 在电梯维保合同中明确责任 2. 加强电梯巡视,保证设备运行正常	
	设备检修、保养伤人	中	人员伤亡、赔偿	风险自留	提前告知;加强标识;严格操作规程	
	单元门口对讲机设备故障导致业主不能进单元门	中	业主矛盾	风险自留	1. 加强巡视,及时维修和养护 2. 物业巡逻及治安消防人员熟悉单元门启闭	
	背景音乐室外音箱遭到损坏	小	设备损坏	风险自留	加强巡视,及时检修;加强对业主的引导	
	化粪池爆炸	小	设施损坏,人员伤亡,赔偿	风险自留	加强巡视,及时清掏	
游泳池管理风险	儿童落水	中	人员伤亡,赔偿	风险自留	1. 增加安全标识 2. 加强巡视管理	
	儿童戏水触电	中	人员伤亡,赔偿	风险自留		
	游泳池伤人	中	人员伤亡,赔偿	风险转移	1. 购买保险 2. 明显处设置游泳须知和禁止标识 3. 取得游泳池合法经营证件 4. 建立预案,并组织人员培训	
	跌落、滑倒、碰撞	大	人员伤亡,赔偿	风险自留		
自然灾害风险	雷击	大	人员伤亡、赔偿	风险自留	定期检测,保证防雷设施完好	
	暴雨	大	设备机房、停车场进水,造成设备损伤	风险自留	1. 注意天气变化 2. 建立预案,定期组织培训和演练 3. 保证应急物资到位	
	大风	大	物品坠落、人员伤亡	风险自留		
	恐怖行径	小	人员伤亡	风险自留	建立预案,组织学习和演练	
	流行性疾病（空调系统）	大	人员伤亡	风险自留	建立公共卫生事件应急预案,组织学习和演练	

3. 风险处理

风险处理：就是对风险进行控制。

对风险进行控制处理的方法主要有风险回避、降低、分散、转移和风险自留。

（1）风险回避：是指主动放弃或拒绝实施可能导致风险损失的方案。回避可完全避免特定的损失风险，但回避风险的同时也放弃了获得收益的机会。

（2）风险降低：有两方面的含义，一是降低风险发生的概率；二是降低事件发生后的损失。

（3）风险分散：是指增加承受风险的单位以减轻总体风险的压力，从而使管理者减少风险损失。但采取这种方法的同时，也有可能将利润同时分散。

（4）风险转移：是为了避免承担风险损失，有意识地将损失转嫁给另外的单位或个人承担。如通过购买财产一切险、机器损坏险等险种来转移风险。

（5）风险自留：是项目组织者自己承担风险损失的措施。有时主动自留，有时被动自留。对于承担风险所需资金，可以通过事先建立内部意外损失基金的方法得到解决。

对于以上所述的风险管理控制方法，实践中管理者可以联合使用，也可以单独使用，风险管理者要对具体问题具体分析，不可盲目使用。

4. 风险监控

风险监控：对项目风险识别、分析、处理全过程的控制和监督。

在风险管理过程中根据已制订的风险处理预案对风险事件做出回应。当变故发生时，需要重复进行风险识别、风险分析以及风险处理一整套基本措施。还要在风险处理措辞付诸实施之后进行监督，以便考核风险管理的结果是否与预期的相同。进行监督时要找出细化和改进风险管理计划的机会，并反馈给有关决策者。

在设备设施管理实践中，物业企业应针对可能存在的风险做好以下基本防范措施：

（1）抓好企业制度建设，建立健全岗位责任制，严格执行各项安全管理制度，制订各类风险应急预案。

（2）抓好员工教育培训，提高全员风险防范意识。

（3）开展风险宣传教育，规范物业使用人的使用行为。实践中要逐步培育物业使用人的风险意识，依靠"业主公约"规范其使用行为。发现使用人违规又无法制止时，应及时向政府相关主管部门报告。

（4）认真细致做好物业承接查验工作，争取把建造过程中存在的问题消除在使用之前。

（5）引入市场化的风险分担机制。对于较大的危害风险，在资源允许的情况下，可采用外包或购买财产损失险、公共责任险等方式降低或转移风险。

1.4.3　物业设备设施突发事件管理

物业设备设施管理中的风险因素很多，如不能及时有效处理就有可能演变成为突发的、有负面影响的事件或灾难。如2010年上海教师公寓"11·15特大火灾"事故，因无证电工违规焊接，相关监管缺失，最终造成58人死亡，71人受伤的特大事故。

1. 突发事件的含义及特性

突发事件是指在物业服务过程中突然发生的，有可能对物业使用人、对物业服务企业、对公众或环境产生危害，需要采取必要果断措施处理的事件。

突发事件一般具有以下特性：①具有极大的偶然性和突发性；②发生原因及发展变化的复杂性；③可能演变成极大危害；④损失和危害可以用科学的手段予以降低。

2. 突发事件的处理原则

（1）按照预先制订的处理预案实施处理，尽可能地控制事态的扩大和蔓延，把损失和危害降低到最低限度。

（2）以解救人员安全为第一，保障财产安全为第二。

（3）处理突发事件的人员应及时果断，不消极回避。

（4）处理突发事件应有统一现场指挥调度。

（5）应随事件发展过程的变化灵活掌握预案的实施。

（6）处理事件应以不造成新的更大损失为前提。

3. 突发事件的处理流程及要求

（1）突发事件发生后，物业服务企业相关部门领导人及相关人员应及时到达事件现场。

（2）有领导、有组织地采取对应预案实施处理。

（3）加强事件处理中，相关组织部门及人员间的沟通与联络。

（4）涉及公共利益的紧急事件，应由专人向外界发布信息，避免外界干扰并影响事件的正常处理。

（5）对重大突发事件，应注意保护现场以利相关部门调查。

（6）事件处理完毕后，应进行总结、分析、改进，以提高企业处理紧急事件的能力。

（7）将事件的发生、处理过程及产生的后果，向相关上级组织报告。

突发事件的处理流程一般如图 1-6 所示。

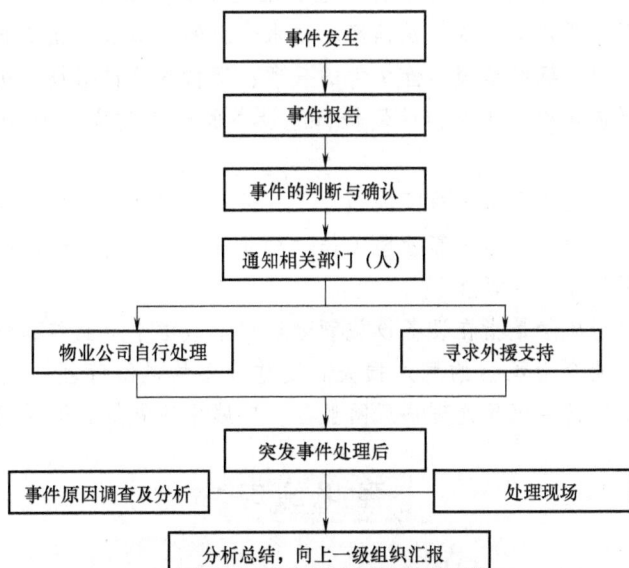

图 1-6　突发事件的处理程序

4. 应急预案的编制

物业设施设备管理的典型应急预案主要有：①故障停水应急处理预案；②浸水、漏水应急处理预案；③故障停电应急处理预案；④监控、防盗系统故障应急处理预案；⑤燃气泄漏应急处理预案；⑥火警、火灾应急处理预案；⑦电梯关人应急处理预案；⑧自然灾害（地震、暴雨、大风、雷击、流行性疾病等）应急处理预案等。

应急预案编制的核心内容一般包括：①对紧急情况或事故及其后果进行预测、辨识和评估；②制订应急救援各方组织的详细职责并落实责任人；③制订应急处理中的组织措施和技术措施；④应急处理行动的指挥与协调；⑤应急处理中可用的人员、设备、设施、物资、经费保障和其他资源，包括社会和外部资源等；⑥在紧急情况或事故发生时保护好生命、财产和环境安全的措施；⑦现场恢复；⑧应急培训和演练；⑨其他，如法律法规的要求等。

知 识 小 结

物业设备设施是建筑物附属设备设施的简称，包括室内设备与物业管辖范围内的室外设备与设施系统。用好、管好、维护好、检修好、改造好现有设备，提高设备的有效利用率及完好率，是物业设备管理的根本目标。我国物业设备设施的管理正逐步走向智能化、现代化、专业化、规范化。物业设备设施管理中常用的理论有 LCC 理论、可靠性理论和故障理论，了解这些基础理论有助于对设备设施的深化管理。

物业设备管理的内容包括物业设备基础资料的管理、物业设备运行管理、物业设备维修管理、物业设备更新改造管理、备品配件管理、固定资产（设备）管理和工程资料的管理等。基础资料的管理主要包括设备原始档案、技术资料的管理以及相关职能管理部门颁发的有关法规、政策、规程、标准等强制性文件的管理；运行管理包括技术运行管理和经济运行管理；维护管理主要包括维护保养和计划检修。设备管理应建立"维护保养为主，计划检修为辅"的原则。

设备设施的管理一般是在总工程师的领导下，设置工程部，工程部经理负责本部门职责范围内相关设备运行、保养、维护等管理工作。物业设备设施的管理制度通常包括生产技术规章制度和各种管理工作制度等。

物业设备设施管理风险是指在设备设施管理过程中，由于企业内部或者企业外部的各种因素所导致的应由物业企业承担的意外损失。设施设备的风险管理一般可以按以下流程进行：风险识别→风险评估→风险处理→风险监控。实践中应做好风险及突发事件管理。

强 化 练 习

一、单项选择题

1. （　　）是物业设备设施管理机构的总负责人。

A. 项目经理　　　　B. 专业工程师　　　　C. 技术员　　　　D. 总工程师（工程部经理）

2. 某设备的有效工作时间为 8 小时，无效工作时间为 4 小时，其设备的有效工作率是（　　）。

A. 50%　　　　B. 75%　　　　C. 66.7%　　　　D. 33.3%

3. 某单位全部设备中有 10 台设备运行，另有一台损坏，一台在修，其设备完好率是（　　）。

A. 5/6　　　　B. 1/5　　　　C. 10/11　　　　D. 1/6

4. 设备的维护管理包括维护保养和（　　）。

A. 计划检修　　　　B. 日常保养　　　　C. 定期保养　　　　D. 点检

5. 组织调查分析设备事故，提出处理意见及措施是（　　）的岗位职责。

A. 部门经理　　　　　　　　　　B. 专业工程师（技术主管）

C. 领班　　　　　　　　　　　　D. 班组长

6. 下列不属于固定资产的是（　　）。

A. 水泵　　　　B. 电动套丝机　　　　C. 一包打印纸　　　D. 排烟风机

7. 设备的折旧是指设备在使用中的（　　）。

A. 折扣转让　　　　B. 损坏　　　　C. 陈旧　　　　D. 价值减小

8. 设备的点检有日常点检和计划点检。日常点检应该由（　　）随时检查。

A. 项目经理　　　　B. 操作人员　　　　C. 专业工程师　　　D. 资料员

二、多项选择题

1. 物业设备管理的质量是用（　　）来衡量的。

A. 使用时间　　　　B. 故障率　　　　C. 有效利用率

D. 完好率　　　　E. 维修率

2. 下列可以列为固定资产的是（　　）。

A. 房屋　　　　B. 机电设备　　　　C. 土地

D. 资金　　　　E. 价值较高的工具

3. 设备维护保养的主要方式是（　　）。

A. 紧固　　　　B. 润滑　　　　C. 调整

D. 防冻、防腐　　　　E. 外观检查

4. 物业设备经济运行管理的任务是（　　）。

A. 节约能耗费用　　B. 节约操作费用　　C. 节约更新费用

D. 节约维护费用　　E. 节约修理费用

5. 对设备进行更新改造的主要原因是（　　）。

A. 运行不经济　　　　B. 型号老　　　　C. 效率低

D. 能耗大　　　　E. 可能发生严重事故

6. 设备原始资料档案文件主要包括（　　）。

A. 验收记录　　　　B. 产品合格证　　　　C. 订货合同
D. 维修资料　　　　E. 测试记录

三、思考题

1. 物业设备设施的组成包含哪些部分？
2. 什么是 LCC 理论，该理论中设备设施寿命有哪几种，怎样理解它们相互之间的关系？
3. 如何利用可靠性理论中的"浴槽曲线"对设备进行阶段性管理？
4. 我国物业设备设施管理的发展趋势是什么？
5. 物业设备设施的管理包括哪些内容？
6. 如何进行物业设备设施的技术运行管理？
7. 如何进行物业设备设施的维护管理？
8. 物业设备设施的管理制度有哪些？
9. 物业设备设施风险管理的实施步骤是什么？
10. 如用鱼骨图识别风险因素，应从哪几个方面考虑？

技能实训

任务 1. 某暂定三级资质的物业公司接管了一座规模较大的写字楼，由于该公司目前设备设施管理方面的能力不足以满足该写字楼的管理需要，公司于是根据实际情况，决定将特种设备的维修养护管理，包括其维修保养、正常磨损更换零件、应急抢修、正常小修均以大包的形式委托给专业维保公司负责。请根据案例分析以下问题：

1. 物业工程部人员认为建立特种设备技术档案的任务也应由被委托方去做，该想法对吗？

2. 物业设备设施中涉及的特种设备有哪些？各自对应的管理制度分别是什么？

（知识链接：http://baike.baidu.com/view/281883.htm）

任务 2. 结合你实习中所熟悉的一个物业项目（或所在学校的物业企业），尝试自己独立设计筹建一个工程部。工作要求：

1. 根据你所在企业的组织结构，所管理物业的性质及经营方式，设备设施的数量、复杂程度等因素设计合理的工程管理部门组织结构图并附上设计说明。

2. 查阅并参考相关资料，制订物业设备管理员的岗位职责。

任务 3. 物业设备设施的管理会形成一定风险，请结合所在学校的设备设施管理现状，思考以下问题：

1. 学校的设备设施管理中存在哪些风险因素？请分类详细罗列。

2. 请从设备设施管理的角度对以上可能的风险提出合理化建议。

第二部分　给水排水系统

单元 2

建筑室内给水

教学目标

1. 知识目标

(1) 认知室内给水系统组成及分类；认知室内给水的方式。

(2) 认知各种给水管材、管件及相应安装连接方式；认知管道的布置及敷设。

(3) 认知给水系统常用附件（包括各式水龙头、阀门等）、水表等；认识水箱（池）构造及其清洗管理。

(4) 认知室内给水系统的承接查验管理制度；认知室内管道、水箱的维护管理内容；认知室内给水常见故障及处理；认知室内给水系统突发事件管理。

2. 能力目标

基本能力：

(1) 能正确识别室内给水系统的各组成部分及给水方式。

(2) 能正确识别金属管（如焊接钢管、无缝钢管、铸铁管）、非金属管（如 PPR 管、PVC 管、PE 管等塑料管以及常用复合管）及其特点；能依据物业实际使用情况合理选择管道材料。

(3) 能初步认识常用管道材料的安装连接方法（如焊接、热熔、粘接、承插连接、沟槽式连接）。

(4) 能正确认识管道连接附件（如管箍、变径、三通、活接头等）；能正确识别各种阀门（如截止阀、闸阀、球阀、止回阀、减压阀等）。

(5) 能识别管道、阀门及水龙头等设备设施常见故障（如漏水、堵塞），并具备简单故障处理能力。

(6) 能知道水箱（池）的清洗流程，对水箱（池）的清洗进行管理（非独立操作）。

(7) 能结合给水系统特点正确识别可能存在的设备设施风险并能进行综合管理。

拓展能力：能识别各种管道安装及维护保养机具并知道其适用范围及条件；熟悉管道冲

洗及试压流程，能对其进行管理；能满足给水系统承接查验对应的基本能力要求；能识读给水系统常用图例，能识读简单给水竣工图；能依据物业给水实际使用情况进行局部工程改造管理。

📖 **引导案例**

地下室给水水箱溢水造成机房被淹事故

2011年9月21日，某物业项目值班人员小王在凌晨1点例行巡视检查时，看到大厦地下室水泵房地面有积水，水面已淹没水泵基础，并且水位有快速上涨之势，便立即通知当班班长及相关人员并随即启动突发事件处理预案组织抢险，约一个小时后将积水排出，但地下室水泵房电动机等设备已经被淹并造成了较大财产损失。后经检查发现，该事故的原因为：生活水箱的浮球阀失灵，造成水从溢流管大量溢出，水池虽然装有高水位报警器并接到了值班中心，但因为之前曾经多次出现误报且深夜报警声极为刺耳，声音报警器被人为关闭，仅保留了灯光报警器，而溢水时水电值班人员又没看到灯光报警信号，直到水大量溢出后流到相邻的水泵房且在地面形成较深积水时才被发现。

请问，从该案例中您能得到哪些启示？

2.1 室内给水系统

建筑室内给水系统是将城镇（或小区）给水管网或自备水源的水引入室内，再经室内配水管网送至生活、生产、消防用水器具和设备的冷水供应系统。给水系统需满足各用水点对水量、水压、水质的不同要求。

2.1.1 室内给水系统的分类

室内给水系统按供水用途可分为三类：

1. 生活给水系统

生活给水系统为人们提供生活用水，如饮用、烹饪、洗浴、洗涤、冲洗、清扫等，除水量、水压应满足要求外，水质必须符合国家规定的"生活饮用水卫生标准"。

2. 生产给水系统

生产给水系统为生产设备的冷却、原料及产品的洗涤以及各类产品制造提供所需用水，其水质、水压、水量根据生产设备、生产工艺的不同而定。

3. 消防给水系统

消防给水系统为各类消防设备提供用水（如消火栓系统、自动喷淋系统）。消防用水对水质的要求不高，但其水量和水压必须满足《建筑设计防火规范》（GB 50016）的要求。

2.1.2 室内给水系统的组成

室内给水系统一般由引入管、水表节点、给水管道、给水附件、升压和储水设备、消防设备等组成，如图2-1所示。

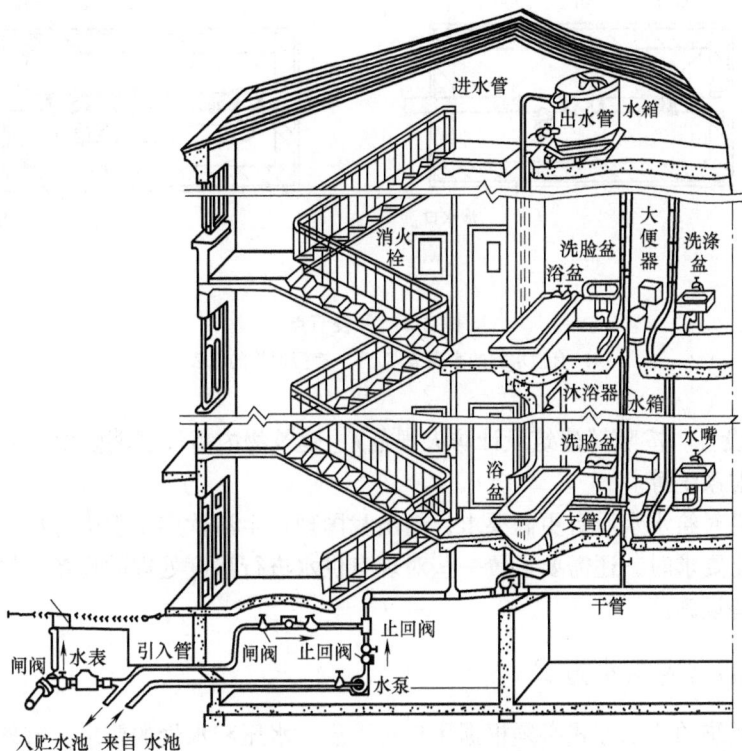

图2-1 室内给水系统组成

（1）引入管。又称进户管，是将室外给水管网的水引入室内管网的连接管段。引入管一般设置1条，当需要时可设置2条。

（2）水表节点。引入管上的水表及其前后一同安装的阀门、管件和泄水装置总称为水表节点。水表节点用于供水的计量和控制，一般设置在引入管室外部分离建筑物适当位置的水表井内，水表前后应安装阀门，以方便检修，如图2-2所示。

（3）给水管道系统。是指室内水平或垂直干管、立管和横支管等组成的配水管道系统，用于向各用水点输水和配水。

（4）给水附件。是指给水管网上的闸阀、截止阀、止回阀等控制附件，配水龙头、淋浴器等配水附件及仪表等。

（5）升压和储水设备。是指用于增大管内水压，使管内水流能到达相应位置，并保证有足够的流出水量、水压的设备，如水泵、气压供水设备等。储水设备用于储存水及储存水压，如水池、水箱、水塔等。当室外管网水压不足或压力波动较大，但室内对水压有稳定运行要求时，需设置升压或储水设备来满足供水压力需求。

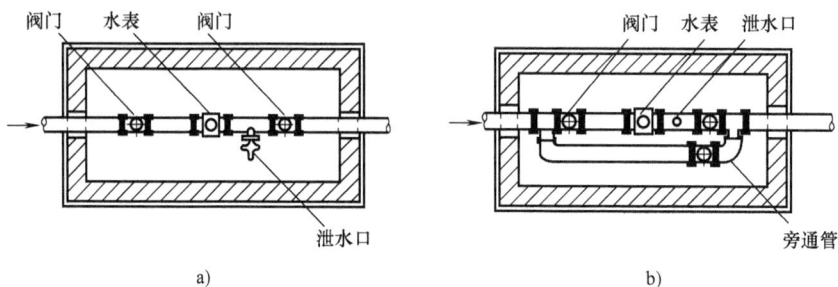

图 2-2　水表节点

a）有泄水管的水表节点　b）有旁通管的水表节点

（6）消防设备。按照《建筑设计防火规范》，建筑物内需设置消防给水系统设备，如消火栓、自动喷淋系统等。

另外，如果对给水水质有更高要求，超出我国现行生活饮用水卫生标准，或其他原因造成水质不能满足要求时，还需要设置一些对现有供水进行深度处理的设备、构筑物等，如二次净化处理设备设施。

2.1.3　常用的室内给水方式

室内给水系统的给水方式必须根据用户对水质、水压和水量的要求，室外管网所能提供的水质、水量和水压情况，卫生器具及消防设备等用水点在建筑物内的分布情况，以及用户对供水安全的要求等条件来综合确定。室内给水方式通常有以下几类。

2.1.3.1　依靠外网压力的给水方式

1. 市政管网直接供水

室外给水管网直接供水，是最为简单、经济的给水方式，适用于室外给水管网的水量、水压在一天内均能满足用水要求的建筑。如图 2-3 所示。

2. 水箱供水

设水箱的给水方式宜在室外给水管网供水压力周期性不足时采用，如图 2-4 所示。

低峰用水时，可利用室外给水管网水压直接供水并向水箱进水，水箱贮备水量；高峰用水时，室外管网水压不足，则由水箱向建筑给水系统供水。此外，当室外给水管网水压偏高或不稳定时，为保证建筑内给水系统的良好工况或满足稳压供水的要求，也可采用设水箱的给水方式。

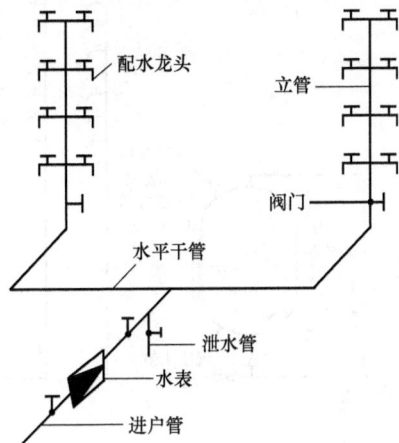

图 2-3　直接给水方式

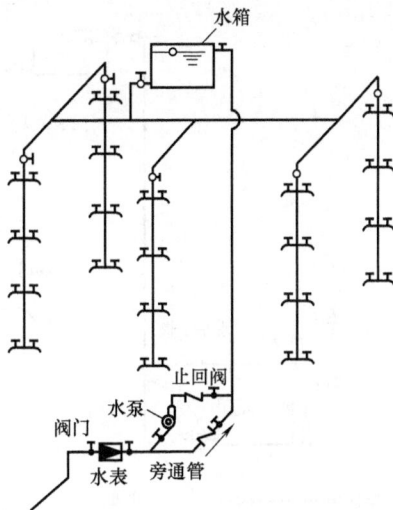

图 2-4　水箱给水方式

2.1.3.2　依靠水泵升压的给水方式

1. 设水泵的给水方式

设水泵的给水方式宜在室外给水管网的水压经常不足时采用。当建筑内用水量大且较均匀时，可用恒速水泵供水；当建筑内用水不均匀时，宜采用一台或多台水泵变速运行供水，以提高水泵的工作效率。

2. 水池、水泵和水箱联合供水

当市政部门不允许从室外给水管网直接抽水时，需增设地面水池，此系统增设了水泵和高位水箱。室外管网水压经常性或周期性不足，且室外用水不均匀时多采用此种供水方式，如图 2-5 所示。这种供水系统供水安全性高，但因增加了加压和储水设备，系统会变得复杂，且投资及运行费用高，一般用于高层建筑。

3. 气压供水

气压供水方式是在给水系统中设置气压供水设备，利用该设备的气压水罐内气体的可压缩性，升压供水。该方式下，气压水罐与水泵协同增压供水，气压水罐的作用相当于高位水箱，但其位置可根据需要设置在高处或低处，如图 2-6 所示。当室外给水管网压力经常不能满足室内所需水压或室内用水不均匀，且不宜设置高位水箱时可采用此种方式。

4. 分区供水

当室外给水管网只能满足低层供水的压力需求时，可采用分区供水方式。如图 2-7 所示，室外给水管网水压线以下（为低区）由外网直接给水；水压线以上楼层（为高区）可由升压及储水设备供水。对于高层建筑物，为了保证管材及配水附件在安全压力下工作，可在竖向设置多个分区，通过减压阀或减压水箱减压后依次供水。

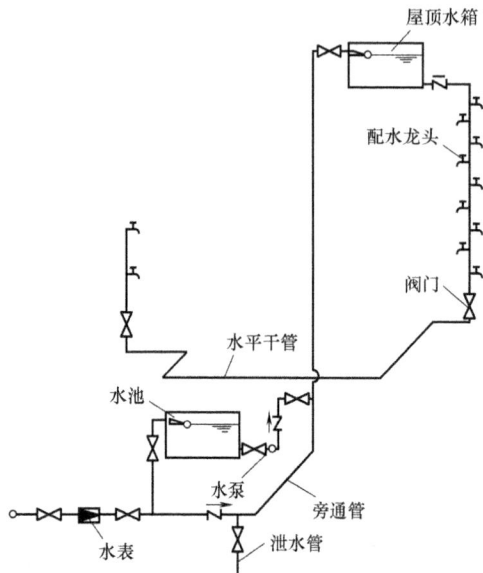

图 2-5　水池、水泵和水箱联合供水方式

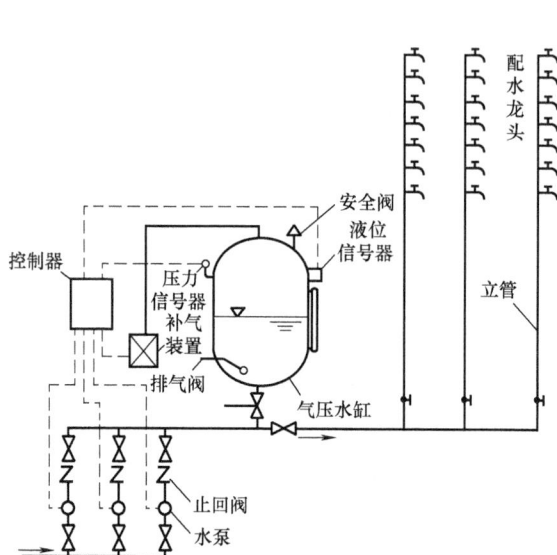

图 2-6　气压给水方式

5. 变频调速供水

变频调速供水系统工作原理如图 2-8 所示，当供水系统中扬程发生变化时，压力传感器即向控制器输入水泵出水管压力的信号；当出水管压力值大于系统中设计供水量对应的压力值时，控制器即向变频调速器发出降低电源频率的信号，水泵转速随即降低，使水泵出水量减少，水泵出水管的压力降低，反之亦然。变速泵供水的最大优点是效率高、能耗低、运行安全可靠、自动化程度高，设备紧凑、占地面积小（省去了水箱、气压罐），对管网系统中用水量变化适应能力强，但它要求电源可靠且所需管理水平高、造价高。目前，这种供水方式在居民小区和公共建筑中应用广泛。

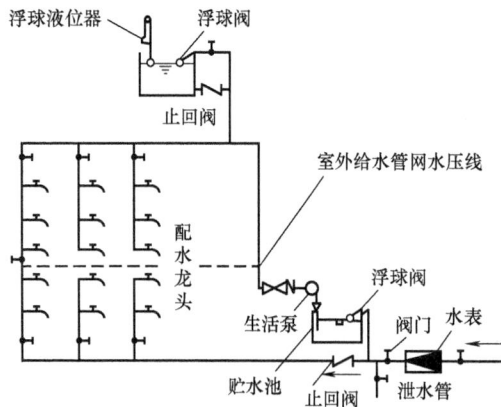

图 2-7　分区给水方式

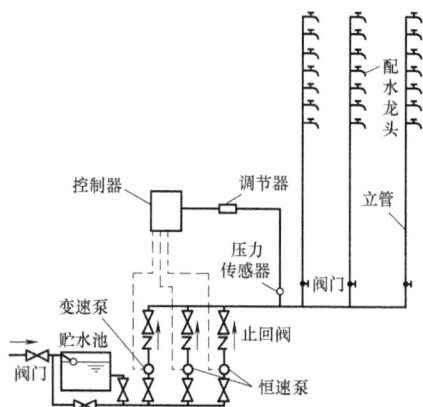

图 2-8　变频调速给水方式

2.1.3.3 分质供水方式

除以上各种供水方式外，近年来还出现了一种新型供水方式——分质供水。即根据不同用途所需的不同水质，分别设置独立的给水系统。

为确保水质，有些国家还采用了饮用水与盥洗、淋浴等生活用水分设两个独立管网的分质给水方式。

2.2 给水系统管材、管件及管道连接

2.2.1 给水系统管材

2.2.1.1 给水常用管材

给水系统管材主要有金属管、塑料管、复合管。

1. 金属管

现在应用较多的室内给水金属管材主要有钢管、铜管、不锈钢管、铸铁管等。

（1）钢管。钢管具有强度高、承受压力大、抗震性能好、内外表面光滑、容易加工和安装等优点；但不耐腐蚀，对水质有影响。常用钢管有焊接钢管和无缝钢管。

焊接钢管又称有缝钢管，通常由卷成管形的钢板、钢带以对缝或螺旋缝焊接而成。按其表面是否镀锌可分为镀锌钢管（俗称白铁管）和非镀锌钢管（俗称黑铁管）；按管壁厚度不同又分为普通焊接钢管、加厚焊接钢管和薄壁焊接钢管三种。焊接钢管用公称直径 DN 表示，如 DN40 表示公称直径为 40mm 的焊接钢管。

镀锌钢管按照其镀锌工艺有冷镀锌管和热镀锌管。冷镀锌钢管内壁易生锈、结垢，滋生细菌、微生物等有害物质，使自来水在输送途中造成"二次污染"。依据建设部、国家经贸委、质量技监局、建材局联合印发的《关于在住宅建设中淘汰落后产品的通知》（建住房［1999］295 号），冷镀锌钢管已于 2000 年 6 月 1 日起被禁止使用，并根据当地实际情况逐步限时禁用热镀锌钢管。

无缝钢管是用优质碳素钢或合金钢钢坯经穿孔轧制或拉制而成。具有承受高压、高温的能力，常用于输送高压蒸汽、高温热水、易燃易爆及高压流体等介质。通常，热轧管长 3 ~ 12.5m，冷拔（轧）管长 1.5 ~ 9m。同一口径的无缝钢管通常有多种壁厚，一般用 D（管外径）×壁厚表示，如 D108 ×5 表示钢管外径为 108mm、壁厚为 5mm。

钢管连接方式主要有：螺纹连接、法兰连接、焊接、滚槽（沟槽）式连接等。钢管常用规格尺寸如表 2-1 所示。

（2）铜管。铜管具有抗锈蚀能力强、强度高、可塑性强、坚固耐用、能抵抗较高的外力负荷、膨胀系数小、抗高温、防火性能较好、寿命长、可回收利用、不污染环境等优点。缺点是价格较高，应用受限。常用连接方式有：螺纹连接、焊接及法兰连接等。

（3）不锈钢管。不锈钢管按制造方式有焊接不锈钢管和无缝不锈钢管两种。20 世纪 90

年代末才在国内出现的薄壁不锈钢管正逐步被认同和接受。不锈钢管一般用 D（管外径）×壁厚表示。

表 2-1　低压流体输送用焊接、镀锌焊接钢管规格

公称口径		外　径		普通钢管			加厚钢管		
mm	″	公称尺寸/mm	允许偏差	壁　厚		理论重量（kg/m）	壁　厚		理论重量/（kg/m）
				公称尺寸/mm	允许偏差（%）		公称尺寸/mm	允许偏差（%）	
6	1/8	10.0	±0.50mm	2.00	+12 −15	0.39	2.50	+12 −15	0.46
8	1/4	13.5		2.25		0.62	2.75		0.73
10	3/8	17.0		2.25		0.82	2.75		0.97
15	1/2	21.3		2.75		1.26	3.25		1.45
20	3/4	26.8		2.75		1.63	3.50		2.01
25	1	33.5		3.25		2.42	4.00		2.91
32	11/4	42.3		3.25		3.13	4.00		3.78
40	11/2	48.0		3.50		3.84	4.25		4.58
50	2	60.0	±1%	3.50	+12 −15	4.88	4.50	+12 −15	6.16
65	21/2	75.5		3.75		6.64	4.50		7.88
80	3	88.5		4.00		8.34	4.75		9.81
100	4	114.0		4.00		10.85	5.00		13.44
125	5	140.0		4.00		13.42	5.50		18.24
150	6	165.0		4.50		17.81	5.50		21.63

　　薄壁不锈钢管具有管壁较薄、强度高、韧性好、经久耐用、卫生可靠、防腐蚀性好等优点，但由于价格相对较高，目前主要用于沿建筑外墙安装的直饮水管或高标准建筑室内给水管路。另外还有超薄壁不锈钢塑料复合管，该管是一种外层为超薄壁不锈钢管，内层由塑料管和中间粘接剂复合而成的新型管材，目前常用规格有外径 16～110mm 十多种。

　　不锈钢管连接方式主要有：焊接、螺纹连接、卡压式连接、卡套式连接等。

　　（4）铸铁管。铸铁管能承受较大工作压力（0.45～1.00MPa）、耐腐蚀、价格便宜，管内壁涂沥青后较光滑，因而被大量用于外部给水管上。但其缺点是质硬而脆、重量大、施工困难。

　　给水铸铁管按制造材质不同分为给水灰口铸铁管和给水球墨铸铁管两种。同给水灰口铸铁管相比，球墨铸铁管具有强度高、韧性大、密闭性能佳、抗腐蚀能力强、安装施工方便等优点，已替代灰口铸铁管。据资料显示，综合比较给水球墨铸铁管承压、耐腐等功能以及工程造价及维护费用，实际建设时选用管径在 DN200～DN800 优势比较突出。

　　铸铁管公称直径从 DN75～DN1500，工作压力有 0.45、0.75、1.00MPa 等几种。铸铁管

的接头通常有承插式、法兰式和柔性接口三种。

2. 塑料管

塑料管主要有：聚乙烯管（PE 管）、改性聚丙烯（PP—R，PP—C）管、硬聚氯乙烯（PVC—U）管、交联聚乙烯（PE—X）管、丙烯腈—丁二烯—苯二烯（ABS）管、氯化聚氯乙烯（PVC—C）管、聚丁烯（PB）管等。塑料管材规格用 $De × δ$ 表示（外径×壁厚）。

（1）聚乙烯管（PE 管）。PE 管根据生产用的聚乙烯原材料不同，分为 PE63 级（第一代）、PE80 级（第二代）、PE100 级（第三代）及 PE112 级（第四代）聚乙烯管材，目前给水中应用的主要是 PE80 级、PE100 级。PE112 级是今后应用的发展方向，PE63 级由于承压较低故很少用于给水。PE 管也分为高密度 HDPE 管和中密度 MDPE 管，由于高密度 HDPE 型管应用较多，通常用高密度 HDPE 型管代替 PE 管。

PE 管具有以下优异性能：①卫生条件好、PE 管无毒、不含重金属添加剂、不结垢、不滋生细菌；②柔韧性好，抗冲击强度高、耐强震、耐扭曲；③独特的电熔焊接和热熔对接技术使接口强度高于管材本体，保障了接口的安全可靠。

HDPE 给水管道国内产品分 PE80 及 PE100 两级，又各分 SDR11、13.6、17.6、26 和 33 系列，工作压力有 0.40、0.60、0.80、1.00、1.25、1.60MPa 档次。规格有 De16 ~ De1000。

PE 管的连接方式主要有电热熔、热熔对接焊和热熔承插连接。管道敷设既可采用通常使用的直埋方式施工，也可采取插入管敷设（主要用于旧管道改造中插入新管，省去大开挖）。

（2）PP—R（改性聚丙烯）管。PP—R 管具有以下优点：①耐腐蚀、不易结垢；②质量轻、外形美观、内外壁光滑、安装方便；③导热系数小、保温性能好、使用寿命长，可用 50 年；④无毒、卫生、原料可回收、不造成污染。

但 PP—R 管耐高温、高压性能较差，最高使用温度为 95℃；5℃ 以下存在一定低温脆性；长期受紫外线照射易老化降解。

PP—R 管产品规格在 DN20 ~ DN110 之间，常用于冷、热水系统和纯净饮用水系统。

PP—R 管连接方式主要有两种：热熔连接、电熔连接，也有专用螺栓连接或法兰连接。

（3）ABS 管。ABS 工程塑料是丙烯腈、丁二烯、苯乙烯三种化学材料的聚合物。其主要优点为耐腐蚀性极强、耐撞击性极好、韧性强，对高标准水质的管道输送质量和经济效果较好。管材最高许可压力一般为 0.6MPa、0.9MPa 和 1.6MPa 三种规格。冷水管常用规格为 DN15 ~ DN50，使用温度为 −40 ~ 60℃；热水管规格不全，使用温度 −40 ~ 95℃。ABS 管常用粘接方式连接。

（4）PVC—U（硬聚氯乙烯）管。PVC—U 管由硬聚氯乙烯塑料通过一定工艺制成。该管材不导热、不导电、阻燃，突出应用于高腐蚀性水质的管道输送。目前应用技术比较成熟。

国内 PVC—U 给水管材主要规格有公称直径 DN15 ~ DN700 十多种。管材最高许可压力一般为 0.6MPa、0.9MPa 和 1.6MPa 三种。管道主要连接方法有承插式连接、粘结剂粘结。

（5）PE—X（交联聚乙烯）管。交联聚乙烯是通过化学方法，使普通聚乙烯的线性分子结构改成三维交联网状结构。交联聚乙烯管具有强度高、韧性好、抗老化（使用寿命达50年以上）、温度适应范围广（－70～110℃）、无毒、不滋生细菌、安装维修方便、价格适中等优点。

管外径规格为 De16～De63，生产企业常规产品压力等级为 1.25MPa。PE—X 管连接方式有卡箍式、卡套式、专用配件式。

（6）PB（聚丁烯）管。PB 管是由聚丁烯树脂通过一定的工艺生产而成，具有材质软、耐磨、耐热、抗冻、无毒害、耐久性好、重量轻、施工简单等优点，其公称压力可达1.6MPa，能在－20～95℃条件下安全使用，适用于冷、热水系统。但原材料主要依赖进口，价格昂贵，在国内应用较少。

PB 管连接方式：铜接头夹紧式连接、热熔式插接、电熔合连接。

（7）其他塑料管材。其他新型管材还有如 PPPE 管、NPP—R 管。PPPE 管是由 PP—R 或 PP—C 及 HDPE 为主材料加上化学助剂等合成，具有极好的耐高压（公称压力为 20MPa）性能，可热熔连接，也可像热镀锌钢管那样进行螺纹连接。

NPP—R 管材是以含有纳米抗菌剂的纳米聚丙烯（NPP—R）抗菌塑料制成。该管材是具有很好杀菌功能的绿色环保产品，特别适用于饮用水管网。

3. 复合管

复合管按使用的骨架材料不同分为钢塑复合管、铝合金衬塑管、铝塑复合管（PEX—AL—PEX 或 PAP）和铜塑复合管等。

（1）钢塑复合管（钢塑复合钢管）。钢塑复合管主要有涂塑复合钢管及衬塑复合钢管两大类。涂塑复合钢管是以钢管为基管，内壁涂装食品级聚乙烯粉末或涂环氧树脂涂料而成；衬塑复合钢管是以塑料管为内衬材料及粘接剂，通过一定工艺与碳钢管复合而成。钢塑复合管具有强度高、耐高压、能承受较强的外来冲击力、耐腐蚀、不结垢、导热系数低、流体阻力小等特点，广泛应用于给排水、燃气、消防、净化水处理等工程。

钢塑复合管规格用公称直径 DN 表示。其连接方式通常有螺纹连接、法兰连接和沟槽连接。

（2）铝合金衬塑管。铝合金衬塑管外层为无缝铝合金，内衬聚丙烯（PP），通过特殊工艺复合而成，具有刚性好、强度高、耐腐蚀、耐压能力高，热稳定性好，抗老化能力强，防火性能好，有较好的环保性等优点。但由于管件为外接头，不利于暗装，又对碱性有一定的腐蚀性，从而限制了它的使用。

铝合金衬塑管规格用公称直径 DN 表示，连接管件有卡套式快装管接头、专用法兰盘等。

（3）铝塑复合管（PAP 管）。铝塑复合管由聚乙烯（或交联聚乙烯）层—胶粘剂层—焊接铝管—胶粘剂层—聚乙烯层（或交联聚乙烯）五层结构构成。除具有塑料管的优点外，还有耐压强度高（工作压力可达到 1.0MPa 以上）；耐温差性能强，使用温度范围－100～

110℃；可挠曲、施工方便、美观等优点。铝塑复合管可广泛应用于建筑室内冷热水供应和地面辐射供暖。

PAP管规格主要有 De12 ~ De75 多种。管道连接方式宜采用卡套式连接，宜采用与生产企业配套的管件及专用工具进行施工。

（4）铜塑复合管的性能与铝塑复合管基本类似，但铜的韧性比铝要好些，因此造价要高，应用较少。

其他材料还有如内衬不锈钢复合钢管，这里不再做详细介绍。

2.2.1.2 管材的选择

管材的选用应遵循以下原则：

（1）新建、改建、扩建城市供水管道（φ400mm 以下）和住宅小区室外给水管道应使用硬聚氯乙烯、聚乙烯塑料管；大口径城市供水管道可选用钢塑复合管。

（2）新建、改建住宅室内给水管道、热水管道和供暖管道优先选用铝塑复合管、交联聚乙烯管等新型管材，淘汰镀锌钢管。

2.2.2 给水管件

管件（pipe fittings）是管道系统中起连接、变向、分流、变径、控制、密封、支撑等作用的零部件的统称，见图2-9。管件按用途不同可分为以下6类：

（1）用于管子互相连接的管件有：管箍、外接头、活接头、法兰、卡套等。其中管箍（又称管接头、内螺纹、束结）两端均为内螺纹，分同径及异径两种；活接头（又称由任）用于需经常装拆或两端已经固定的管路上；外接头又称双头外螺纹、短接，用于连接很短的两个公称直径相同的内螺纹管件或阀件。

（2）改变管子方向的管件有：弯头、弯管。常用弯头有45°和90°两种，有等径和异径之分。

（3）改变管子管径的管件有：变径（异径管）、异径弯头、补心等。其中，补心又称内外螺纹管接头，一端是外螺纹，另一端是内螺纹，外螺纹一端与大管径管子连接，内螺纹一端

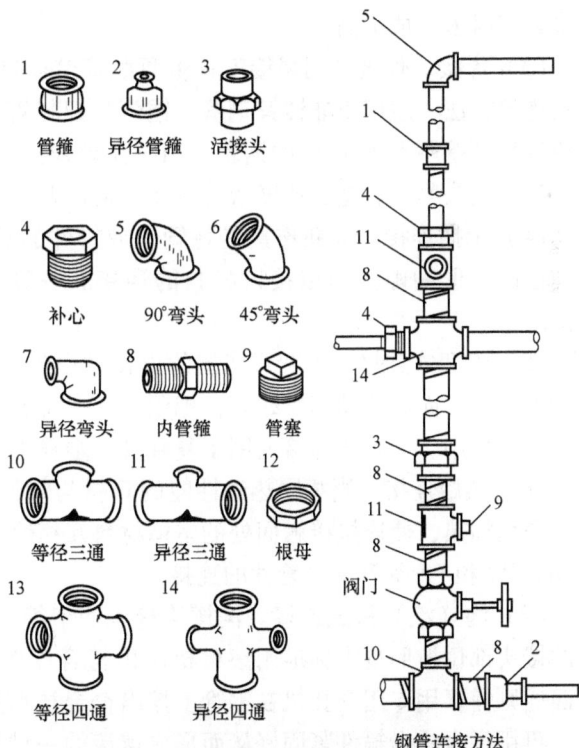

图2-9 钢管螺纹连接配件及连接方法

则与小管径管子连接，用于直线管路变径处的连接。

（4）增加管路分支的管件有：三通、四通。二者均有等径及异径两种形式。

（5）用于管路密封的管件有：垫片、生料带、线麻，法兰盲板，管堵，盲板、封头。

（6）用于管路固定的管件有：卡环、拖钩、吊环、支架、托架、管卡等。

2.2.3　给水管道的连接技术

管材不同往往与之对应的连接方式也会不同。现对几种常用的连接技术作简要介绍。

（1）螺纹连接。螺纹连接是在管子端部按照规定的螺纹标准加工成外螺纹，然后与带有内螺纹的管件或给水附件连接在一起，具有结构简单、连接可靠、装拆方便等优点，适用于 DN≤100mm 的镀锌钢管和普通钢管以及铜管的连接。

螺纹连接处要加填充材料，既可以填充空隙又能防腐蚀，也让维修时容易拆卸。对于热水供暖系统或冷水管道，常用的填料是聚四氟乙烯胶带或麻丝沾白铅油（铅丹粉拌干性油）；对介质温度超过 115℃的管路接口则采用黑铅油（石墨粉拌干性油）和石棉绳等。

（2）法兰连接。法兰连接是管道通过连接件法兰及紧固件螺栓、螺母的紧固，压紧中间的法兰垫片而使管道连接起来的一种连接方法。常用于需要经常检修的阀门、水表和水泵等与管道之间的连接。法兰连接的特点是结合强度高、严密性好、拆卸安装方便；但耗用钢材多、工时多、成本高。

（3）焊接。焊接是用焊接工具将两段管道连接在一起，是管道安装工程中应用最为广泛的连接方法，适用于非镀锌钢管、铜管和塑料管。当钢管的壁厚小于 5mm 时可采用氧—乙炔气焊；壁厚大于 5mm 的钢管采用电弧焊连接。而塑料管则采用热空气焊。焊接具有不需配件、接头紧密、施工速度快等特点；但需要专用施工设备，接口处不便拆卸。

（4）承插连接。承插连接是将管子或管件的插口（小头）插入承口（喇叭口），并在其插接的环形间隙内填以接口材料的连接。一般铸铁管、塑料管、混凝土管都采用承插连接。

（5）卡套式连接。卡套式连接的连接件由带锁紧螺帽和螺纹管件组成，连接时先把管道插入管件，而后拧动锁紧螺帽，把预先套在管道上的金属管箍压紧，以起到管材与管件密封和连接作用。卡套式连接适用于复合管、塑料管和和薄壁铜管的连接。

（6）热熔连接。当相同热塑性能的管材与管件互相连接时，采用专用热熔机具将连接部位表面加热，使连接接触面处的本体材料互相熔合，冷却后成为一体的连接方式，适用于PP-R、PB 和 PE 等管材、管件的连接。

（7）沟（滚）槽式连接。沟槽连接也叫卡箍连接，其施工方法是：在管材、管件平口端的接头部位按照技术标准用滚槽机压出符合深度和宽度要求的凹槽后（如连接的是三通或四通则需要用专用开孔机在钢管上挖出符合技术要求的孔），在相邻管端套上橡胶密封圈后，再用拼合式卡箍件紧固好从而形成连接的一种施工工艺。这种连接方式具有操作简单、管道原有特性不受影响、施工安全、系统稳定性好、维修方便等优点。自动喷水灭火系统设计规范提出，系统管道的连接应采用沟槽式连接件或螺纹、法兰连接；DN≥100mm 的管道，应分段采用法兰或沟槽式连接件连接。

2.2.4　室内给水管道的布置与敷设

2.2.4.1　室内给水管道的布置

给水管道的布置受建筑结构、用水要求、配水点和室外给水管道的位置，以及供暖、通风、空调和供电等其他建筑设备工程管线布置等因素的影响。

1. 引入管的布置

不允许间断供水的建筑，应从室外环状管网不同管段引入，引入管不少于 2 条。若必须同侧引入时，两条引入管的间距不得小于 15m，并在两条引入管之间的室外给水管上装阀门。

引入管通过基础墙处要预留孔洞，洞顶至管顶的净空不得小于建筑物的最大沉降量，一般不小于 0.15m。引入管穿越外墙（基础）处应设刚性防水套管；如有严格防水要求，应设柔性防水套管。

给水引入管与排水排出管的水平净距不得小于 1m，引入管应有不小于 0.003 的坡度坡向室外给水管网。

2. 水平干管的布置

室内给水管网，按水平干管的敷设位置，可以分为下行上给式、上行下给式和中分式三种形式。

（1）下行上给式。如图 2-10 所示。水平配水干管敷设在底层（明装、埋设或沟敷）或地下室天花板下，自下而上供水。利用室外给水管网水压直接供水的居住建筑、公共建筑和工业建筑多采用这种方式。

（2）上行下给式。如图 2-11 所示。水平配水干管敷设在顶层天花板下或吊顶内，自上向下供水。对于非冰冻地区，水平干管可敷设在屋顶上；对于高层建筑也可敷设在技术夹层内。一般设有高位水箱的居住、公共建筑物或下行布置有困难时多采用此种方式。它的缺点是配水干管可能因漏水或结露损坏吊顶和墙面，寒冷地区干管还需保温，以免结冻。

（3）中分式。水平干管敷设在中间技术层内或某中间层吊顶内，向上下两个方向供水。适用于屋顶用作露天茶座、舞厅或设有中间技术层的高层建筑。它的缺点是需设技术层或增加某中间层的层高。

同一幢建筑的给水管网也可同时兼有以上两种布置形式。

3. 室内给水管道的布置要求

（1）尽可能与墙、梁、柱平行，呈直线走向，力求管路简短。

（2）室内给水管网宜采用枝状布置，单向供水。

（3）管道不得穿越生产设备基础，如遇特殊情况必须穿越时，应与有关专业协商处理。

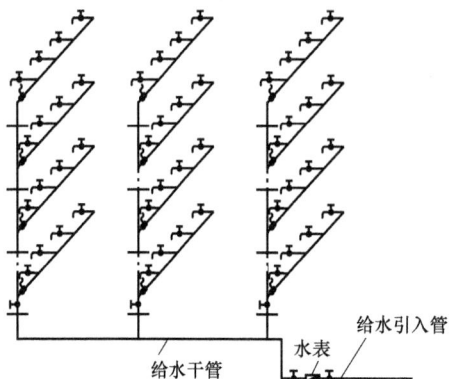

图 2-10　下行上给式供水

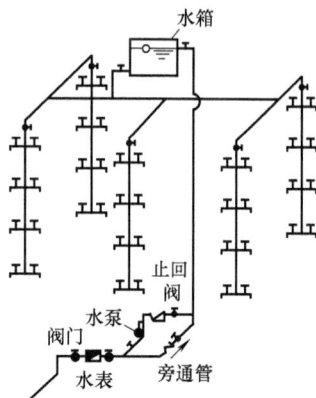

图 2-11　上行下给式供水

（4）管道不宜穿过伸缩缝、沉降缝，若需穿过，应采取保护措施。常用的保护措施有：留净空（在管道或保温层外皮上、下留有不小于 150mm 的净空）；软性接头法（用橡胶软管或金属波纹管连接沉降缝、伸缩缝隙两边的管道）；螺纹弯头法（建筑两边的沉降差由螺纹弯头的旋转来补偿，适用于小管径的管道）；活动支架法。

（5）管道不得穿越变（配）电间、电梯机房、通信机房、大中型计算机房及网络中心，有屏蔽要求的 X 光室、CT 室，档案室、书库、音像库房等遇水会损坏设备和引发事故的房间。

（6）管道不能布置在妨碍生产操作的地方以及交通运输处，也不能布置在易燃烧、爆炸或遇水能引起损坏的设备、产品和原料上。

（7）管道一般不宜穿越卧室、书房、贮藏间、橱窗、壁柜、吊柜等设施，以及避免在机械设备上方通过，以免影响各种设施的功能和防碍设备的维修。

（8）管道周围要留有一定的空间，以满足安装、维修的要求。

2. 2. 4. 2　室内给水管道敷设的基本要求

给水管道可明装或暗装。一般应根据建筑标准、卫生标准和管道材质等因素确定。

（1）给水管道敷设应按照批准的工程设计文件和施工技术标准进行。修改设计应有设计单位出具的设计变更通知单，并按照批准的施工方案实施。

（2）工程所用的主要材料、成品、半成品、配件、器具和设备必须具有质量合格证，其规格、型号及性能检测报告应符合国家技术标准或设计要求。

（3）地下室或地下构筑物外墙有管道穿过的，应采取防水措施。对有严格防水要求的建筑物，必须采用柔性防水套管。

（4）同一房间内同类型的卫生器具及管道配件，应安装在同一高度上。明装管道成排安装时，直线部分应平行敷设。

（5）管道穿过墙壁和楼板时，应设置金属或塑料套管。安装在楼板内的套管，其顶部应高出装饰地面 20mm；安装在卫生间、厨房内等容易积水处的套管，其顶部应高出装饰地面 50mm，底部应与楼板底面相平；安装在墙壁内的套管，其两端与饰面相平。

（6）冷、热水管上、下平行安装时，热水管在上，冷水管在下；垂直平行安装时，热水管在左，冷水管在右；给水支管和装有 3 个或 3 个以上配水点的支管始端，均应安装可拆卸的连接件。

（7）各种承压管道系统和设备应作水压试验。

2.2.5　给水管道的验收

给水管道系统的验收工作应满足以下要求：

（1）室内给水管道的水压试验必须符合设计要求。当设计未注明时，各种材质的给水管道系统试验压力均为工作压力的 1.5 倍，但不得小于 0.6MPa。检验方法：金属及复合管给水管道系统在试验压力下观测 10min，压力降不大于 0.02MPa，然后降到工作压力进行检查，应不渗不漏；塑料管给水管道系统应在试验压力下稳压 1h，压力降不得超过 0.05MPa，然后在工作压力的 1.15 倍状态下稳压 2h，压力降不得超过 0.03MPa，同时检查各连接处不得渗漏。

（2）给水系统交付使用前必须进行通水试验并作好记录。

（3）生活给水系统管道在交付使用前必须冲洗和消毒，并经有关部门取样检验，符合《生活饮用水卫生标准》（GB 5749—2006）方可使用。

（4）室内直埋给水管道（塑料管道和复合管道除外）应做防腐处理。埋地管道防腐层材质和结构应符合设计要求。

2.3　给水系统附件及设施设备

2.3.1　给水常用附件

给水附件是指给水管道上的配水龙头以及调节水量、水压，控制水流方向、水位和保证设备仪表检修用的各种阀门，包括配水附件和控制附件。

1. 配水附件

配水附件的形式较多，有早期用于洗涤盆、污水盘、洗槽上的球形阀式配水龙头；旋转 90°即可完全开启的旋塞式配水龙头；用于洗脸盆、浴盆上的冷热水混合龙头；沐浴用的莲蓬头；化验盆使用的鹅颈三联龙头；医院使用的脚踩龙头；延时自闭式龙头以及红外线电子自控龙头等。常用配水附件如图 2-12 所示。

2. 控制附件

控制附件一般指各种阀门，用以启闭管路、调节水量或水压、关断水流、改变水流方向等。常用控制附件如图 2-13 所示。

定时开关

传感器

本体

洗手池

电源适配器
输入：交流220V

固定螺母

接头

软管(内径12mm)

接头

自动水嘴

旋塞式配水龙头

延时龙头

球形阀式配水龙头

单把菜盆龙头

淋浴器

感应龙头

脸盆龙头

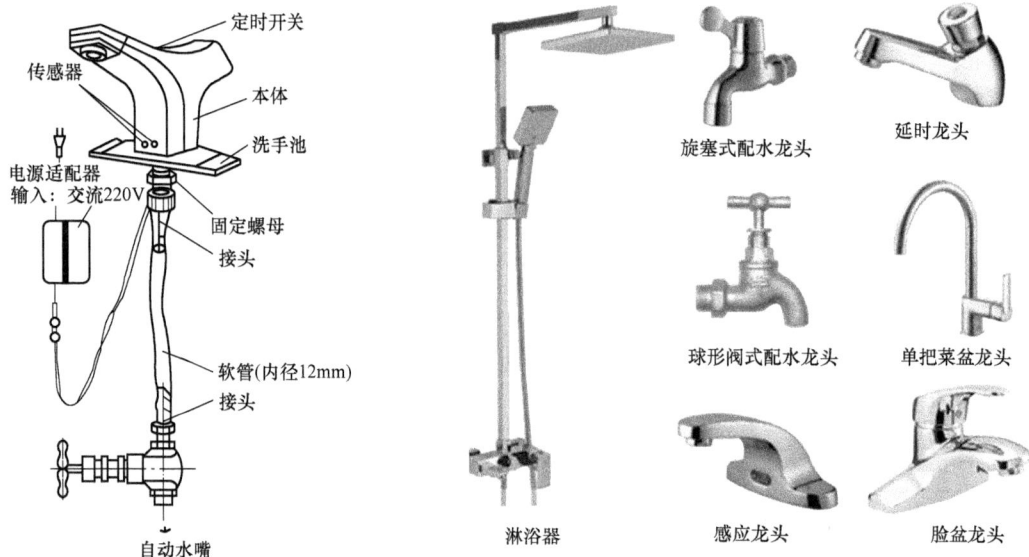

图 2-12　给水常用配水附件

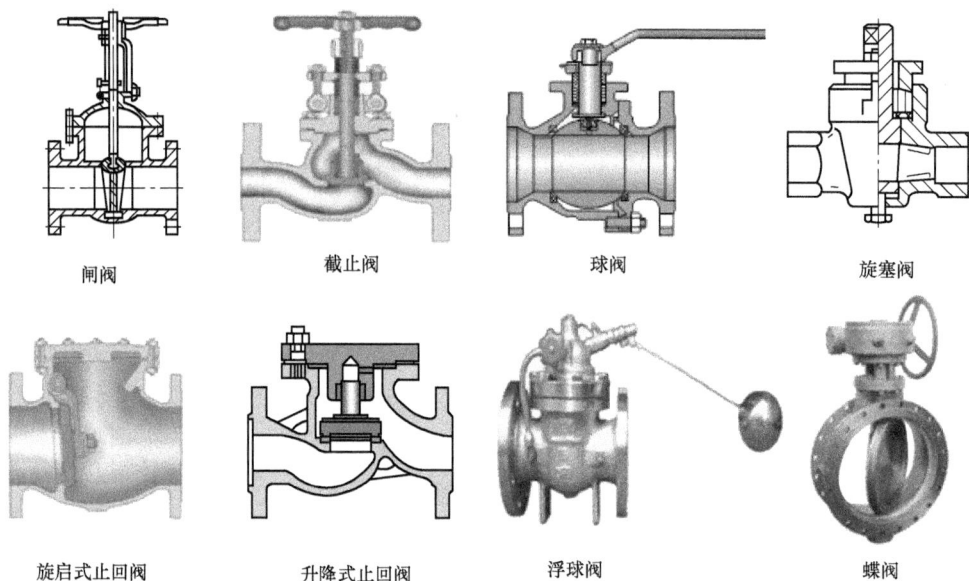

闸阀

截止阀

球阀

旋塞阀

旋启式止回阀

升降式止回阀

浮球阀

蝶阀

图 2-13　给水常用控制附件

（1）闸阀。闸阀是关闭件（闸板）由阀杆带动，沿阀座密封面作升降运动的阀门，常用于双向流动及 DN≥70 mm 的管道上。闸阀阻力小，开闭所需外力小，安装无方向性要求，但所需安装空间较大，水中如有杂质落入阀座后会导致关闭不严密。

（2）截止阀。其优点是关闭严密，但水流阻力较大，适用于管径≤50mm 的管道上。截止阀应注意安装方向（低进高出）。

（3）止回阀。又称逆止阀、单向阀，用来控制水流单向流动，安装方向必须与水流方向一致。止回阀有升降式和启闭式两大类。升降式装于水平管路，只适用于小管径管道；而启闭式水平、垂直安装都可，适用于较大管径管道。

（4）旋塞阀。其结构简单，开闭迅速（塞子旋转四分之一圈就能完成开闭动作），操作方便，流体阻力小，被广泛使用。目前主要用于低压、小口径和介质温度不高的情况下。

（5）球阀。其启用件为中部有一圆形孔道的金属球状物，操纵手柄绕垂直于管路的轴线旋转90°即可全开或全闭，在小管径管道上可使用球阀。球阀具有结构简单、体积小、阻力小、密封性好、操作方便、启闭迅速、便于维修等优点，缺点是高温时启闭较困难，水击严重，易磨损。

（6）蝶阀。是指启闭件（蝶板）绕固定轴旋转的阀门。蝶阀具有操作力矩小、开闭时间短、安装空间小、重量轻等优点；主要缺点是蝶板占据一定的过水断面，增大水头损失，且易挂积杂物和纤维。常用于管径较大的给水管和室内消火栓给水系统。

（7）浮球阀。常安装于水箱或水池上用来控制水位，保持液位恒定。其缺点是体积较大，阀芯易卡住引起关闭不严而溢水。

（8）安全阀。安全阀是防止系统和设备超压，对管道和设备起保护作用的阀门。按其构造分为杠杆重锤式、弹簧式、脉冲式三种。

（9）减压阀。减压阀是通过启闭件（阀瓣）的节流来调节介质压力的阀门。按其结构不同分为弹簧薄膜式、活塞式、波纹管式等，常用于高层建筑给水立管、空气设备、蒸汽设备和管道上。

2.3.2　水表

水表是用来记录用水量的仪表，通常装在给水引入管、各分户配水支管及其他需要单独计量用水量的水管上。水表具有方向性，安装通常包括水表、表前（后）阀门及配套管件。

1. 水表种类

流速式水表分为旋翼式和螺翼式两类。旋翼式水表的叶轮轴与水流方向垂直，水流阻力大，计量范围小，多为小口径水表，适用于测量较小水流量（如家庭用水表）。螺翼式水表的叶轮轴与水流方向平行，水流阻力小，多为大口径水表，适用于测量较大流量（如小区总水表）。常用水表如图2-14所示。

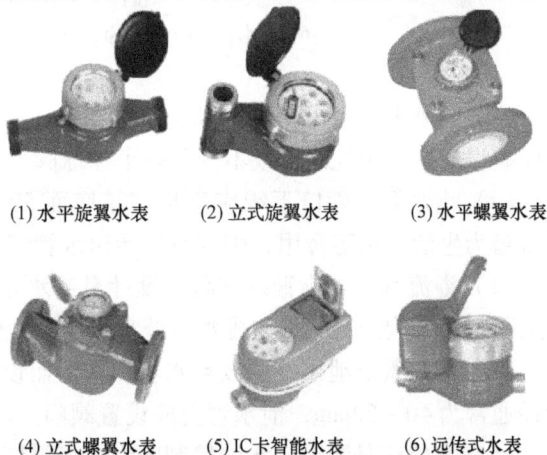

(1) 水平旋翼水表　　(2) 立式旋翼水表　　(3) 水平螺翼水表

(4) 立式螺翼水表　　(5) IC卡智能水表　　(6) 远传式水表

图2-14　常用水表

2. 水表的选用

选择水表时以不超过水表的额定流量来确定水表的直径。一般管径≤50mm 时，应选用旋翼式水表；管径 >50mm 时，应选用螺翼式水表；水温 >40℃时应选用热水水表，否则选冷水表；水质纯净时应优先采用湿式水表，否则应选用干式。

建筑物内不同使用性质或不同水费单价的用水系统，应在引入管后分成独立给水管进行分表计量。居住类建筑内应安装分户水表，分户水表设在每户的分户支管上，或按单元集中设于户外，设于室内的分户水表宜选用远传式水表或 IC 卡智能水表。

2.3.3　加压与调节设备

1. 水箱

水箱是用来贮存和调节水量的给水设施，高位水箱也可给系统稳压。按用途不同，通常分为给水水箱、减压水箱等，形状多为矩形和圆形，制作材料有钢板、钢筋混凝土、玻璃钢等。水箱的构造如图 2-15 所示。

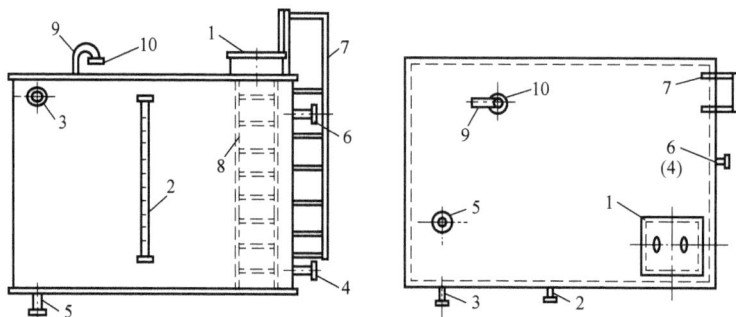

图 2-15　水箱构造示意图

1—人孔　2—水位计　3—溢水管　4—出水管　5—泄水管
6—进水管　7—外人梯　8—内人梯　9—通气管　10—防尘网

（1）进水管。管中心距箱顶应有 200mm 的距离。当水箱利用外网压力进水时，进水管上应装设液压水位控制阀或不少于两个浮球阀，为检修方便，阀前均应设置阀门。

（2）出水管。管口下缘应高出水箱底面 50～100mm，以防箱底沉淀物流入配水管网。若水箱为生活、消防合用，则应将生活出水管安装在消防储水对应水位之上。

（3）溢流管。溢流管口应高于设计最高水位 50mm，管径应比进水管大 1～2 号，溢流管上不得装设阀门，不得与排水系统直接连接。管口应设置防尘、防蚊虫等措施。

（4）泄水管。泄水管为放空水箱和排污而设置，其管口由水箱底部接出与溢流管连接，管径通常为 40～50mm，泄水管上应设置阀门。

（5）水位信号装置。水位控制阀失灵报警装置一般安装在水箱溢流管口以下 10mm 处，常用管径为 15mm，其出口接至有人值班房间内的洗涤盆（或污水池）上，以便及时发现水箱浮球阀是否失灵。

（6）人孔及通气管。生活水箱应设有密封箱盖，箱盖上应设有检修人孔及通气管，通气管上不得装设阀门，管口应向下且应装设防护滤网。通气管管径一般不小于50mm。

对生活和消防共用水箱，消防储水量应按不低于室内10min消防设计流量考虑。

水箱制作完毕后，应进行盛水试验或煤油渗漏等密闭性试验。

2. 水泵

水泵是给水系统中的加压设备。在给水系统中，一般采用离心式水泵，它具有结构简单、体积小、效率高、流量和扬程在一定范围内可以调整等优点。

（1）离心式水泵的工作原理。离心式水泵通过离心力的作用来输送和提升液体。如图2-16所示，水泵启动前，需先排除泵内空气，当叶轮高速转动时，在离心力的作用下，叶轮间的水被甩入泵壳获得动能和压能。由于泵壳的断面逐渐扩大，所以水进入泵壳后流速逐渐减小，部分动能转化为压能，继而流入压水管，因此，泵在出口处具有较高水压。在水被甩走的同时，水泵进口形成真空，吸水池中的水在大气压力作用下被连续压入水泵进口，流入泵体，从而实现了离心水泵连续均匀地供水。

（2）水泵的基本性能参数。每台水泵都有一个表示其工作特性的铭牌。铭牌中的参数代表着水泵的性能，具体包括以下几个基本性能参数：

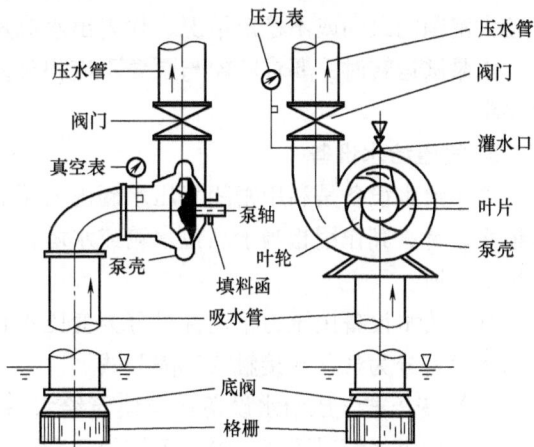

图2-16 离心式水泵装置图

1）流量。泵在单位时间内输送水的体积，称为泵的流量，单位为m^3/h或L/s。

2）扬程。单位重量的水在通过水泵以后获得的能量，称为水泵扬程，单位为m。

3）功率。水泵在单位时间内做的功，即单位时间内通过水泵的水获得的能量，单位为kW，称为有效功率。

4）效率。水泵功率与电动机加在泵轴上的功率之比，用百分数表示。水泵的效率越高，说明泵所做的有用功越多、性能越好。

5）转速。水泵转速指叶轮每分钟的转数，单位为r/min。

6）吸程。吸程也称允许吸上真空高度，即水泵运转时吸水口前允许产生真空度的数值，单位为m。

上述参数中，流量和扬程是水泵最主要的性能参数，也是选择水泵的主要依据。

（3）水泵机组的试运行。设备安装完毕，经检验合格，应进行试运转以检查安装质量。试运转前应制订运转方案，检查与水泵运行有关的仪表、开关，应保证它们完好、灵活；检查电动机转向应符合水泵转向的要求。设备检查包括：对润滑油的补充或更换；各部位紧固螺栓是否松动或不全；填料压盖松紧度要适宜；吸水池水位是否正常；盘车应灵活、正常，无异常声音，最后做带负荷运转。

1）检查水池（水箱）内水是否已充满，打开水泵吸水管阀门，使吸水管及泵体充水，此时检查底阀是否严密。打开泵体排气阀排气，满水正常后，关闭水泵出水管上的阀门。

2）启动水泵运转，当电动机达到额定转速后逐渐开启泵出水阀门，直至全部打开，系统正常运转。

3）水泵运转后，检查如下项目：填料压盖滴水情况、水泵和电动机振动情况、有无异常声响情况、记录电动机在带负荷后启动电流及运转电流情况、观察出水管压力表的表针有无较大范围的跳动或不稳定情况、检查出水流量及扬程情况。

水泵试运转时，要求叶轮与泵壳不应相碰，进、出口部位的阀门应灵活，轴承升温应符合要求。

3. 气压给水设备

气压给水设备是利用密闭气压水罐内的压缩空气，把罐中的水压送到各用水点的一种升压给水装置。其作用相当于高位水箱或水塔，适用于有升压要求，但又不宜设置高位水箱或水塔的场所。

气压给水设备按压力稳定性可分为变压式和定压式；按罐内气、水的接触方式还可将气压给水设备分为气、水接触式和隔膜式。

（1）变压式气压给水设备在向建筑给水系统送水过程中，水压处于变化状态，其罐内空气压力随供水情况而变，给水系统处于变压状态下工作。这类设备常用于对水压稳定性要求不高的建筑。

（2）定压式气压给水设备在向建筑给水系统送水过程中，水压基本稳定。这类设备可在变压式气压给水设备的出水管上安装调压阀，从而使阀后水压保持恒定。

气压给水设备具有灵活性强，安装高度不受限制，安装速度快，便于拆迁，运行可靠，维护、管理简单方便，水质不易受污染等优点；但钢材耗费量大，耗电量大，调节容积小，贮水量少，供水安全性较差。

2.4　给水系统的管理

室内给水设备设施管理的内容包括给水系统基础资料的管理、给水设备运行管理、给水设备维修管理、备品配件管理、更新改造管理、固定资产（设备）管理等内容。如有可能，室内给水系统的管理应从前期介入阶段就开始进行，对给水水泵、管路及给水附件等设施设备的选择、设计、施工等环节从经济运行和利于维护等多个角度提出合理化建议，先从技术角度消除给水设备设施产生管理风险的可能，在完善并认真落实各项运行及维护制度的基础上，使室内给水设备设施创造更好的管理效果。

2.4.1　给水系统的管理制度及内容

1. 严格接管验收制度

对给水设备进行检查验收时应注意以下几项要求：

（1）验收必须按照中华人民共和国国家标准《建筑给水排水及采暖工程施工质量验收规范》（GB 50242—2002）执行。

（2）验收接管工作要有验收报告（包括：工程地点、开竣工时间、设计、施工及接管单位、设备概况、工程竣工图纸），验收完以后各类资料应交给接管单位归档管理。

（3）消防设备必须符合《建筑设计防火规范》（GB 50016—2014）的要求，并且有公安消防部门的检验合格证。

（4）设备试运行记录、水压试验记录应资料齐全。

（5）卫生器具应符合质量要求，接口不得渗漏，安装平整牢固、部件齐全。

（6）管道安装牢固，各控制附件应启闭灵活、无跑、冒、滴、漏等现象。水压试验及保温、防腐措施应符合《建筑给水排水及采暖工程施工质量验收规范》（GB 50242—2002）的要求。

（7）对于新物业项目，凡给水设备设施竣工验收质量不合格者，一律不能验收接管，必须待竣工验收且查验合格后才能接管进驻。

2. 完善管理制度、加强基础资料管理

给水系统的管理制度一般包括：①水泵及泵房保养操作制度；②水箱清洗操作规程；③正常供水管理制度；④档案资料管理制度；⑤备品配件管理制度；⑥定期进行宣传教育活动的相关规定；⑦其他规章制度，包括交接班管理制度、岗位责任制度、定期检查制度、巡回检查制度、登记保修管理制度、运行及检修记录制度等；⑧突发事件管理制度。

3. 室内给水系统的检查及维护内容

室内给水系统管理的主要内容有：

（1）对供水管道、水泵、水箱、阀门、水表进行经常性维护和定期检查，确保供水安全。

（2）防止二次供水的污染，对水池、水箱定期消毒，保持其清洁卫生。

（3）保持消防水系统的正常工作，并应将系统检查报告送交当地消防部门备案。

（4）露于空间的管道及设备，须定期进行检查和刷防腐涂料，以延长设备的使用寿命。北方寒冷地区还应注意管道冬季防冻。

（5）发生漏水、停水故障，应及时抢修。

（6）检查水泵、电动机有无异常声响，如发现情况要及时处理。

（7）对于临时停用设备和备用设备，要按规定的时间进行一次使用试验，使设备经常处于备用状态。

（8）对使用到期或过期的残旧设备应及时更换，防止重大事故的发生。

2.4.2　给水系统的运行及维护管理

2.4.2.1　给水管道维护管理

给水系统管道的维护工作主要有：防腐蚀、防冻、防漏、防振动。

1. 防腐蚀

明装和暗装的金属管道都要采取防腐措施，以延长管道的使用寿命。通常的防腐做法是管道除锈后，在外壁刷涂防腐涂料。

埋地铸铁管宜在管外壁刷冷底子油一遍、石油沥青两道；埋地钢管（包括热镀锌钢管）宜在外壁刷冷底子油一道、石油沥青两道外加保护层；埋地钢塑复合管外壁防腐同普通钢管；埋地薄壁不锈钢管宜采用管沟或外壁防腐措施（管外加防腐套管或外缚防腐胶带）；埋地薄壁铜管应在管外加防护套管。

明装的热镀锌钢管应刷银粉两道（卫生间）或调和漆两道；当管道敷设在有腐蚀性的环境中，管外壁应刷防腐漆或缠绕防腐材料。

2. 防冻、防结露

（1）防冻。敷设在有可能结冻的房间、地下室及管井、管沟等地方的生活给水管道，为保证冬季安全使用应有防冻保温措施。通常可在管外壁缠包玻璃纤维棉管壳、岩棉管壳、聚乙烯泡沫管壳等保温材料。金属管保温层厚度根据计算确定但不能小于25mm。对发生冰冻的上水管道，宜采用浇以温水逐步升温或包保温材料的方法，让其自然化冻。对已经冻裂的水管，可根据具体情况，采取补焊或换管的方法处理。

（2）防结露。在湿热的气候条件下，或在空气湿度较高的地区，如果管道内水温较低，空气中的水蒸气会因遇冷达到饱和状态而析出，凝结成水珠附着在管道表面，严重时还会产生滴水现象，这就是管道结露。此时应采取防潮隔热措施，具体做法同保温措施。

3. 防漏

漏水是给水管道及配件常见的主要问题。国内城市供水管理机制存在差异，对于非真正分户计量收费的物业项目，物业企业可能会承担总水表和各分户表总用水量的误差，从而造成企业运行成本增加，处理不当甚至会引发矛盾。

明装管道可沿管线检查，发现渗漏应及时维修。对于埋地直管，首先进行观察，对地面长期潮湿、积水和冒水的管段进行检漏，同时参考原设计图纸和现有的阀门位置，判断渗漏位置，进行开挖修理。埋地管道还可以采用管道测漏仪进行快速探测。

渗漏管道的维修常有以下方法：①哈夫夹堵漏法，即用铅楔或木楔打入洞眼内，然后垫以2~3mm厚的橡皮布，最后用尺寸合适的哈夫夹夹固；②换管法，即对于严重锈蚀的管段进行更换。地下水管的更换有时需锯断管子的一头或两头，再截取长度合适的新水管，用活接头予以重新连接。

4. 防振动

管道中水流速度过大时，启闭水嘴、阀门，易出现水击现象，引起管道、附件的振动，不但会损坏管道附件造成漏水，还会产生噪声。为防止管道的损坏和噪声的影响，设计给水系统时应控制管道中水流速度，尽量减少使用电磁阀或速闭型水栓。家庭进户管的阀后（沿水流方向）宜装设家用可曲挠橡胶接头进行隔振，并可在管支架、吊架内衬垫减振材料，以缩小噪声的扩散。

2.4.2.2　水箱（池）维护管理

1. 水箱清洗

根据环境和卫生部门要求，为确保水箱水质符合标准，必须定期（三个月）对水箱清洗。水箱清洗的通常操作要求如下。

（1）准备阶段

1）清洗水箱操作人员须有卫生防疫部门核发的体检合格证。

2）提前通知物业使用人以免发生不必要的误会。

3）关闭双联水箱进水阀门，安排排风扇等临时排风设施、临时水泵、橡皮管，打开水箱人孔盖，用风扇连续排风，放入点燃的蜡烛不熄灭才可进入工作，避免发生人员窒息等事故。

（2）清洗工作阶段

1）当双联水箱内水位降低到距水箱底部 1/2 或 1/3 时，将待洗水箱出水阀门关闭，打开底部排污阀，同时打开另一联进水阀以确保正常供水。不允许一只水池排空清洗，另一只水池满水工作，避免因负荷不均造成水池壁受压变形。

2）清洗人员从人孔处沿梯子下至水池底部，用白洁布将水池四壁和底部擦洗干净，用清水反复冲洗干净。

3）水池顶上要有一名监护人员，负责向水池内送新风，防止清扫人员中毒，并控制另一联水池的水位。

（3）结束工作

1）清洗结束。关闭清洗水池的排污阀，打开水池进水阀开始蓄水。

2）当两个水池水位接近时，打开清洗水池的出水阀门，收好清洗工具，将水池进水盖盖上并上锁。

3）通知监控室清洗结束，做好相关记录。

2. 生活水箱（池）的清洗消毒

生活水箱（池）可能会由于多种原因导致水质污染，从而达不到生活用水卫生标准，故应定期进行清洗和消毒，防止水质污染。如发现水质已受污染应及时清洗消毒。有关部门应每年对水箱进行一次水质化验，供水水质不符合国家规定标准的由供水管理机构责令改正，并可罚款；情节严重的，经人民政府批准，责令停业整顿。

2.4.2.3　水泵房管理

水泵房的管理一般应满足通风、采光、防冻、防腐、排水等基本要求。

1）值班人员应对水泵房进行日常巡视，检查水泵、管道接头和阀门有无渗漏及腐蚀等。

2）经常检查水泵控制柜的指示灯状况，观察停泵时水泵压力表指示。在正常情况下，生活水泵、消防水泵、喷淋泵、稳压泵的选择开关应置于自动位置。

3）生活水泵规定每星期至少轮换一次，消防泵每月自动和手动操作一次，确保消防泵在事故状态下正常启动。

4）泵房每星期由分管负责人员至少彻底打扫一次，确保泵房地面和设备外表的清洁。

5）水池观察孔应加盖并上锁，钥匙由值班人员管理；透气管应用不锈钢网包扎，以防杂物掉入水池中。

6）按照水泵保养要求定期对其进行维修保养。

7）保证水泵房的通风、照明及应急灯在停电状态下的正常使用。

2.4.3　给水系统常见故障及处理措施

室内给水系统常见故障及处理措施见表2-2。

表2-2　室内给水系统常见故障及处理措施

故障部位	常见故障现象	故障原因	对应处理措施
管道	（1）破裂☆ （2）外壳锈蚀 （3）管内壁锈蚀 （4）水质污染☆ （5）冻裂☆ （6）结露 （7）渗漏	（1）管压过大/外力冲击 （2）防腐不当/年久失修 （3）维护不当,未满水养护 （4）锈蚀/久未清洗水箱 （5）未做保温/保温不当 （6）无隔热/隔热措施不合理 （7）过度锈蚀/有沙眼/孔洞	（1）系统减压/修补或换管 （2）除锈重做防腐 （3）化学或物理除锈 （4）清洗管道 （5）热水化冻,补焊、换管 （6）按计算要求增加隔热层厚度 （7）堵漏眼或换管
水泵☆	（1）出水过少/不出水 （2）突然停止不出水 （3）轴承过热 （4）空转不上水 （5）异常振动及噪声 （6）水泵外壳过热	（1）叶轮转向不对;转速过低;叶轮流道堵塞;管阻力过大 （2）叶轮坏、吸水管被堵、进水管及叶轮有大量空气 （3）电动机与水泵两轴连接不同心,轴承间隙小,填料填压过紧 （4）吸水管有空气;底阀不严或损坏;水池液位低 （5）两轴同心度变差过大;减振安装不合格;紧固螺栓松动;叶轮碰泵壳;轴承缺油或安装不当(太松) （6）阀门关闭;无水情况下运转时间过长	（1）检查调整电动机转向;调整转速;清理叶轮流道 （2）清除进水管或叶轮杂物堵塞,更换叶轮,保障水池水位高度 （3）调整同心度,加注润滑油,调整填料压盖松紧度 （4）排放泵及管中空气,清除气塞;清理污物,维修/更换底阀;增加水池储水量 （5）调整同心度;加装减振措施;紧固地脚螺栓、底座螺栓;维修或更换叶轮;加注润滑油或调整轴承松紧度 （6）水泵启动正常后马上开出水管阀门;根据水泵无水原因进行维修

（续）

故障部位	常见故障现象	故障原因	对应处理措施
给水水箱（池）☆	（1）水箱满水溢流 （2）水箱破裂 （3）水质污染	（1）浮球阀、液位控制器故障 （2）管网压力过大或外力破坏 （3）不按规章清洗、锈蚀、埋地管漏	（1）维修/更换浮球或液位控制器 （2）根据水箱材料采取修补措施 （3）清洗水箱
水泵配套电动机☆	（1）电动机电流过大 （2）电动机过热 （3）电动机不启动	（1）启动时出水阀门没有关紧；泵转动部分轴向窜动过大，使凸轮顶住了口环（找正） （2）电压太高；电动机过负荷；绕组接地或层间短路 （3）负荷过大；电压太低；主机电源缺相；开关接触不实；轴承安装太紧	（1）启动时关紧出水管阀门；找正轴承 （2）检修配电电压；更换大功率电动机；检修电路及接地 （3）检修供电电路电压、启动开关；调整轴承连接松紧度
水龙头	（1）堵塞 （2）漏水 （3）水流过大	（1）锈渣、沙粒等杂物堵塞 （2）皮钱、密封垫变形、损坏 （3）管压过大	（1）拆除龙头维修 （2）更换皮钱或换成陶瓷芯龙头 （3）出水口加装节流塞；系统减压
淋浴器	（1）阀门漏水 （2）喷头不下水	（1）阀门磨损或滑扣 （2）水垢堵塞莲蓬喷头	（1）更换阀杆或阀门 （2）拆解活接头、喷头并清扫
阀门	（1）堵塞 （2）阀盖处漏水 （3）法兰接头漏水 （4）手轮打滑关不严	（1）锈渣、焊渣等杂物堵塞 （2）密封函内盘根变形或破损 （3）法兰密封圈变形或破损 （4）阀杆脱落或断裂	（1）拆解阀门，清理锈渣及其他堵塞物 （2）更换密封函内填料 （3）更换已变形法兰密封圈 （4）拆解阀门换阀杆
水表	（1）不用水仍走表 （2）空转/自转/倒转 （3）走表不准 （4）智能表自动停水	（1）室内有漏水点 （2）水管内空气过多导致气压高；管内压力波动较大；安装未留足直管段 （3）水表损坏 （4）水表电池电量不足	（1）检查修复漏水点 （2）排除水管内空气，系统稳压 （3）重新校表或更换合格新表 （4）更换电池或更换合格智能表

注：标有☆号者为易发、频发故障。

2.4.4　室内给水设备设施突发事件管理

室内给水设备设施在运行过程中会出现一些突发的异常情况，物业设备设施管理部门应组织经验丰富的专业技术人员及管理人员认真进行风险评价，对事故易发频发部位制订突发事件管理预案，所有专业技术人员必须接受培训并熟知本专业预案的处理规程，以备必需之时能积极应对。最好采取事前控制的方式，通过可靠技改方案减少风险发生的可能性。

1. 储水池满水的应急管理

故障原因一般为蓄水池液位控制装置（浮球阀或液位控制器）故障引起。处理流程为：

（1）发现满水或接到溢流报告，应立即关掉储水池进水管的控制阀门，切断水源。

（2）启动水泵站（房）积水坑的潜污泵排水，避免或减少泵房积水，以免机房电动机等其他设备遭到破坏。

（3）抢修或者及时更换蓄水池液位控制装置（浮球阀或液位控制器）。

（4）蓄水观测，看浮球阀及水池等是否工作正常，如正常则恢复供水。

（5）做好事故记录，如有较大损失须按公司制度规定及时上报。

2. 水泵房发生浸水的应急管理

水泵房发生浸水的故障原因一般有相邻储水（池）箱满水、泵房内管道接口或管道破裂（极少出现）等，处理流程如下。

（1）少量积水（地面积水较少，且涨势很慢）。尽快根据漏水源查找漏水原因，如为储水池满水溢流造成，则按水池满水流程处理；如为管道破裂，则应关闭供水管道上游（逆管道水流方向）阀门，切断水源，通知工程部主管人员，同时尽力阻止进水，协助排水。

（2）浸水严重（地面积水较多，且涨势较快，可能已淹没设备基础）。

1）应立即关掉机房内运行的给水泵及电动机等设备（集水坑排污泵除外），并拉下对应电源开关，同时启动应急排水泵排水，以避免或减少设备较大损失。

2）通知工程部同班人员及主管，同时尽力阻止进水。

3）判断故障原因，根据不同原因分别采取措施。如为储水池满水溢流造成，则按水池满水流程处理；如为管道破裂，则应关闭供水管道上游（逆管道水流方向）阀门，切断水源，协助维修人员处理漏水源。

4）地面积水排完后，对浸水设备进行除湿处理，如用干布擦拭、热风吹干、更换相关管线等，确认电动机等设备处于安全运行状态后，试开机运行，如无异常情况即可投入运行。

5）做好事故记录，按公司制度规定及时上报。

3. 消防喷淋头意外喷水的应急管理

（1）立刻取扶梯到事故层，关闭事故层喷淋供水管上阀门。

（2）立即打开相应区域内的泄水阀泄水。

（3）及时抢修或更换损坏的喷水点或喷淋头。

（4）打开刚才被关闭的喷淋供水管上阀门，观测是否恢复正常。

（5）如正常，则清除地面积水，恢复地面清洁，同时做好事故记录。

4. 水源中毒（污染）的应急管理

服务区域内发现由于水源引起的中毒情况后，工程部经理应立即赶赴现场，组织人员进行应急管理，流程为：

（1）迅速查找中毒原因和供水源头，停止相关区域的供水。

（2）检查生活水池是否污染，确认后，停止水泵供水，排空水池及所有供水管道内存水。

（3）对生活水池进行清洗和消毒，重新蓄水，对水质进行检验，检验合格后才能供水。

（4）检查供水管道内的水质，正常后方可供水使用。

（5）查找原因，对其他可能出现污染的区域进行检查和处理，做出处理报告。

5. 水泵房发生火灾的应急管理

（1）任何员工发现火警，应立即就近取用灭火器扑灭火灾。

（2）呼叫邻近人员和消防管理中心主管前来扑救，如有可能，须切断一切电源。

（3）消防管理中心根据预先制订的灭火方案组织灭火和对现场进行控制，拨打"119"报警，并派队员到必经路口引导。

（4）通知工程部断开相关电源，开启自动灭火、消火栓加压水泵及防排烟系统。

（5）火扑灭后，工程部须对消防设备设施进行一次检查和清点，对已损坏的设备设施进行修复或提出补充申请，并填写有关记录、报告单。

知 识 小 结

室内给水系统按供水用途可分为生活给水系统、生产给水系统、消防给水系统三类。室内给水系统一般由引入管、水表节点、给水管道、给水附件、升压和储水设备、消防设备等部分组成。常用给水方式通常有依靠外网压力的给水方式、依靠水泵升压的给水方式、分质供水方式。室内给水管材通常有金属管材、塑料管及复合管材。给水管道常用金属管材有钢管、铜管、不锈钢管和铸铁管；常用塑料管有：PE 管、PP—R 管、PVC—U 管、PE—X 管、ABS 管、PB 管等；复合管有钢塑复合管、铝塑复合管和铜塑复合管等。管件是管道系统中起连接、变向、分流、变径、控制、密封、支撑等作用的零部件的统称。常见的管道连接技术有：螺纹连接、焊接、法兰连接、承插连接、卡套式连接、热熔连接及沟槽式连接等。给水管道的布置受建筑结构、用水要求、配水点、室外给水管道的位置以及其他建筑设备工程管线布置等因素的影响。学习中，应熟悉给水系统常用附件，水表的种类及选择，水泵、水箱等加压调节设备；应掌握给水系统的验收管理、管道及水箱的维护管理、室内给水系统常见的故障现象及处理方法以及常见突发事件的管理。

强 化 练 习

一、单项选择题

1. 管径小于 70mm 的消防用水给水管道宜选用（　　）。

A. 非镀锌钢管　　　　B. 铸铁钢管　　　C. 镀锌钢管　　　D. 塑料管

2. 给水铸铁管一般的连接方法是（　　）。

A. 承插连接　　　　B. 沟槽式连接　　　C. 螺纹连接　　　D. 焊接

3. 钢塑复合管的结构有（　　）。

A. 2 层　　　　　　B. 3 层　　　　　C. 4 层　　　　　D. 5 层

4. 选择水表时以不超过水表的（　　　）确定水表的直径。

A. 最大流量　　　　B. 额定流量　　　C. 特性流量　　　D. 最小流量

5. 干管布置在最高层顶棚的给水管网形式是（　　　）。

A. 下行上给式　　　B. 上行上给式　　　C. 中分式　　　　D. 上行下给式

6. 将室外给水管网的水引入室内管网的连接管段是（　　　）。

A. 垂直干管　　　　B. 水平干管　　　C. 水表节点　　　D. 引入管

7. 水箱的哪个管上不应该设置阀门（　　　）。

A. 进水管　　　　　B. 溢流管　　　　C. 出水管　　　　D. 排污管

8. 溢流管应高于设计最高水位（　　　）。

A. 50mm　　　　　B. 60mm　　　　　C. 80mm　　　　　D. 100mm

9. 铝塑复合管的结构有（　　　）。

A. 2 层　　　　　　B. 3 层　　　　　C. 4 层　　　　　D. 5 层

10. 当室外给水管网压力经常不能满足室内所需水压或室内用水不均匀，且不宜设置高位水箱时适用于采用哪种给水方式（　　　）。

A. 城市管网直接给水　　B. 分区供水　　　C. 气压罐给水　　　D. 分质供水

二、多项选择题

1. 通常小区给排水系统中所用的管材类型有（　　　）。

A. 金属管　　　　B. 非金属管　　　C. 铸铁管　　　D. 复合管材　　　E. 石棉水泥管

2. 室内给水系统通常可选用的管材有（　　　）。

A. 钢管　　　　　B. PP—R 管　　　C. 铜管　　　　D. 铸铁管　　　E. 铝管

3. 钢管连接的方法有（　　　）。

A. 承插连接　　　B. 焊接　　　　　C. 螺纹连接　　D. 法兰连接　　　E. 粘接

4. 常用的非金属管有（　　　）。

A. 塑料管　　　　B. 石棉水泥管　　C. 陶土管　　　D. 钢筋混凝土管　　E. 钢塑复合管

5. 构成室内给水系统的组成部件有（　　　）。

A. 引入管　　　　B. 水表节点　　　C. 给水管网　　D. 消火栓　　　　E. 给水附件

6. 离心泵选型的主要依据有（　　　）。

A. 流体类型　　　B. 流量　　　　　C. 扬程　　　　D. 静压差　　　　E. 性能曲线

7. 水泵房应具备的措施有（　　　）。

A. 通风　　　　　B. 采光　　　　　C. 防冻　　　　D. 排污　　　　　E. 排水

8. 水箱的主要作用是（　　　）。

A. 增压　　　　　B. 稳压　　　　　C. 减压　　　　D. 贮水　　　　　E. 过滤

9. 设于室内的分户水表宜选用（　　　）。

A. 远传式水表　　B. IC 卡智能水表　　C. 水平旋翼式水表

D. 螺翼式水表　　E. 垂直旋翼式水表

10.《自动喷水灭火系统设计规范》提出，系统管道的连接应采用（　　）连接。

A. 沟槽式连接　　B. 丝扣连接　　　　C. 法兰连接

D. 热熔连接　　　E. 承插连接

三、思考题

1. 建筑给水系统由哪几部分组成？

2. 建筑给水系统有几种供水方式？各用于什么条件下？

3. 目前建筑给水管道有哪些常用管材？各自如何进行连接？

4. 常用给水附件有哪些？它们各自的作用是什么？

5. 给水干管的布置有几种形式？各有什么特点？

6. 水箱有哪些连接管道？各自的设置特点是什么？

7. 气压给水方式有何特点？适用于什么情况？

8. 给水管道的验收应满足哪些要求？

9. 室内给水系统水箱的清洗流程是什么？

10. 室内给水管道的维护有哪些内容？

技 能 实 训

任务1. 结合您对物业的了解，请列示物业室内给水系统常用管材有哪些？这些管材的特点分别是什么？各自的连接方式有哪些？

任务2. 结合实习和对所在学校物业的了解，请列示物业室内给水系统可能产生故障的设备设施有哪些？故障原因及处理措施分别是什么？

任务3. 室内给水系统通常存在哪些风险因素？哪些可能演变为突发事件？应分别如何管理？

单元 3

建 筑 排 水

1. 知识目标

(1) 认知建筑排水系统的分类及组成；认知单立管及双立管系统；认知排水系统常用管材；认知室内主要排水设备设施；认知室内排水管道的布置与敷设。

(2) 认知屋面雨水排放系统的分类及组成，雨水排水管道的布置与敷设。

(3) 认知建筑中水原水、建筑中水系统分类、中水系统组成、中水处理及管理。

(4) 认知排水系统的日常管理、常见故障及处理措施及突发事件管理。

2. 能力目标

基本能力：

(1) 能辨识室内排水系统的组成；了解双立管及特殊单立管排水系统；能区分室内排水的分流制及合流制；具备正确选择排水系统常用管材的能力。

(2) 能辨识排水卫生器具中的便溺用卫生器具（蹲便器、坐便器、小便器）、盥洗和沐浴用卫生器具、洗涤用卫生器具和专用卫生器具（P/S 型存水弯、地漏、检查口、清扫口），能知道其应用范围及常见故障。

(3) 能区分不同类型的屋面雨水系统，能判断其常见故障。

(4) 能识别中水原水的选择；能认知建筑中水的构造及管理要求

(5) 能依据漏水（或积水）情况，判断室内排水系统的主要故障；具备对室内排水系统进行常规管理的能力。

拓展能力：知道并具备排水管道验收的通球实验能力；能全面认知排水系统故障现象、管理维护常用工具；能识读排水系统常用图例，能识读简单排水竣工图；能全面认知排水系统管理中的风险及突发事件管理。

📖 **引导案例**

排水管堵塞引起的思考

2011年6月9日，××花都项目部11栋3单元2楼某住户电话告知物业客服服务部，称其家中厨房地漏返水，要求物业派人前去处理。物业管理处及时排维修人员前往，经检查是由于2楼至7楼共用的生活排污管堵塞引起的倒返水，整个疏通工作进行了3个小时才完成，疏通出来的有筷子、抹布等杂物，项目管理处对此并未收费，住户当时表示满意并在维修派工单上签字。但隔了2天该住户就找到管理处，要求就其家中被泡坏的木地板进行赔偿并提出以下要求：①恢复地板原状；②在修复期间，给其及家人安排宾馆，费用由管理处承担。管理处就此事与该住户多次沟通后明确表示，针对其受损部分可协助向楼上住户反映并争取取得楼上业主理解并给予其部分补偿，其自身也需承担部分费用；同时告知类似事情也可以通过起诉楼上业主解决，而对于其他不合理要求不予支持。该住户对该处理方式不予认可，遂联系新闻媒体对物业公司的解决方式提出了异议，对公司造成了一定负面影响。（案例参考自 http://www.fdcew.com）

请问：

1. 本案例中排污管堵塞引起倒返水的可能原因有哪些？

2. 实践中，排水维护技术人员应如何规避维修过程中的风险？

3. 为避免因检修失误引起的管道堵塞索赔等责任风险的发生，通常可采取哪些预防措施？

3.1 室内排水系统

排水系统是指单体建筑或小区内用来排除污废水及雨（雪）水的系统。它的任务是接纳、汇集人们生活、生产等产生的污废水以及屋面的雨（雪）水，并在满足排放要求的条件下，将其排入城市下水管道。物业管理所涉及的排水系统部分包括室内排水系统和小区排水系统。排水系统主要涉及到室内排水管道、通气管、清通设备、抽升设备、室外小区检查井和排水管道等。

3.1.1 室内排水系统的分类与组成

1. 室内排水系统的分类

室内排水系统的任务是将建筑内的生活污水、工业废水及屋面的雨（雪）水收集起来并及时有组织地排至室外排水管网、污水处理构筑物或水体，同时防止室外排水管道中的有害气体和害虫进入室内。按系统排放污水、废水的性质不同，室内排水系统可分为三类：

（1）生活排水系统。用于排除住宅、公共建筑以及工厂生活间的污水、废水。按照排水水质污染程度不同又可分为生活污水排水系统（排除冲洗便器的污水，这类污水由于污染较重，一般不回收利用；和生活废水排水系统（排除盥洗、洗涤水，污染较轻，可做中水水源回收利用）。

（2）生产排水系统。用于排除生产过程中产生的污（废）水。按排水污染程度可分为生产污水排水系统和生产废水排水系统。

（3）屋面雨水排水系统。收集、排除屋面的雨水和冰雪融化水。

2. 室内排水系统的组成

室内排水系统如图 3-1 所示。

（1）卫生器具。卫生器具是建筑内部用以收集并排出废水、污水的设备，如洗脸盆、洗涤盆、浴盆、盥洗槽、大小便器等。

（2）排水管道。排水管道包括器具排水管（连接卫生器具及横支管的一短管段，大多含有存水弯）、横支管、立管、埋地干管和排出管等。其中，横支管管径一般不小于 50mm。公共食堂厨房内和医院污物洗涤间内的洗涤盆（池）和污水盆（池）的横支管管径不小于 75mm；小便槽和连接 3 个及 3 个以上小便器的横支管管径不小于

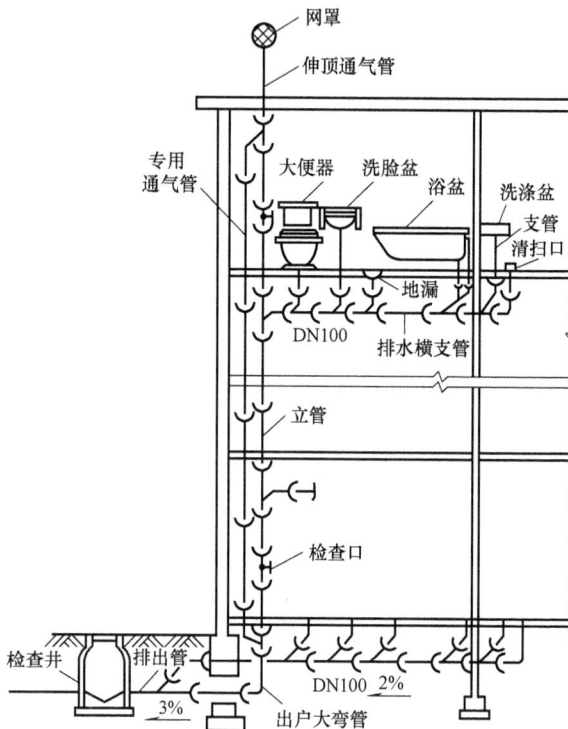

图 3-1　室内排水系统组成示意图

75mm；连接大便器和大便槽的横支管管径分别不小于 100mm 和 150mm。立管管径不小于 50mm，并不得小于横支管的管径。埋地横干管有时需要设置。排出管为室内管道与室外排水检查井之间的连接管段。所有排水横管均应有一定的坡度要求，坡向水流方向，沿排水水流方向管径应逐步增大，以免产生堵塞。

（3）通气管系统。设置通气管系统的目的：

1）保护水封。使排水管道与大气相通，尽可能使管内压力接近于大气压力，防止管道内压力波动过大。

2）排放有害气体。使管道中有害气体排放到大气中。

3）延长管道使用寿命。使管道内常有新鲜空气流通，减缓管道腐蚀。

4）提高系统的排水能力。一般层数不多，卫生器具较少的建筑物，仅设排水立管上部延伸出屋顶的通气管，对于层数较多的建筑物或卫生器具设置较多的排水管系统，应设辅助通气管及专用通气管，以使排水系统气流畅通，压力稳定，防止水封破坏。

（4）清通设备。为疏通建筑内部排水管道，保障排水畅通，需设检查口、清扫口、带清扫门的90°弯头或三通、埋地横干管上的检查井等，如图3-2所示。

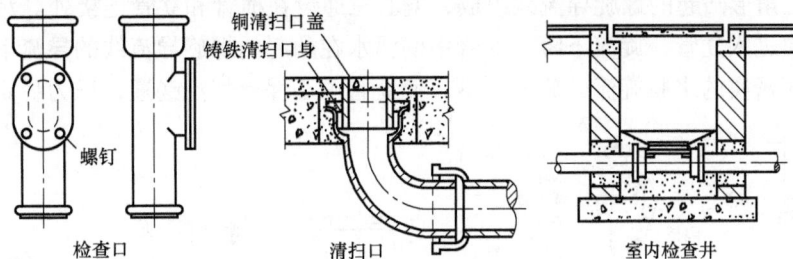

图3-2 室内排水系统清通设备

（5）抽升设备。在工业与民用建筑地下室、人防工程、高层建筑地下技术层、地下铁道等处，污废水无法自流排至室外时，需设置污水集水坑，通过排污泵排至室外排污系统。

（6）污水局部处理构筑物。当建筑内部污水未经处理不能直接排至排水管网及水体时，需设污水局部处理构筑物，如降温池、隔油池、沉淀池、化粪池等。

3.1.2 室内排水管道系统类型

建筑室内排水管道通常有单立管和双立管之分。一般而言，单立管系统具有结构简单、施工方便、造价低等优点；双立管排水系统具有运行可靠、性能好、应用广泛等优点，但因系统复杂、管材耗量大、占用空间大，造价较高。

1. 单立管排水系统

（1）无通气管的单立管排水系统。如图3-3a所示，仅限于立管短，卫生器具少，排水量小，立管不宜伸出屋面的场所。

（2）有通气的普通单立管排水系统。即伸顶通气管系统，如图3-3b所示，适用于普通的低层和多层建筑。

（3）特殊单立管排水系统。又称新型单立管排水系统，这类单立管系统主要有苏维托排水

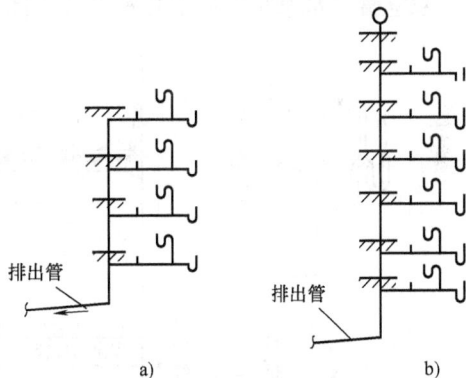

图3-3 普通单立管排水系统

系统、UPVC螺旋排水系统、UPVC隔音空壁管系统等。它们共同的特点是：每层排水横支管与排水立管的连接处安装上部特殊配件，在排水立管与横干管或排出管的连接处安装下部特殊配件。特殊单立管排水系统适用于各类多层和高层建筑。

1）苏维托排水系统。该系统是在各层立管与横管连接处采用气水混合器接头配件，可避免产生过大的抽吸力，使立管中保持气流畅通，气压稳定；在立管底部转弯处设气水分离

器（跑气器），使管内气压稳定，如图3-4所示。

2）UPVC螺旋排水系统。如图3-5所示，该系统由特殊配件偏心三通和内壁带有6条间距50mm呈三角形凸起的螺旋导流线组成，偏心三通设在横管和立管连接处。污水经偏心三通沿切线方向进入立管，旋流下降，立管中的污水在凸起的螺旋导流线的导流下，在管内形成较为稳定而密实的水膜旋流，旋转下落，使立管中心保持气流畅通，压力稳定。

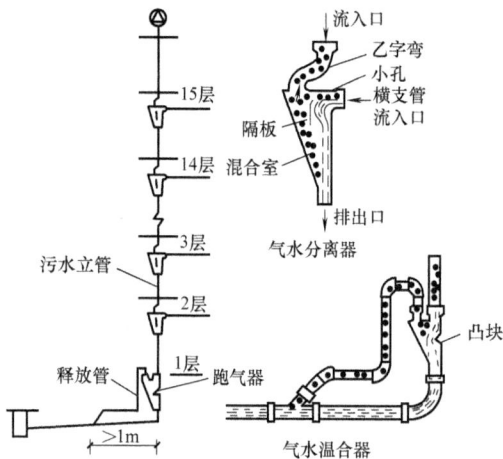

图3-4　苏维托排水系统

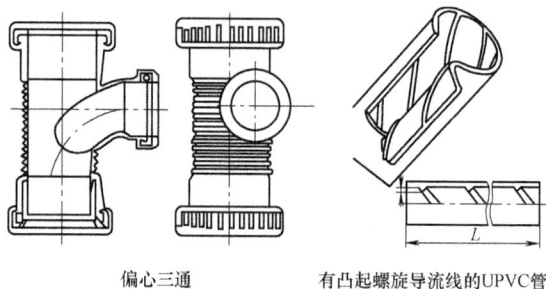

图3-5　UPVC螺旋排水系统

2. 双立管排水系统

双立管排水系统有如下几种形式。图3-6所示为几种典型的通气方式。

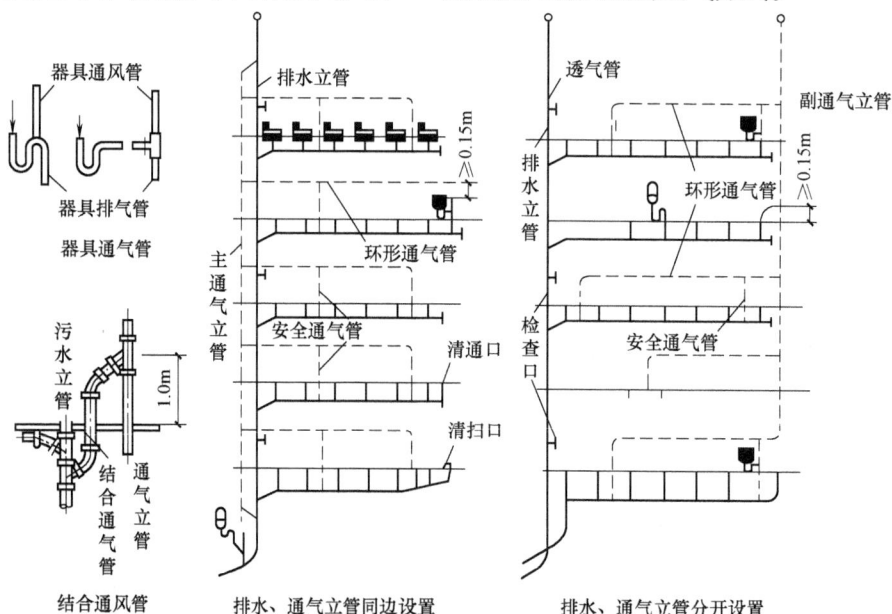

图3-6　排水通气管形式

（1）专用通气立管系统。用于排水横管承接的卫生器具不多的高层建筑，可改善排水立管的通水和排气性能，稳定立管的气压。

（2）主通气立管和环形通气管系统。对排水横管承接的卫生器具较多的高层建筑，设主通气立管和环形通气管，可改善排水横管和立管的通水和通气性能，设器具通气管还可改善器具排水管的通水和排气性能。

（3）副通气立管系统。副通气立管仅与环形通气管相连，一般用于卫生器具较多的中低层民用建筑。

高层建筑由于卫生器具多，排水量大，且排水立管连接的横支管多，当多根支管同时排水时，易形成柱塞流，导致水封破坏，污染室内空气环境。当设计排水流量超过排水立管的排水能力时，应采用双立管排水系统或特殊单立管系统。

3.1.3 排水系统常用管材及选择

3.1.3.1 常用排水管材

1. 塑料管

在建筑内广泛使用硬聚氯乙烯塑料排水管（简称 UPVC 管）。塑料管包括实壁管、芯层发泡管、螺旋管等，它具有重量轻、不结垢、不腐蚀、外壁光滑、美观、易切割、便于安装、可制成各种颜色、投资省和节能等优点；但强度低，耐温性较差（使用温度 −50 ～ +50℃），排水时管道会产生噪声，在阳光下管道易老化，防火性能较差等。

塑料排水管连接方式为粘结剂粘接，常用管件如图 3-7 所示。

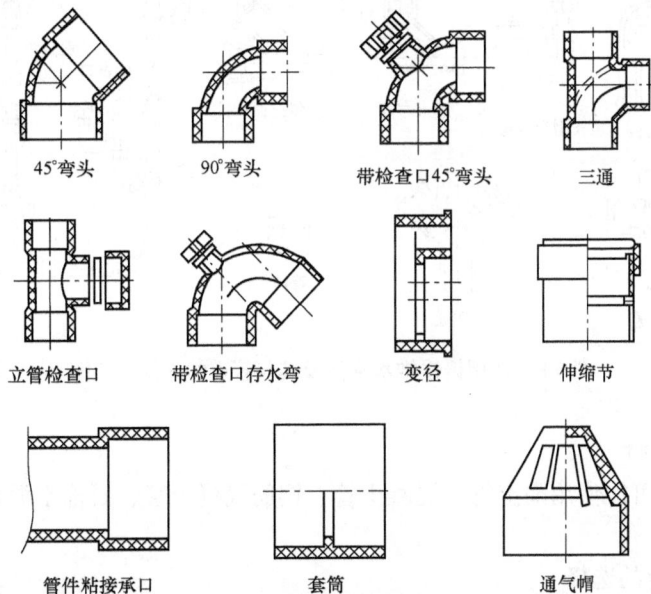

| 45°弯头 | 90°弯头 | 带检查口45°弯头 | 三通 |

| 立管检查口 | 带检查口存水弯 | 变径 | 伸缩节 |

| 管件粘接承口 | 套筒 | 通气帽 |

图 3-7　常用塑料排水管件

塑料排水管穿越楼层、防火墙、管道井井壁时，应根据建筑物性质、管径、设置条件以及穿越部件防火等级等要求设置阻火圈或防火套管。

2. 钢管

钢管主要用于洗脸盆、小便器、浴盆等卫生器具与横支管之间的连接，长度较短，管径一般为 DN32、DN40 和 DN50 等。

3. 铸铁管

早期的砂模铸造铸铁排水管已被淘汰，现多采用柔性接口机制排水铸铁管。柔性接口机制排水铸铁管具有强度高、抗震性能好、噪音低、防火性能好、寿命长、耐磨和耐高温性能好、美观、安装施工方便、造价较高等特点。

柔性接口机制排水铸铁管有两种，一种是连续铸造工艺制造，承口带法兰，管壁较厚，采用法兰连接（法兰压盖、橡胶密封圈、螺栓连接）；另一种是"冷水金属型离心铸造"工艺制造，管壁薄而均匀，无承口，重量轻，采用卡箍连接（不锈钢带、橡胶密封圈、卡紧螺栓连接）。图 3-8 为常用铸铁排水管件及其与管道的连接图。

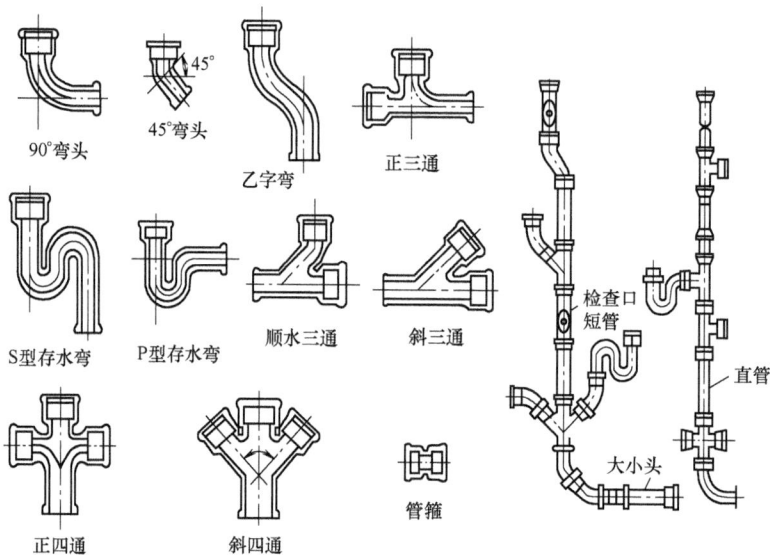

图 3-8　常用铸铁排水管件及其与管道的连接示意图

4. 其他排水管材

在某些地方还可能使用陶土管、混凝土管、钢筋混凝土管、石棉水泥管、铅管、玻璃管等。

3.1.3.2　排水管材的选择

排水管材的选择应满足以下基本要求：

（1）居住小区内排水管道宜采用埋地排水塑料管、承插式混凝土管或钢筋混凝土管。

（2）居住小区内设有生活污水处理装置时，生活排水管应采用埋地排水塑料管。

（3）建筑排水管应采用建筑排水塑料管或柔性接口排水铸铁管及相应的管件。

（4）当排水温度高于40℃时，应采用金属排水管或耐热塑料排水管。

（5）柔性排水铸铁管采用橡胶密封圈柔性接口，选用时应考虑建筑性质、建筑标准、建筑高度和抗震要求等因素。建筑高度超过100m的超高层建筑物内，排水立管应采用柔性接口。在抗震设防8度的地区或排水立管高度在50m以上时，则应在立管上每隔两层设置柔性接口。在抗震设防9度的地区，立管、横管均应设置柔性接口。

（6）选用新型内壁带螺旋线、有消音功能的排水塑料管时，应注意此管道只能用在排水立管上，横管、弯头及管件必须使用光滑内壁管。

3.1.4 排水系统常用设备

卫生器具是室内排水系统的重要组成部分，按其用途可分为：便溺用卫生器具、盥洗和沐浴用卫生器具、洗涤用卫生器具和专用卫生器具四类。一般采用陶瓷、搪瓷生铁、塑料、复合材料等制成，安装时应按现行《建筑给水排水及采暖工程施工质量验收规范》（GB 50242—2002）、《给水排水标准图集》S3及卫生器具安装说明书的要求进行，应满足平稳、牢固、准确、不漏、适用和方便等基本要求。

3.1.4.1 便溺用卫生器具

便溺用卫生器具用于收集排除粪便污水，包括便器和冲洗设备。

1. 大便器

大便器是排除粪便的卫生器具，其作用是把粪便和便纸迅速排入下水道，同时要有防臭功能。大便器按结构分为蹲式、坐式和大便槽三种。

（1）蹲式大便器。分为高水箱冲洗、低水箱冲洗和自闭式冲洗阀冲洗三种，使用比坐便器卫生，多用于一般建筑物内公共卫生间。蹲式大便器自身不带存水弯，需另外安装，一般装在卫生间地面以上的平台上，如图3-9Ⅱ—Ⅱ剖面图所示。

（2）坐式大便器。坐式大便器按冲洗水力原理可分为冲洗式和虹吸式两种。虹吸式坐便器依靠虹吸作用，把粪便全部吸出，冲洗能力强，噪声较小，目前应用广泛。冲洗式由于水面面积小，每次冲洗不一定能保证将污物冲洗干净，且易臭气外逸，已逐渐淘汰。

坐式大便器本身带有水封，多采用低水箱冲洗，常用于住宅、宾馆等建筑内。常用坐便器如图3-10所示。

（3）大便槽。大便槽多用于学校、火车站、汽车站、码头及游乐场所等人员集中的公共厕所，常用瓷砖贴面，造价低。大便槽一般宽200～300mm，起端槽深350mm，槽的末端设有高出槽底150mm的挡水坎，槽底坡度不小于0.015，排水口设存水弯。

2. 小便器

（1）小便器。小便器一般设于公共建筑的男厕所内，有挂式和立式两种，立式小便器用于卫生标准较高的建筑，冲洗方式多为水压冲洗。立式小便器安装如图3-11所示。

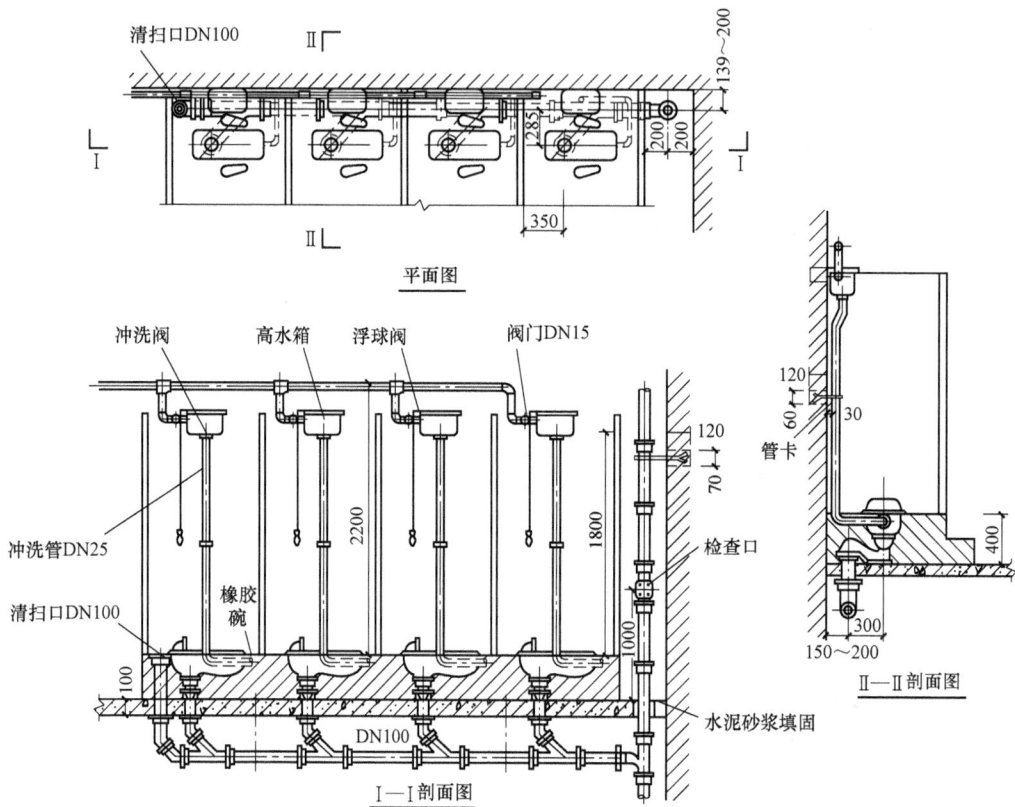

图 3-9　高水箱蹲式大便器结构及安装图

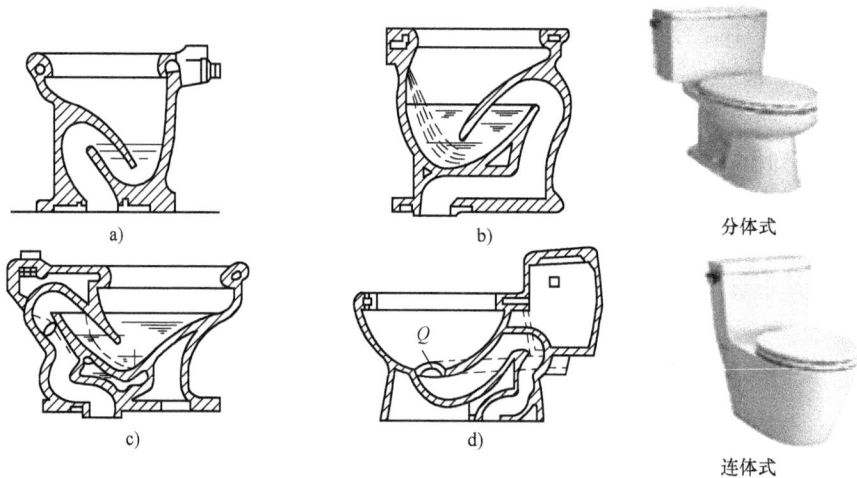

图 3-10　坐便器
a）冲洗式　b）虹吸式　c）喷射虹吸式　d）旋涡虹吸式

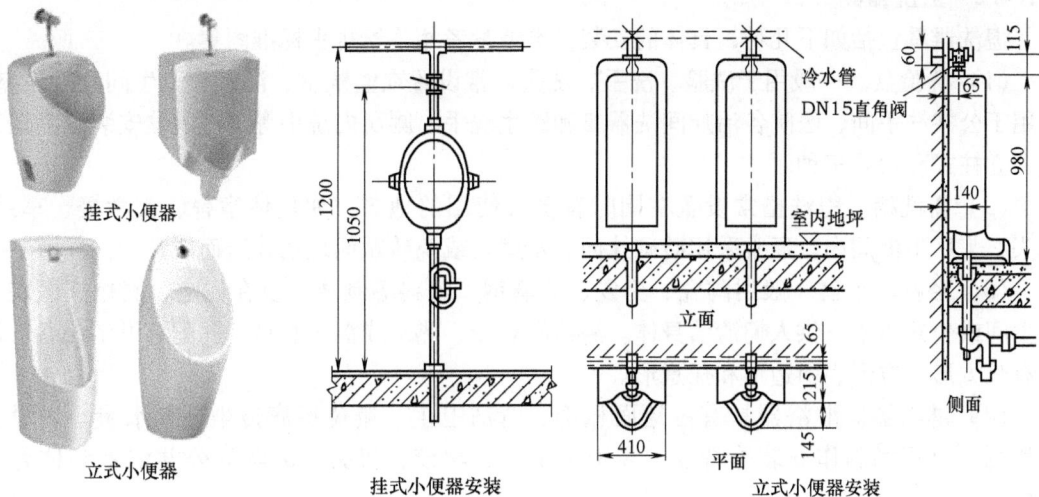

图 3-11 小便器及其安装

（2）小便槽。小便槽在同样面积下比小便器可容纳的使用人数多，且构造简单经济，多用于工业建筑、公共建筑、集体宿舍和教学楼的男厕所中。

3. 便溺器具的冲洗装置

便溺器具的冲洗装置有冲洗水箱和冲洗阀两种。

冲洗水箱有高位和低位之分。高位水箱用于蹲式大便器和大小便槽，公共厕所宜用自动式冲洗水箱，住宅和宾馆多用手动式。低位水箱用于坐式大便器，有手动和自动之分，一般为手动式。

冲洗阀采用延时自闭式冲洗阀，直接安装在大、小便器的冲洗管上，多用于公共建筑、工厂、学校、部队及车站、码头等卫生间内。冲洗阀体积小、外形整洁美观，但使用时需要的水压较大，结构复杂，容易阻塞损坏。常用冲洗装置如图 3-12 所示。

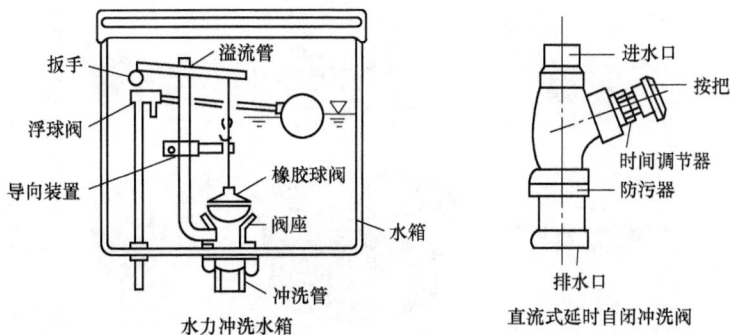

图 3-12 便溺器具冲洗装置

3.1.4.2　盥洗器具

盥洗器具包括如下几种，具体的安装标准请参考相关给排水标准图集。

（1）洗脸盆。一般用于洗脸、洗手、洗头，常设置在盥洗室、浴室、卫生间和理发室，也用于公共洗手间、医院各治疗间洗器皿和医生洗手、厕所内洗手等。洗脸盆安装分为墙架式、立柱式和台式三种。

（2）盥洗槽。盥洗槽常设置在同时有多人使用的地方，如集体宿舍、教学楼、车站、码头、工厂生间内。通常采用砖砌抹面、水磨石或瓷砖贴面现场建造而成。

（3）浴盆。浴盆一般用陶瓷、搪瓷、玻璃钢、塑料等制成。设在住宅、宾馆、医院等卫生间或公共浴室，供人们清洁身体。浴盆配有冷、热水或混合水嘴，并配有淋浴设备。浴盆有长方形、方形、斜边形和任意形。

（4）淋浴器。淋浴器具有占地面积小、清洁卫生、避免疾病传染、耗水量小、设备费用低、可现场制作安装等特点，多用于工厂、学校、机关、部队的公共浴室和体育场馆内。

3.1.4.3　洗涤器具

（1）洗涤盆。常设在厨房或公共食堂内，用作洗涤碗碟、蔬菜等。洗涤盆规格尺寸有大小之分，材质多为陶瓷或砖砌后瓷砖贴面，质量较好的为不锈钢制品。

（2）污水池。常设置在公共建筑的厕所、盥洗室内，供洗涤拖把、打扫卫生或倾倒污水用。多为砖砌贴瓷砖现场制作安装。

（3）化验盆。化验盆设置在工厂、科研机关和学校的化验室或实验室内，根据需要安装单联、双联、三联鹅颈水嘴。

3.1.4.4　其他附件

（1）地漏。地漏用于收集和排除室内地面积水或池底污水，常设置在淋浴间、盥洗室、厕所、卫生间等需要经常从地面排水的场所。地漏通常由铸铁、不锈钢或塑料制成，有普通地漏和多通道地漏等多种形式，如图 3-13 所示。

图 3-13　地漏

《住宅设计规范》中规定，布置洗浴器和布置洗衣机的部位应设置地漏，并要求布置洗衣机的部位宜采用能防止溢流和干涸的专用地漏。地漏应设置在易溅水的卫生器具附近的最低处，且应有不小于 0.01 的坡度坡向地漏；地漏算子应低于地面 5～10mm；带有水封的地漏，其水封深度≥50mm；直通式地漏下必须设置存水弯，严禁采用钟罩式（扣碗式）地漏。但现行《住宅设计规范》对厨房是否必须设置地漏没有强制性要求。

（2）水封装置。水封的作用是阻止排水系统中的有毒有害气体或虫类进入室内，保证室内的环境卫生。常用的水封装置有存水弯、水封井等。卫生器具应在排水口以下设存水弯，且存水弯水封深度不得小于 50mm。当卫生器具的构造中已有存水弯，如坐便器、内置水封的挂式小便器、地漏等，不应再设存水弯。

常用存水弯主要有 S 型、P 型，如图 3-14 所示。S 型常用在排水支管与排水横管垂直连接部位。P 型常用在排水支管与排水横管水平连接部位及需要把存水弯设在地面以上时。

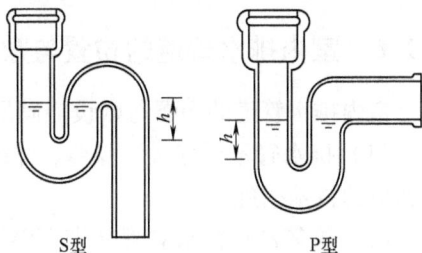

图 3-14　存水弯

（3）清扫口及检查口。清扫口及检查口的作用是保障室内排水管道排水畅通，一旦堵塞可以方便疏通。构造可参考图 3-2。

检查口设在立管上，多层或高层建筑内的排水立管每隔一层设一个，其间距不大于 10m；机械清扫时，立管检查口间的距离应不大于 15m。在立管的最底层和设有卫生器具的 2 层以上坡顶建筑的最高层必须设检查口，若立管上有乙字弯管时应在乙字弯管上部设检查口。检查口设置高度一般为距地面 1m。

清扫口一般设置在横管上，横管上连接卫生器具较多时，起点应设清扫口（有时用可清掏的地漏代替）。在连接 2 个及 2 个以上的大便器或 3 个及 3 个以上的卫生器具的污水横管、水流转角小于 135°的铸铁排水横管上，均应设置检查口或清扫口。在连接 4 个及 4 个以上的大便器塑料排水横管上宜设置清扫口。

3.1.5　室内排水体制

室内排水体制一般可分为分流制（分流排水）和合流制（合流排水）两种。分流制是指污水与废水（包括生活、生产污废水）分别由单独排水管道系统排除。合流制是指建筑中的污水、废水共用一套排水管道系统排除。

确定建筑内部排水体制时应考虑的因素：污水的性质、污染程度、建筑外部排水体制、有利于综合利用、污水的处理和中水开发等。

（1）新建居住小区应采用生活排水与雨水分流排水系统。

（2）建筑物内下列情况下宜采用生活污水与生活废水分流的排水系统：

①建筑物使用性质对卫生标准要求较高时；

②生活污水需经化粪池处理后才能排入市政排水管道时；

③生活废水需回收利用时。

（3）下列建筑排水应单独排水至水处理或回收构筑物：

①公共饮食业厨房含有大量油脂的洗涤废水；

②洗车台冲洗水；

③含有大量致病菌，放射性元素超过排放标准的医院污水；

④水温超过40℃的锅炉、水加热器等加热设备排水；

⑤用作中水水源的生活排水。

（4）建筑物雨水管道应单独设置，在缺水或严重缺水地区，宜设置雨水储存池。

3.1.6　室内排水管道的布置与敷设

室内排水管道的布置与敷设应满足以下基本要求：

（1）排水管不得穿过沉降缝、伸缩缝、烟道和风道，当受条件限制必须穿过时，应采取相应的技术措施。

（2）聚氯乙烯排水立管（即 UPVC 管）应避免布置在易受机械撞击处，避免布置在热源附近。

（3）排水管道应地下埋设或在地面上楼板下明设，污水排水横管宜设于本层套内空间，若必须敷设在下一层的套内空间时，其清扫口应设于本层，并采取相应的防止结露的措施。

（4）管道可敷设在管道竖井、管槽、管沟或吊顶内，排水立管与墙、柱应有 25～35mm 净距，便于安装和检修。在全年不结冻的地区，也可设置在建筑物外墙，但应征得建筑专业同意。

（5）排水立管仅设伸顶通气管时，最低排水横支管与立管连接处距排水立管管底的垂直距离，不得过小，以免大弯管及排出管处出现堵塞时最底层的大便器或地漏处形成倒返水。

（6）排水横支管连接在排出管或排水横干管上时，连接点距立管底部水平距离不小于 3.0m，若满足不了要求时，则排水支管应单独排出室外。

（7）生活饮用水储水箱等容器和设备的溢流水或排水不得与污废水管道直接连接，应采取间接排水的方式。

（8）排出管穿过承重墙或基础处，管顶上部净空不得小于建筑物沉降量，一般不宜 <0.15m。敷设时应采取防沉降措施（如在排出管外墙一侧设置柔性接头）。

（9）当排水管穿过地下构筑物的墙壁处，应采取防水措施。

（10）卫生器具排水管与排水横管垂直连接，应采用 90°斜三通；横管与横管、横管与立管连接，宜采用 45°三通或 45°四通和 90°斜三通或 90°斜四通，或直角顺水三通和直角顺水四通；横支管接入横干管、立管接入横干管时，应在横干管管顶或其两侧各 45°范围内接入；排水管若需轴线偏置，宜用乙字管或两个 45°弯头连接。排水立管与排出管端部连接，宜采用两个 45°弯头或弯曲半径 $r \geqslant 4$ 倍管径的 90°弯头。

3.2 屋面雨水排水系统

降落在屋面上的雨水或冰雪融化水，特别是暴雨，需要及时、迅速、有组织地排除，避免屋面漏水或四处溢流形成水患。坡屋面一般为檐口散排，平屋面则需要设置屋面雨水排水系统。

屋面雨水排水系统按不同的分类方式一般可分为以下类型：

（1）按雨水管道敷设位置的不同，可分为外排水系统、内排水系统和混合式排水系统。

（2）按雨水在管道中的设计流态不同，可分为重力流排水系统及压力流（虹吸）排水系统。

3.2.1 外排水系统

1. 外排水系统的分类及组成

外排水系统分为檐沟外排水系统和天沟外排水系统。其特点是指屋面不设雨水斗，建筑内部没有雨水管道。

（1）檐沟外排水系统。檐沟外排水系统又称普通外排水或水落管外排水系统，由檐沟、雨水斗、水落管组成。落在屋面上的雨水由檐沟汇集后流入雨水斗，经连接管至承水斗和水落管，排至室外散水坡，再进入室外雨水管道，如图3-15a所示。

檐沟外排水系统属于重力流形式，宜采用重力型雨水斗，适用于普通住宅、屋面面积较小的公共建筑及小型单跨厂房。

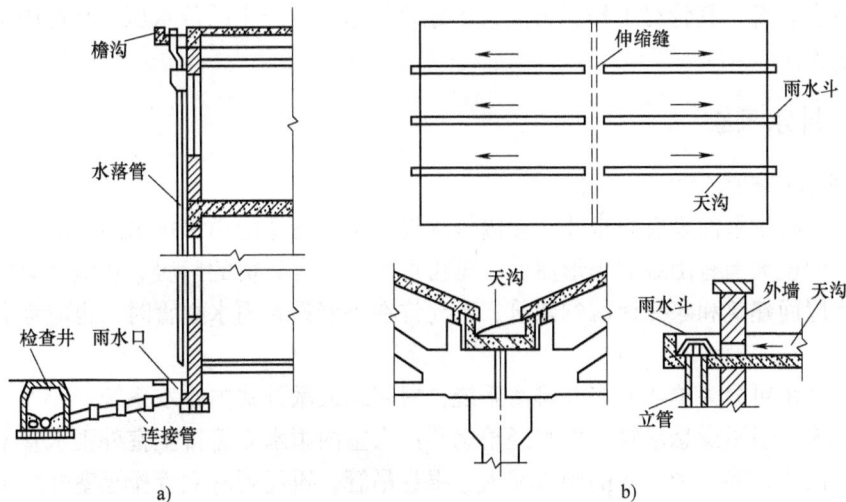

图3-15 外排水系统

a）檐沟外排水系统 b）长天沟外排水系统

（2）天沟外排水系统。天沟外排水系统是指屋面雨水由天沟汇水，排至建筑物两端，经雨水斗、外立管排至室外地面雨水井。天沟设置在两跨中间并坡向端墙（山墙、女儿墙），外立管连接雨水斗沿外墙布置，如图 3-15b 所示。

长天沟外排水系统由天沟、雨水斗、排水立管及排出管组成，适用于多跨厂房和大面积屋面。

2. 外排水系统的布置和敷设

屋面雨水外排水系统中，都应设置雨水斗。常用雨水斗型号有 65、79 和 87 型，规格为：75、100、150mm，有平箅型和柱球型两种。柱球型雨水斗有整流格栅，主要起整流作用，避免排水过程中形成过大的漩涡而吸入大量的空气，可迅速排除屋面雨水，同时拦截树叶等杂物。阳台、花台、供人们活动的屋面及窗井处采用平箅型雨水斗，檐沟和天沟内常采用柱球型雨水斗。雨水斗与屋面连接处必须做好防水处理。

（1）檐沟外排水系统。檐沟在民用建筑中多采用铝皮制作，也可采用预制混凝土构件制作。水落管一般采用 UPVC 管制作，管径多为 75～100mm。水落管的间距应根据降雨量及管道的通水能力所确定的一根水落管应服务的屋面面积而定。按经验，水落管间距为：民用建筑 8～16m，工业建筑 18～24m。同一建筑屋面，雨水排水立管应不少于 2 根，且下游管段管径不得小于上游管段管径，在距地面以上 1m 处应设置检查口以便疏通堵塞物。

（2）长天沟外排水系统。该系统属单斗压力流，应采用压力流型雨水斗，设于天沟末端。天沟应以建筑物伸缩缝或沉降缝为屋面分水线，在分水线两侧设置，其长度不宜超过 50m，天沟坡度不宜小于 0.003，斗前天沟深度不宜小于 100mm。天沟断面多为矩形和梯形，其端部应设溢流口。压力流排水系统宜采用内壁光滑的带内衬的承压排水铸铁管、承压塑料管和钢塑复合管等，其管材工作压力应大于建筑物净高度产生的静水压，且应固定在建筑物承重结构上。

3.2.2 内排水系统

1. 内排水系统的分类及组成

内排水系统指屋面设有雨水斗，室内排水设有雨水管道的雨水排水系统。常用于多跨工业厂房及屋面设天沟有困难的壳形屋面、锯齿形屋面、有天窗的厂房。建筑立面要求高的高层建筑、大屋面建筑和寒冷地区的建筑，不允许在外墙设置雨水立管时，也应考虑采用内排水形式。

内排水系统可分为单斗或多斗排水系统，封闭式或敞开式内排水系统。

单斗系统一般不设悬吊管，雨水经雨水斗流入室内雨水立管排至室外雨水管渠；多斗系统中设有悬吊管，多个雨水斗的雨水流入一根悬吊管，再经雨水立管排至室外雨水管渠。

敞开式内排水系统属重力流排水系统，雨水经排出管进入室内普通检查井或室内明渠。该系统可接纳与雨水水质相近的生产废水，可省去废水管道，维修管理较为方便，但暴雨时会出现埋地管道冒水现象。该系统适用于无特殊要求的大面积工业厂房及可以排入生产污水的场合。

封闭式内排水系统属于压力流排水系统，雨水经排水管直接进入用管件连接的室内埋地管。该系统无开口部分，管道系压力排水，排水能力大，且不会引起冒水现象，但厂房需另设生产排水管道，造价高，不便于维护管理。该系统适用于室内不允许出现冒水的建筑物。

图 3-16 所示中间为单斗密闭式内排水系统，右侧为多斗敞开式内排水系统。

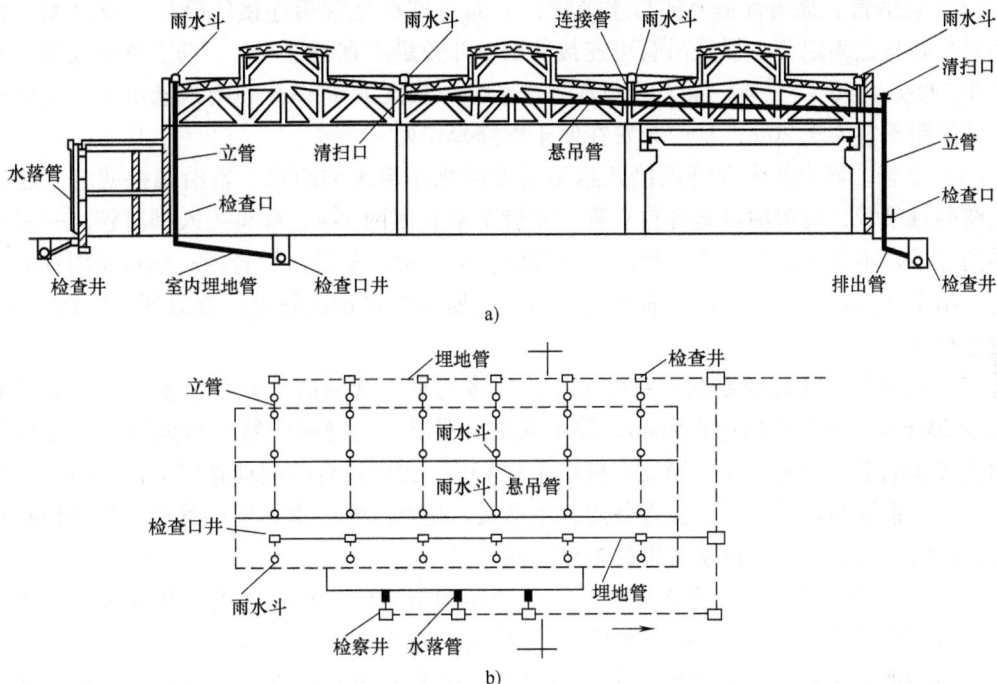

图 3-16　内排水系统

a) 剖面图　b) 平面图

内排水系统由天沟、雨水斗、连接管、悬吊管、立管、排出管、埋地干管和检查井组成，如图 3-16 所示。

2. 内排水系统的布置和敷设

内排水单斗或多斗系统可按重力流或压力流设计，大屋面工业厂房和公共建筑宜按多斗压力流设计。

（1）雨水斗。雨水斗设置间距，应经计算确定，并应考虑建筑结构，沿墙、梁、柱布置，便于固定管道。一般地，多斗重力流排水系统和多斗压力流排水系统雨水斗的横向间距可采用 12～24m，纵向间距可采用 6～12m。当采用多斗排水系统时，同一系统的雨水斗应在同一水平面上，且一根悬吊管上的雨水斗不宜多于 4 个，最好对称布置，雨水斗不能设在排水立管顶端。

内排水系统与外排水系统采用的管材相同，工业厂房屋面雨水排水管道可采用焊接钢管，但其内外壁应作防腐处理。

（2）连接管。连接管是上部连接雨水斗，下部连接悬吊管的一段竖向短管，其管径与雨水斗相同，但不宜小于 DN100。连接管应牢固地固定在梁、桁架等承重结构上；变形缝两侧雨水斗的连接管，应采用柔性接头。

（3）悬吊管。悬吊管是上部与连接管、下部与排水立管相连接的管段，应沿墙、梁或柱间悬吊并与之固定，一根悬吊管可连接的雨水斗数量不宜超过 4 个，与立管的连接应采用两个 45°弯头或 90°斜三通；重力流雨水排水系统中长度大于 15m 的雨水悬吊管，应设检查口，其间距不宜大于 20m，且应布置在便于维修操作处。

（4）立管。雨水排水立管承接经悬吊管或雨水斗流来的雨水，常沿墙柱明装，建筑有高低跨的悬吊管，宜单独接至各自立管，立管下端宜用两个 45°弯头接入排出管；一根立管连接的悬吊管不多于 2 根，其管径由计算确定，但不得小于悬吊管管径；建筑屋面各汇水范围内，雨水立管不宜少于 2 根。有埋地排出管的屋面雨水排出管系，立管底部在距地面 1m 处设置检查口。

（5）埋地管。埋地管敷设于室内地下，承接雨水立管的雨水并排至室外，埋地管最小管径为 200mm，最大不超过 600mm，常用混凝土管或钢筋混凝土管。埋地管不得穿越设备基础及其他地下建筑物，埋设深度不得小于 0.15m，封闭系统的埋地管应保证封闭严密不漏水；在敞开系统的埋地管起点检查井内，不得接入生产废水管道；埋地管坡度和穿越基础墙时的预留洞，可参见一般排水管道的处理方法。

（6）室内检查井。室内检查井主要用于疏通和衔接雨水排水管道。在埋地管转弯、变径、变坡、管道汇合连接处和长度超过 30m 的直线管段上均应设检查井，井深不小于 0.7m，井内管顶平接，水流转角不得小于 135°；敞开系统的检查井内应做高出管顶 200mm 的高流槽；为避免检查井冒水，敞开系统的排出管应先接入排气井，然后再进入检查井，以便稳定水流。排出的雨水流入排气井后与溢流墙碰撞消能，流速大幅度下降，使得气水分离，水再经整流格栅后平稳排出，分离出的气体经放气管排放。

3.2.3　混合排水系统

对于一些工业厂房、库房和公共建筑的大型屋面，因屋面形式复杂，为了及时有效地排除屋面雨水，往往同一建筑物采用几种不同形式的雨水排除系统，分别设置在屋面的不同部位，组合成屋面雨水混合排水系统，并宜采用压力流排水方式。如图 3-16 所示，左侧为檐沟外排水系统，中间为单斗密闭式内排水系统，右侧为多斗敞开式内排水系统。该厂房雨水排除系统由三种排水系统组合成混合式排水系统，其排出管与检查井内管道直接相连。

3.2.4　重力流雨水排水系统

重力流排水系统通过采用重力流排水型雨水斗（如 65 型、87 型雨水斗）使雨水依靠重力自流。雨水排放时，水流夹带空气进入雨水排放系统，管道中为气-水两相流动。檐沟外排水系统、敞开式内排水系统和高层建筑屋面雨水排放系统均宜采用重力流排水系统。

重力流排水系统中，多层建筑宜用建筑排水塑料管，高层建筑宜用承压塑料管或金属管。

3.2.5　压力流雨水排水系统

压力流（虹吸式）排水系统，通过专用的雨水斗（虹吸式雨水斗、压力流雨水斗）和管道系统将雨水充分汇集到排水管中，排水管中的空气被完全排空，雨水自由下落时管道内产生负压，使雨水的下落达到最大的流速和流量。它广泛应用于大型厂房、展览馆、机场、运动场、高层裙房等跨度大、结构复杂的屋面。

压力流排水系统宜采用带内衬的承压排水铸铁管、承压塑料管和钢塑复合管等。

3.3　建筑中水系统

中水即再生水，又称回用水，是指生活中的废水、污水及冷却水、雨水经适当处理后，达到规定的水质标准，可在一定范围内重复使用的非饮用水。中水主要回用于绿化浇灌、厕所冲洗、道路喷洒以及水景工程等的供水系统。

在目前水资源日益不足，水质日益恶化的现实情况下，中水技术在缺水地区的各类民用建筑和建筑小区的新建、扩建和改建工程得到了越来越多的应用。如根据北京市政府《关于加强中水设施管理的通告》，建筑面积 2 万 m² 以上的宾馆、饭店、公寓等；建筑面积 3 万 m² 以上的机关、科研、大专院校和大型文化体育等建筑；建筑面积 5 万 m² 以上的小区等都必须建设中水设施。

3.3.1　中水原水及供水水质

1. 中水原水

中水原水是指可作为中水水源而未经处理的水。按排水水质和污染轻重可分为如下几类。

（1）优质杂排水。包括空调冷却排水、沐浴排水、洗漱排水和洗衣排水，其特点是有机物浓度和悬浮物浓度低，水质好，处理容易且费用低，应优先选用。

（2）杂排水。含优质杂排水和厨房排水，其特点是有机物浓度和悬浮物浓度都较高，水质较好，处理费用比优质杂排水高。

（3）生活排水。含杂排水和厕所排水，其特点是有机物浓度和悬浮物浓度都很高，处理工艺复杂，费用较高。

（4）雨水。除初期雨水外，水质相对比较好。

中水水源选择的先后顺序为：冷却水、沐浴排水、洗漱排水、洗衣排水、厨房排水、厕所排水。厕所排水由于污染浓度大，处理成本高，一般很少回用。由于雨水的季节性特点，一般将其作为中水的补充水源。

医院污水和工业废水（冷却水除外）由于水质污染特殊性，一般不用做中水水源。

2. 中水供水水质

中水用于冲厕、道路浇洒、道路清扫、消防、城市绿化、车辆冲洗、建筑施工等杂用的水质必须符合国家《城市污水再生利用 城市杂用水水质》（GB/T 18920—2002）的各项指标。

中水用于景观环境用水，其水质应符合《城市污水再生利用 景观环境用水水质》（GB/T 18921—2002）的规定。

3.3.2 中水系统的分类

中水系统按服务的范围可以分为建筑中水系统、小区中水系统和城市中水系统三种。

1. 建筑中水系统

指单幢建筑物或几幢相邻建筑物所形成的中水系统。建筑物内分别设置饮用给水系统和杂用给水系统。建筑内部排水系统为分流制。排水中的优质杂排水或杂排水经中水处理设施处理达到标准后，送入杂用水给水系统用于冲厕或用于绿化、洗车等；厕所粪便污水排入化粪池或城市排水管网，严重缺水地区可部分回流到中水处理设施再处理。另外，中水系统还应设置自来水应急补给管，以保障中水给水的安全性。单幢建筑中水系统如图 3-17 所示。

该系统适用于排水量大的宾馆、饭店、公寓等建筑，中水处理设施一般可设置在地下室或建筑物外部。

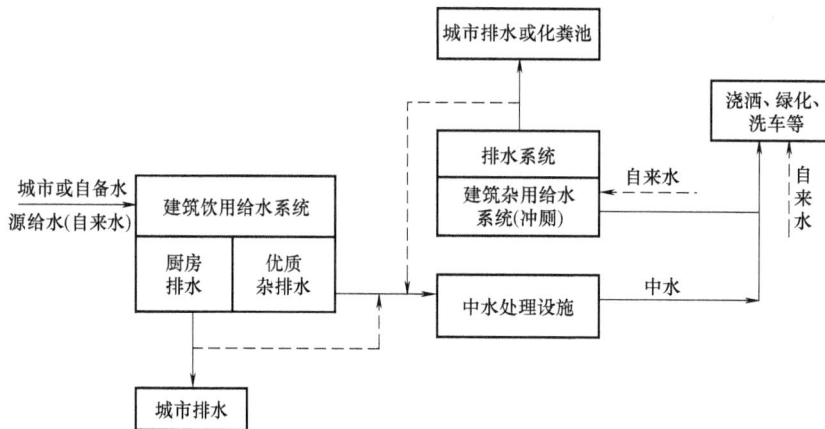

图 3-17　单幢建筑中水系统示意图

2. 小区中水系统

小区中水系统的中水原水取自居住小区内各建筑物排放的污废水并集中处理。小区中水系统各管道系统的设置要求及中水系统工作流程基本与单幢建筑中水系统相同。小区中水系统由于供水需求量较大，可将雨水作为补充水源，同时也应设置应急水源。多用于居住小区、机关大院、高等院校等。

3. 城市中水系统

城市中水系统以城镇污水处理厂的出水和部分雨水作为中水水源，经水处理站处理达到生活杂用水水质标准后，供城镇杂用水使用。设置该系统时，城镇和建筑内部应采用饮用给水和杂用给水双管分质给水系统，并不一定要求排水采用分流制。城市中水系统我国目前采用较少。

3.3.3 中水系统的组成

中水系统由中水原水系统、中水处理设施、中水管道系统三大部分组成。

1. 中水原水系统

中水原水系统指确定为中水水源的建筑物原排水的收集系统。它分为污、废水合流系统和污、废水分流系统。一般情况下，为简化处理，推荐采用污、废水分流系统。

2. 中水处理设施

中水处理设施包括预处理设施和主要处理设施。预处理设施有化粪池、格栅和调节池。主要处理设施有沉淀池、气浮池、生物接触氧化池、生物转盘等。当中水水质要求高于杂用水时，应根据需要增加深度处理，即中水再经过后处理设施处理，如过滤、消毒等。

3. 中水管道系统

中水管道系统包括中水水源集水系统与中水供水系统。中水水源集水系统是指建筑内部排水系统排放的污废水进入中水处理站，同时设有超越管线，以便出现事故时，可直接排放；中水供水系统指原水经中水处理设施处理后成为中水，首先流入中水储水池，再经水泵提升后与建筑内部的中水供水系统连接。中水供水系统应单独设立，包括配水管网、中水储水池、中水高位水箱、中水泵站或中水气压给水设备。建筑物内部的中水供水管网系统类型、供水方式、系统组成、管道敷设及水力计算与给水系统基本相同，只是在供水范围、水质、使用等方面有些限定和特殊要求。

3.3.4 中水处理

1. 中水处理工艺流程

中水处理工艺流程应根据中水原水的水量、水质和中水使用要求等因素，进行技术经济比较后确定。常见的处理工艺流程见表 3-1。

表 3-1 为国内常用中水处理工艺流程概括表述，大部分流程是以生物处理为中心的流程，而生物处理中又以接触氧化法为最多，这是因为接触氧化生物膜法具有容易维护管理的优点，适用于小型水处理。流程表中的 2、3、5、6 皆为含有生化处理的流程，2、3 多以杂排水为原排水；5、6 为生化处理和物化处理相结合的流程，多以含有粪便的污水为原水。以物化法处理为主的处理流程较少，而且多应用于原水水质较好的场合，如流程表中 1、2 具有流程简单、占地少、设备密闭性好、无臭味、易管理的优点。

表 3-1　常用中水处理工艺流程

序　　号	处理工艺流程
1	格栅—调节池—混凝气浮（沉淀）—化学氧化—消毒
2	格栅—调节池——级生化处理—过滤—消毒
3	格栅—调节池——级生化处理—沉淀—二级生化处理—沉淀—过滤—消毒
4	格栅—调节池—絮凝沉淀（气浮）—过滤—活性炭—消毒
5	格栅—调节池——级生化处理—混凝沉淀—过滤—活性炭—消毒
6	格栅—调节池——级生化处理—二级生化处理—混凝沉淀—过滤—消毒
7	格栅—调节池—絮凝沉淀—膜处理—消毒
8	格栅—调节池—生化处理—膜处理—消毒

2. 中水处理主要设备

从以上中水处理工艺流程看，中水处理设备主要有：格栅（格网）、调节池、沉淀（气浮）池、接触氧化池、生物转盘、絮凝池、滤池、消毒设备、活性炭吸附设备等。这些设备大多有定型产品，可根据工艺流程的需要选用。

3.3.5　中水系统的管理

建筑中水系统管理包括系统正常运行，中水供水安全可靠，防止对人体健康和生活产生不利影响等多个方面。

（1）中水系统必须能够安全稳定运行，主要处理前应设置调节池，用来调节中水供需的差值，处理后应设置中水储水池，以备不时之需。

（2）中水供水系统必须独立设置；中水供水管道宜采用塑料给水管、塑料和金属复合管或其他给水管材，不得采用非镀锌钢管；中水供水系统上应根据需要安装计量装置；中水管道上不得装设取水龙头；当装有取水接口时，必须采取严格的防止误饮、误用的措施。

（3）中水贮水池（箱）宜采用耐腐蚀、易清垢的材料制作。钢板池（箱）内、外壁及其附配件均应采取防腐蚀处理。

（4）绿化、浇洒、汽车冲洗宜采用有防护功能的壁式或地下式给水栓。

（5）中水管道严禁与生活饮用水给水管道连接。中水管道外壁应涂浅绿色标志，水池（箱）、阀门、水表及给水栓、取水口均应有明显的"中水"标志。公共场所及绿化的中水取水口应设带锁装置。工程验收时应逐段进行检查，防止误接。

（6）应定期对中水水质进行监测，管理人员及操作人员应培训上岗。

3.4　排水系统的维护与管理

建筑排水系统能否正常运行，将对人们的生活、生产等产生重要影响，物业服务企业应加强对建筑室内排水及屋面雨水排放系统的日常维护与管理工作，同时做好相应的维保记录，尽量避免因管理缺失或方式方法不当造成如前述案例中不必要的麻烦和损失。

3.4.1 排水系统的管理范围和管理要求

1. 建筑排水系统的管理范围

室内排水系统由物业服务企业负责，居住小区内各种地下设施的检查、井盖的维护，由地下设施检查井的产权单位负责，有关产权单位也可委托物业服务企业负责。小区市政排水设施管理分界如下：以3.5m路宽为界，凡道路宽在3.5m（含3.5m）以上的，其埋设在道路下的排水设施由市政工程负责，道路宽在3.5m以下的由物业服务企业负责。

2. 建筑排水系统的管理要求

物业设备管理部门应重视排水设施的管理工作，保证室内排水系统的通畅。

（1）建立巡视工作制度。物业服务企业需配备具有一定业务能力和经验的工人，对排水管线、排水设备进行巡视。外巡人员以"巡"为中心，以预防为主，要求及时发现、解决或上报各种违章问题。内巡人员以"查"为中心，要求及时、准确地为养护工作提供原始资料依据。

（2）配合其他部门做好排水工作。物业不是孤立存在的，它总和其他市政工程、其他物业联系在一起，物业管理单位要配合市政部门做好排水工作，既要保证污水的顺利排放，又要保证排放的污水符合排放标准，不污染环境。

（3）加强排水设施档案管理。物业管理单位要注意抓好档案资料的管理工作，对各排水设备、设施的拥有及使用情况都要记录在案。同时应注意做好日常检查及维护工作的记录，必要时需拍照取证并存档，以备不时之需。

（4）做好宣传教育工作。教育用户爱惜各项设备设施，不要向下水道内倒杂物，以免堵塞管道，也不要随意改变管道的线路。对于破坏排水设备设施的行为或现象，一定要杜绝，对有关责任人要追究责任。

（5）加强排水设备设施的维护。对排水设备的检查和维护是维持设备正常使用的保证，物业企业应健全相应的维护保养规程及管理制度。

3.4.2 排水系统的管理及维护

1. 室内排水系统的管理及维护

（1）室内排水系统的管理要求

1）定期对排水系统进行养护、清通。

2）教育住户不要把杂物投入下水道。

3）定期检查排水管道及阀门是否生锈或渗漏，发现隐患及时处理。

4）定期检查和清扫室外排水沟渠，清除淤泥和杂物。

5）检查楼板、墙壁、地面等处有无滴水、洇水、积水等异常现象，如发现管道确有漏水情况，应及时修理，以防损伤建筑物和破坏环境卫生。

6）厕所、盥洗室是卫生设施比较集中和管道布置密集的地方，应作为检查的重点，且每次检查的时间间隔以不超过一周为宜。检查时要注意厕所、盥洗室的地面是否干净，大小便池是否经常进行冲洗，还要注意管道的防腐涂料是否完好。

（2）室内排水系统的维护。室内排水管道最常见的问题是室内排水管道堵塞。排水管道的堵塞会造成流水不畅，排泄不通，严重的会在地漏、水池、马桶等处外淌。造成堵塞的原因多为使用不当。如硬杂物进入管道，停留在管道中部、拐弯处、排水管末端。有的是在施工过程中，砖块、木块、砂浆等进入管中。维修时，可根据具体情况，判断堵塞物的位置，利用临近检查口、清扫口、伸顶通气管等处采用人工或机械清通，如无效时则采用尖錾剔洞清通，或采用开天窗的方法进行大开挖，排除堵塞物。

2. 雨水排水系统的管理及维护

（1）至少每年对屋面进行一次清扫，一般是在雨季来临前，清除屋顶落水口、雨水口上的积尘、污垢及杂物，并清除天沟的积尘、杂草及其他杂物，对屋面及泛水部位的青苔杂草，均应及时清除。同时，检查雨水口、落水管、雨水管支（吊）架的牢固程度。

（2）对内排水系统，要做一次通水试验，重点检查雨水管身及其接头是否漏水，并检查检查井、放气井内是否有异物。

（3）室外地面要定期冲洗，小区较大时，可进行每日冲洗。雨水口算子及检查井井盖要完好无缺。做好宣传，制止行人、小孩随手往雨水口扔垃圾、杂物等，对雨水口算子上的杂物要随时清除。

（4）每次大雨之后，都要对小区室外雨水管道进行一次检查，清除掉入管中的杂物。另外，为便于雨水利用，屋面等处的防水材料应具低污染性。对新建构筑物宜使用瓦质、板式屋面，已有的沥青油毡平屋面应进行技术升级，使用新型防水材料，从源头控制雨水的污染。

3.4.3　室内排水系统常见故障及处理措施

室内排水系统的常见故障见表 3-2。

表 3-2　室内排水系统常见故障及处理措施

故障部位	常见故障现象	故障原因	对应处理措施
室内排水管道	渗漏	多在横管或存水弯处有砂眼或裂缝等	（1）对砂眼可用打楔的方法堵漏 （2）裂缝可用哈夫夹堵漏法 （3）承插接口渗漏可用水泥重新封口 （4）对于塑料管接口处渗漏可用胶封，开裂不大的，可用热塑料补漏
室内下水道	堵塞	杂物进入管道，造成水流不畅，排泄不通	应首先判断堵塞物的位置，在靠近检查口、清扫口、通气管等处，采用人工和机械疏通，无效时采用尖錾剔洞疏通，或进行大开挖以排除堵塞

（续）

故障部位	常见故障现象	故障原因	对应处理措施
室外排水管道	堵塞	杂物进入管道,管道渗漏以致树根团状结节造成水流不畅,排泄不通	首先应将检查井中的沉积物用钩勺掏净,然后用毛竹片进行疏通,再用中间扎有钢丝球的麻绳来回拉刷,同时防水冲淤,无效时则应在堵塞位置上进行破土开挖局部支管疏通
大便器高、低水箱	(1) 水箱不下水 (2) 水箱自泄 (3) 锁母漏水 (4) 高水箱不稳 (5) 高水箱损坏 (6) 排水口漏 (7) 冲洗管损坏	(1) 天平架挑杆钢丝断;漂球定得过低 (2) 漂杆腐蚀坏、浮球失灵;漂子门销子折断;漂球与漂杆连断;漂球被浸在水中;漂子门不严 (3) 高水箱不稳;填料失效 (4) 外力撞击或拉绳用力大 (5) 微细裂纹;严重损坏 (6) 垫料失效或弹性不够 (7) 受撞击或高水箱挪位	(1) 更换钢丝;调整漂球到合适高度 (2) 更换漂杆;修配漂子门销子;更换漂球;调整漂杆到合适高度;更换门芯胶皮或门芯 (3) 固定高水箱,更换填料 (4) 更换铝垫或更脚螺栓 (5) 胶布粘且外涂环氧树脂;更换水箱 (6) 更换垫料 (7) 重新配管
大便器	(1) 堵塞/污水不流或流得慢 (2) 漏水	(1) 存水弯中有堵塞物,排水管中有堵塞物 (2) 皮碗或铜丝蚀烂,铜丝绑扎不良	(1) 清楚存水弯或排水管堵塞物 (2) 更换皮碗,重绑铜丝
小便器	(1) 不下水 (2) 存水弯漏 (3) 直角水门漏	(1) 尿碱或异物堵塞存水弯 (2) 承接口、活接、丝堵漏 (3) 皮垫或塑料芯损坏,阀体损坏,阀杆滑扣	(1) 尿碱或异物堵塞存水弯 (2) 承接口、活接、丝堵漏 (3) 皮垫或塑料芯损坏,阀体损坏,阀杆滑扣
洗面盆	(1) 水嘴处漏水 (2) 排水栓漏水 (3) 不下水或接口处漏水	(1) 盖母漏、锁母漏 (2) 螺母松;托架不稳 (3) 排水栓或存水弯堵塞或排水管道内有异物堵塞	(1) 调整或更换盖母、锁母 (2) 调整螺母松紧;加固托架 (3) 清除排水栓、存水弯或排水管道内堵塞物

3.4.4 排水系统突发事件管理

1. 排水管堵塞的处理

（1）值班人员接到故障报告后应问清事发地点，立即通知相关责任部门，并带好排水设备、工具前往现场处理。

（2）一旦确认堵塞部位，立即进行疏通。

（3）如因技术、设备原因或对堵塞部位难以判定，可请专业公司处置。客服部应配合工程部向业主进行解释并对业户进行安抚。

（4）如有必要，保安应在疏通现场维持秩序。

（5）主管负责人对事发原因和处理经过应做好详细记录。

（6）及时进行事故的善后处理，对造成的损失进行性质认定，并根据其性质进行不同的善后处置。

2. 污水坑漫水后的应急处理

（1）用临时应急泵向附近集水坑排水。

（2）清除周围漫溢的积水。

（3）检查水泵及电器系统。

（4）用备用水泵换掉损坏的水泵（或紧急抢修）。

3. 卫生间漫水的应急措施

（1）关闭检修管井中卫生间给水管上的供水阀。

（2）迅速清除地面积水，不让其往外漫溢。

（3）疏通马桶或地漏。

（4）清洁地面并恢复管路正常。

知 识 小 结

按排水性质不同，室内排水系统可分为生活排水系统、生产排水系统、屋面雨水排水系统。室内排水系统由卫生器具、排水管道、通气管系统、清通设备、抽升设备及污水局部处理构筑物组成。建筑室内排水管道通常有单立管和双立管之分，排水管材通常有塑料管、钢管、铸铁管以及其他管材。室内排水卫生器具是室内排水系统的重要组成部分，按其用途可分为便溺用卫生器具、盥洗和沐浴用卫生器具、洗涤用卫生器具和专用卫生器具四类。室内排水体制一般可分为分流制（分流排水）和合流制（合流排水）两种，室内排水管道的布置与敷设应满足相关规范要求。

屋面雨水排水系统按不同的分类方式通常可分为外排水系统、内排水系统和混合式排水系统；重力流排水系统及压力流（虹吸）排水系统。

中水又称再生水、回用水，建筑中水系统是最常用的一种系统，适用于排水量大的宾馆、饭店、公寓等建筑；中水系统由中水原水系统、中水处理设施、中水管道系统三大部分组成。

学习中应适度掌握室内排水系统的常见故障及处理措施、排水系统的管理内容。

强 化 练 习

一、单项选择题

1. 对含有重金属及大量杂质的废水的排放处理手段为（　　）。

A. 直接排入城市管网 　　　　　　 B. 简单处理后重复利用

C. 与其他废水合流排放 　　　　　　 D. 处理达到国家标准后排放

2. 装设于公共卫生间、卫生条件较好的大便器是（　　　）。

A. 蹲式大便器　　　　 B. 大便槽　　　　 C. 坐式大便器　　　　 D. 感应大便器

3. 对卫生设备要求高的公共男厕安装较多的小便器是（　　　）。

A. 小便槽　　　　 B. 挂式小便器　　　 C. 立式小便器　　　 D. 感应式小便器

4. 地漏设置在地面最低处，且地面应有不小于（　　　）的坡度坡向于地漏。

A. 0.01　　　　　 B. 0.02　　　　　 C. 0.03　　　　　　 D. 0.05

5. 每个卫生器具都必须设置的是（　　　）。

A. 检查口　　　　　 B. 水封装置　　　　 C. 排气口　　　　　 D. 清扫口

6. 一根横支管接纳六个以上大便器时应设置的通气管形式为（　　　）。

A. 器具通气管　　　 B. 环形通气管　　 C. 安全通气管　　 D. 专用通气管

7. 建筑具有独立的雨水排放管道，其排水制式是（　　　）。

A. 分流制　　　　　 B. 先分后合制　　 C. 合流制　　　　 D. 先合后分制

8. 污水提升设备的作用是（　　　）。

A. 提升污水进行处理 　　　　　　 B. 提升污水进行利用

C. 提升污水排放室外 　　　　　　 D. 提升污水清通管道

9. 根据设计经验，民用建筑屋面外排水水落管的管径和管间距一般为（　　　）。

A. 75～100mm，18～24m 　　　　 B. 100～125mm，18～24mm

C. 75～100mm，8～16m 　　　　　 D. 100～125mm，8～16m

10. 长天沟外排水系统中天沟的坡度不应小于（　　　）。

A. 0.001　　　　 B. 0.003　　　　 C. 0.01　　　　　 D. 0.03

二、多项选择题

1. 以下属于生活污水排放系统排放内容的有（　　　）。

A. 洗涤污水　　 B. 屋顶雨水　　 C. 粪便污水　　 D. 车间污水　　 E. 盥洗用水

2. 盥洗沐浴用卫生器具主要有（　　　）。

A. 洗脸盆　　　　 B. 洗涤盆　　　　 C. 浴盆　　　　 D. 淋浴器　　　 E. 污水盆

3. 屋面普通外排水主要适用于（　　　）。

A. 普通住宅　　 B. 单跨厂房　　 C. 小面积屋顶公共建筑

D. 多跨厂房　　 E. 大面积屋面建筑

4. 民用建筑常用的存水弯的水封深度多为（　　　）mm。

A. 20　　　　　 B. 30　　　　　 C. 50　　　　　 D. 60　　　　 E. 70

5. 确定室内排水系统合流或分流主要考虑的因素有（　　　）。

A. 污水性质　　 B. 污染程度　　 C. 城市污水综合利用情况

D. 建筑外部排水体制 　　　　 E. 城市污水处理设备完善程度

三、思考题

1. 建筑室内排水系统分为哪几类？排水系统由哪些部分组成？
2. 通气管的作用是什么？
3. 常用卫生器具有哪些？
4. 清通设备有几种类型？建筑排水系统中水封的作用是什么？
5. 常用排水管材有哪些？
6. 排水管道的布置与敷设一般应注意哪些事项？
7. 屋面雨水排水系统分为哪几种？各适用于什么场合？
8. 什么是中水？中水原水如何选择？单幢建筑的中水处理流程是什么？
9. 建筑排水系统常见故障有哪些？应如何处理？
10. 物业排水系统管理中可能存在哪些突发事件？应如何有效管理？

技　能　实　训

任务1. 从设计审图及管理实践看，多层住宅楼的排水系统设计，将一层排水管与上层排水管分开设计的少。大部分仍是一层与上部各层合用一根排水立管及出户管，这样的设计是因为图面表达比较简单，管材较省，且管线交叉矛盾相对较少。但这样的室内排水系统设计，必须严格执行《建筑给水排水设计规范》（GB 50015—2003）第4.3.12条的各有关规定。否则一旦排水出户管排水不畅，一层地漏极易冒水。有些高层住宅的下面几层是商业建筑，住宅的排水立管在商业层顶部拐弯、合并、集中。此种情况下，与商业层紧邻的上一层住宅就变成了排水系统的底层住宅，一旦合并拐弯的排水横干管排水不畅，其上层地漏也会出现冒水。

底层住宅曾发生过多起地漏冒水事故，有的住户家中无人，冒上来的污水甚至溢流到客厅或卧室，成为一层住户最担心和头痛的头号问题，也是住宅建筑中住户投诉率高发的问题之一。由此引发的投诉、索赔及邻里纠纷不在少数。

请结合实习及学校物业的情况，收集资料，认真分析你们所在的教学楼、学生宿舍、实习中接触到的建筑物的室内排水系统的设计是否存在以上的问题，如果有，请结合物业设备设施管理的整个寿命周期分析应分别注意哪些事项？

任务2. 认真查阅资料后总结，排水系统通球实验的作用是什么？如何进行通球实验？

任务3. 案例分析

张某是某住宅小区三栋二单元最高层1603室业主，一场暴雨后的清晨张某起床去卫生间，眼前的一幕让他大动肝火，他发现卧室一角顶棚与隔墙连接处正滴滴答答往下滴水，隔墙的墙面也已经浸湿很多，夜里放在梳妆台上的棉被及衣物也在往下滴水。他赶紧跑到隔壁客厅，这一看更让他气不打一处来，原来客厅中的电视墙、电视、装饰柜早已被水渗透，木地板及上面杂物早已惨不忍睹。张某沿着漏水一路查上房顶，最终发现是楼顶的排水管道口被一个饮料瓶和一些塑料袋等杂物堵住，从而导致雨水不能从雨落管排出，进而沿着屋面缝隙从上而下流入了他的家中。极为生气的张某马上打电话给其律师事务所的朋友，在其指导下用相机将家中惨状一一记录了下来，特别是对屋顶雨水管处的堵塞状况拍了大量"特写"。随后张某找到物业公司要求赔偿，但物业公司认为是自然原因造成了这起事件。于是，愤怒的张某一纸诉状将物业公司告上了法庭。法院认为，楼顶排水管是房屋的共用部位，作为物业服务企业应对服务区域内的住宅共用部位、共用设备设施定期养护，保持其良好的状态。被告物业企业疏于管理，致使雨落管被异物堵塞，给物业使用人造成了损失，因此应承担相应的法律责任。结果，被告物业企业被判据实赔偿张某经济损失共计人民币23240 元。

请结合所给案例回答以下问题。

1. 室内雨水排水系统常见的故障有哪些？这些故障的处理措施分别是什么？

2. 本案例为物业排水管理工作提供了什么启示？

单元 4
小区给排水及热水、饮水供应

📖 教学目标

1. 知识目标

认知小区给水、排水系统的组成；理解小区排水系统的体制；认知小区给排水管道的敷设；认知水景工程的组成；认知小区水景工程及其管理；认知游泳池构造及其管理；认知小区集中热水供应方式及直饮水供应，掌握小区给排水和热水供应系统的管理与维护。

2. 能力目标

（1）能识别小区排水系统各组成部分；具备小区给排水常见故障（如管道堵塞等故障）的分析及处置能力。

（2）能对小区雨水排水系统进行有效管理。

（3）能对小区水景及游泳池系统进行管理。

（4）能对热水供应系统、直饮水系统进行管理。

📖 引导案例

重视排水系统建设中的前期介入

在物业设备设施的管理实践中，已发生过多起地下室在暴雨季节遭遇污水倒灌并造成索赔的事故。如北京朝阳区康城花园连排别墅超过 30 户住户的地下室曾因暴雨遭受水淹，地下室的地板被破坏；有些住户地下室的家具电器全部被泡在水中，从而引发了一系列索赔。

《住宅建筑规范》（GB 50368—2005）第 8.2.9 条规定：地下室、半地下室中卫生器具和地漏的排水管，不应与上部排水管连接。该条文明确要求应设置集水坑，用污水泵单独排出。《宿舍建筑设计规范》（JGJ36—2005）第 6.1.8 条也有同样的规定。但图纸审查及前期介入实践中发现，有些住宅工程或别墅类住宅工程，其地下室的排水设计有自流排出室外的情况；有的虽设有污水泵坑，但将污水泵出水管接到了地上层的排水出户管上。上述作法均不符合规范要求，会给工程的使用留下隐患。在夏季暴雨时段，室外自然地面有时会严重积水几十厘米，此时的室外污水管线常常处于满流正压状态，前述排水设计造成暴雨季节地下室污水倒灌就是难以避免的。故此物业的排水系统在前期介入阶段应当给予充分的重视。

4.1　小区给水、排水系统

小区给排水系统的范围是指从邻近的市政给水管网接进小区以内的给水管网，和小区排至红线外附近的市政污水、雨水管网的管道。

4.1.1　小区给水系统

小区给水系统分为生活给水和消防给水系统。给水系统的任务是把水输送到小区各建筑用水器具（或设备）及小区需要用水的公共设施处，满足它们对水质、水量和水压的要求，并保证给水系统的安全可靠和节约用水。

1. 小区给水系统的分类

（1）小区常用给水方式。小区给水方式一般可分为城市管网直接给水、小区集中（或分散）加压给水和设有独立水源的给水系统。如果城镇管网供应到小区的水压不能直接满足小区的需要，则需要采用增压设备提高小区给水压力。

1）城市管网直接给水。城镇管网给水水压能直接满足小区供水需求时，可采用城市管网直接给水。该系统给水管道一般由接户管、小区干管、小区支管组成。

2）小区集中（或分散）加压给水。当城市管网水压不能满足小区压力要求时，应采用小区加压给水方式，常见的有以下几种：①水池—水泵；②水池—水泵—水塔；③水池—水泵—水箱；④管道泵直接抽水—水箱；⑤水池—水泵—气压罐；⑥水池—变频调速水泵。

3）设有独立水源的给水系统。一般用在远离城镇，城镇管网无法到达之处。

上述每种给水方式各有其特点，选择小区给水方式时，应充分利用城市给水管网的水压，优先采用直接给水方式。当采用加压给水时，也应充分利用城市给水管网的水压。

（2）小区给水系统的确定。低层和多层的居住小区一般采用生活和消防共用的给水系统；多层和高层组合的居住小区大多采用分区给水系统；小区内高层建筑只有一幢或幢数不多，且供水压力要求差异较大，可采用分散加压给水方式；小区内若干幢高层建筑相邻可采用分片集中加压给水方式；小区全部是高层建筑宜采用集中加压给水方式。选用供水系统时，应根据高层建筑的数量、分布、高度、性质和管理等情况，经技术经济比较确定。

2. 小区给水系统的组成

小区给水系统一般由给水水源、计量仪表、给水管网（接户管、小区支管、小区干管）、加压设备和储水设备等组成，如图4-1、图4-2所示。接户管是指布置在建筑物周围，直接与建筑物引入管和排出管相连接的给水排水管道；小区支管是指布置在居住组团内道路下与接户管相连接的给水排水管道；小区干管是指布置在小区道路或城市道路下与小区支管相连接的给水排水管道。

（1）给水管网。根据小区内建筑群的用水量、用水的重要性、用水的连续性以及对水压的要求等可将给水管网布置成枝状管网或环状管网。

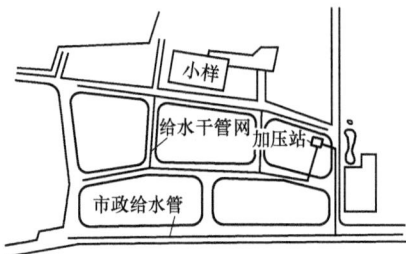

图 4-1　某小区给水干管布置图

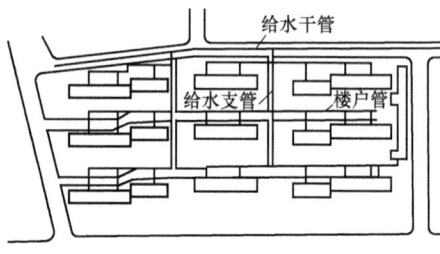

图 4-2　某组团内给水支管和接户管布置图

1）枝状管网。通向各建筑物的管道呈枝状，管网上某一处被破坏，则会影响后面的管道供水，因此这种系统供水可靠性较低。但这种供水系统管网布置简洁，初投资小，适用于小区域或多层住宅小区的生活供水。

2）环状管网。环状管网是将供水主干管首尾连接在一起，当管网某处出现损坏时，不影响其他区域的供水，因此这种供水管网供水较可靠。但初投资大，一般适用于工厂供水或重要的用水区域（医院等）不允许间断水源的建筑群。

（2）小区给水加压站。小区给水加压站应在居住小区单独设置，可与小区热力站合建，但其设备应相互独立，并单独管理。小区给水加压站和城市给水加压站的功能相似，但规模较小，一般由泵房、蓄水池、水塔和附属建筑物等组成，如图 4-3 所示。

小区给水加压站一般选择半地下式、矩形、自灌式泵房。泵房内由水泵机组、动力设备、吸水和压水管路及附属设备等组成。

泵房内的水泵多选用离心泵，扬程高的可选用多级离心泵，隔振消声要求高时，可选用立式离心泵。当加压站同时担负消防给水任务时，水泵的流量应按生活给水量和消防给水量之和考虑。水池、水塔或高位水箱的有效容积按生活用水调节水量、安全储水量和消防储水量考虑。

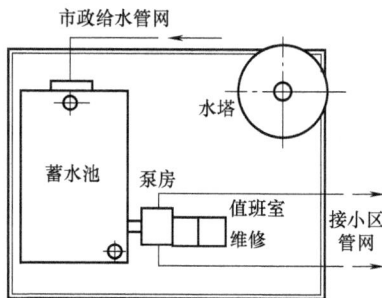

图 4-3　某小区给水加压站布置图

（3）水表井和排气泄水井。水表节点应放置在专用的水表井中。水表井的尺寸是按水表接管的公称直径确定的。水表接管的公称直径在 50mm 以下的水表井，内径为 1.0m；水表接管的公称直径在 50mm 及以上的水表井，内径为 1.2m。水表井应设置在易于检查维修和管理的地方。当管网敷设时，由于地下管网交叉或地形变化较大，为避免气塞产生水击现象，应在管道变坡的高位点设双筒排气阀，在管网的最低点设置泄水阀，以便维修时排除水和泥。泄水井中设有集水坑，可安装临时抽水设备，将水排到附近的污水检查井内，不允许通过管道将污水直接排入污水井内。这样做主要是为了防止检查井堵塞，污水沿排水管逆流回至泄水井内，污染给水水质。

（4）阀门井。室外给水管网中的各种附件，一般安装在阀门井内。阀门井的平面尺寸，取决于水管直径以及附件的种类和数量。井的深度由水管的埋地深度决定。但是，井底到承口或法兰盘底的距离应不小于 0.1m，法兰盘和井壁的距离不小于 0.15m，从承口外缘到井壁的距离宜大于 0.3m，以便于施工及维修。根据阀门的规格、型号及数量，阀门井分为圆形和矩形，单个阀门可采用圆形井，多个阀门可采用矩形井。井盖采用统一规格并有标记的铸铁井盖，在无地面重荷载的地方采用轻型井盖，在主要道路上或经常有重型车辆通过的地方应采用铸铁重型井盖。

（5）室外消火栓。室外消火栓的主要作用是，一旦住宅区、商业区或厂区内的建筑物发生火灾时，能及时接通消防设备灭火，或配合消防车取水灭火。一般布置在区域内道路边，在交通方便、通畅的位置。室外消火栓分地上式和地下式两种，地下式消火栓安装在地下井内，适用于寒冷地区，在较温暖的地区采用地上式安装。

3. 小区给水管道的布置和敷设

小区给水管道包括小区的给水干管、支管和接户管。

室外给水管道的敷设通常采用地沟或埋地敷设。金属管道埋地敷设时必须作防腐处理。给水管道的埋设深度一般位于所在地区冰冻线以下 200mm，且管顶覆土深度不小于 0.6m。给水管道应根据敷设的地形情况，在最低处设泄水阀。

室外给水管道应尽量敷设在室外排水管道的上方，并保证有关规定所要求的保护间距。当受条件限制必须敷设在排水管道的下方时，必须采取保护措施，以保证给水不受污染。

室外给水管道通常采用闸阀，DN50 及以下水管采用螺纹连接，DN50 以上采用法兰连接。环状给水管网上需装设检修阀门，各分支管道上也要装设阀门。阀门通常要设置在专用的阀门井中。

接至每栋建筑物的给水引入管上应装设水表节点，水表节点通常设在专用的水表井中。对于设有消火栓或不允许断水的建筑物，只有一根引入管时，水表节点应设旁通管。

4.1.2　小区排水系统

小区排水包括小区生活污水、生活废水和小区雨水。小区排水系统的任务是将工厂或生活小区、建筑群红线以内的生活污水或降水、生产污废水，经过化粪池、废水处理或消毒等处理后排至小区以外的城市排水管网中。

1. 小区排水体制

小区排水要求能够靠重力流排入城市下水管道，否则要设排水提升设施。

和室内排水系统一样，小区排水管网也有分流制和合流制两种制式，根据从建筑物排出水的水质、水量情况以及室内排水系统的制式，可采用雨水-污水合流制或各系统分流制，另外，还应考虑城市市政管网设施情况。

小区内排水需要进行中水回用时，应设分质分流排水系统，即粪便污水和生活废水（杂排水）分流，以便将杂排水（废水）收集作为中水原水。

2. 小区排水系统组成

小区排水系统主要由排水管道及管道系统上的附属构筑物组成。附属构筑物主要包括污水局部处理构筑物、跌水井、雨水口、检查井等。当室内污水未经处理不允许直接排入城市下水道或污染水体时，必须予以局部处理。民用建筑常用的局部处理构筑物有化粪池、隔油池等。

（1）排水提升设备和污水集水池。建筑物的地下室、人防建筑工程等地下建筑物内的污水、废水不能以重力排入室外检查井时，应利用集水池、污水泵设施把污、废水集流，提升后排放。如果地下室很大，使用功能多，且已采用分流制排水系统，则提升设施也应采用相应的设施，将污、废水分别集流，分别提升后排向不同的地方，生活污水排向化粪池，生活废水排向室外排水系统检查井或回收利用。

1）集水池。集水池的有效容积，应按地下室内污水量大小、污水泵启闭方式和现场场地条件等因素确定。污水量大并采用自动启闭（不大于 6 次/h），可按略大于污水泵中最大一台水泵 5min 出水量作为其有效容积。对于污水量很小，集水池有效容积可取不大于 6h 的平均小时污水量，但应考虑所取小时数污水不发生腐化。集水池总容积应为有效容积、附加容积、保护高度容积之和。附加容积为集水池内设置格栅、水泵，以及水位控制器等安装、检修所需容积。保护高度容积为有效容积最高水位以上 0.3~0.5m 高所需容积。

2）污水泵及污水泵房。污水泵优先选用潜水泵或液下污水泵，水泵应尽量设计成自灌式。污水泵选型采用的出水量，按污水设计秒流量值确定；当有排水量调节时，可按生活排水最大小时流量选定。污水泵扬程为污水提升高度、水泵管路水头损失和流出水头（一般选 2~3m）之和。污水泵、阀门、管道等，应选择耐腐蚀、流量大、不易堵塞的设备器材。

公共建筑内应以每个生活污水集中水池为单元设置一台备用泵。地下室、设备机房、车库等清洗地面的排水，如有两台以上排水泵时，则可不设置备用泵。多台水泵应可并联运行，优先采用自动控制装置。当集水池不能设事故排出管时，水泵应设有备用动力供应。如能关闭污水进水管时，可不设置备用动力供应。

建筑物地下室泵房不应布置在需要安静的房间之下或相邻间。水泵和泵房应有隔振防噪声设施。

（2）附属构筑物。污水排放应符合《污水综合排放标准》和《污水排入城镇下水道水质标准》（CJ 343—2010）规定的要求，即达标排放。若小区内的污水排放不能达标，必须进行局部处理，甚至进行生物处理才能排入城镇下水道，小区排水常见的局部构筑物有如下几种。

1）雨水口。用于收集、排除地面雨水。

2）化粪池。用于截留生活污水中的粪便，使污泥在池中发酵腐化，便于污水排入城市排水管道。化粪池距建筑物外墙不小于 5m，且与小区排水支管相连。化粪池可采用砖、石或钢筋混凝土等材料砌筑，其中最常用的是砖砌化粪池。化粪池的形式有圆形和矩形两种，通常采用矩形化粪池。化粪池构造如图 4-4 所示。

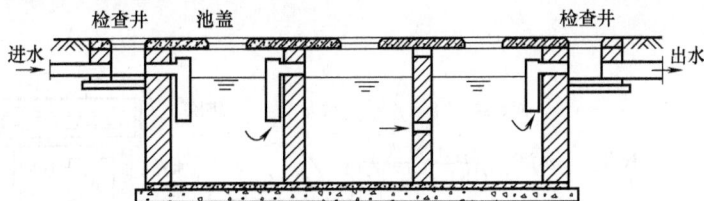

图 4-4　化粪池

3）排水检查井。用于疏通和衔接排水管道。一般设在管段转弯、管道汇流、管道变径、坡度改变处等地方。因为污水管道极易堵塞，为了定期维修及清理疏通管道，在直管段处每隔 40 ~ 50m 应设置检查井。检查井一般为圆形的砖砌构筑物，它由井基础、井筒及专用井盖组成。井盖一般用铸铁铸成，井盖上有统一标记，便于维修时辨认。设在道路中央的井盖应采用重型井盖，一般人行道上的井盖可采用轻型井盖。

4）隔油池。用于去除食堂、厨房等污水中的生物和植物油等。使用中应注意按设计清沉渣周期（一般为 6 ~ 7 天）定期清理，否则会产生堵塞现象。

5）降温池。排放污水的温度较高时，给污水降温，达标后排放。

6）沉砂池。汽车库内冲洗汽车的污水含有大量的泥沙，在排入城市排水管道之前，应设沉砂池，以除去污水中的粗大颗粒杂质。

7）跌水井。主要设于跌落水头超过 1m 时的分界处。管道由于地形高差相差较大，在支线接入埋设较深的主干线时出现较大的跌落水头。跌水井一般为砖砌井，应按标准图集选择施工。

4.2　小区水景工程和游泳池系统

随着生活条件的改善，人们对居住条件和居住环境的要求也越来越高，现代的居住小区须有安全、舒适和卫生的生活环境，而供人们欣赏和娱乐的小区水景、游泳池等也是必不可少的景观和公共设施。

4.2.1　小区水景工程

1. 水景工程的构成

水景能装饰庭院和广场，美化环境；能润湿和净化空气，改善小区气候；其水池可兼做其他用水的水源，如消防贮水池、冷却喷水池、养鱼池和绿化用水池等。

水景工程和现代电子和光学技术的结合赋予了水景新的活力，通过与灯光、音乐、绿化和艺术雕塑之间的巧妙配合，共同构成了一幅幅五彩缤纷、华丽壮观的美景，给人们带来了清新优雅的生态环境，备受居民的喜爱。

水景工程一般由土建、管道系统、造景器材与设备及光电控制装置等构成，如图4-5所示。

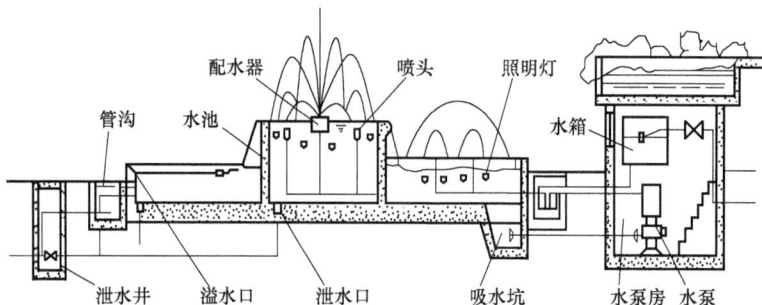

图4-5　典型水景工程的组成

土建部分包括水泵房、水景水池、管沟、阀门井和泄水井等；管道系统包括水景工程的给水管道和排水管道系统；造景器材和设备包括各种造景用的工艺喷头、配水器、照明灯具和水泵机组等；光电控制装置包括给水阀门、光控设施、声控设施和电气自动控制设备等。

2. 水景的造型和控制方式

（1）水景工程分固定式水景、半移动式水景和全移动式水景三种。

1）固定式水景是指水景主要组成部分为固定设置，常见的有河湖式、楼板式和浅碟式等。一般适用于大中型水景工程。

2）半移动式水景是指水景工程中的土建部分不能移动，而水泵、喷头、灯具及部分配水设施可以移动，通过不同的搭配和程序控制，可实现各种水景效果。

3）全移动式水景工程一般为定型生产的成套产品，可放置在大厅和庭院内，甚至可摆在柜台或橱窗内，一般适用于小型水景工程。

（2）水景的造型有多种形式：镜池，水面宽阔平静，可将山石、树木映入水中，以增加景物的层次和美感；浪池，可制成细波或惊涛骇浪，具有动感，还能使水质变好；漫流式，水流平跃曲直、时隐时现、水花闪烁、欢快活泼，水流穿行于山石、亭台、小桥和花木之间，给人以走进自然的感觉；叠水式，可利用假山构成飞流瀑布、洪流跌落、水雾腾涌的壮景，让人感到气势宏大；孔流，水柱纤细透明、活泼可爱；喷水式，包括射流水柱、气水混合水柱、膜状水流、水雾等造型；涌水式，气势庞大，激起的波纹向四周扩散，给人以赏心悦目的感觉；组合式，大中型水景工程将各种水流造型组合搭配，其造型变幻无穷，若辅以彩灯、音乐声响，可构成程控彩色喷泉和音乐喷泉。

（3）目前水景水流形态和照明控制有以下三种。

1）手动控制。是把喷头和照明灯具分成若干组，每组分别设置控制阀门和开关，根据需要可开启其中一组、几组或全部。每组喷头还可以设置流量、压力调节阀，用人工调节其喷水流量、喷水高度和射程等，这是最简单的运行控制方式，常用于固定水景不变流态。

2）程序控制。将喷头按照水景流态造型进行分组，每组分别设置专供水泵或专控电动阀（或气动阀、电磁阀）利用时间继电器或可编程序控制器，按照预先输入的程序，将各组喷头进行组编循序运行。

3）音响控制。将音响振幅、频率等经声波转换器转换成电信号（电流或电压），再经放大后用以控制喷水的水流姿态和照明设备。

3. 水景的器材与设备

水景具有如下几种器材与设备。

（1）喷头。喷头是人工水景的重要部件，要求噪声小、外形美、节能、耐腐蚀、不变形、不老化。一般用铜、不锈钢、铝合金、陶瓷和塑料等材料制成。喷头的常见形式有直流式喷头、吸气式喷头、水雾式喷头、环隙式喷头、多孔型喷头、组合式喷头、折射式喷头和回转式喷头，如图4-6所示。

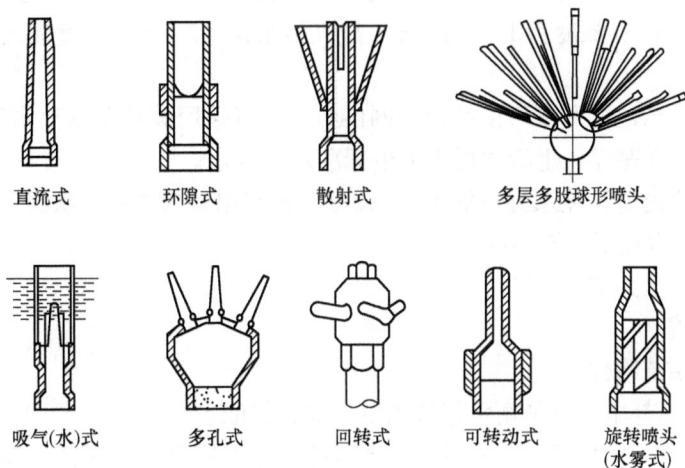

直流式　　环隙式　　散射式　　多层多股球形喷头

吸气(水)式　　多孔式　　回转式　　可转动式　　旋转喷头(水雾式)

图4-6　水景工程常用喷头

（2）水泵。中型水景工程常选用卧式或立式离心泵和管道泵，小型水景工程采用卧式潜水泵、微型泵或管道泵。水泵的流量按循环流量确定，扬程由计算确定。

（3）控制阀门。控制阀门是电控和声控水景工程的关键装置之一，要求能适时准确地控制水流的变化（即准时地开关和达到一定的开启程度），并与电控和声控信号同步，反复动作不失误。

（4）照明灯具。照明分陆地照射和水下照射，可采用探照灯、白炽灯和气体放电灯。白炽灯适合于自动控制和频繁启动，但耗电较多；气体放电灯耗电少，但不适合频繁启动。

4. 水景工程管道的布置

水景工程水池外给排水管道的布置应由水池、水源、泵房、排水口及周围环境确定。一般在水池和泵房之间设专用管廊或管沟，以便维修，管沟地面应有一定坡度坡向集水坑；水池内的管道可直接放置在池底上或埋入池底，宜采用环状配管或对称配管，转弯处应采用曲率半径大的光滑弯头，以减少水压损失。

用生活饮用水作为水源时，应设置补水箱或采取防止回流污染的措施。

4.2.2　小区游泳池

现代化的大、中型物业项目，游泳池已成为供人们休闲、娱乐和健身的重要公共设施。游泳池按使用性质可分为比赛用游泳池、训练用游泳池、跳水用游泳池、儿童游泳池和幼儿嬉水池；按经营方式可分为公用游泳池和商业游泳池；按有无屋盖可分为室内游泳池和露天游泳池。

1. 室内游泳池一般标准

（1）游泳池尺寸。一般长度为25m（或25m的倍数）；宽度为每泳道2～2.5m，两侧的泳道再加0.25～0.5m；深度为1.4～1.8m。成人池最深≤2.2m；儿童池最深≤1.2m；幼儿池最深≤0.6m。

（2）水质。游泳池的用水可由城市管网供给，也可采用满足游泳池水质要求的地下水。游泳池的水质应符合现行《生活饮用水卫生标准》的规定。

（3）水温。室内游泳池水温一般为28±2℃；比赛用室内游泳池水温为25～27℃；酒店及洗浴中心按摩池水温不高于40℃。

（4）室温。一般为25℃左右。

2. 游泳池组成

（1）水循环系统附件

1）平衡水箱。补水通过平衡水箱进入游泳池，保证水位。

2）机械过滤器。净化游泳池水质用。若水源为非饮用水可加装活性炭过滤器，以达到饮用水水质标准。

3）加热器。一般采用汽-水热交换器或热水炉、电加热器。

4）加药器。为了保证池水卫生，游泳池水除进行过滤及加热以外，还必须进行消毒。消毒是通过加药器的计量泵自动将药箱内的 $NaClO_3$ 溶液注入循环系统中，随水一起进入游泳池内。因为进入池水中的 $NaClO_3$ 在使用过程中要扩散到空气中去，致使池水含氯量降低，所以加药器要连续不断地注入药液。注入的流量可以按测得的池水含氯量进行调节，也有采用自动测定、自动调节的加药装置。

5）毛发聚集器。防止毛发等细小杂物堵塞水泵和过滤器。

（2）游泳池附件

1）给水口。一般呈格栅状，有多个，常设在池底或池壁上，材料有不锈钢、铜、大理石或者工程塑料等。

2）回水口。即循环处理后回到游泳池的回水口，一般也呈格栅状，有多个，分别设在池底或溢水槽内。回水口要同循环泵的吸入口保持一定距离，应注意加强检查，避免因回水口格栅损坏造成人员吸附被卡伤等事故。

3）排水口。构造同回水口，尺寸可放大，一般设在池底。一般要求 4 ～ 6 h 将水放掉，最多不超过 12h。

4）溢流口。一般在池边做成溢流槽，保证一定的水平度，槽内均匀布置回水口或循环泵吸入口。

5）排污口（可由排水口兼任）。每天在游泳池开始使用前，短时微开排污阀，以排出沉积在池底的污物。

（3）游泳池的辅助设施。为保证池水不被污染，防止疾病传播，必须设置浸脚消毒池、强制淋浴器和浸腰消毒池，还应配套设置更衣室、厕所、泳后淋浴设施、休息室及器材库等辅助设施。这些设施的供水和排水系统，与建筑给水、排水系统基本相同。

3. 游泳池给水与净化消毒加热

（1）游泳池给水方式

1）直流给水方式。是指长期打开游泳池进水阀门，连续不断地供给新鲜水，同时又连续不断地从泄水口和溢流口排水的给水方式。一般每小时补充的水量应为池水容积的 15% ～20%，每天应清除池底和水面的污物，并对池水消毒。该系统由给水管、给水口和阀门等组成，具有系统简单、投资少、运行费用小等优点；但浪费水资源，水温和水质难以保证。

2）定期换水方式。每隔 1～3 天将池水放空，清洗池底和池壁，再注入新鲜水，并对水消毒。该方式具有系统简单、投资少、管理方便等优点；但水温和水质难保证，且换水时不能使用。

3）循环过滤给水方式。游泳池的水由循环泵抽出，通过过滤、净化、加热和消毒，达到水质和水温要求后再送回游泳池重复使用。这种方式的优点是节约用水，能保证水质，运行费用低，是目前用得最多的方式，但系统复杂，一次性投资大，维护管理不便。循环过滤给水方式如图 4-7 所示。

（2）池水的净化、消毒、加热。池水的净化方式分溢流净化、循环净化和换水净化。由于池水与人体直接接触，还可能进入人体，游泳者也会带进、分泌一些细菌，为防止病菌、病毒的传染，必须对池水进行严格的杀菌消毒处理，常用的消毒法采用氯化消毒法。露天游泳池和以温泉水为水源的游泳池一般不进行加热。如果温度低，应按设计热量损失选择加热设备，对池水进行加热，以达到池水温度要求。

4. 游泳池排水

（1）岸边清洗。游泳池岸边每天至少冲洗两次，冲洗水应流至排水沟。

（2）溢流与泄水

1）溢流水槽。溢水管不得与污水管直接连接，且不得装设存水弯。

2）泄水口。设在池底最低处，应优先采用重力泄水，重力泄水有困难时，采用压力泄水。

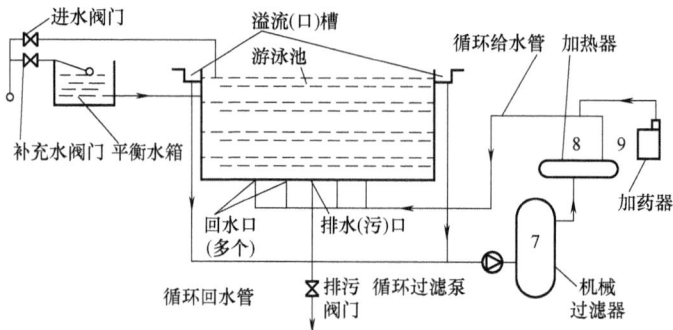

图 4-7　游泳池循环过滤给水系统图

（3）排污与清洗

1）排污。应在每天开放之前，将沉积在池底的污物予以清除。

2）清洗。一般采用棕板刷刷洗和压力水冲洗。

4.3　室内热水及直饮水供应系统

室内热水供应是指为宾馆、医院、住宅、公共浴室、车间等提供的沐浴、盥洗所需热水。生活用热水的使用温度与使用对象、气候条件和生活习俗有关。生活用热水的水温一般为 25～60℃，水加热器的出水温度一般不应超过 75℃。生活用热水应符合我国的《生活饮用水卫生标准》的要求。生产用热水应满足工艺要求。

4.3.1　热水供应系统的分类及组成

1. 热水供应系统的分类

热水供应系统可分为局部、集中和区域性热水供应系统。

（1）局部热水供应系统。系统供水范围小，热水分散制备，一般靠近用水点设置小型加热设备供给一个或几个用水点使用，系统简单，维护管理方便灵活，但热效率低、制热水成本高，如小型电热水器、小型燃气热水器、太阳能热水器等。该系统适用于热水用水量较小且较分散的建筑，如单元式住宅、医院、诊所和布置较分散的车间、卫生间等。

（2）集中热水供应系统。集中热水供应系统具有供水范围大，加热器及其他设备集中，可集中管理，加热效率高，热水制备成本低，占地面积小，设备容量小等特点；但系统复杂，管线长，投资较大。集中热水供应系统适用于住宅、高级宾馆、较大型医院等公共建筑和工业建筑。

（3）区域性热水供应系统。区域性热水供应系统供水范围大，热水在区域性锅炉房或热交换站制备，通过市政热水管网送至整个建筑群，热水管网复杂，热损失大，设备、附件多，自动化控制技术先进，管理水平要求高，一次性投资大，适用于城市片区、居住小区等。

2. 热水供应系统的组成

建筑物内广泛使用集中热水供应系统，其组成如图4-8所示。

（1）热水制备系统（第一循环系统）。由热源、水加热器和热媒管网组成。锅炉产生的蒸汽经热媒管道送入水加热器，加热冷水后变成凝结水回到凝结水池，由凝结水泵将凝结水送入锅炉重新加热成蒸汽，如此循环完成水的加热。

（2）热水供应管网（第二循环系统）。由热水配水管网和循环管网组成。被加热到一定温度的热水经配水管网送到各配水点，水加热器所需的冷水由高位水箱或给水管网补给。为能满足各配水点的热水供应要求，需在立管、干管甚至配水支管上设回水管，使一部分水回到加热器重新加热，以补偿热量损失，避免热水温度的降低。

（3）附件。常用附件包括温度自动调节器、疏水器、减压阀、安全阀、膨胀罐（箱）、管道自动补偿器、闸阀、水嘴、自动排气阀等。

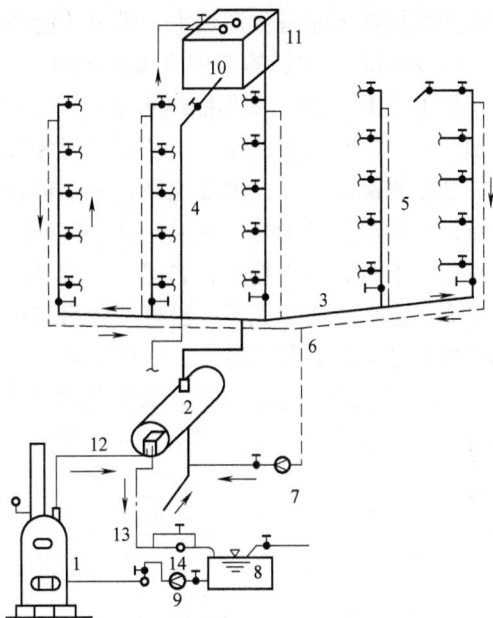

图4-8　集中热水供应系统组成示意图
1—锅炉　2—水加热器　3—配水干管　4—配水立管
5—回水立管　6—回水干管　7—循环泵　8—凝结
水箱　9—冷凝水泵　10—给水水箱　11—透气管
12—热媒蒸汽管　13—凝水管　14—疏水器

4.3.2　热水的加热方式

热水加热方式可分为直接加热方式和间接加热方式两种。

直接加热方式也称一次换热，是利用燃气、燃油、燃煤为燃料的热水锅炉把冷水直接加热到所需温度，或者是将蒸汽或高温水通过穿孔管或喷射器直接与冷水接触混合制备热水。该种方式仅适用于有高质量的热媒，对噪声要求不严格，或定时供应热的公共浴室、洗衣房、工矿企业等用户。

间接加热方式也称二次换热，是利用热媒通过水加热器把热量传给冷水，把冷水加热到所需热水温度，而热媒在整个加热过程中与被加热水不直接接触。这种加热方式噪声小，被加热水不会造成污染，运行安全可靠，适用于要求供水安全稳定噪声低的旅馆、住宅、医院、办公楼等建筑。

4.3.3 太阳能热水供应系统

太阳能热水供应系统是利用太阳的辐射热加热冷水，送到贮水箱或贮水罐以供使用。利用太阳能做热源制备生活热水，既节约能源又保护环境。

1. 太阳能热水器的工作原理及结构

（1）工作原理。太阳能热水器是一个光热转换器，真空管是太阳能热水器的核心，结构如同一个拉长的暖瓶胆，内外层之间为真空。在内玻璃管的表面上利用特种工艺涂有光谱选择性吸收涂层，最大限度地吸收太阳辐射能。经阳光照射，光子撞击涂层，太阳能转化成热能，水从涂层外吸热，水温升高，密度减小，热水向上运动，而比重大的冷水下降。热水始终位于上部，即水箱中，如图4-9a所示。太阳能热水器中热水的升温情况与外界温度关系不大，主要取决于光照。当打开厨房或洗浴间的任何一个水龙头时，热水器内的热水便依靠自然落差流出，落差越大，水压越高。

（2）太阳能热水器结构。太阳能热水器主要由集热器、贮热水箱、反射板、支架、循环管、冷水给水（上水）管、热水（下水）管、泄水管等组成，如图4-9b所示。

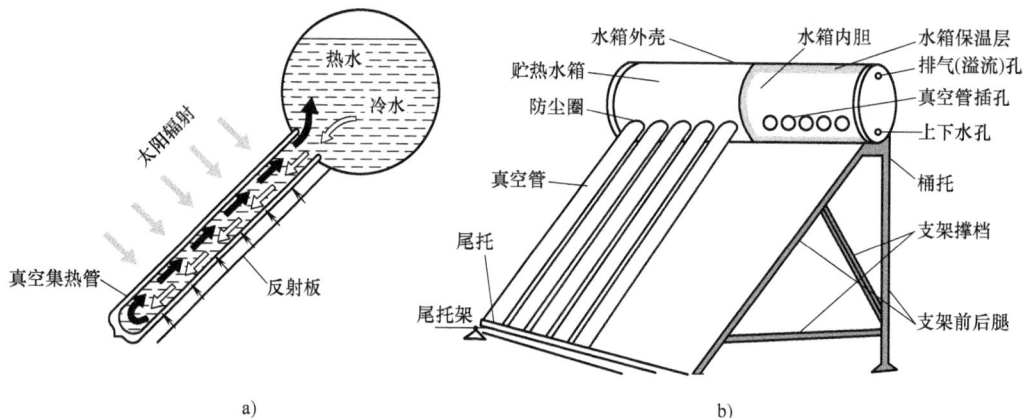

图4-9 太阳能热水器的工作原理及结构图

集热器是太阳能热水器的核心部分，由真空集热管和反射板构成，目前采用双层高硼硅真空集热管为集热元件，采用优质进口镜面不锈钢板为反射板。

保温水箱由内胆、保温层、水箱外壳三部分组成。水箱内胆是储存热水的重要部分，市场上有不锈钢、搪瓷等材质。目前较好的保温方式是进口聚氨酯整体自动化发泡工艺保温。外壳一般为彩钢板、镀铝锌板或不锈钢板。

在冬季寒冷地区或日照条件有限的地方，太阳能热水系统可以配备辅助加热设备，即在贮水箱内装设电热器或与燃气热水器并联，以保障太阳能热水供应系统的使用稳定性，当太阳能充足时尽量用太阳能，以节约常规能源。

2. 太阳能热水供应形式

太阳能热水的供应通常有自然循环式热水系统和强制循环式热水系统之分。

（1）自然循环式热水系统。它是利用水本身的温度梯度不同所产生的密度差使水在集热器与贮水箱之间进行循环，因此又称热虹吸循环式热水器。这种热水供应系统结构简单，运行可靠，不需要附加能源，适合于家庭和中小型热水泵系统使用。

（2）强制循环式热水系统。它是在自然循环基础上增设加压泵，加强传热工质的循环，它适合于大型热水泵系统，强制循环可以提高传热效率，充分发挥太阳能集热器的作用。

3. 太阳能热水器的安装及维护

太阳能热水器通常布置在平屋顶上、顶层阁楼上，倾角合适时也可设在坡屋顶上。对于家庭用集热器也可利用向阳晒台栏杆和墙面设置。安装时应注意支架的固定、热水管材的选择、基础的防水处理、防雷措施等的处理。

太阳能热水供应系统日常维护的主要项目有：经常巡视检查，做好运行记录，作为备查资料；根据当地环境条件定期除尘，保证系统获得最佳集热效果；根据当地的水质和系统情况，定期清理系统中的水垢并做好系统的防锈处理；入冬前检查系统管路的保温情况；及时更换系统中失效的真空集热管；在阴雨天使用热水器时，注意关掉电加热，以防水箱水位过低后电加热干烧；为保证压力传感器导管中的水在北方高寒地区的冬季不结冰，应在外界环境温度达到零度以下时最后一个人使用热水后立刻手动上水，即在低温环境下尽量保持热水器满水，防止压力传感器结冰；热水器需要与大气相通，切勿堵塞通气孔，否则影响热水出水效果。

4.3.4　饮用水供应系统

饮用水供应系统是现代建筑中给水的一个重要组成部分。随着人们生活水平的不断提高以及《饮用净水水质标准》的实施，目前饮用水供应正逐步走向规范化并得到了广泛应用。

1. 饮用水的类型

（1）开水供应系统。开水供应系统多用于办公楼、旅馆、学生宿舍和军营等建筑。

（2）冷饮水供应系统。冷饮水供应系统一般用于大型商场和娱乐场所、工矿企业生产车间等。

（3）饮用净水供应系统。饮用净水供应系统多用于高级住宅。

采用何种类型主要依据人们的生活习惯和建筑物的性质及使用要求。

2. 饮用水供应要求

饮用水供应系统须满足以下要求。

（1）饮用水用量。开水、温水、饮用净水及冷饮用水的供应需要根据具体情况变化及时补充。

（2）饮用水水质。各种饮用水水质必须符合现行《生活饮用水卫生标准》，作为饮用的温水和冷饮用水，还应在接至饮水装置之前进行必要的过滤或消毒处理，以防止饮用水在贮存和运输过程中的再次污染。

（3）饮用水温度。对于开水，应将水烧至 100℃后并持续 3min，计算温度采用 100℃，饮用开水是目前我国采用较多的饮用水方式；对于温水，计算温度采用 50～55℃，目前我国采用较少；对于生水，一般为 10 ~ 30℃，国外采用较多，国内一些饭店、宾馆提供这样的饮用水系统；对于冷饮用水，国内除工矿企业夏季劳保供应和高级饭店提供外，较少采用。目前一些宾馆、饭店中直接为客人提供矿泉壶或瓶装矿泉水等饮用水。

3. 饮用水制备

（1）开水制备。开水可通过开水炉将自来水烧开制得，这是一种直接加热方式，常采用的热源为燃煤、燃油、燃气和电等；另一种方法是利用热媒间接加热制备开水。这两种都属于集中制备开水的方式。目前在办公楼、科研楼、实验室等建筑中，常采用小型电开水器，灵活方便，可随时满足需求。有的设备可同时制备开水和冷饮用水，较好地满足了人们不同的需求，使用前景较好。这些都属于分散制备开水的方式。

（2）冷饮用水制备。冷饮用水的品种较多，有以下几种制备方法。

①自来水烧开后再冷却至饮用水温度。

②自来水经净化处理后再经水加热器加热至饮用水温度。

③自来水经净化后直接供给用户或饮用水点。

④天然矿泉水是取自地下深部循环的地下水。

⑤蒸馏水是通过水加热汽化，再将蒸汽冷凝而成。

⑥饮用净水是通过对水的深度处理来制取的。

⑦活性水是用电场、超声波、磁力或激光等将水活化而成。

⑧离子水是将自来水经过过滤、吸附、离子交换、电离和灭菌等处理，分离出碱性离子水供饮用。

4. 饮用水的供应方式

（1）开水集中制备，集中供应。在开水间集中制备，人们用容器取水饮用。

（2）开水统一热源，分散制备，分散供应。在建筑中把热媒输送至每层，再在每层设开水间制备开水。

（3）开水集中制备，分散供应。在开水间统一制备开水，通过管道输送至开水取水点，系统对管道材质要求较高，常用耐腐蚀、符合食品级卫生要求的不锈钢管、铜管等管材，以保证水质不受污染。

（4）冷饮用水集中制备分散供应。将自来水进行过滤或消毒处理、集中制备，通过管道输送至饮用水点。这种供应方式适用于中小学、体育场（馆）、车站及码头等人员集中的公共场所。

4.4　小区给排水的维护与管理

4.4.1　小区给排水系统的管理内容

小区给排水系统设备设施管理主要针对小区给排水系统中所涉及的各种设备及管道等的

日常操作运行、维护等的管理活动，包括物业管理单位对所管辖区内给排水系统的计划性养护、零星返修和局部改造。如检查井、化粪池的定期清掏，消防水箱定期调水放水，以防出现阻塞、水质变坏等现象，消防泵定期试泵等都属于给排水设备设施管理范畴。

4.4.2　小区给水、排水系统的维护

1. 小区给水系统的维护内容

（1）埋设给水管道的地面上不允许堆放重物，不允许大量放置对水质有严重污染的物质，不允许在地面上盖永久性建筑，以及设置沟渠等。

（2）给水系统的阀门井、水表井、消火栓井、接合井等井室要定期检查；阀件要定期试水并给转动杆件加润滑脂，以保持开关灵活；阀门、仪表等要经常除污、除锈；垫片、螺栓、手轮、压盖、井盖、井体等如有损坏应及时修理。

（3）室外消防栓每季度全面试放水检查，每半年养护一次，主要检查消防栓玻璃、门锁、栓头、水带、连接器阀门是否完好，"119"、"消防栓"等标识是否齐全，对水带的破损、发黑、发霉与插接头的松动现象进行修补、固定，更换变形的密封胶圈，将水带展开换边折叠卷好，将阀门杆上油防锈，抽取总数的5%进行试水，清扫箱内外灰尘，将消防栓玻璃门擦净，最后贴上检查标志，标志内容应有检查日期、检查人、检查结果。

（4）室外水景工程喷水池每月检查保养一次，要求喷水设施完好，喷水管道无锈蚀。

2. 小区排水系统的维护内容

（1）室外排水管道应通畅无阻塞，若有阻塞，应及时清除杂物；若管道坡度不正确，应重新铺设；明暗沟每半年全面检查一次，应沟体完好、盖板齐全。

（2）排水井、雨水井、化粪池每季度全面检查一次；半年对易锈蚀的雨污水井盖、化粪池盖刷一次黑漆防锈；保持雨污水井盖标识清楚，路面井盖要做防震垫圈。

（3）至少每年对屋面进行一次清扫，一般是在雨季来临前，清除屋顶落水口、雨水口上的积尘、污垢及杂物，并清除天沟的积尘、杂草及其他杂物，对屋面及泛水部位的青苔杂草，均应及时清除。同时，检查雨水口、落水管、雨水管支（吊）架的牢固程度。

（4）每次大雨后，都要对小区室外雨水管道进行一次检查，清除掉入管中的杂物。

凡单位或私家新建、改建下水道（包括临时设施排放水），如需接入市政排水设施，必须经物业公司统一上报市政维修处或所在区城建部门审批，按指定位置接入。凡接入公用排水设施的单位的排水系统，应按时自行维护及清疏。开挖道路安装地下其他管线时，不得擅自移动和损坏下水道设施。

4.4.3　小区给排水系统的故障与处理

1. 室外排水管道常见故障

（1）倒返水。倒返水的故障原因主要是未按图纸要求放坡或沟底未做垫层，加上接口封闭不严，管道渗漏而造成不均匀下沉，造成排水不畅，严重时会引起水倒流，污水外溢。

维修时要按设计图纸和规范要求重做。

（2）管道堵塞。管道堵塞主要是因为杂物堵住了排污管。造成堵塞的原因有检查井盖不严，砂石、杂土和树叶等杂物进入排水管道；或树根从管道接口、裂缝处进入管道内吸取养分，在排水管内生成圆节状根系，使管道堵塞。将检查井中的沉积物掏清，随后进行疏通。疏通的方法有毛竹片清通、钢筋清通、高压水力疏通、破土开挖法及机械清通。机械清通的方法如下：维修时，首先应将检查井中的沉积物用钩勺掏清，随后用毛竹片（或钢筋弯钩）进行疏通，再用中间扎有刺钢丝球的麻绳来回拉刷，同时放水冲淤；或在堵塞位置上进行破土开挖，局部起管疏通或重新接管。机械清通如图 4-10 所示。

（3）管道的塌陷。造成排水管道损坏的因素是管道的塌陷。这主要是因为管基下部的土质松软或软硬不均，施工时没有处理好。此外，也可能是由于在管道上方的地面上堆放重物，或重型车辆碾压所致。

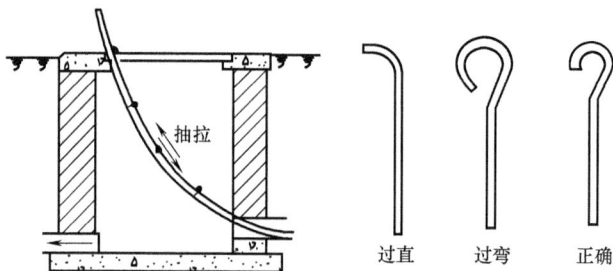

图 4-10　检查井堵塞的机械清通示意图

2. 给水泵房的故障

给水泵房的故障主要有：水泵空转不上水；水泵不出水或水量过少；水泵运行中突然停止出水；水泵轴承过热；水泵运转振动及噪声过大。水泵故障的处理措施请参考室内给水部分内容。

4.4.4　小区给排水系统风险及突发事件管理

1. 主供水管爆裂的应急处理

（1）如果主供水管爆裂，首先应立即关闭相连的主供水管上的闸阀。

（2）若仍控制不住大量泄水，应关停水泵房中相应的水泵，通知工程部管理组及总值班室。由总值班室负责联系相应责任部门及时通知用水单位和用户关于停水的情况。

（3）工程部负责安排维修组进行抢修，维修完毕后由水泵房管理员开水试压，看有无漏水和松动现象，如果试压正常，回填土方，恢复原貌。

2. 排水管堵塞的处理

（1）值班人员接到故障报告后应问清事发地点，立即通知相关责任部门，并带好排水设备、工具前往现场处理。

（2）一旦确认堵塞部位，立即进行疏通。

（3）如因技术、设备原因或对堵塞部位难以判定，可请专业公司处置。客服部应配合工程部向业主进行解释并对业户进行安抚。

（4）如有必要，保安应在疏通现场维持秩序。

（5）主管负责人对事发原因和处理经过应做好详细记录。

（6）及时进行事故的善后处理，对造成的损失进行性质认定，并根据其性质进行不同的善后处置。

3. 污水坑漫水后的应急处理

（1）用临时应急泵向附近集水坑排水。

（2）清除周围漫溢的积水。

（3）检查水泵及电气系统。

（4）用备用水泵换掉损坏的水泵（或进行紧急抢修）。

流程为：污水坑漫水→用应急泵排水→清除周围积水→检查水泵及电气系统→换泵或紧急抢修。

4. 防汛（暴雨）应急管理

（1）工程部值班管理人员、水暖值班人员应熟知服务范围内的各种防汛设施和防汛设备的操作，每年定期由主管与水暖领班对各有关岗位进行专门培训。

（2）水暖、强电组须根据工程部年度保养计划，定期对各类防汛设备进行保养、检验、试运行，保持防汛设备在防汛期处于良好投入状态。

（3）水暖值班人员在防汛期应加强对防汛设备的巡视，随时注意雨情的大小变化和各排污泵的工作情况。

（4）当雨量大，防汛排水有困难时，工程部值班人员应立即向上级报告，以做出恰当决策。

（5）工程部值班人员根据雨量和防汛设备投入操作情况，随时适当抽调其他当班人员一并参加防汛排水工作。各班人员要服从防汛工作的安排，确保把各种损失降到最小。

知 识 小 结

小区给水系统由给水水源、计量仪表、接户管、小区支管、小区干管、加压设备和储水设备等组成；小区排水包括小区生活污水、生活废水和小区雨水。小区排水要求能够靠重力流排入城市下水管道，否则要设排水提升设施。小区水景工程一般由土建、管道系统、造景器材与设备及光电控制装置等构成。应了解游泳池的构成及其给水方式、排水管理。室内热水供应是指为宾馆、医院、住宅、公共浴室、车间等提供的沐浴、盥洗所需热水；热水供应系统可分为局部、集中和区域性热水供应系统，实践中应注意太阳能热水系统、饮水供应系统的应用及管理。要熟悉小区给水、排水系统维护的内容，常见故障的处理及突发事件的管理。

强 化 练 习

一、单项选择题

1. 为了保证游泳池水质，必须对池水消毒，通常使用的消毒剂是以下哪种（　　）。

A. 明矾　　　　　B. 氯化钠　　　　　　C. 次氯酸钠　　　　　D. 高锰酸钾

2. 小区的给水管网一般布置成枝状或（　　　）。

A. 放射状　　　B. 树状　　　　　　C. 平排状　　　　　D. 环状

3. 水表井内水表的接管公称直径为 60mm，则井的内径为（　　　）m。

A. 1.2　　　　B. 1.0　　　　　　C. 0.8　　　　　D. 0.6

4. 3m 宽的道路下埋设的市政排水设施的维护管理单位是（　　　）。

A. 物业公司　　B. 市政工程管理部门　C. 产权单位　　　D. 污水处理单位

5. 对于不允许供水间断的建筑群，应采用的给水管网形式是（　　　）。

A. 枝状管网　　B. 环状管网　　　　C. 闭式管网　　　D. 开式管网

6. 小区主要道路或经常有重型车辆经过的地方应采用的阀门井盖是（　　　）。

A. 方形井盖　　B. 圆形井盖　　　　C. 轻型铸铁井盖　　D. 重型铸铁井盖

7. 地下管网的管道随地形变坡时，在变坡的高位点应设置（　　　）。

A. 泄水阀　　　B. 检修口　　　　　C. 排气阀　　　　D. 抽水设备

8. 给水管道的埋设深度一般位于地区冰冻线以下（　　　）。

A. 100mm　　　B. 200mm　　　　　C. 0.5m　　　　　D. 0.6m

9. 排水系统直管段上检查井的设置间隔为（　　　）。

A. 15～25m　　B. 30～40m　　　　C. 40～50m　　　　D. 50～60m

10. 水景工程的给水方式是（　　　）。

A. 加压给水　　B. 双向给水　　　　C. 单向给水　　　　D. 循环给水

二、多项选择题

1. 住宅小区给水系统的组成有（　　　）。

A. 给水管网　　B. 阀门井　　C. 水表井　　D. 排气泄水井　　E. 室外消火栓

2. 小区排水管网主要采取制式是（　　　）。

A. 分流制　　　　　B. 合流制　　　　　C. 雨水-污水合流制

D. 雨水-废水合流制　　E. 污水-废水合流制

3. 小区排水系统的主要附属构筑物有（　　　）。

A. 污水局部处理构筑物　　B. 跌水井　　C. 雨水口　　D. 检查井　　E. 化粪池

4. 使用过的水一般由小区排水系统排出前，需经（　　　）才能排出。

A. 化粪池　　B. 废水处理　　C. 消毒　　D. 检疫　　E. 计量

5. 根据有关规定，物业公司负责维护管理的给水范围有（　　　）。

A. 引入管　　　　　B. 小区内的管线和设备　　　　C. 消防供水

D. 多层的户外水表　　　E. 室内消防栓

三、思考题

1. 小区给水系统由哪几部分组成？给水方式有哪些？

2. 小区排水系统的附属构筑物有哪些？各有什么作用？

3. 小区水景工程的构成及控制方式有哪些？

4. 室内热水供应系统有哪几种？

5. 对饮水有何要求？

6. 太阳能热水器由哪几部分构成？

7. 小区室外排水常见故障有哪些？故障原因是什么？应如何处理？

8. 小区给排水常会出现哪些突发事件？应怎么处理？

技 能 实 训

任务 1. 如何管理小区的雨水排放系统？请查阅收集相关案例并加以分析。

任务 2. 请问小区的水景工程、公共游泳池等设施应如何进行管理？二者在管理实践中可能存在哪些风险因素？我们在今后的管理工作中应注意什么事项？

任务 3. 请给出小区污水提升泵的可能故障现象？在运行中可能会存在什么风险？对以上设备设施如何进行管理？

（附注：以上各任务，可查阅资料独立完成，也可作为专题分组讨论，然后进行小组课堂汇报，在逐步形成自学能力的的基础上充分调动大家的积极性。）

第三部分　供暖、供燃气、通风与空调、建筑消防

单元 **5**

供暖及燃气供应系统

📖📖 **教学目标**

1. 知识目标

（1）认知供暖系统分类；认知热水供暖系统的不同形式；认知蒸汽供暖、热风供暖；认知辐射供暖及其基本构成。

（2）认知供暖系统的主要设备与附件，如锅炉、分-集水器、安全阀、疏水器、容积式热交换器等。

（3）认知供暖系统的管道布置与敷设；认知供暖系统的运行和维护管理。

（4）认知燃气的分类及其供应方式；认知室内燃气系统主要设备（如燃气表、燃气灶、热水器）的常规管理；认知燃气系统的维护及管理；认知燃气系统的应急管理。

2. 能力目标

（1）能识别供暖系统的不同形式；能识别热水供暖系统的各组成部分及其作用。

（2）能认知辐射供暖基本构成。

（3）能识别供暖系统常见故障，具备协助进行供暖系统基本管理与维护的能力。

（4）能认识燃气供应系统及其主要设备并具备基本的管理与维护能力。

（5）具备燃气系统应急事件的管理能力。

5.1 建筑供暖系统概述

在冬季，室外环境温度较低，为了满足人们工作和生活所需的温度，必须以某种方式向室内供给相应的热量，这就是供暖。建筑供暖系统就是利用热媒（如热水、水蒸汽或其他介质）将热能从热源（如锅炉）通过热力管道输送至各个热用户的工程技术。

5.1.1　供暖系统的组成

供暖系统由热源、热循环系统、散热设备和其他辅助装置组成。如图 5-1 所示。

（1）热源。用于产生热量，是采暖系统中供应热量的来源。常用的热源设备主要有锅炉和换热器。

1）锅炉。供暖系统中把燃料燃烧时所放出的热能，经过热传递使水（热媒）变成蒸汽（或热水）。

2）换热器。供暖系统中通过两种温度不同的热媒之间的热交换向系统间接地提供热能。常见的换热器有汽-水热交换器和水-水热交换器两种。

（2）热循环系统。用于进行热量输送的管道及设备，是热量传递的通道。热源到热用户散热设备之

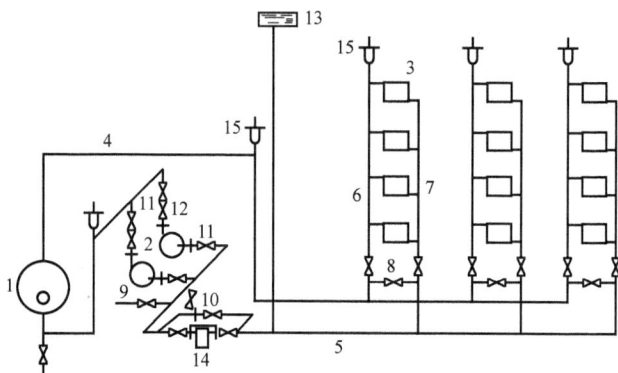

图 5-1　机械循环热水供暖系统工作原理图
1—锅炉　2—水泵　3—散热器　4—供水干管　5—回水干管
6—用户供水管　7—用户回水管　8—循环管　9—给水管
10—泄水管　11—闸阀　12—止回阀　13—膨胀水箱
14—除污器　15—自动排气装置

间的连接管道称为供热管，经散热设备散热后返回热源的管道称为回水管。水泵是供暖系统的主要循环动力设备。

（3）散热设备。用于将热量传递到室内的设备，是采暖系统中的负荷设备。如各种散热器、辐射板和暖风机等。热水（或蒸汽）流过散热器，通过它将热量传递给室内空气，从而达到向房间供暖的目的。

（4）其他辅助设备。为使供暖系统能正常工作，还需设置一些必需的辅助设备。如膨胀水箱、补水装置、排气装置、除污器等。

5.1.2　供暖系统的工作原理

在供暖系统中，承担热量传输的物质被称为热媒。常见的热媒有水和蒸汽两种。

低温热媒（低温水）在热源中被加热，吸收热量后，变为高温热媒（高温水或蒸汽），经输送管道送往室内，通过散热设备放出热量，使室内温度升高；热媒散热后温度降低，再通过回收管道返回热源，进行循环使用。如此不断循环，从而不断将热量从热源送到室内，以补充室内的热量损耗，使室内保持一定的温度。

5.1.3　供暖系统的分类

物业常用供暖系统一般可按以下不同方式进行分类。

（1）按热媒不同可分为：热水供暖、蒸汽供暖、热风供暖。

1）热水供暖系统。是以热水为热媒，把热量带给散热设备的供暖系统。热水供暖系统又分为低温热水供暖系统（水温 $t \leqslant 100℃$）和高温热水供暖系统（水温 $t > 100℃$）。住宅及民用建筑多采用低温热水供暖系统，设计供回水温度为 95℃/70℃。热水供暖系统按循环动力不同还可分为自然循环系统和机械循环系统两类。热水供暖系统广泛应用于民用建筑。

2）蒸汽供暖系统。是以蒸汽为热媒的供暖系统。蒸汽进入散热器后，充满散热器，通过散热器将热量散发到房间内，与此同时蒸汽冷凝成同温度的凝结水。蒸汽供暖系统分为高压蒸汽供暖系统（气压 $> 70kPa$）和低压蒸汽供暖系统（气压 $\leqslant 70kPa$）。该系统主要应用于工业建筑，居住物业一般较少使用。

3）热风供暖系统。是以空气为热媒，把热量带给散热设备的供暖系统。在热风供暖系统中，首先将空气加热，然后将高于室温的空气送入室内，达到供暖的目的。可分为集中送风系统和暖风机系统。该系统主要应用于大型工业车间。

（2）按供暖范围不同可分为：局部供暖系统、集中供暖系统和区域供暖系统。

1）局部供暖系统。将热源和散热设备合并成一个整体，分散设置在各个房间里的供暖系统称为局部供暖系统。如火炉、电暖气等，该供暖系统适用于局部小范围的供暖。

2）集中供暖系统。热源和散热设备分别设置，热源通过热媒输送管道向各个房间或各个建筑物供给热量的供暖系统。如以锅炉房为热源，作用于一栋或几栋楼房的采暖系统。

3）区域供暖系统。以大型锅炉房、热力站、热电厂为热源，通过区域供热管网将热媒输送至一个区域的许多建筑物采暖的供暖系统。

（3）按系统作用压力不同分为：自然循环系统和机械循环系统。

5.2　热水供暖及蒸汽供暖

热水供暖系统可分为低温热水供暖系统和高温热水供暖系统。低温热水供暖系统的供水温度为 95℃，回水温度为 70℃，是目前广泛使用的一种供暖系统。高温热水供暖系统的供水温度多采用 130℃，回水温度为 80℃，由于物业中较少应用，这里不做介绍。

5.2.1　热水供暖系统的不同作用方式

按系统作用压力（供暖系统中促使热媒循环流动的压力）不同可分为自然循环热水供暖系统和机械循环热水供暖系统。

1. 自然循环热水供暖系统

自然循环热水供暖系统不设水泵，仅靠供、回水密度差和散热器与锅炉中心线的高差使水循环。水在锅炉内加热后，密度减小，热水沿供水管进入散热器，热水在散热器中散热冷却后，密度增大，热水沿回水管返回锅炉被重新加热。该系统由热源（锅炉）、散热设备、供水管道、回水管道和膨胀水箱等组成，如图 5-2 所示。

自然循环热水供暖系统工作时不消耗电能，无噪声，维护管理较简单；但由于不设水泵，其作用动力小，因此，管径设置相对较大，作用半径不宜超过 50m。

2. 机械循环热水供暖系统

机械循环热水供暖系统由热水锅炉、供水管道、散热器、回水管道、循环水泵、膨胀水箱、排气装置、控制附件等组成，如图 5-1 所示。机械循环热水供暖系统的工作过程是：运行前，先打开给水管上的阀门，向系统内充水，如果给水压力不足，则开动水泵加压，此时系统中的空气从排气装置和膨胀水箱排出；系统充满水后，开动锅炉，水在锅炉中被加热，热水在水泵的作用下沿着供水干管、用户供水管流进散热器，并通过散热器将热量释放到供暖房间内；释放热量后的回水温度降低，沿用户回水管、回水干管，并经除污器除掉其中的杂质（如铁锈、污泥）后，被水泵加压，流回锅炉中再进行加热。

机械循环热水供暖系统的循环动力由循环水泵提供，系统作用半径大，供热的范围大，管道中热水的流速大，管径较小，启动容易，应用广泛，但系统运行耗电量大，维修量也大。目前集中供暖系统多采用这种形式。

图 5-2　自然循环热水供暖系统原理图

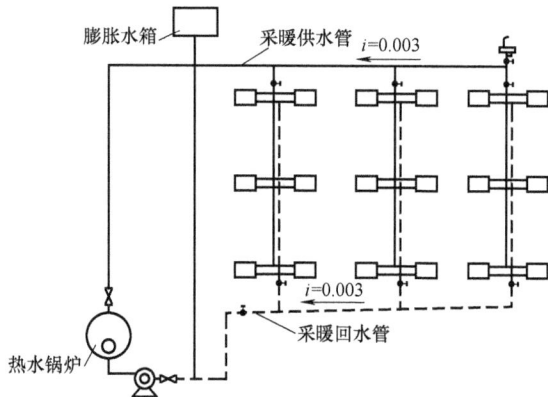

3. 两种供暖方式的区别

（1）循环动力不同。机械循环以水泵作循环动力，属于强制流动。

（2）排气方法不同。自然循环方式下，一般膨胀水箱作为系统的最高排气点，供水干管沿水流方向设置下降坡度（坡度值多为 0.5%），且回水干管坡向热源。机械循环采暖系统大多利用专门的排气装置（如集气罐）排气，例如上供下回式采暖系统，供水水平干管有沿着水流方向逐渐上升的坡度（俗称"抬头走"坡度值多为 0.3%），在最高点设排气装置，如图 5-3 所示。

（3）膨胀水箱同系统连接点不同。机械循环采暖系统膨胀管连接在循环水泵吸入口一侧的回水干管上，而自然循环采暖系统多连接在热源的出口供水立管顶端。

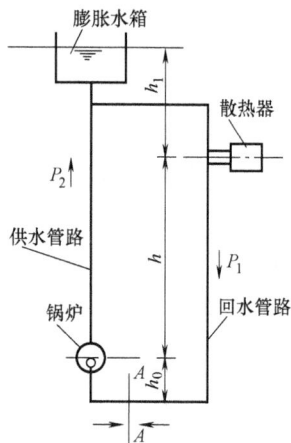

图 5-3　双管上供下回式机械循环系统

5.2.2　热水供暖系统的形式

5.2.2.1　垂直式系统

垂直式是指将垂直空间位置相同的各个散热器用立管进行连接的方式。按散热器与立管的连接方式可分为单管系统和双管系统；按供、回水干管的位置不同可分为上供下回式、下供下回式、中供式系统。

1. 双管系统

双管系统是指与每组散热器连接的立管均为两根，散热器的供水口和回水口分别与供水立管和回水立管相连接的方式。热水平行地分配给所有散热器，散热器流出的回水直接流回锅炉。

（1）上供下回式双管系统。如图 5-3 所示，供水干管布置在所有散热器的上方，回水干管布置在所有散热器的下方，水流沿着立管自上而下流过散热器。其特点是：各组散热器均为并联连接，每组散热器可进行单独调节，但易产生"上热下冷"的现象。

（2）下供下回双管系统。如图 5-4 所示，其供水干管与回水干管均布置在所有散热器的下方，这种系统亦具有散

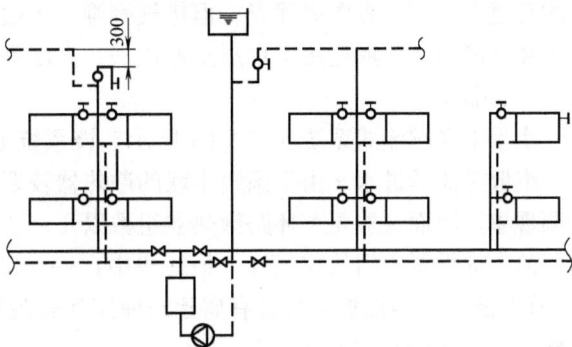

图 5-4　双管下供下回式机械循环系统

热器单独调节的特点，可消除"上热下冷"的现象，但排气较困难。

（3）中供式双管系统。系统的水平供水干管敷设在系统的中部的一种给水方式。

2. 单管系统

单管系统各层散热器串联于立管上，和散热器相连的立管只有一根，多个立管并联设置在干管上，热水按顺序逐次流经各层散热器，然后经底层回水管返回。单管上供下回式系统有单管顺流式和单管跨越式两种，如图 5-5 所示。

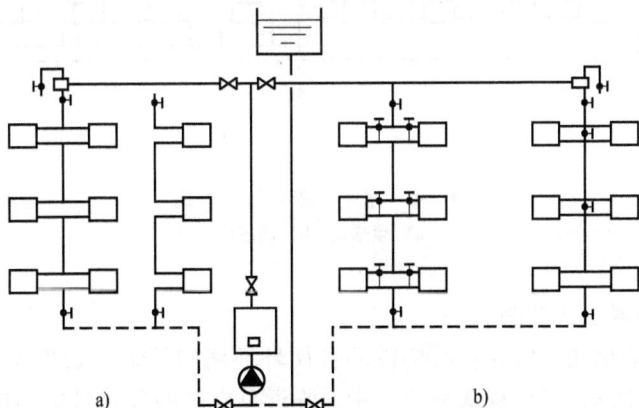

图 5-5　单管上供下回式机械循环系统

a）单管顺流式采暖系统　b）供水支管加三通阀的单管跨越式采暖系统

单管系统与双管系统相比较，其优点是系统简单、节省钢材、安装方便、造价低、上下层温差较小；其缺点是下层散热器片数会增多（因进入散热器的水温降低），占地面积大，无法调节单组散热器的散热量，单管系统一般适用于学校、办公楼及集体宿舍等公共建筑。

5.2.2.2　水平式系统

水平式供暖系统分顺流式和跨越式两种。它具有系统简单、节省管材、造价低、穿越楼板的管道少、施工方便等优点；但排气困难、无法调节个别散热器放热量，必须在每组散热器上装放风门，一般适用于单层工业厂房、大厅等建筑。

1. 顺流式

水平串联顺流式系统如图 5-6a 所示。该系统散热器首尾相接，前一组散热器的出水为后一组散热器的进水。由于系统串联的散热器较多，因此易出现前端过热，末端过冷的水平失调现象，因而一般每个环路散热器组数以 8 ~ 12 为宜。这种系统的排气可以采用在每个散热器的上部设置专门的空气管，最终集中在一个散热器上由排气阀集中排气，如图 5-6a 中的（1）所示；当设置空气管有碍建筑使用和美观时，可在每个散热器上装一个排气阀进行局部排气，如图 5-6a 中的（2）所示。

2. 跨越式

水平串联跨越式系统如图 5-6b 所示。该系统前一组散热器的回水与供水混合作为后一组散热器的供水。可以在散热器上进行局部调节，适用于需要进行局部调节的建筑物，它的空气排放措施与水平串联式系统相同。

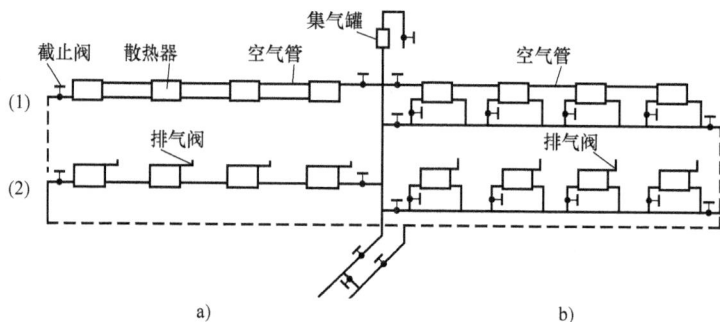

图 5-6　水平式单管散热系统
a）顺流式　b）跨越式

5.2.2.3　同程式与异程式系统

供暖系统中，如果通过各立管所构成的各循环环路的管道总长度不相等，则为"异程式系统"，如图 5-3 所示。"异程式系统"中，临近总立管的分立管所构成的循环环路较短；而远离总立管的分立管所构成的循环环路较长；因此造成各个环路之间的压力损失相差也很大，从而造成系统压力难以平衡，最终导致热水流量水平分配失调，即"近热远冷"现象。为了消除或减轻这种现象，可采用"同程式系统"，如图 5-7 所示。通过增加回水管长度，可使循环环路 GABCD 与 GAECD 长度近似相同，因此每个环路间的压力损失易于平衡。在较大型建筑物中通常采用同程式系统，但同程式系统对管材的需求量较大，系统初投资较大。

5.2.3 高层建筑热水供暖系统的形式

随着建筑高度的增加，供暖系统内的静水压力也增加，而散热设备、管材的承压能力是有限的，因此，建筑物高度超过 50m 时，应竖向分区供热，为减轻垂直失调，一个垂直单管供暖系统所供的层数不应大于 12 层，上层系统采用隔绝式连接。

1. 分区式供暖系统

分区式供暖系统是在垂直方向上分成两个或两个以上相互独立的系统，如图 5-8 所示。该系统高度的划分取决于散热器、管材的承压能力及室外供热管网的压力。下层系统通常直接与室外管网连接，上层系统通过加热器与外网隔绝式连接。这种系统是目前最常用的一种形式。

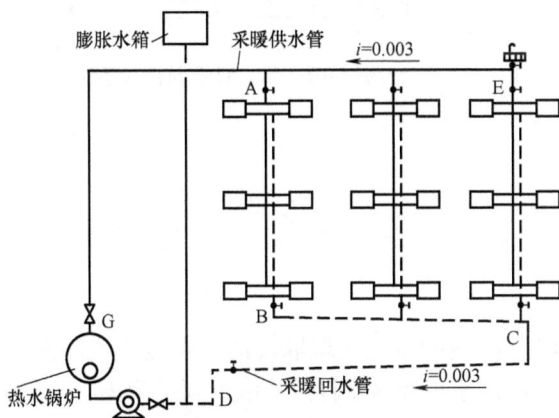

图 5-7　机械循环同程式系统

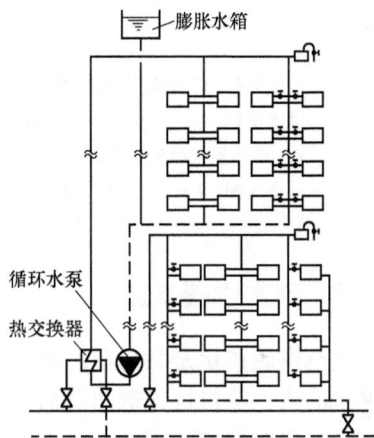

图 5-8　分区式热水供暖系统

2. 双线式系统

双线式供暖系统分为垂直式和水平式系统，垂直双线单管热水供暖系统是竖向的Ⅱ形单管式立管组成，如图 5-9 所示。一根是上升立管，另一根是下降立管，因此各层散热器的平均温度近似地可认为相同，可以减轻垂直失调。散热器采用蛇形管或辐射板式（单块或砌入墙内的整体式）结构。由于单管立管的阻力较小，容易引起水平失调，可以在下降立管上设置节流孔板来增大阻力，或者采用同程式系统来消除水平失调现象。双线式供暖系统不能解决下部散热器超压的问题。

3. 单、双管混合式系统

单、双管混合式系统将散热器在垂直方向上分为几组，每组内采用双管形式，组与组之间用单管连接，如图 5-10 所示。该系统避免了垂直失调现象，且某些散热器能局部调节，既有单管的特点，又有双管的特点。

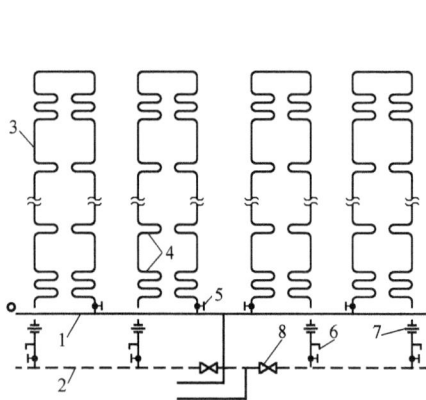

图 5-9　双线式热水供暖系统

1—供水干管　2—回水干管　3—双线立管

4—散热器或加热盘管　5—截止阀

6—排气阀　7—节流孔板　8—调节阀

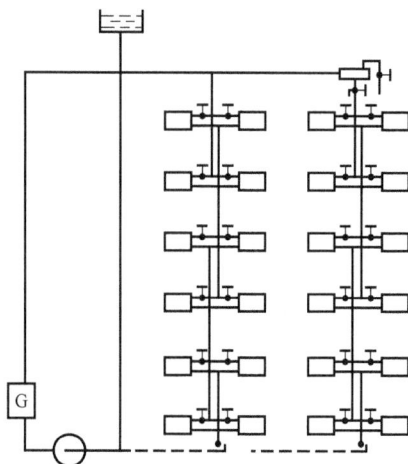

图 5-10　单、双管混合式系统

5.2.4　蒸汽供暖系统

蒸汽供暖系统是利用蒸汽凝结时放出汽化潜热的特性实现取暖的。在蒸汽供暖系统中，热媒是蒸汽，蒸汽进入散热器后，充满散热器，通过散热器将热量散发到房间内，与此同时蒸汽冷凝成同温度的凝结水。

蒸汽供暖系统一般由蒸汽锅炉、分汽缸、减压阀、蒸汽管道、散热器、凝结水管道、凝结水箱、疏水器、凝结水泵等部分组成，如图 5-11 所示。

1. 蒸汽供暖系统的分类

蒸汽供暖系统按供汽压力的大小可分为高压蒸汽供暖系统（供汽压力 $P > 70\text{kPa}$）、低压蒸汽供暖系统（供汽压力 $P \leqslant 70\text{kPa}$）、真空蒸汽供暖系统（供汽压力低于大气压）。

按供汽干管布置方式的不同可分为：上供式、中供式和下供式蒸汽供暖系统。

按立管布置特点的不同可分为：单管式和双管式蒸汽供暖系统。

按回水动力的不同可分为：重力（自然）回水和机械回水蒸汽供暖系统。

2. 蒸汽供暖系统的特点

蒸汽供暖系统与热水供暖系统相比具有以下特点：

（1）蒸汽供暖系统的热惰性小，因此系统的加热和冷却过程都很快。

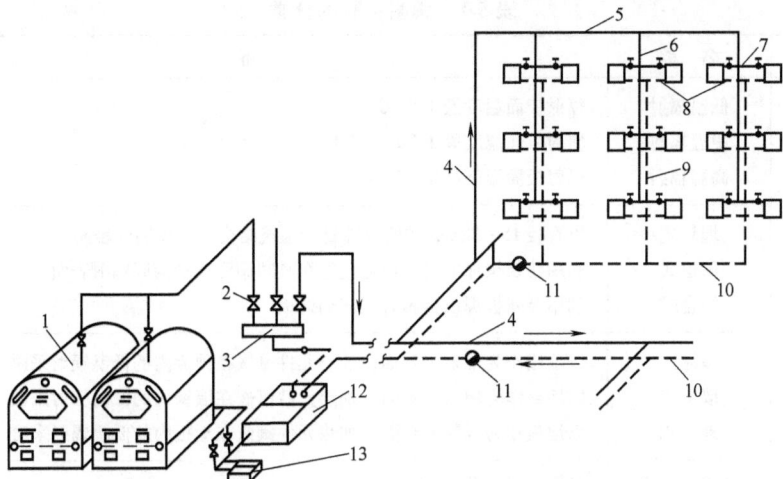

图 5-11　机械回水双管上供下回式蒸汽供暖系统示意图

1—蒸汽锅炉　2—阀门　3—分汽缸　4—室外蒸汽干管　5—室内蒸汽干管
6—蒸汽立管　7—散热器水平支管　8—凝结水支管　9—凝结水立管
10—凝结水干管　11—疏水器　12—凝结水池　13—凝结水泵

（2）蒸汽供暖系统所需的蒸汽流量少，本身重力所产生的静压力也很小，节省电能，节省散热器，节省管材，节省工程的初投资。

（3）蒸汽的"跑、冒、滴、漏"等现象严重，热损失大。

（4）由于蒸汽供暖系统间歇工作，管道内时而充满蒸汽，时而充满空气，管道内壁氧化腐蚀严重，因此，蒸汽系统比热水系统寿命短。

（5）蒸汽供暖系统散热器表面温度高，易烫伤人，散热器表面灰尘剧烈升华，卫生、安全条件不好，因此，民用建筑不适宜采用蒸汽供暖系统。

5.3　辐射供暖和热风供暖

5.3.1　辐射供暖

辐射供暖是通过室内的一个或多个辐射面向供暖空间中的人和物传递热能的一种方式。与对流供暖不同的是，辐射供暖直接由辐射面将能量以波长为 8～13μm 的远红外线形式传递给供暖空间中的人和物。通常可利用建筑物内的屋顶面、地面、墙面或其他表面的辐射散热设备散出的热量来满足房间或局部工作点的供暖需求。

5.3.1.1　辐射供暖的种类和特点

按照不同的分类标准，辐射采暖的形式比较多，如表 5-1 所示。

表 5-1　辐射供暖的分类

分类根据	名　称	特　征
按板面温度	低温辐射 中温辐射 高温辐射	辐射板面温度低于 80℃ 辐射板面温度等于 80～200℃ 辐射板面温度高于 500℃
按辐射板构造	埋管式 风道式 组合式	以直径 15～32mm 的管道埋置于建筑结构内构成辐射表面 利用建筑构件的空腔使热空气在其间循环流动构成辐射表面 利用金属板焊以金属管组成辐射板
按辐射板位置	顶棚式 墙壁式 地板式	以顶棚作为辐射采暖面，加热元件镶嵌在顶棚内的低温辐射采暖 以墙壁作为辐射采暖面，加热元件镶嵌在墙壁内的低温辐射采暖 以地板作为辐射采暖面，加热元件镶嵌在地板内的低温辐射采暖
按热媒种类	低温热水式 高温热水式 蒸汽式 热风式 电热式 燃气式	热媒水温度低于 100℃ 热媒水温度等于或高于 100℃ 以蒸汽（高压或低压）为热媒 以加热以后的空气作为热媒 以电热元件加热特定表面或直接发热 通过燃烧可燃气体在特制的辐射器中燃烧发射红外线

　　和对流采暖相比，辐射采暖是一种卫生条件和舒适标准都较好的采暖形式，它具有以下明显特点。

1. 辐射供暖的优点

　　（1）有利于增加供暖舒适感。有关研究表明，在保持人体散失总热量一定时，适当减少人体的辐射散射而相应的增加一些对流散热，人就会感到更舒适。辐射供暖时，人体对外界的有效辐射散热会减弱，又由于辐射供暖室内空气温度比对流供暖环境空气温度低，所以相应地加大了一些人体的对流散热，所以会使人体感到更加舒适。

　　（2）有利于减少能耗，节约能源。对流供暖系统中，人的冷热感觉主要取决于室内空气温度的高低；而采用辐射供暖时，人或物体受到辐射强度与环境温度的综合作用，人体感受的实感温度可比室内实际环境温度高出 2～3℃。也就是说，在具有相同舒适感的前提下，辐射采暖的室内温度可比对流采暖时低 2～3℃。研究表明，住宅室内温度每降低 1℃，可节约燃料 10% 左右，因此，采用辐射供暖可有效地减少能源消耗。其次，辐射供暖时，室内温度梯度比对流供暖时小，这大大减少了屋内上部空间的热损失，使得热压减少，冷风渗透量也减小。另外，低温辐射供暖的热源选择灵活，在能提供 35℃ 以上热水（工业余热锅炉水、各种空调回水、地热水等）的地方即可应用，从而起到了综合节约能源的作用。

　　（3）有利于改善室内空气条件。辐射供暖时，不会像空气对流那样产生大量尘埃及积尘，可减少墙面物品或室内空气的污染，从而有利于改善室内卫生条件。

　　（4）有利于建筑的隔音降噪。目前我国隔层楼板一般采用预制板或现浇板，其隔音效果很差；而采用地板辐射供暖系统时，由于增加了保温层，从而使房间具有较好的隔音效果。

（5）有利于改变室内布局。辐射供暖管道全部在屋顶、地面或墙面面层内，从而可使建筑物的实用面积相应增加，有利于自由装修墙面、地面、摆放家具。

（6）有利于减少系统维护保养费用。低温地板辐射供暖由于采用 50℃ 以下的低温热水，管道不腐蚀、不结垢，可有效减少维护保养费用。

另外，在一些特殊场合和露天场所，使用辐射供暖可以达到对流供暖难以实现的供暖效果。

2. 辐射供暖的缺点

由于建筑物辐射散热表面温度有一定限制，不可过高，如地板式为 24～30℃，墙面式为 35～45℃，顶棚式为 28～36℃，因此在一定热负荷情况下，低温辐射供暖系统则需要较多的散热板数量，从而使其初投资较大，一般比对流供暖初投资高出 15%～20%，且这种系统的埋管与建筑结构结合在一起，使结构变得更加复杂，施工难度增大，维护检查不便。

5.3.1.2 地板辐射热水供暖

地板辐射供暖又称地暖，通常有电地暖和水地暖之分。电地暖是指在地面下敷设发热电缆，通电后产生热量来加热地面的供暖方式。而水地暖是以不高于 60℃ 的热水为热媒，将加热管埋设在地板中的辐射供暖方式，故又称为低温热水地面辐射供暖。低温地板辐射供暖适用热媒温度为 40～60℃，供回水温差为 6～10℃。地板辐射热水供暖系统作为分户采暖的一种形式，近年来在我国正逐步得到认同并得以大量推广应用。

1. 地板辐射热水供暖系统的组成

地板辐射热水供暖系统一般由热源（小型锅炉）、分水器、集水器、温控阀、除污器、保温层、隔热反射材料（铝箔层）和管道及保温等部分组成，系统的构成如图 5-12 所示。

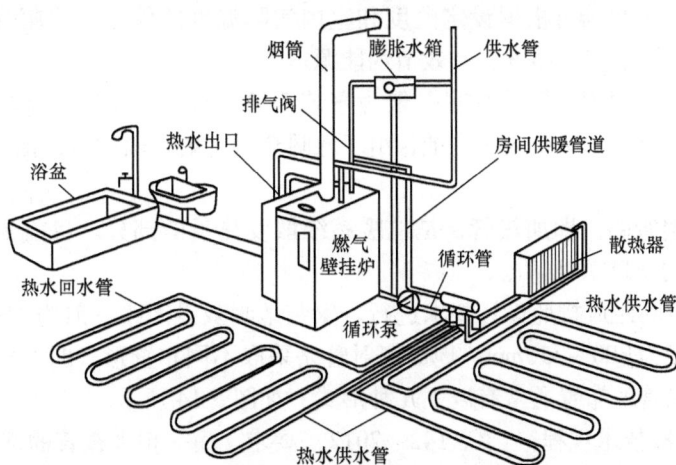

图 5-12 低温热水地板辐射采暖系统示意图

（1）热源。地板辐射供暖系统的热源主要使用小型燃气炉，有落地式和壁挂式多种形式。家庭地板辐射供暖系统一般使用壁挂炉。其质量的优劣将严重影响整个系统的安全运行和采暖效果。目前市场上品牌众多，主要以德国的威能、博世、菲斯曼及意大利的阿里斯顿、八喜、贝雷塔、法罗力等欧洲品牌为主。不同厂家壁挂炉在构造上大同小异。图5-13为某品牌燃气壁挂炉的基本构造。

（2）分水器、集水器。分水器的作用是将热水进行各个支路的流量分配，集水器与其相反。要注意使分-集水器所形成的各个支路之间的压差要小；各回路应有可精确调节的流量平衡阀，以便在不同的管道敷设方式并配置热电阀的情况下，可满足不同室温的个性化需求。分-集水器上应设置自动排气阀。

（3）自动排气阀。其作用是将管路内不凝性气体排出，防止管路

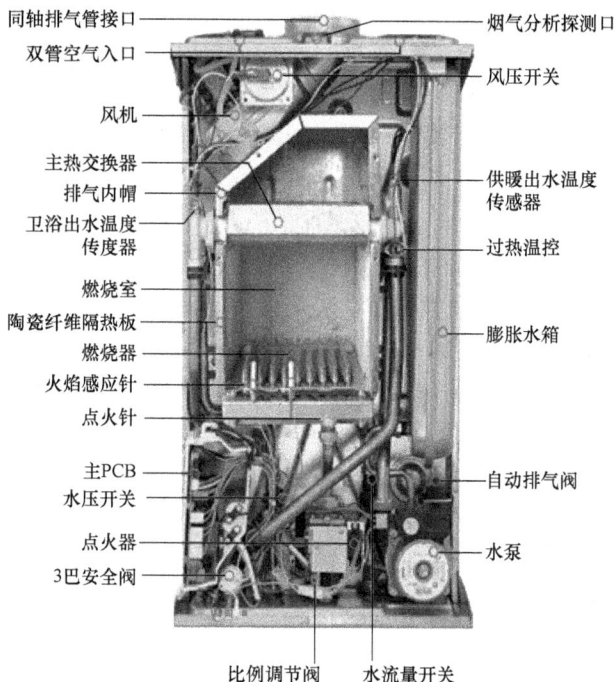

图5-13　燃气壁挂炉构造

内形成气堵；管路内如有过多的气体，将降低有效发热面积，并导致系统压力的不稳定。

（4）温控器。温控器可根据设定温度和室内实际温度的偏差，控制分水器、集水器热电阀开和关，从而调节室内温度，有效节约能源。

（5）隔热及反射材料。隔热材料一般为聚苯乙烯发泡板，用来隔绝热量向下传递。反射材料一般为敷铝膜的无纺布或牛皮纸，由于地暖热量主要是辐射热，铝膜反射材料的作用尤为重要。

（6）地面辐射管路。即加热管，是地暖系统散发热量的部分。目前常用的管材主要有PE-RT、PE-X系列、PB等材质。

加热管的敷设间距应按照设计要求进行。家装地暖敷设间距一般为150～200mm；工装地暖敷设间距一般为300～350mm。地面辐射管路采取不同布置形式时，导致的地面温度分布是不同的。加热管的布置通常有以下几种形式，如图5-14所示。

《辐射供暖供冷技术规程》（JGJ 142—2012）要求，每一根地板管的长度不能超过80m，超过80m就会影响壁挂炉水路循环，影响采暖效果。根据上述原则，对于大面积地暖加热管的铺设，应设计成2～3个循环水路，否则，无法达到相应采暖效果。

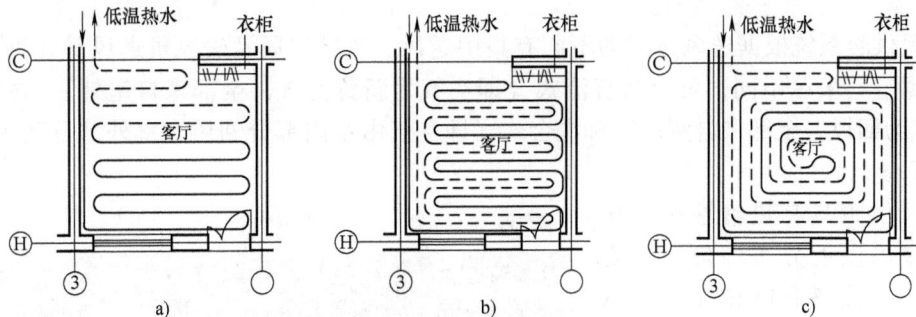

图 5-14 地板辐射采暖管道布置形式

a）直列型 b）往复型 c）回转型

2. 地板辐射供暖系统的施工工艺

地板辐射供暖系统的施工工艺是：首先用水泥砂浆将钢筋混凝土地面（板）找平，然后在其上铺设高效保温材料（如聚苯或聚乙烯泡沫等）作为保温层，保温层上部再覆一层夹筋铝箔层，在铝箔层上按设计间距敷设加热盘管并用固定卡加以固定，最后浇筑 40～60mm 厚细石混凝土作为埋管层，经平整后再做地面层，其结构如图 5-15 所示。地面管路敷设完成后，再将管路按照设计分别连接到分-集水器上，连接实物图如图 5-16 所示。

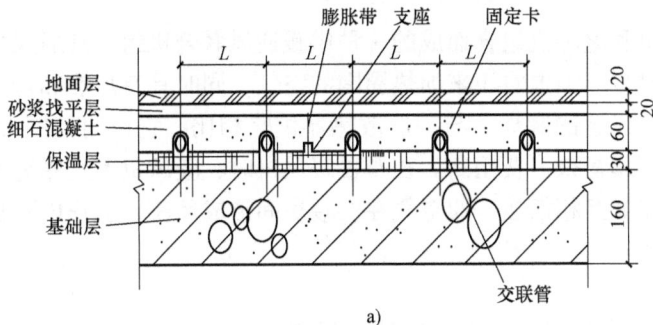

图 5-15 低温地板辐射供暖结构图

a）结构剖面图 b）环路平面图（实物）

5.3.2 热风供暖系统

热风供暖系统以空气作为热媒。在热风供暖系统中，首先对空气进行加热处理，然后送到供暖房间散热，以维持或提高室内温度。热风供暖系统所用热媒为室外新鲜空气、室内循环空气或两者混合体。一般热风供暖只采用室内再循环空气，属闭式循环系统。若采用室外新鲜空气应结合建筑通风考虑。在这种系统中，空气通常采用热水、蒸汽或高温烟气来加热。

热风供暖系统根据送风方式的不同有集中送风、风道送风及暖风机送风等几种基本形式。根据空气来源不同，可分为直流式（即空气为新鲜空气，全部来自室外）、再循环式（即空气为回风，全部来自室内）和混合式（即空气由室内部分回风和室外部分新风组成）等供暖系统。

热风供暖具有热惰性小、升温快、室内温度分布均匀、温度梯度较小、设备简单和投资较小等优点。因此，被广泛应用于既需要供暖又需要通风换气的建筑物内、有害物质产生很少的工业厂房中、人们短时间内聚散需间歇调节的建筑物（如影剧院、体育馆）等场所。

热风供暖系统可兼有通风换气系统的作用，但系统噪声比较

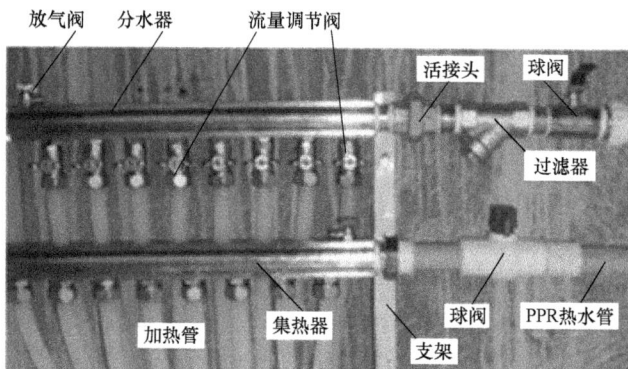

图 5-16　分-集水器安装实物图

大。对于面积比较大的厂房，冬季需要补充大量热量，因此常采用暖风机或与送风系统相结合的热风供暖方式。

暖风机是由空气加热器、通风机和电动机组合而成的一种供暖通风联合机组，其通风机分为轴流式与离心式两种。暖风机供暖靠强迫对流来加热周围的空气，同时具有加热和传输空气两种功能，因而省去了敷设大型风管的麻烦。与一般散热器供暖相比，它作用范围大、散热量大，但消耗电能较多、维护管理复杂、费用高。在布置暖风机时，暖风机不宜靠近人体或直接吹向人体，多台风机的射流要互相衔接，使空气在供暖房间形成环流，射程内不得有高大设备或障碍物阻挡空气流动。

5.4　供暖系统设备设施及管道

5.4.1　热源和散热设备

5.4.1.1　锅炉房设备

锅炉房设备包括锅炉本体和它的附属设备，其中锅炉本体是锅炉房的核心设备，如图 5-17 所示。

1. 锅炉

锅炉分为高压锅炉和低压锅炉两种。热水锅炉中，产生的热水温度高于 115℃ 的称为高压锅炉，温度低于 115℃ 的称为低压锅炉。蒸汽锅炉中，产生的蒸汽压力大于 70kPa 的称为

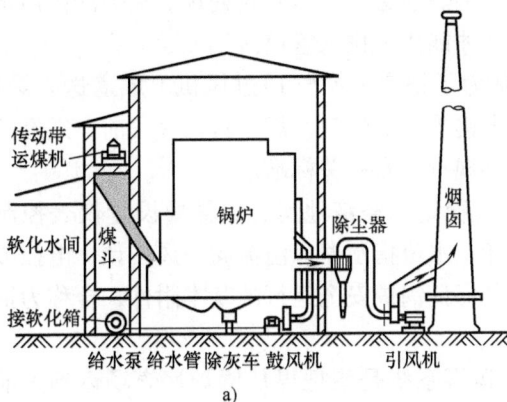

图 5-17　锅炉房设备

a）燃煤锅炉房示意图　b）燃气锅炉房实物图

高压锅炉，压力小于或等于 70kPa 的称为低压锅炉。低压锅炉一般由铸铁或钢制造，而高压锅炉则由钢制造。

锅炉本体的最主要设备是汽锅和炉子。汽锅是由锅筒（又称汽包）、管束、水冷壁、集箱和下降管等组成的一个封闭汽水系统；炉子是燃料燃烧的场所。燃料在炉子中燃烧后的产物——高温烟气以对流和辐射的形式将热量传递给汽锅里的水，水被加热，形成热水或蒸汽。

2. 锅炉辅助设备

为保证锅炉本体正常运行，必须设置锅炉辅助设备，它们是为了保证锅炉房能安全可靠、经济有效地工作而设置的辅助性机械设备、安全控制器材及仪表控制器材等，也有的采用计算机控制运行。附属设备主要包括以下几个部分：

（1）燃料燃烧系统

1）燃气、燃油锅炉。燃气锅炉的燃气供给由单独设置的气体调压站经输气管道送至燃气锅炉。燃油锅炉的燃油供给系统由贮油器、输油管道、油泵和室内油箱组成。由输油泵将油输送到室内油箱，进入锅炉燃烧器内雾化喷出燃烧。燃气燃油锅炉房的安全保障系统极为重要。

2）燃煤锅炉。锅炉房外必须设置有一定面积和空间的储煤场地和灰渣场地，以保障能贮存一定数量的煤，避免因煤的临时供应短缺等因素影响锅炉的连续正常工作；煤烧尽后的灰渣应及时排除。此外还要有专门的运煤除灰设备和煤粉碎、筛选设备。

（2）汽水系统。锅炉汽水系统由蒸汽、给水、排污三个部分组成。蒸汽系统包括主、副汽管及其相应的设备、附件；给水系统有水处理设备、水箱、水泵及给水管道和附件等；

排污系统包括排污减温池或扩容器、排污管等。为了确保进入锅炉的水符合锅炉给水水质标准，避免汽锅内壁结垢和腐蚀，锅炉给水在进入锅炉前必须进行软化处理。锅炉的排污水具有很高的压力和温度，必须先进行膨胀降温后，才能排入排水管道。

（3）通风除尘系统。锅炉房的送风系统是为了把室外空气通过风机、风道送入炉膛，保障燃料燃烧的正常进行。排风系统是为了排出锅炉中的烟气，烟气排入大气前，须经除尘器处理，以使排入大气中的有害物质的浓度符合现行国家有关标准。

（4）仪表控制系统。为了保证锅炉能安全、稳定、经济地运行，需要设置仪表控制系统。仪表控制系统包括流量计、压力表、温度计、水位指示器、溢流阀、风压计、电控或自控器材等。其中压力表、溢流阀、水位指示器是保证锅炉安全运行的基本附件，合称为锅炉的三大安全附件。

（5）运煤和除灰渣系统。对于燃煤锅炉，运煤系统是指把煤从锅炉房煤场运到炉前煤斗的输送系统。灰渣排除办法主要有人工除灰渣、机械除灰渣和水力除灰渣三种。由于人工除灰渣劳动强度大，卫生条件差，一般只能用于单台锅炉蒸发量小于 4t/h 的锅炉房中；当蒸发量大于 4t/h 时，可采用机械除灰渣方法；对于再大型的锅炉房，一般用水力除灰渣和负压气力除灰渣系统。

3. 锅炉的技术性能参数

（1）蒸发量。是指锅炉在单位时间内产生蒸汽的能力，单位为吨/小时（t/h）。

（2）工作压力。是指锅炉出汽（水）口处的蒸汽（热水）的额定压力（表压力），单位为兆帕（MPa 或 kgf/cm^2）。

（3）温度。是指锅炉出汽（水）口处的蒸汽（热水）的温度，单位为℃。

（4）热效率。是指锅炉的有效利用热量与燃料输入热量的比值，它是锅炉最重要的经济指标。一般锅炉的热效率在 60% ~80% 左右。

4. 锅炉的水质处理

锅炉给水中的含盐浓度如果过高，其中的钙镁盐类会因受热浓缩而形成水垢贴附在受热面上，从而造成锅炉的热效率降低，还会因此造成金属壁面因温度过高而产生变形，严重者甚至会发生爆炸，因此需对锅炉用水进行一定的处理，预防水垢的形成。常用方法有：

（1）炉内加药处理。向炉水内加入某种化学药品与形成水垢的钙镁盐类起化学反应，使钙镁盐形成疏松的沉渣，然后用排污的方法将沉渣排出炉外。

（2）炉外化学处理。在水进入锅炉前就将水中含有的钙镁盐类用化学方法除去。这种方法需要较多的设备和投资，而且要在处理过程中进行水质化验，因此会增加运行维护费用。

5.4.1.2　换热器

换热器作为间接热源，一般设在锅炉房内或单独建造在热交换房内，作为一个独立热源而组成供暖系统。这种系统具有以下特点：运行简单可靠；凝结水可循环再用，减少了水处理设施和费用；采用高温水送水可减少循环水量，减少热网的初始投资；可根据室外气温以调节低温水量的方法来调节供热量，避免室温过高。

换热器按其工作原理可分表面式换热器、混合式换热器和回热式换热器。

（1）表面式换热器。换热器中，冷热两种流体之间通过一层金属壁进行换热，两种流体之间没有直接接触。这种换热器常见的有壳管式、肋片管式及板式三种结构形式，图 5-18 为常见的表面式换热器的结构图。

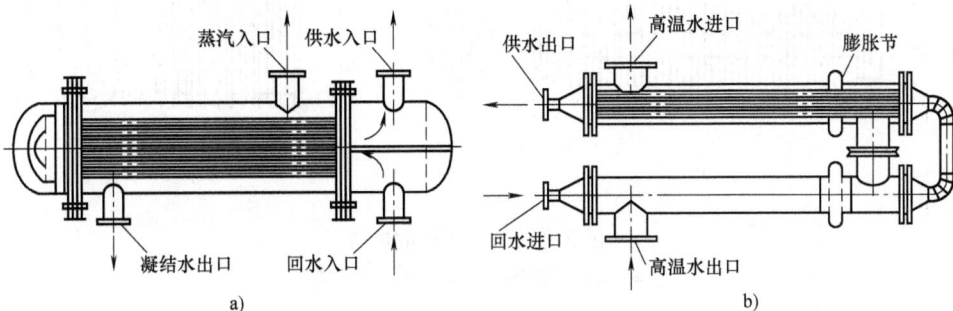

图 5-18　常见表面式换热器的结构图

a）壳管式汽-水热交换器　b）套管式水-水热交换器

（2）混合式换热器。换热器中，冷热两种流体直接接触并彼此混合进行换热，在热交换的同时伴随着物质交换。

（3）回热式换热器。换热器通过一个具有较大储热能力的换热面进行间接的热交换。运行时热流体通过换热面，使它温度升高并存储热量；然后冷流体通过换热面，吸收其储存的热量而被加热。

5.4.1.3　散热器

散热器是设置在供暖房间内的放热设备，它把热媒携带的热能以传导、对流、辐射等方式传给室内空气，以维持室内正常工作和生产所需的温度，达到供暖的目的。散热器一般应满足以下性能要求：传热能力强，单位体积内散热面积大，耗用金属最小，成本低，具有一定的机械强度和承压能力，不漏水，不漏气，外表光滑，不积灰，易于清扫，体积小，外形美观，耐腐蚀，使用寿命长。

散热器的种类有很多，常用散热器有铸铁散热器、钢制散热器和铝制散热器。

1. 铸铁散热器

铸铁散热器是由铸铁浇铸而成，结构简单，具有耐腐蚀、使用寿命长、热稳定性好等特点，因而被广泛应用。工程中常用的铸铁散热器有翼形和柱形两种。

（1）翼形散热器。翼形散热器有圆翼形和长翼形两种。翼形散热器制造工艺简单，价格低。圆翼形散热器是一根管子外面带有许多圆形肋片的铸铁件，在其两端有法兰与管道连接，如图 5-19a 所示。长翼形散热器的外表面具有许多竖向肋片，外壳内部为一扁盒状空间，可以由多片组装成一组散热器，如图 5-19b 所示。

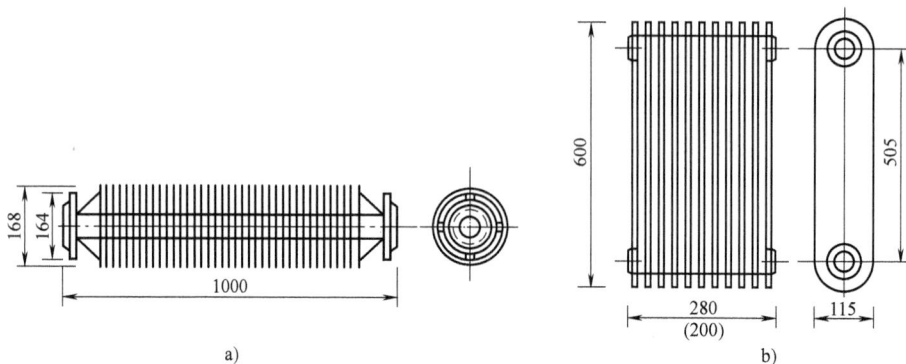

图 5-19　翼形铸铁散热器

a）圆翼形散热器　b）长翼形散热器

（2）柱形散热器。柱形散热器是呈柱状的单片散热器，外表光滑，无肋片，每片各有几个中空的柱相连通。根据散热面积的需要，可将多片散热器组装成一组。该型散热器主要有二柱、四柱、五柱三种类型，如图 5-20 所示。柱形散热器传热性能较好，易清扫，耐腐蚀性好，造价低，但施工安装较复杂，组片接口多。

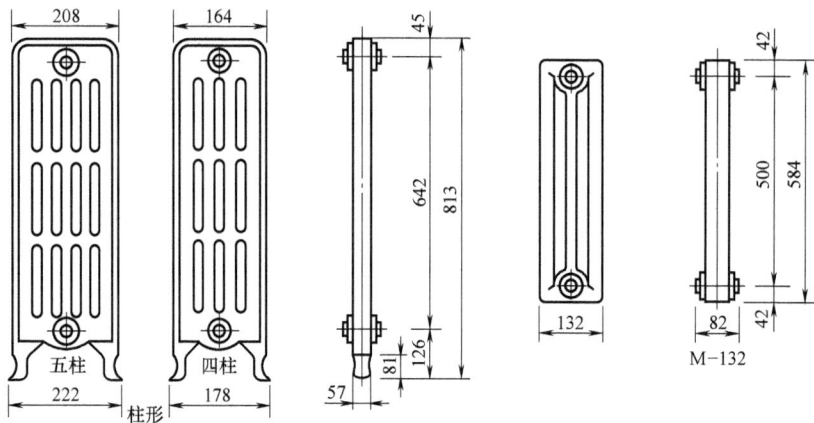

图 5-20　铸铁柱形散热器

2. 钢制散热器

钢制散热器耐压强度高，外形美观整洁，金属耗量少，占地较少，便于布置，但易受到腐蚀，使用寿命较短，不适宜用于蒸汽供暖系统和潮湿及有腐蚀性气体的场所，主要有钢串片、板式、柱形及扁管形四大类。

（1）钢串片散热器。如图 5-21 所示为钢串片散热器，它由钢管、钢串片、联箱、放气阀及管接头组成。钢串片散热器的特点是重量轻，体积小，承压高，制造工艺简单，但造价高，耗钢材多，水容量小，易积灰尘。

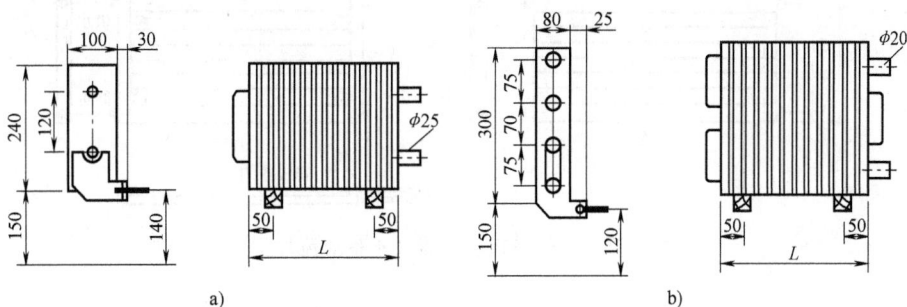

图 5-21 闭式钢串片散热器

（2）钢制板式散热器。如图 5-22 所示为钢制板式散热器，它由面板、背板、对流片和进出管接头等部件组成。钢制板式散热器具有传热系数大、美观、重量轻、安装方便等优点，但热媒流量小，热稳定性较差，耐腐蚀性差，成本高。

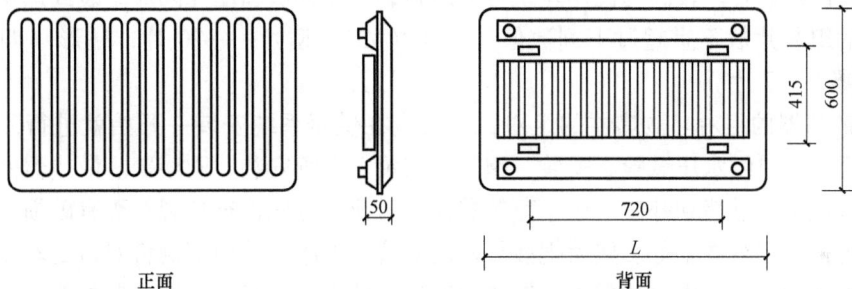

图 5-22 钢制板式散热器

（3）钢制柱形散热器。钢制柱形散热器用普通冷轧钢板制成，有三柱和四柱两种类型。这种散热器的水容量大，热稳定性好，易于清扫；但造价高，金属热强度低。

（4）钢制扁管式散热器。钢制扁管式散热器采用扁管作为散热器的基本单元，将数根扁管叠加焊接在一起，在两端加上联箱形成扁管单板散热器，如图 5-23 所示。这种散热器的水容量大，热稳定性好，易于清扫；但造价高，金属热强度低。

3. 铝合金散热器

铝合金散热器的材质为耐腐蚀的铝合金，经过特殊的内防腐处理，采用焊接方法加工而成，是一种新型、高效散热器。其造型美观大方，线条流畅，占地面积小，富有装饰性；其质量约为铸铁散热器的十分之一，便于运输安装；节省能源，采用内防腐处理技术；其金属热强度高，约为铸铁散热器的六倍。

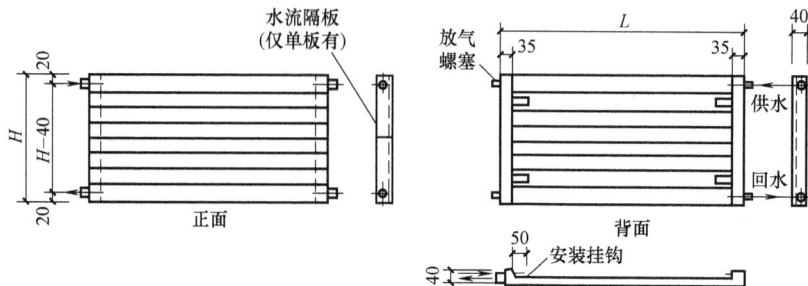

图 5-23 扁管单板散热器（不带对流片型）

4. 散热器的安装注意事项

（1）散热器的布置。散热器应布置在外窗下，当室外冷空气从外窗渗透进室内时，散热器散发的热量会将冷空气直接加热，人处在暖流区域会感到舒适。为防止冻裂散热器，散热器不宜布置在无门斗或无前厅的大门处。对带有壁龛的暗装散热器，在安装暖气罩时，应考虑有良好的对流和散热空间，并留有检修的活门或可拆卸的面板。散热器一般应明装，布置简单；内部装修要求较高的民用建筑可采用暗装。托儿所和幼儿园应暗装或加防护罩。铸铁散热器的组装片数不宜超过下列数值：二柱（M132 型）——20 片；柱形（四柱）——25 片；长翼——7 片。

（2）散热器的组对。散热器的组对，一般应在供暖系统安装一开始就进行，主要包括散热器的组对、单组水压试验、安装、跑风门安装、支管安装、刷漆等。散热器的组对材料有对丝、汽包垫、丝堵和补芯。铸铁散热器在组对前，应先检查外观是否有破损、砂眼，规格型号是否符合图纸要求等。然后把散热片内部清理干净，并用钢刷将对口处丝扣内的铁锈刷净，按正扣向上，依次码放整齐。散热片通过钥匙用对丝组合而成；散热器与管道连接处通过补心连接；散热器不与管道连接的端部，用散热器丝堵堵住。落地安装的柱形散热器，散热器应由中片和足片组对，14 片以下两端装带足片；15~24 片装三个带足片，中间的足片应置于散热器正中间。

（3）散热器单组水压试验。散热器试压时，用工作压力的 1.5 倍试压，试压不合格的须重新组对，直至合格。试压时直接升压至试验压力，稳压 2~3min，逐个接口进行外观检查，不渗不漏即为合格，渗漏者应标出渗漏位置，拆卸重新组对，再次试压。散热器单组试压合格后应进行表面除锈，刷一道防锈漆，刷一道银粉漆。散热器组对的连接零件称对丝，使用工具称汽包钥匙。柱形、辐射对流散热片组对时，用短钥匙；长翼形散热片组对时，用长钥匙（长度为 400~500mm）。组对应在木制组对架上进行。

（4）散热器的安装。散热器的安装应在土建内墙抹灰及地面施工完成后进行，安装前应按图纸提供的位置在墙上画线、打眼，并把做过防腐处理的托钩安装固定。同一房间内的散热器的安装高度要一致；挂好散热器后，再安装与散热器连接的支管。

5.4.2 辅助设备

为使供暖系统能正常工作，需要设置一些必需的辅助设备。

1. 水泵

供暖系统要设置循环水泵和补水水泵。循环水泵用于保证供暖系统的正常运行并提供动力；由于各种原因，供暖系统运行要损失部分水量，应设置补水水泵给系统补水。

2. 膨胀水箱

在热水供暖系统中，水被加热后，体积膨胀，为容纳这部分膨胀水量，系统要设膨胀水箱；当系统温度降低，热媒体积收缩，或者系统水量漏失时，又需要由膨胀水箱将水补给系统。在自然循环系统中，膨胀水箱还起排出系统中空气的作用，所以它连接在总供水立管上部；在机械循环系统中，利用膨胀水箱给系统定压，并防止水汽化，设置在系统最高点以上600mm处，且其膨胀管连接在水泵吸入口附近的水平回水干管上。

膨胀水箱用钢板焊接而成，有圆形和矩形两种。膨胀水箱应在供暖建筑物的顶部，通常放在阁顶内。对于直接利用城市热网或区域供暖管网的工程，各系统可不另设膨胀水箱。小区锅炉房已有膨胀水箱的外网，单体建筑也不必另设膨胀水箱。膨胀管、溢流管、循环管上均不得装设阀门。

3. 空气排出装置

主要有集气罐和排气阀。用于排出供暖系统中的气体，防止形成气塞。

（1）集气罐。是热水供暖系统中最常用的排气装置，一般设于系统供水干管末端的最高处。集气罐有立式和卧式两种安装形式，其构造如图5-24所示。

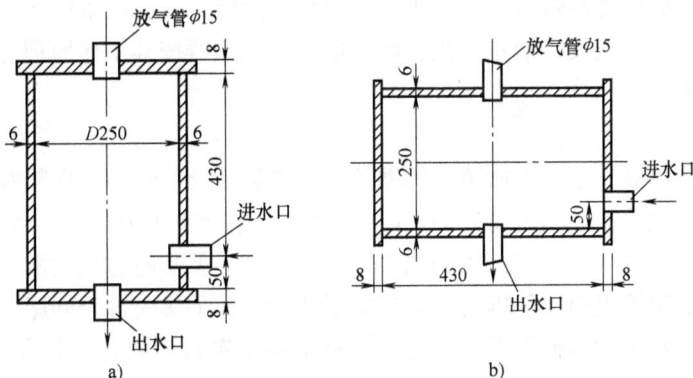

图 5-24　集气罐构造

a）立式集气罐　b）卧式集气罐

集气罐上部的排气管应接到容易管理之处，排气管末端装有阀门，以定期把系统中的空气排除。系统充水时首先将排气管阀门打开，直至有水从管中流出为止。在系统运行期间，也应查看有无存气，若有应及时排净以利于热水的循环。

（2）自动排气阀。自动排气阀大都是依靠水对浮体的浮力，通过自动阻气和排水机构，使排气孔自动打开或关闭，达到排气的目的，如图5-25a所示。

（3）手动排气阀。手动排气阀又称冷风阀，在采暖系统中广泛应用。手动排气阀适用于公称压力≤600kPa，工作温度≤100℃的水或蒸汽采暖系统的散热器上，旋紧在散热器上部专设的丝孔上，以手动方式排除空气，如图5-25b所示。

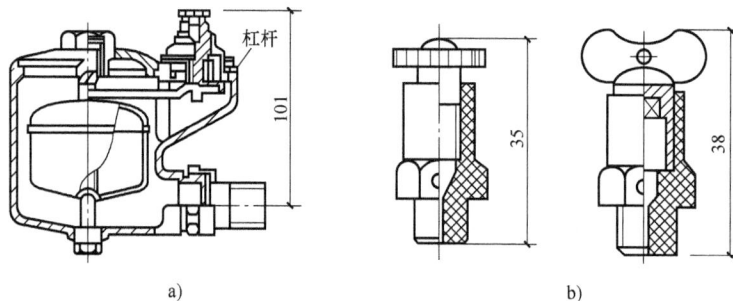

图5-25　排气阀构造
a）PZIT-4型立式自动排气阀　b）手动排气阀

4. 疏水器

疏水器是阻止蒸汽通过，自动并且迅速排出用热设备和管道中凝水的设备。如果不设置疏水器，用汽设备后面连汽带水一起流走，不仅浪费热能，还会因凝结水管道内漏入蒸汽而使压力升高，使其他用汽设备回水受阻，影响散热。疏水器按其工作原理可分为机械型、热力型和恒温型三种。

5. 补偿器

补偿器也称伸缩器，也叫膨胀节、伸缩节。当供暖系统的管道输送热媒时，管道自身也会因温度升高而膨胀伸长。温度每升高1℃，每米管道将伸长0.012mm。如不设法使管道有自由伸缩的余地，上述因膨胀而产生的热伸长，会使管子承受超过强度所许可的热应力，并向管段两端固定支架施以很大的推力。装置补偿器就是为了解决这个问题。根据计算出的热伸长量，就可以选择适用的伸缩器，伸缩器的种类主要有自然拐弯、管式方形、波纹管式、套管式。直管段上从固定点起允许不设伸缩器的距离大约在30~50m之间。

6. 调节与控制阀门

（1）散热器温控阀。它是一种自动控制进入散热器热媒流量的设备，由阀体部分和感温元件控制部分组成。

（2）流量控制阀。又称定流量阀或最大流量限制器。

（3）减压阀。减压阀的作用是将高压蒸汽的压力降低到使用条件要求的数值。普通阀门和节流孔板也可以降低蒸汽压力，但是它们不能将阀后压力维持在要求的范围内。而减压阀能够起到自动调节阀门开启程度，稳定阀后压力的作用。

（4）安全阀。安全阀是保证系统在一定的压力下安全工作的装置。当压力超过规定的最高允许工作压力时，阀门自动开启进行泄压；当压力恢复到正常工作压力时，阀门又自动关闭。

7. 热量计量装置

（1）热量表。如图 5-26 所示为热量表原理图，其中由热量表来计量用户的用热量，并作为采暖费收缴的依据，它由流量计、温度传感器和积分仪组成。对于单户安装热量表时，还应安装附属设备，如在入户管上需安装截止阀、关闭锁定控制阀、热量计等。

（2）热分配表。热分配表计量方式是对各散热器的散热量进行测试，又分为蒸发式和电子式两大类。

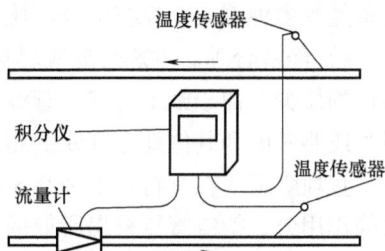

图 5-26　热量表原理图

采用热分配表时，对于单栋或单元，安装的热量表还应设有热量计、过滤器和旁通管等。热量计应安装在供水管上，温度传感器应安装在进出户的供、回水管上。

5.4.3　小区热力站

为了节能和减轻市区空气污染，城市的供热已由分散的单用户供暖向区域锅炉房供暖系统和热电厂供暖系统发展，即由一个或几个热源通过热网向一个区域乃至一个城市供暖，小区热力站成为建筑小区进行热量分配、传输、调节和计量的枢纽。热力站多设于独立的建筑物内，并具有比热力入口更完善、设备更复杂、功能更为齐全的特点，应用越来越广泛。

1. 热力站的分类

按照一次热网热媒种类的不同，热力站可分为热水热力站和蒸汽热力站两种。既可供热，又可向用户提供热水。

（1）热水热力站。在热力站内设有水-水换热器，将高温水换成热用户所需一定温度的热水。目前，热水热力站是城市居住小区采用最多的一种换热形式。

（2）蒸汽热力站。蒸汽热力站是将一定压力的蒸汽经汽-水换热器，换成一定温度的热水，用于建筑供暖、通风及热水供应，并能将蒸汽直接向厂区供应，以满足生产工艺用气。

热力站一般集中设在单独的建筑内，供热网路通过其向一个街区或多幢建筑分配热能。一般将从集中热力站向各用户输送热能的网路称为二级供热网路或二次供热网路。

2. 热力站的构成

热力站主要由循环水泵、水箱、分水器、集水器、水-水（汽-水）换热器、管道、压力表、温度计、除污器、调压板或调节阀、泄水阀和循环管等构成。

5.4.4 供暖系统管道及其敷设

1. 小区供热管道的布置与敷设

（1）小区供热管道的布置原则。供热管网的布置应在建设规划的指导下，综合考虑热负荷的分布、热源位置，与各种地上、地下管道及构筑物、园林绿地的关系，以及水文、地质条件等多种因素，经技术经济比较确定。

1）经济合理。供热管道应尽量布置在热负荷集中的地方，且以线路短、阀门和管件及构筑物最少、便于施工为宜，管线尽量敷设在地势较平坦、土壤良好、地下水位低的地方；同时还要考虑和其他地上管线的相互关系。地下供热管道的埋设深度一般不考虑冻结问题，对于直埋管道，在车行道下为 0.8～1.2m，在非车行道下为 0.6m 左右，以避免直接承受地面的作用力。架空管道根据所处的位置，选择合理的架空敷设方式。

2）技术可靠。供热管线应尽可能避开土质松软地区、地震断裂带、滑坡危险地带以及地下水位高等不利地段。

3）对周围环境影响小。供热管线应尽量避免穿越主要交通干道，一般布置在平行于道路中线的人行道或绿地下，与其他构筑物、各种管道协调安排，相互之间的距离应保证运行安全、施工及检修方便。

（2）小区供热管道的敷设。供热管道敷设方式可分为地下敷设和地上敷设两类。

1）地下敷设。地下敷设可分为直埋敷设和地沟敷设两种形式。直埋敷设是将管道直接埋设在土壤里；地沟敷设是将管道敷设在地下管沟内。地沟又分为不通行地沟、半通行地沟和通行地沟。

①直接埋地敷设。直埋敷设是将由工厂制作的保温结构和管子结成一体的整体保温管，直接铺设在管沟的砂垫层上，经砂子或细土埋管后，回填土即可完成供热管道的敷设。这种敷设方式最为经济，但管道需加强防水和保温处理。该方式适用于地下水位较低，土质不下沉，土壤不带腐蚀性且不很潮湿的地区。在管沟开挖并经沟底找坡后，即可铺上细砂进行铺管工作。铺管时按设计标高和坡度，在铺设管道的两端挂两条管道安装中心线（同时也是安装坡度线），使每根整体保温管中心都就位于挂线上，管子对接时留有对口间隙（用夹锯条或石棉板片控制），随后经点焊、全线安装位置的校正后对各个接口进行焊接，最后回填土分层夯实。

②不通行地沟。不通行地沟为内部高度小于 1.0m 的地沟。这种地沟断面尺寸较小，耗费材料少，管道配件较少，经常维护工作量不大，管道的运行不受地下水影响，适合于焊接的热水或蒸汽管道。不通行地沟供热管道的安装一般有两种安装形式，一种是采用混凝土预制滑托通过高支座支承管道，称为滑托安装；一种是吊架安装，即用型钢横梁、吊杆和吊环支承管道。室外供热管采用滑托安装，宜在地沟底混凝土施工完毕，沟墙砌筑前进行安装；同时，应使热水供暖的供水管、蒸汽管、生活热水管的供水管处于管沟的右侧，而使与之并行的供暖回水管、凝结水管、生活热水循环管处于管沟的左侧。

③半通行地沟。半通行地沟的断面净高为 1.2 ~ 1.4m，通道的净宽为 0.5 ~ 0.6m。检修人员能在地沟内弯腰通过，并能做一般的维修工作。适用于管道需要地沟敷设，又不能掘开路面进行检修、管道数目较少的场所。

④通行地沟。通行地沟净高一般为 1.8 ~ 2.0m，沟内通道净宽一般为 0.7m，以方便检修人员通行。通行地沟内应有检修孔，及照明、排水和通风设施。

2）地上敷设。根据支架的高度不同，地上敷设可分为低支架敷设、中支架敷设和高支架敷设。

①低支架。低支架上保温层的底部与地面间的净距通常为 0.5 ~ 1.0m，两个相邻管道保温层外面的间距，一般为 0.1 ~ 0.2m。低支架敷设适用于工业区、人和车辆稀少的地方。低支架敷设可以节省土建材料，建设投资小，施工安装方便，维护管理容易，但适用范围小。

②中支架。中支架敷设在行人频繁出入处，中支架的净高度为 2.5 ~ 4.0m。

③高支架。穿越主干道时，可采用高支架敷设，高支架的净空高度为 4.0 ~ 6.0m。适用于供热管道跨越公路、铁路或其他障碍物的场所。

2. 室内供热管道的布置与敷设

供暖系统采用的管道材料及设备规格、型号应符合设计要求。DN≤32mm 的普通钢管（支管）使用螺栓连接，宜采用配套的管件；DN＞32mm 的管道（干管），宜采用焊接连接，所有管道接口，不得置于墙体内或楼板内。

室内热水供暖系统的管路布置合理与否，会直接影响到系统的造价和使用效果。系统管道应力求布置合理，节省管材，便于调节和排除空气，且要求各并联环路的阻力损失易于平衡。

供暖系统的引入口宜设置在建筑物热负荷对称分配的位置，一般宜在建筑物中部。系统应合理地设置若干支路，而且尽量使各支路的阻力损失易于平衡。

室内热水供暖系统的管路应明装，有特殊要求时，方采用暗装。立管应布置在房间的角落。对于上供下回式系统，供水干管多设在顶层顶棚下。回水干管可敷设在地面上，当地面上不容许敷设（如过门时）或净空高度不够时，回水干管应设置在半通行地沟或不通行地沟内。地沟上每隔一定距离应设活动盖板，过门地沟也应设活动盖板，以方便检修。当敷设在地面上的回水干管过门时，回水干管可从门下小管沟内通过，此时要注意坡度，以便于排气。

为了有效地排除系统内的空气，所有水平供水干管应具有不小于 0.002 的坡度（坡向根据自然循环或机械循环而定）。如因条件限制，机械循环系统的热水管道可无坡度敷设，但管中的水流速度不得小于 0.25m/s。

5.4.5　管道及设备设施的保温

供暖系统管道及设备设施保温的主要目的是为了减少热媒在输送过程中的热损失。保温材料应选择导热系数小、耐热性高、重量轻、具有一定的机械强度、成本低廉和便于施工的材料。保温常用的施工方法主要有涂抹式、预制式、填充式和包扎式等。

（1）涂抹式。是指将湿的保温材料直接分层抹于管上的一种保温方法，如图 5-27 所示。常用的材料有石棉硅藻土、碳酸镁、石棉灰等。涂抹式适用于室内明装管道、通行地沟的管道和阀门。

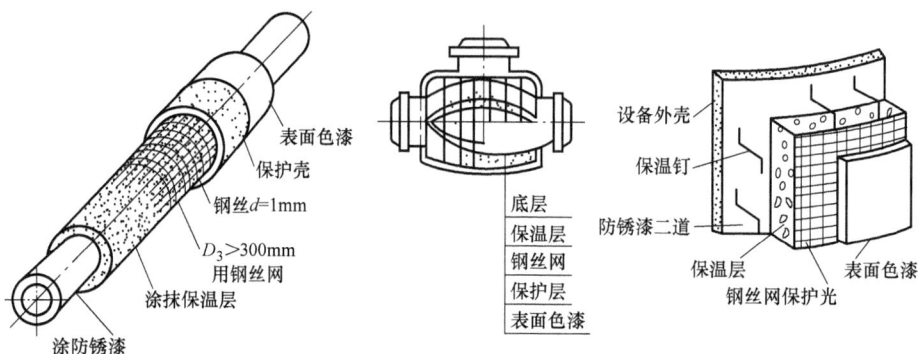

图 5-27　涂抹式保温层

（2）预制式。是指在预制场将保温材料制成块状、扇形、半圆形等，然后在现场拼装并绑扎于管上的一种保温方法。常用的保温材料有泡沫混凝土、石棉、硅藻石、矿渣棉、膨胀珍珠岩、膨胀蛭石、硅酸钙、硬聚氨酯和泡沫塑料等。

（3）填充式。是指在需要保温的管道、设备、阀门外包以套子、外壳或钢丝网，将保温材料填充在它们之间的一种保温方法。常用的保温材料有矿渣棉、玻璃棉、超细玻璃棉等。

（4）包扎式。是把片状、绳状或带状的保温材料包扎在管道和阀门外，再用钢丝、金属箍或特制夹子扎紧而成。常用的保温材料有矿渣棉毡、玻璃棉毡、毛毡和石棉布等。

5.5　供暖系统的运行及维护管理

供暖系统的管理关系到热用户的切身利益，量大而面广；且锅炉是有爆炸危险的特种设备，因此安全问题比较突出；另外，供暖系统的运行是一个复杂的综合工程，其运行需要专业技术人员、供热管理人员以及多工种的技术工人分工协作。因此，必须重视供暖系统的管理，做好人员的组织协调。

供暖系统是冬季寒冷地区物业设备设施管理的重要内容。

5.5.1　供暖系统的维护与管理

供暖系统维护与管理的主要内容包括热源、管网和热用户的管理。

1. 热源的管理

锅炉房是城镇供暖系统的热源，是供暖系统的中心，也是日常维护的重点；热力站是建筑小区的热源，它直接影响到小区的供暖效果。热源的管理应注意以下几个方面：

（1）建立健全规章制度。锅炉房中的锅炉与压力容器等许多设备都是承受一定的压力，具有一定爆炸危险性的特种设备，因此锅炉房运行要把安全放在第一位，必须制订和完善各项规章制度，主要包括锅炉操作规程、安全操作制度、岗位责任制度、巡回检查制度、设备维修保养制度、水质处理制度、技术档案管理制度、交换班制度、事故报告制度等。

（2）运行操作记录。热源运行工程中做好下列记录：锅炉及附属设备的运行记录；交接班记录；水处理设备运行及水质化验记录；设备检修保养记录；单位主管领导和锅炉房管理人员检查记录；用户报修处理情况记录；用户室内温度抽查记录；事故记录等。

（3）做好锅炉房（热力站）及辅助设备设施的维护保养和检修。锅炉房内有锅炉本体和保障锅炉正常工作的各种设备，主要包括运煤除渣设备、送引风设备、除尘设备、除氧设备、排污设备、水泵、阀门、各种电气仪表等设备；热力站的附件主要有：水箱、循环水泵、除污器、压力表、温度表、安全阀、水位表和水位报警器等。这些设备设施日常维护的好坏，关系到供暖系统的安全问题。供暖过程中要保障锅炉房内的给水与排水系统的通畅，做好水质的软化和除氧处理，以防止设备、管道结垢和腐蚀，保证锅炉房（热力站）安全工作并延长其使用寿命，使供热系统更经济地运行。

2. 管网的维护与管理

（1）室外管网的维护与管理应注意以下事项：

1）修复保温层，减少室外管网的热量损失，防止管内水冻结。

2）在停热期要做好管道及附件设备的防腐处理，以延长供热系统的使用寿命。

3）防止管道因热应力和压力过大使管道破裂，如果出现管道破裂的情况，要及时关闭阀门，更换修复破损的管道，并及时排出地沟内的积水。

4）应定期检查修复变形的管道支架。

5）要在必要处设置排污器，定期排出沉淀杂质，疏通管道，防止管道堵塞。

6）管道内如积存空气则会产生断面堵塞，要定期检查排气装置，定期排气，排除气堵现象，使管网正常运行。

（2）室内管网的维护与管理应注意以下方面：

1）定期检查管道连接处，检查各种阀门和连接管件是否泄漏，发现泄漏要及时关闭阀门，排出系统内的水，以便及时维修。

2）若发现室内管网局部不热，要考虑是否气堵或是管子污垢的堵塞，并及时排气和清垢，使系统正常工作。

3）要巡视观察室内的温度变化，及时调节系统（分集中调节、局部调节和个体调节），使用户散热设备的散热量与用户的热负荷变化相适应，防止室内温度过高或过低。

4）停热期间要做好暖气片的污垢清掏工作，这对准备好下一期的工作十分重要。

3. 热用户管理

热用户管理是指对用户室内散热设备运行情况的检查、维护，供暖费用的收取以及对用户设备使用的指导。主要内容包括：

（1）指导热用户在遇到供暖问题时如何与物业服务企业进行沟通。

（2）用户家庭装修如需变动散热器的位置、数量或型号，须取得物业服务人员的同意。

（3）指导用户如何采取保温措施，节约能源，合理供暖。

5.5.2　供暖系统的运行管理

1. 供暖前的准备工作

供暖前的准备工作是整个供暖期间的重要环节。为确保供暖达到预期的效果，必须做好司炉前的各项准备工作，主要包括：

（1）认真检查燃料、水源及运输设备，确保能源的有效供应。

（2）做好锅炉及辅助设备的全面检查，单机冷态运行合格。

（3）各类电气、微机设备，安全阀、压力表、温度计、热电偶等仪器仪表要准确，安全可靠，符合操作要求。

（4）全面检查通风排烟、上煤除渣、供回水、补水、水处理系统运行是否正常，控制开关是否正常。

（5）司炉人员必须掌握锅炉房内附属设备及操作方法。

2. 供暖系统的试运行与初调节

供暖系统正式运行前要进行水压试验，水压试验合格后方可进行试运行与初调节。试运行与初调节包括系统冲洗、上水、试运行及初调节几个步骤。

（1）系统冲洗。系统冲洗可排除管道和设备内的污泥、铁锈、沙子及其他细小杂质等，防止运行中阻塞管路或散热设备。

（2）上水及试运行。系统上水的顺序是锅炉→管网→热用户。上水时由回水管统一向系统上水。上水时应开启集气罐上的放气阀，关闭泄水阀门，边上水边排气。上水速度不宜太快，以利于空气从系统中排出。当集气罐上的放气阀冒水时，即可关闭排气阀门，然后开启供水阀门，系统上水完毕。经检查正常后开始加热，首先打开管网阀门，接通热源，逐渐升至设计温度，外网循环正常后，再打开用户管道，先远后近逐个进行（系统上水的水质应是符合要求的软化水）。

（3）初调节。在管网和用户都维持正常压力的条件下，调节阀门使各环路阻力平衡，散热器均匀散热，以保证各个房间都能达到设计温度。

3. 供暖系统的运行调节

为使供暖系统适合室外气温、风向、风速等气象条件的变化，必须对系统进行调节。运行调节分为集中调节和局部调节。集中调节是指通过调节输出热媒的流量和温度以改变输送的总热量，可调节单个参数，也可同时调节两个参数；局部调节指利用单组散热器支管上的阀门改变热媒流量，以调节散热量。

5.5.3　供暖系统的常见故障与处理

1. 供暖管道的堵塞

因供暖管道的堵塞而造成室内外供暖管道及室内散热器不热，是供暖系统常见的技术故障，具体主要有以下几种故障。

（1）气堵。在热水供暖系统中，表现为上层散热器不热，一旦管道中存留了空气，将会把这段管道的流通断面堵塞，严重时可能形成气塞，使部分管道中的水停止流动，散热器不能散热。在蒸汽供暖系统中，凝水管中若存有空气，凝水就不能顺利返回，影响系统的正常运行。一般处理方法是正确选择集气罐的位置，打开放气阀放出空气。

（2）栓塞。是由于管道及水质所产生的污垢沉淀、堵塞，减少了管道的热媒流量，使系统出现不热的故障。一般处理方法是开启除污器，冲刷管道污垢或人工清掏污垢，使供暖管道畅通。

（3）冻结。发现冻结要及时处理，否则，容易使管道或散热器冻胀而破裂。主要处理方法是用火烤化冻结的管道或更换冻结的管道。

2. 上层散热器过热、下层散热器不热

产生这种故障的原因是供暖系统产生垂直水力失调，导致上层散热器的热媒流量过多，而下层散热器的热媒流量过少，此时应关小上层散热器支管上的阀门，开大下层散热器支管上的阀门进行调节。

3. 上层散热器不热

出现这种故障的原因可能是上层散热器积存了空气，形成了"气堵"，此时应及时排除散热器中的空气；另一种原因可能是上层散热器缺水，这时应启动补水泵给供暖系统补水。

4. 供暖管道的泄漏

因管道压力过大、腐蚀、外力及人为等因素，会使室外管道及附件产生破裂和渗漏，这是供暖系统常见的故障。一经发现故障，首先要关闭泄漏处前、后的上水与下水的阀门，然后排泄管道内的存水，更换破损的管道或附件，再开启阀门，运行系统。

5. 各立管上散热器的温度差别太大

产生这种故障的原因是供暖系统产生水平水力失调，导致部分立管热媒流量过大，而另一部分立管热媒流量过小。这时应将温度高的散热器的立管阀门关小，同时将温度低的散热器的立管阀门开大。

6. 一组散热器中某单片散热器片不热

这种故障一般出现在支管同侧进出散热器的末端散热片上。一种原因是末端散热片存有空气，导致部分或整片不热，此时应及时排出散热片中的空气；另一种原因可能是散热片下部出水口被系统中的杂质或污物堵塞，导致水在散热片中不循环，这时应拆下散热器的丝堵，进行疏通并排出杂质和污物。

5.6　燃气供应系统

5.6.1　燃气的种类

燃气种类很多，根据来源的不同主要有天然气、人工煤气和液化石油气。

（1）人工煤气。由煤、焦炭等固体燃料或重油等液体燃料经干馏、汽化或裂解等过程所制得的气体，统称为人工煤气。其主要成分为 H_2、CO 及 CH_4。

人工煤气具有强烈的气味和毒性，含有硫化氢、萘、苯、氨、焦油等杂质，极易腐蚀和堵塞管道，因此人工煤气需加以净化后才能使用。

（2）液化石油气。是在对石油进行加工处理中（如减压蒸馏、催化裂化、铂重整等）所获得的副产品。它的主要成分是丙烷、丙烯、丁烷、丁烯、丁二烯等。这种副产品在标准状态下呈气相，而当温度低于临界值时或压力升高到某一数值时则呈液相。由于这些气体易被加压液化，因此称为液化石油气。

（3）天然气。是从钻井中开采出来的可燃气体，由埋藏在地下的古生物经过亿万年的高温和高压等作用而形成，一种是气井气，一种是石油伴生气。天然气的主要成分是 CH_4，是一种无色无味无毒、热值高、燃烧稳定、洁净环保的优质能源。

天然气在使用时须混入某种无害而又有臭味的气体（如乙硫醇 C_2H_5SH），以便发现漏气现象，避免发生中毒或爆炸燃烧事故。

5.6.2　燃气的供应方式

城市燃气的供应目前有两种方式：一种是瓶装供应，它用于使用液化石油气，且距气源地不远，运输方便的城市；另一种是管道输送，它可以输送液化石油气，也可以输送人工煤气和天然气。

1. 管道输送

天然气或人工煤气经过净化后，便输入城镇燃气管网。根据输送压力的不同，城镇燃气管网可分为如下几种。

（1）低压燃气管道：压力小于 5kPa。

（2）中压燃气管道：压力为 0.005~0.15MPa。

（3）次高压燃气管道：压力为 0.15~0.3MPa。

（4）高压燃气管道：压力为 0.3~0.8MPa。

（5）超高压燃气管道：压力大于 0.8MPa。

城镇燃气管网包括街道燃气管网和庭院燃气管网两部分。

城市街道燃气管网大都布置成环状，只在边缘地区，才采用枝状管网。燃气由街道高压管网或次高压管网，经过燃气调压站，进入街道中压管网。然后，经过区域的燃气调压站，进入街道低压管网，再经小区管网接入用户。临近街道的建筑物也可直接由街道管网引入。在小城市里，一般采用中-低压或低压燃气管网。

小区燃气管道是指燃气总阀门井以后至各建筑物前的户外管道。小区燃气管道一般敷设在土壤冰冻线以下 0.1 ~ 0.2m 的土层内，根据建筑群的总体布置，小区燃气管道宜与建筑物轴线平行，并埋在人行道或草地下；管道距建筑物基础应不小于2m，与其他地下管道的水平净距为1m；与树木应保持1.2m的水平距离。小区燃气管道不能与其他室外地下管道同沟敷设，以免管道发生漏气时经地沟渗入建筑物内。根据燃气的性质及含湿状况，当有必要排除管网中的冷凝水时，管道应具有不小于0.003的坡度坡向凝水器，凝结水应定期排除。

2. 瓶装供应

液化石油气多采用瓶装，在城镇燃气管道尚未普及之处、餐饮业及广大农村地区仍在广泛应用。通常在储配站（罐瓶站）设球形储罐，通过一定设备把储罐内的石油气灌入瓶内，经供应站供应给用户使用。

钢瓶是盛装液化石油气的专用压力容器，其充装量为10kg、15kg和50kg，它由底座、瓶体、瓶嘴、耳片和护罩等组成。根据用气量的大小可采用单瓶供应或瓶组供应。其中单瓶供应常采用一个15kg钢瓶连同燃具供应给用户使用。瓶组供应常采用钢瓶并联供应公共建筑或小型工业建筑的用户。

钢瓶内液态液化石油气的饱和蒸气压强一般为 70 ~ 800kPa，在室温下可自然气化。在供燃具使用时，需经钢瓶上的调压器减压到（2.8 ± 0.5）kPa。钢瓶属压力容器，应定期到压力容器检验部门进行检验，以确保使用安全。

5.6.3 室内燃气系统的组成

1. 室内燃气管道系统组成

室内燃气管道由用户引入管、燃气管网、管件、附属设备、用户支管、燃气表和燃气用具组成，如图 5-28 所示。

2. 燃气系统附属设备及燃气用具

为保证燃气管网的安全运行和检修的需要，需在管道的适当位置设置阀门、燃气计量表及燃气用具等设施。

（1）阀门。阀门用来启闭管道通路和调节燃气的流量。常用的阀门有闸阀、旋塞阀、截止阀和球阀等。对室内燃气管道，DN≤65mm 时采用旋塞阀，DN＞65mm 时采用闸阀；对室外燃气管道，一般采用闸

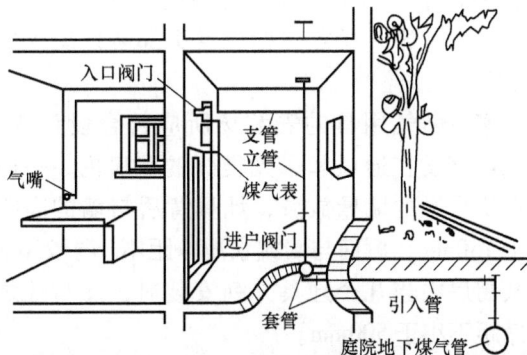

图 5-28 室内燃气管道系统

阀；截止阀和球阀主要用于天然气管道。

室内燃气管道在下列位置宜设阀门：引入管处、每个立管的起点处、从室内燃气干管或立管接至各用户的分支管上（可与表前阀门合设 1 个）、用气设备前和放散管起点处；点火棒、取样管和测压计前。闸阀安装在水平管道上，其他阀门不受这一限制，但对于有驱动装置的截止阀必须安装在水平管道上。

（2）燃气计量表。燃气计量表是计量燃气用量的仪表。根据其工作原理可分为容积式、速度式和差压式计量表等多种形式。干式皮膜式燃气计量表是目前我国民用建筑室内最常用的容积式燃气计量表，适用于室内低压燃气供应系统。如图5-29 所示，这种燃气计量表有一个金属外壳，外壳内有皮革制的小室，中间以皮膜隔开，分为左、右两部分，燃气进入表内，可使小室左、右两部分交替充气和排气，借助杠杆和齿轮传动机构，上部度盘上的指针即可指示出燃气用量的累计值。

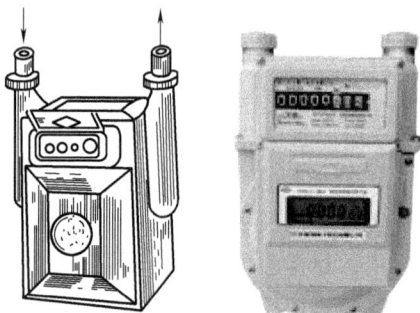

图5-29　干式皮膜式燃气计量表

干式皮膜式燃气计量表计量范围在 2.8 ~ 260m³/h。表金属外壳上部两侧有短管，左接进气管，右接出气管。为保证安全，小口径燃气表一般挂在室内墙壁上，表底距地面 1.6 ~ 1.8m，燃气表到燃气用具的水平距离不得小于 0.8 ~ 1m。

燃气表宜安装在通风良好，便于抄表及检修之处。燃气表安装过程中不准碰撞、倒置、敲击，不允许有铁锈杂物、油污等物质掉入表内；安装时必须平正，下部应有支撑；应按计量部门的要求定期进行校验。

（3）厨房燃气灶。厨房燃气灶分单眼燃气灶和双眼燃气灶，家用双眼灶为最常用的燃气炊事用具。一般由进气管、开关钮、燃烧器、火焰调节器、盛液盘、灶面、锅支架和框架所组成，如图5-30 所示。为了提高其使用安全性，防止意外熄火引发灾害，通常在燃烧器头部装设熄火安全装置。

家用燃气用具的安装场所应符合设计要求。燃气灶宜设在通风和采光良好的厨房内，一般要靠近不易燃的墙壁放置，灶具背后与墙的净距不小于150mm，侧面与墙或水池净距不小于250mm；公共厨房内当几个灶具并列安装时，灶与灶之间的净距不小于500mm。

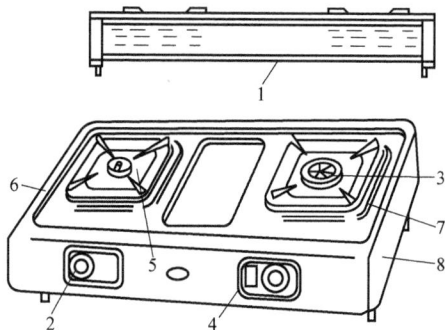

图5-30　家用双眼燃气灶结构示意图
1—进气管　2—开关钮　3—燃气器
4—火焰调节器　5—盛液盘　6—灶面
7—锅支架　8—灶框

当燃具和燃气表之间硬连接时，其连接管道的直径不小于 15mm，并应装活接头一个；

燃气灶用软管连接时，应采用耐油胶管，软管与燃气管道接口、软管与灶具接口应用专用固定卡固定，管长度不得超过 2m，并不得有接口，且中间不得有接头和三通分支，软管的耐压能力应大于 4 倍工作压力，软管不得穿墙、门和窗。

安装燃气灶的房间为木质墙壁时，应做隔热处理；燃具应水平放置在耐火台上，灶台高度一般为 700mm；灶具应安装在光线充足的地方，但应避免穿堂风直吹。

（4）燃气热水器。燃气热水器是一种局部供应热水的加热设备，按其构造可分为直流式和容积式两种。

直流式快速燃气热水器一般带有自动点火和熄火保护装置，冷水流经带有翼片的蛇形管时，被热烟气加热成所需温度的热水供生活用。目前，直流式热水器由于产品质量和安全的原因，已在许多地区禁止使用。容积式燃气热水器是能贮存一定容积热水的自动水加热器。

燃气热水器应安装在操作或检修方便、不易被碰撞的地方，热水器与对面墙之间应有不小于 1m 的通道；热水器不得直接设在浴室内，可设在厨房或其他房间内；设置燃气热水器的房间体积不得小于 12m³，房间高度不低于 2.5m，应有良好的通风；燃气热水器的燃烧器距地面应有 1.2~1.5m 的高度，以便于操作和维修；燃气热水器应安装在不燃的墙上，与墙的净距应大于 20mm，与房间顶棚的距离不小于 600mm，热水器上部不得有电力明线、电力设备和易燃品。

为防止一氧化碳中毒，应保持室内空气的清新度，提高燃气的燃烧效果，对使用燃气用具的房间必须采取一定的通风措施，在房间墙壁上面及下面或者门扇的底部及上部设置不小于 0.02m² 的通风窗，或在门与地面之间留有不小于 300mm 的间隙。

3. 室内燃气管道敷设

室内燃气管道一般为明装敷设。当建筑物或工艺有特殊要求时，也可以采用暗装，但必须敷设在有人孔的闷顶或有活塞的墙槽内，以便安装和检修。

具体敷设要求如下：

（1）室内水平干管严禁穿过防火墙；室内水平干管的安装高度不低于 1.8m，距顶棚不得小于 150mm。输送干燃气的水平管道可不设坡度，输送湿燃气的管道其敷设坡度应不小于 0.002，特殊情况下不得小于 0.0015。

（2）燃气立管宜设在厨房、开水间、走廊、阳台等处；当燃气立管由地下引入室内时，立管在第一层处设阀门，阀门一般设在室内。

（3）燃气立管穿楼板处和穿墙处应设套管，套管的内径应大于管道外径 25mm，高出地面至少 50mm，底部与楼板平齐，套管内不得有接头，套管与管道之间的间隙应用沥青和油麻填塞。穿墙套管的两边应与墙的饰面平齐，管内不得有接头。

（4）立管与建筑物内窗洞的水平净距，中压管道不得小于 0.5m，低压管道不得小于 0.3m。燃气立管宜明设，可与给排水、冷水管、可燃液体管、惰性气体管等设在一个便于安装和检修的管道竖井内，但不得与电线、电气设备或进风管、回风管、排气管、排烟管及垃圾道等公用一个竖井。

（5）由燃气立管引出的用户支管应明装，敷设在过道的管段不得装设阀门和活接头，在厨房内，其安装高度不低于 1.7m，敷设坡度不小于 0.002，并由燃气表分别坡向立管和燃气用具。

高层建筑燃气管道的敷设受以下因素的影响，有相应的敷设要求：

（1）建筑物沉降的影响。因高层建筑物自重大，沉降量显著，易在引入管处造成破坏，可在引入管处安装伸缩补偿接头。伸缩补偿接头有波纹管接头、套筒接头、软管接头等形式。

（2）附加压力的影响。为满足燃气用具的正常工作，克服高程差引起的附加压力影响，可采取在燃气总立管上设分段调节阀、竖向分区供气、设置用户调压器等措施来解决。

（3）热胀冷缩的影响。高层建筑物燃气立管长、自重大，需在立管底部设置支墩，为了补偿由于温差产生的胀缩变形，需将管道两端固定，管中间安装吸收变形的挠性管或波纹补偿装置。

4. 室内燃气管道的试压、吹扫

室内燃气管道只进行严密性试验。试验范围自调压箱起至灶前倒齿管止，或引入管上总阀起至灶前倒齿管接头。试验介质为空气，试验压力（带表）为 5kPa，稳压 10min，压降值不超过 40Pa 为合格。

严密性试验完毕后，应对室内燃气管道系统进行吹扫。吹扫时可将系统末端用户燃烧器的喷嘴作为放散口，一般用燃气直接吹扫，但吹扫现场严禁火种，吹扫过程中应使房间通风良好。

5.6.4　燃气供应系统的维护与管理

1. 燃气供应系统维护与管理的内容

（1）燃气设施的检查和报修。通常采用巡回检查和用户报修相结合的方法，以便及时了解燃气系统的运行状况，发现和处理燃气设备的故障。

（2）燃气设施的保养和维修。对室内燃气管道和设备进行养护维修，以减少管道设备的机械和自然损坏，提高燃气的安全可靠性，并可延长管道及设备中修、大修的周期。

（3）安全用气宣传。通过宣传资料、技术咨询服务等形式，广泛宣传燃气安全使用知识，使用户了解燃气设施养护等方面的知识，自觉配合专业管理部门保护好室内燃气系统。

（4）室内燃气设施的安全管理。燃气系统的安全管理是关系到国家和人民生命财产不受损失的重要环节。为了不发生或少发生燃气事故，必须严格执行《城镇燃气管理条例》，从燃气的使用和燃气设备的销售等方面，切实做好管理，杜绝燃气事故的发生。

2. 室内燃气管道及部件的维护

（1）室内燃气管道的外观检查。主要检查管道的固定是否牢靠，管卡、托钩有没有脱落；管道有没有锈蚀或机械损伤，管道的坡度、坡向是否正确。

（2）室内燃气管道的漏气处理。燃气泄漏很容易在室内形成燃气和空气的混合气体，遇明火就会引起燃气爆炸。当室内出现异味时，应意识到可能是燃气系统漏气。正确查找燃气泄漏点的方法是：用肥皂水涂抹可能出现漏气的地方，连续起泡，就可以断定此处是燃气泄漏点。查找时禁止用明火查找漏气点。

查找到漏气点后，应及时采取堵漏应急措施。如是室内燃气管道漏气，可用湿布把漏气处的燃气管道包好扎紧；如果漏气点在阀门后，应先将燃气阀门关闭，并及时报告燃气公司。

（3）燃气表的养护与维修。燃气表的维修工作有地区校验和定期检修。

1）燃气表的地区校验。按照计量部门的要求，燃气表的地区校验每年进行一次，使用误差不大于 4%。当用户对燃气表的计量有疑问时也要采用地区校验，以检查计量是否有误差。

地区校验采用特制的标准喷嘴或标准表进行。标准喷嘴校验是把燃烧器的头部取下来，用标准喷嘴和燃烧器的喷嘴连接，然后点燃标准喷嘴，记录燃气通过的时间，计算出燃气流量后与燃气表的读数进行比较，两者相差在 ±4% 的范围内为合格。标准表校验是把标准表接在要检查的燃气表后面，点燃灶具，观测、记录标准表和燃气表的读数，被校验的燃气表与标准表的误差不大于 ±4% 时为合格。

2）燃气表的定期检修。是指燃气公司每季度对所辖区域的燃气表进行一次检修，检查其工作性能是否良好。

燃气表在运转过程中会发生各种各样的故障。常见的故障有：漏气、不过气、走慢、走快、指针不动、运行有响声等。有故障的燃气表应及时维修或更换。更换时先关断燃气表前的阀门，再拆下旧表换上新表。在打开阀门检查燃气表无漏气后，点燃灶具工作一会儿，观测新表是否工作正常。

3. 燃气的安全管理

（1）室内燃气作业的注意事项和安全措施

1）作业人员要严格遵守各项燃气操作规程，熟悉所维护的燃气系统情况。

2）室内燃气设施维修，通常不允许带气作业，要关闭引入管总阀门，并把管道中的燃气排到室外。维修作业过程中要加强室内的通风换气。

3）未经主管部门批准，已供气的室内燃气管道，一律不准采用气焊切割和电、气焊作业。必须采用时，要事先编制作业方案。

4）维修结束后，用燃气置换管道中的空气时，作业范围及周围严禁一切火种。置换时的混合气体不准在室内排放，要用胶管接出排到室外，并应注意周围的环境和风向，避免发生人员中毒或其他事故。

5）室内管道重新供入的燃气在没有检验合格前，不准在燃气灶上点火试验，而应当从管道中取气样，在远离作业现场的地方点火试验。

6）带有烟道和炉膛的燃气用具，不准在炉膛内排放所置换的混合气体。燃气用具如果一次点火不成功，应当关闭燃气阀门，停留几分钟后再进行第二次点火。

7）引入管的清通和总入口阀门的检修，是危险的带气作业，要严格按操作规程作业。

（2）使用燃气的注意事项

1）用户要有具备使用燃气条件的厨房，禁止厨房和居室并用；燃气灶不能同取暖炉火并用；厨房必须通风，一旦燃气泄漏能及时排出室外。

2）装有燃气设施的厨房切忌住人。一旦发生燃气泄漏，人很容易中毒身亡。

3）使用燃气的厨房里不准堆放易燃易爆物品。在燃气设施上禁止拴绑绳索、吊挂物品，以免造成燃气的泄漏。

4）点燃燃气灶时，要有人在旁看守，防止沸水溢出，将火焰浇灭。用小火时，防止被风吹灭。用完燃气后关闭燃气灶具开关，并将燃气表前（后）的阀门关闭。

5）要经常检查燃气胶管是否老化、破损。由于温度的影响、重物的挤压等因素，都会使胶管裂缝而使燃气泄漏。如遇到此种情况，应及时更换新管。

6）使用燃气时，一定要按程序操作。带有自动点火的灶具一次点不着时，应立即关闭灶具开关，不得将开关打开时间过长以免燃气外漏。点燃灶火后要观察火焰燃烧是否稳定、正常。火焰燃烧不正常时需调节风门。

7）教育儿童不要随意乱动燃气灶具开关，更不要在有燃气设施的房间内玩火。

8）发现燃气泄漏时应立即打开门窗通风。对发现的漏气点应及时处理，处理不了的立即报告燃气公司或有关部门。

（3）燃气热水器的使用管理。直排式燃气热水器的燃烧产物直接排放在室内，会给室内人员造成很大危害。安装直排式热水器的房间必须满足以下条件：

1）房间空间不宜过小。

2）房间内应具有良好的通风条件，最好装有排风扇或百叶窗；房间的门或墙的上部应有面积不小于 $0.02m^2$ 的百叶窗，门与地面之间留有不小于 30mm 的间隙。

3）房间应是耐火墙壁；房间墙壁为非耐火材料时，要加设隔热板；隔热板每边应比热水器外部尺寸大 10cm。

4）安装热水器的房间不得有电力明线和易爆品。

直排式燃气热水器目前已被烟道式燃气热水器取代。烟道式燃气热水器是把燃烧过程中产生的燃烧产物通过烟道直接排向室外，大大增强了使用燃气热水器的安全性。目前逐步得到广泛使用的强排式燃气热水器，是把燃烧后的烟气通过设置在热水器排烟口的小风机强制排出室外。

5.6.5　燃气停气及泄露的应急处理

为迅速、有效地处理煤气泄漏及管路停气污染事故，防止人员伤害发生，减少对周边环境造成影响及损失，物业企业应制订相关处理预案，可参考以下进行处理。

1. 燃气停气的应急处理

对于外网原因或工程部计划性、应急性维修的停气故障，应按以下程序进行：

（1）工程部计划性停气应由工程部书面通知各部门；对于外网及工程部应急性维修的停气由工程部通知各部门及物业使用人；各部门应按本部门应急预案进行，做好应急性供气准备，如调整用气量、用气时间，使用液化气等。

（2）对于外网停气，由综合水暖组值班员及时与煤气公司取得联系，询问原因和恢复时间，并将相关信息及时通知用气部门。

（3）供气正常后由综合水暖组通知用气部门，由用气部门做好供气的检查善后工作。

2. 燃气泄漏的应急处理

由于供气管路、用气设备出现故障，发生漏气时应按以下程序进行：

（1）接到室内外燃气报警后，要立即控制燃气泄漏区域周围的一切火源（包括明火、吸烟、电器火花、车辆启动等），室外区域应禁止车辆通行。

（2）工程部值班人员接到报警后要立即奔赴现场，在采取防护措施情况下进入泄漏区域，迅速判明设备的泄漏点。组织有关工程技术人员进行止漏和排放。若情况严重，要立即采取停气措施，由工程部值班人员负责向经理报告，通知有关部门前来抢修，并及时通知物业使用人。

（3）保安部值班人员接到报警后，应迅速赶往现场，协助工程技术人员检查室内外情况，排除各种可能引爆的条件，布置安全措施。

（4）工程部经理接到煤气报警通知后，要立即赶赴现场，视情况组织人员采取安全措施，如情况严重，需向上级汇报处理。

（5）排险后由工程部负责向公司写出事故报告（事故原因、责任人、采取的措施、有无损失等）。

知 识 小 结

供暖系统主要有以下分类：按热媒不同可分为热水供暖、蒸汽供暖、热风供暖；按供暖范围不同可分为局部供暖系统、集中供暖系统和区域供暖系统；按循环动力不同分为自然循环和机械循环。低温地板辐射供暖作为分户采暖的一种形式，近年来得到了大量应用。

供暖系统设备有热源设备、散热设备、循环动力设备、管道、辅助器材及设备。系统维护与管理的主要内容包括热源、管网和热用户的管理。供暖管道常见的故障主要有管道堵塞、管道泄漏、散热器散热不均、散热器不热、各立管散热器的温差太大等。

燃气根据来源不同可分为天然气、人工煤气和液化石油气。燃气供应方式有瓶装和管道输送两种。室内燃气系统由用户引入管、燃气管网、管件、附属设备、用户支管、燃气表和燃气用具组成。

强 化 练 习

一、单项选择题

1. 高压锅炉产生的蒸汽压力大于（　　）kPa。

A. 50　　　　　　　B. 60　　　　　　　C. 70　　　　　　　D. 40

2. 能产生115℃热水的锅炉是（　　）锅炉。

A. 低压　　　　　　B. 中压　　　　　　C. 高压　　　　　　D. 常压

3. 以下哪项中的设备都属于热水供暖系统的构成设备（　　）。

A. 锅炉、膨胀水箱、排气设备、散热器、散热温控器、减压阀、疏水器

B. 锅炉、供热管道、排气设备、散热器、散热温控器、减压阀、疏水器

C. 锅炉、供热管道、排气设备、散热器、热水计量表、减压阀、疏水器

D. 锅炉、供热管道、分水器、散热器、热水计量表、减压阀、疏水器

4. 锅炉的基本组成为哪两大部分（　　）。

A. 汽锅和给水系统　　　　　　　B. 汽锅和炉子

C. 炉子和灰渣清除系统　　　　　D. 炉子和自动控制和监测系统

5. 下列那一项不属于热风供暖设备（　　）。

A. 空气加热器　　　B. 热风炉　　　　　C. 暖风机　　　　　D. 辐射板

6. 燃气管道压力在5kPa至150kPa之间是属于（　　）。

A. 低压管网　　　　B. 中压管网　　　　C. 次高压管网　　　D. 高压管网

7. 哪一种气类使用时需要混合乙硫醇或某种无害而有臭味的气体（　　）。

A. 人工煤气　　　　B. 天然气　　　　　C. 液化石油气　　　D. 重油裂解气

8. 大城市里，燃气管网大多布置成（　　）。

A. 总线状　　　　　B. 枝状　　　　　　C. 环状　　　　　　D. 星形状

9. 我国常用的燃气仪表为（　　），其中小口径燃气表一般安装在（　　）。

A. 干式皮膜式燃气流量表，室内墙壁上

B. 干式皮膜式燃气流量表，管道上

C. 罗茨皮流量计，室内墙壁上

D. 罗茨皮流量计，管道上

10. 燃气热水器按照其构造和使用可以分为（　　）。

A. 人工煤气型和液化石油气型　　　B. 直接排放式和烟道排放式

C. 室内安装型和室外安装型　　　　D. 直流式和容积式

二、多项选择题

1. 自然循环供暖是靠（　　）进行的循环系统。

A. 机械动力　　B. 水压差　　C. 水密度差　　D. 水泵　　　　E. 膨胀水箱

2. 膨胀水箱的作用包括（   ）。

A. 排气　　　　B. 稳定压力　　C. 容纳补充水　　D. 扩展热用户　　E. 容纳膨胀水

3. 根据锅炉使用的燃料，可以分为（   ）。

A. 燃煤锅炉　　　B. 燃材锅炉　　C. 燃油锅炉　　　　D. 燃气锅炉　　　E. 电锅炉

4. 供工业和民用的燃气主要有（   ）。

A. 人工煤气　　　B. 液化气　　C. 天然气　　　　D. 沼气　　　　　E. 氧气

5. 用锅炉通过管道为（   ）供暖，属于集中供暖。

A. 单户热用户　　B. 单栋楼房　　C. 多栋楼房　　　D. 多个小区　　　E. 单一小区

6. 安装直排式燃气热水器的房间必须满足的条件是（   ）。

A. 空间不能太小　　　　　B. 通风好　　　　　　　　C. 无明设电线

D. 有耐火墙壁　　　　　　E. 无易爆品

三、思考题

1. 供暖系统主要有哪些分类形式？

2. 高层建筑热水供暖系统的方式有几种？

3. 辐射供暖的特点有哪些？

4. 供暖系统中，散热器、膨胀水箱的作用有哪些？

5. 供暖系统有哪些常见故障？

6. 燃气有哪些不同种类？常见供应方式有哪些？

7. 室内燃气管道的敷设有何要求？

8. 室内燃气管道及部件的维护内容有哪些？

技能实训

结合生活实际及学习内容并通过收集相关资料制订出室内燃气安全的注意事项及应急预案。

单元 6

通风与空调系统

1. 知识目标

认知通风系统原理及气流组织形式；认知风管形状及其制作常用材料；认知通风系统常用设备（风机、风阀、风口等）及其作用；认知空气调节的作用；认知空调系统分类；了解常用制冷机组；认知组合式空调机组组成；认知空调水系统（冷冻水、冷却水）及其管理；认知空调节能及其管理。

2. 能力目标

能认知风管制作常用材料；能认知并正确选用风阀及风口；能正确区分空调冷冻水、冷却水系统；能对空调水系统的维护进行基本管理；能对通风系统和空气调节系统进行管理与维护。

📖 引导案例

空调的发展历史

1902 年，美国人威利斯·开利设计了第一个空调系统，1906 年以"空气处理装置"为名申请了美国专利。开利的发明缘于一个印刷作坊，印刷机由于空气温度与湿度的变化使得纸张伸缩不定，油彩对位不准，印出来的东西模模糊糊。其后 20 年间，享受空调的对象一直是机器，而不是人。1922 年开利工程公司成功研制出空调史上的里程碑产品——离心式空调机。离心机最大的特点是效率高，这为大空间调节空气打开了大门。从此，人成为了空调服务的对象。1928 年开利公司推出了第一代家用空调。但因经济大萧条和二次世界大战，直到 20 世纪 50 年代后经济起飞，家用空调才开始真正走入千家万户。

20 世纪 60 年代，出现了新型的燃气空调；20 世纪 70 年代后期，太阳能空调得到了快速发展；80 年代初期，变频空调技术开始运用；1998 年，直流变频空调技术取得了重大突破并在世界范围内得到了广泛应用。1999 年，燃气空调在中央空调领域也获得了重大的发展，并展现了巨大的经济效益和社会效益，天然气作为 21 世纪公认的全球能源，将为燃气空调的大力发展提供更为广阔的市场前景。

今天，我们的工作和生活已经离不开空调。各种新型空调（如冰蓄冷、地源热泵空调）技术不断涌现并逐步走向成熟。在当今建筑智能化快速发展的同时，也对物业空调系统的运行、维护保养以及节能管理提出了更高的要求。

6.1 通风系统

所谓通风，就是把室内被污染的空气直接或经净化后排到室外，把新鲜空气补充进来，从而保持室内的空气环境符合卫生标准和满足生产工艺的需要。

通风作为改善空气条件的一种方法，它包括从室内排除污浊空气和向室内补充新鲜空气两个方面。前者称为排风，后者称为送风。为实现排风和送风，所采用的一系列设备、装置的总体称为通风系统。

6.1.1 通风系统的分类

迫使室内空气流动的动力称为通风系统的作用动力。通风系统按其作用动力的不同，可分为自然通风和机械通风两种。

1. 自然通风

自然通风是在自然压差作用下，使室内外空气通过建筑物围护结构的孔口流动的通风换气。根据压差形成的机理，可以分为风压作用下的自然通风、热压作用下的自然通风以及热压和风压共同作用下的自然通风。

（1）风压作用下的自然通风。风压是由空气流动造成的压力，也称为"风力"。风压作用下的自然通风如图 6-1 所示，当有风吹过建筑物时，房屋在迎风面形成正压区（大于室内压力），从而使风可以从门窗吹入，同时，会在背风面形成负压区（小于室内压力），室内空气又可以从背风面的门窗压出，造成室内空气的流动。利用风压进行自然通风的效果取决于风速的大小及建筑物的结构和形状。

（2）热压作用下的自然通风。热压作用下的自然通风如图 6-2 所示。它利用室内外空气温度不同所造成的室内外气压差来迫使室内空气进行流动。当室内空气温度高于室外气温时，室内外空气间的密度差使室外空气从下部窗口流入室内，而室内密度较小的热空气上升，从上部窗口流出。这种通风方式特别适用于室内有局部热源的场合。

热压作用下自然通风效果的好坏与天窗排风性能的优劣有密切关系。普通天窗（不加挡风板）的迎风面往往存在倒灌风的现象。如图 6-2 所示，在天窗外面安装适当的挡风板后，挡风板与天窗之间的空间不论风向如何都处于负压区，这样可以避免风的倒灌现象。

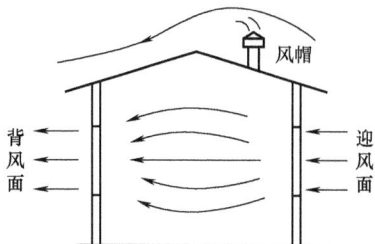

图 6-1　风压作用下的自然通风

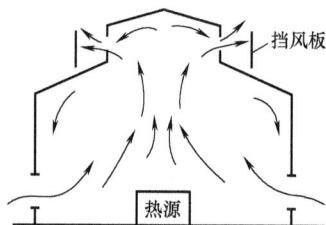

图 6-2　热压作用下的自然通风

（3）风压和热压共同作用下的自然通风。热压与风压共同作用下的自然通风可以简单地认为它们是效果叠加的。但实测及原理分析表明：对于高层建筑，在冬季（室外温度低）时，即使风速很大，上层的迎风面房间仍然是排风的，即热压起了主导作用；高度低的建筑，风速受临近建筑影响很大，因此也影响了风压对建筑的作用。

自然通风是一种经济而有效的通风方法，它不消耗能源，设备投资省，较为经济实用。但受自然条件的影响较大，空气不能进行预先处理，排出的空气会污染周围环境。

2. 机械通风

机械通风是利用通风机所造成的压力，迫使室内外空气进行交换的一种通风方式。它由通风机和送、排风管道等组成，还可与一些空气处理设备连接，组成机械通风系统。采用机械通风能够解决自然通风难以解决的问题。可进行局部通风，改善室内局部空气条件，还可根据实际需要调节风量大小。根据通风范围的不同，机械通风又可分为全面通风和局部通风两种。

（1）全面通风。就是对整个房间进行通风换气，使整个房间的空气环境都符合规定的要求。图 6-3 所示是一种最简单的全面通风方式。轴流风机把室内污浊空气排到室外，同时使室内造成负压。在负压的作用下，新鲜空气从窗口流入室内，补充排风。采用这种通风方式时，室内的污浊空气不会流入相邻的房间，适用于空气较为污浊的场所。

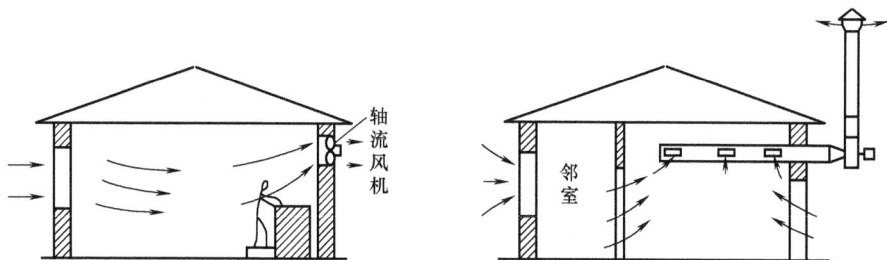

图 6-3　用轴流风机排风的全面通风

图 6-4 所示是利用风机送风的全面通风方式。它利用风机把经过处理的室外新鲜空气，通过风管送到室内各点，使室内的气压增大，从而将室内的污浊空气从窗口排出室外。采用

这种方式进行通风，周围相邻房间的空气不会流入室内，适用于室内清洁度要求较高的房间。

除上面两种全面通风方式外，还有一种同时用风机进行送风和排风的全面通风方式，如图 6-5 所示。这种通风方式的效果较好，适用于要求较高的场合。

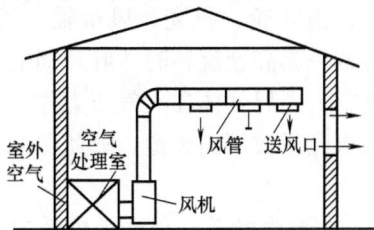

图 6-4　用风机送风的全面通风

图 6-5　同时设送风、排风风机的全面通风方式

（2）局部通风。是利用风机所形成的风压，通过风管将室外新鲜空气送到室内某个地点（或将室内某个地点的污浊空气排出室外）的通风方式。这种通风方式可改善室内某个局部的空气条件，在室内污浊空气产生较为集中或室内人员较为集中的场所，可采用局部通风系统。

图 6-6 所示为机械局部排风系统。通常将排风口设在产生污浊空气的地点，使污浊气体产生时就立即被排出室外，防止在室内扩散。

图 6-7 所示为机械局部送风系统。通常将送风口设置在工作人员的工作地点，使人员周围的空气环境得以改善。

图 6-6　机械局部排风系统

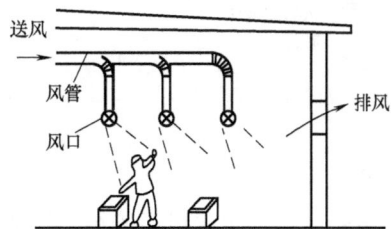

图 6-7　机械局部送风系统

采用机械通风系统具有使用灵活方便、通风效果良好稳定的优点。但它需配置较多的设备，初投资大，还需要设专人对设备进行日常维护和管理。

6.1.2　通风系统的常用设备与管道

自然通风系统一般不需设置设备，机械通风系统的主要设备有通风机、风管或风道、风阀、风口和除尘设备等。

6.1.2.1　风机

1. 风机的分类

根据风机的作用原理可将风机分为离心式、轴流式和贯流式三种。通风工程中大量使用的是离心式和轴流式两种。

（1）离心式风机。离心式风机结构如图 6-8a 所示，由叶轮、机壳、风机轴、进气口、排气口、电动机等组成。当叶轮在电动机带动下随风机轴一起高速旋转时，叶片间的气体在离心力作用下由径向甩出，同时在叶轮的吸气口形成真空，外界气体在大气压力作用下被吸入叶轮内，以补充排出的气体，由叶轮甩出的气体进入机壳后被压向风道，如此源源不断地将气体输送到需要的场所。

（2）轴流式风机。轴流式风机结构如图 6-8b 所示，主要由叶轮、外壳、电动机和支座等部分组成。轴流式风机叶轮与螺旋桨相似，当电动机带动它旋转时，空气产生一种推力，促使空气沿轴向流入圆筒形外壳，并沿机轴平行方向排出。

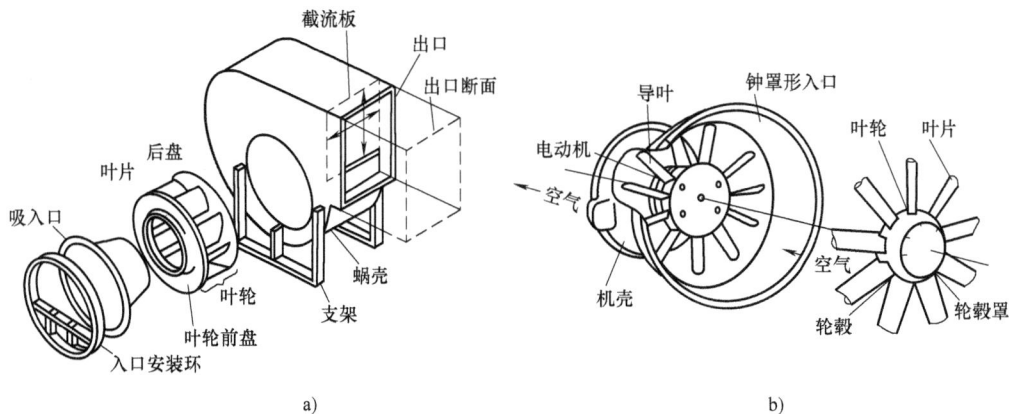

图 6-8　风机的结构

a）离心式风机　b）轴流式风机

轴流式风机产生的风压较小，很适合无需设置管道的场合以及管道的阻力较小的通风系统，而离心式风机常用在阻力较大的系统中。若将轴流式风机叶片根部偏转一定角度，则成为混（斜）流式风机。它是介于离心式和轴流式风机之间的一种风机，兼具二者的特点，常用作高层建筑防烟风机。

（3）贯流式风机。贯流式风机结构如图 6-9 所示，它不像离心式风机在机壳侧板上开口使气流轴向进入风机，而是将机壳部分敞开，使气流直接沿径向进入风机，气流横穿叶片两次，且进、出风口均为矩形，与建筑物的配合十分方便。贯流式风机具有小风量、中压头、安装简易的特点。

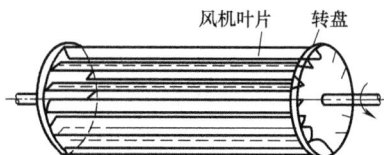

图 6-9　贯流式风机构造示意图

由于安装使用要求因场合、系统构造不同，根据上述原理，风机可以做成多种形状。通风系统中各种形状常用风机如图 6-10 所示。

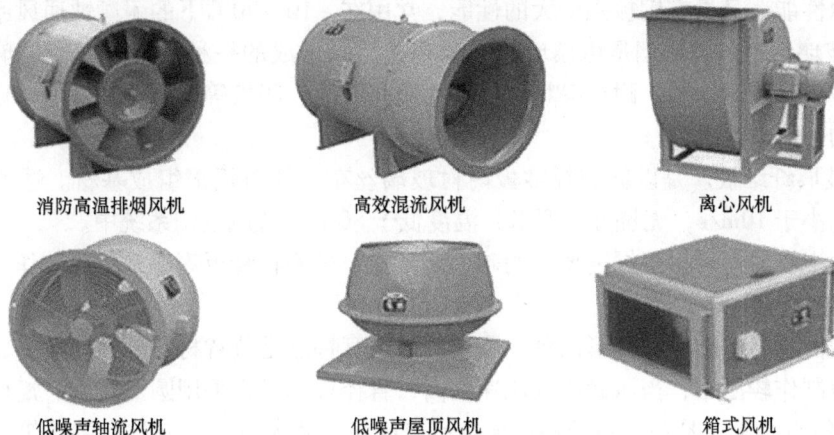

消防高温排烟风机　　　　　高效混流风机　　　　　离心风机

低噪声轴流风机　　　　　低噪声屋顶风机　　　　　箱式风机

图 6-10　通风系统常用风机实物图

2. 风机的性能参数

通风机的性能参数主要有风量、风压、有效功率、效率等。其中风量是指风机运转时每小时输送的空气量（单位为 m^3/h）；风压为风机所产生的压强（单位为 Pa）；有效功率为风机传送给空气的功率，它等于风量与风压的乘积（单位为 W）；效率为有效功率与风机轴功率的百分比。

离心式风机所产生的风压较高，轴流式风机的风压较低，但输送风量较大，效率较高。

6.1.2.2　通风管道

通风管道是通风系统的重要组成部分，其作用是输送气体。根据制作所用的材料不同可分为风管和风道两种。

1. 通风管道的材料

在工程中应用较多的是风管，风管的材料应根据输送气体的性质（如一般空气或腐蚀性气体等）来确定。常用的风管材料有：

（1）普通薄钢板。又称"黑铁皮"，结构强度较高，具有良好的加工性能，价格便宜，但表面易生锈，使用时应作防腐处理。

（2）镀锌薄钢板。又称"白铁皮"，是在普通薄钢板表面镀锌而成，既具有耐腐蚀性能，又具有普通薄钢板的优点，应用广泛。

（3）不锈钢板。在普通碳素钢中加入铬、镍等惰性元素，经高温氧化形成一个致密的氧化物保护层，这种钢就叫"不锈钢"。不锈钢板具有防腐、耐酸、强度高、韧性大、表面光洁等优点，但价格高，常用在化工等防腐要求较高的通风系统中。

（4）铝板。铝板的塑性好、易加工、耐腐蚀，由于铝在受摩擦时不产生火花，故常用在有防爆要求的通风系统上。

（5）塑料复合板。在普通薄钢板表面上喷一层0.2~0.4mm厚的塑料层，使之既具有塑料的耐腐蚀性能，又具有钢板强度大的性能，常用在-10~70℃下的耐腐蚀通风系统上。

（6）玻璃钢板。玻璃钢是由玻璃纤维和合成树脂组成的一种新型材料。玻璃钢板它具有质轻、强度高、耐腐蚀、耐火等特点，广泛用在纺织、印染等含有腐蚀性气体以及含有大量水蒸气的排风系统上。

（7）玻璃纤维板。是以玻璃纤维板内衬玻璃丝布，外覆铝箔组成基材。适用于有消声要求，风速小于10m/s，无抗酸碱要求，温度低于80℃的通风空调系统中。

在工程中有时还可以根据需要，用砖、混凝土、矿渣石膏板等建筑材料制作成风道。

2. 风管截面形状

风管截面形状有圆形和矩形两种。圆形截面风管特点是节省材料、强度较高，而且流动阻力小，但制作较困难；当风管中气流速度高、直径较小时宜采用圆形风管。矩形截面风管（或风道）特点是管路易与建筑结构相配合；当截面尺寸大时，为充分利用建筑空间常采用矩形截面风管或风道。

6.1.2.3 风阀

通风系统中常用阀门主要有闸板阀、蝶阀、止回阀和防火阀。风阀主要用来调节风量、平衡系统、防止系统火灾。

（1）闸板阀。作关断用，多用于通风机的出口或主干管上。其特点是严密性好，但占地大。

（2）蝶阀。作风量调节用，多用于分支管上或空气分布器前。这种阀门只要改变阀板的转角就可以调节风量，操作起来很简便。由于它的严密性较差，故不宜作关断用。

（3）止回阀。其作用是当风机停止运转时，止回阀可阻止气流倒流。有垂直式和水平式两种。止回阀必须动作灵活，阀板关闭严密。

（4）防火阀。其作用是当发生火灾时，能自动关闭管道，切断气流，防止火势蔓延。防火阀是高层建筑空调系统中不可缺少的部件。比较高级的防火阀可通过风道内的感烟探测器控制，在发生火灾时，可实现瞬时自行关闭。

6.1.2.4 进、排、送风口

1. 室外进风口

室外进风口是采集室外新鲜空气送入室内送风系统的装置，可根据需要设于外围结构的墙上，如图6-11a所示为窗口式；或设专门采气的进气塔，如图6-11b所示。

进风口敷设应满足下列基本要求：

（1）进风口应设在空气新鲜、灰尘少、远离排风口的地方，离排风口水平距离大于等于10m。

（2）进风口的高度应高出地面2.5m，并应设在主导风向上风侧，设于屋顶上的进风口应高出屋面1m以上，以免被风雪堵塞。

（3）进风口应设百叶格栅，防止雨、雪、树叶、纸片等杂质被吸入。

（4）进风口的大小应根据系统风量及通过进风口的风速来确定。

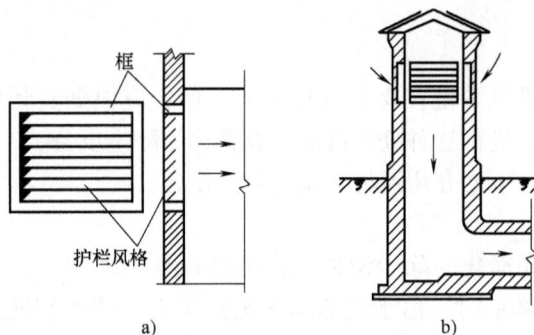

图6-11　室外进风口

a）窗口式送风口　b）塔式送风口

2. 室外排风装置

室外排风装置的作用是将排风系统收集到的室内污浊空气排到室外，经常设计成塔式安装于屋面。排风口设于屋面上时应高出屋面1m以上，为防止雨、雪或风沙倒灌，出口处应设有百叶风格和风帽。自然通风系统须在竖排风道的出口处安装风帽以加强排风效果，如图6-12所示。

3. 室内送风口

室内送风口是送风系统中风道的末端装置，其形式有多种，最简单的形式是在风道上开设孔口送风，根据孔口开设的位置不同送风口有侧向送风口和下部送风口之分；一般采用可调节的活动百叶式风格，可调节风量和风向，如图6-13a所示；当送风量较大时，需采用空气分布器，如图6-13b所示。

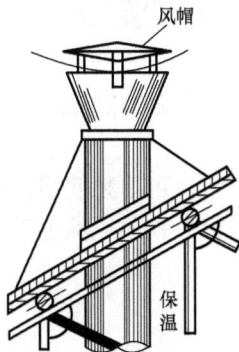

图6-12　室外排风口（风帽）

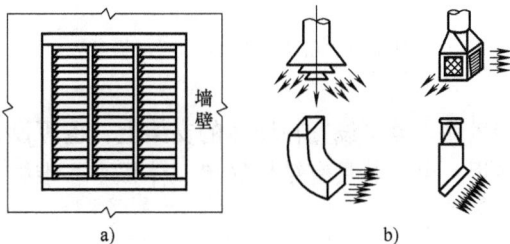

图6-13　室内送风口

a）活动百叶风格　b）空气分布器

4. 室内排风口

污染空气经室内排风口进入回风道或排出室外，室内排风口一般没有特殊要求，其形式种类也较少。

6.1.2.5　除尘设备

为防止大气污染，排风系统在将空气排出大气前，应根据实际情况采取必需的净化处理，使粉尘与空气分离，进行这种处理过程的设备称为除尘设备。

除尘设备种类很多，下面介绍两种常用的除尘设备。

1. 重力沉降室

重力沉降室是一种粗净化的除尘设备，其构造如图 6-14 所示。当含尘气流从管道中以一定的速度进入重力沉降室时，由于流通断面突然扩大，使气流速度降低，重物下沉，所以，粉尘一边前进一边下落，最后落到沉降室底部被捕集。此种除尘器是靠重力除尘的，因此，只适合捕集粒径大的粉尘，而且为有较好的除尘效果，要求重力沉降室具有较大的尺寸，但因其结构简单、制作方便、流动阻力小等优点，目前多用于双级除尘的第一级除尘。

2. 旋风除尘器

旋风除尘器的构造如图 6-15 所示。当含尘气流以一定速度沿切线方向进入除尘器后，在内外筒之间的环形通道内做由上向下的旋转运动（形成外涡旋），最后经内筒（排出管）排出。含尘气流在除尘器内运动时，尘粒受离心力的作用被甩到外筒壁，受重力的作用和向下运动的气流带动而落入除尘器底部灰斗，从而被捕集。

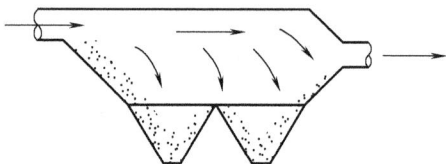

图 6-14　重力沉降室

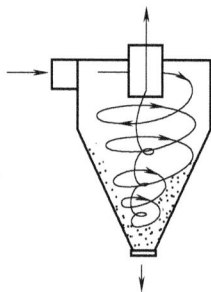

图 6-15　旋风除尘器

旋风除尘器可设置在墙体的支架上，也可设置在独立的支座上，可单独使用，亦可多台并联使用。由于其具有结构简单、体积小、维修方便等优点，所以，在通风除尘工程中应用广泛。

6.2　空　调　系　统

"空调"是空气调节的简称，它的任务是调节室内空气，为工艺生产和人们生活创造一个良好的室内环境。所谓良好的室内环境，是指把室内空气的温度、湿度、清洁度、空气流速以及室内噪声控制在一定的范围内，以保证满足工艺生产和人们生活舒适性的要求。为了对空气环境进行调节和控制，需对空气进行加热、冷却、加湿、减湿、过滤、输送等各种处理，空调系统就是完成这一工作过程的设备装置。

6.2.1 空气环境的基本衡量参数

1. 温度

温度是衡量空气冷热程度的指标，国内通常以摄氏温度 t（℃）表示，有时也用开氏温度 T（或称为绝对温度）（K）表示。两者的换算关系如下式：$T = t + 273$。空气温度的高低，对于人体的舒适和健康影响很大，也直接影响某些产品的质量。一般来说，人体舒适的室内温度冬季宜控制在 18~22℃，夏季控制在 24~28℃。

2. 湿度

湿度即空气中水蒸气的含量，湿度有以下几种表示方法：绝对湿度、含湿量、饱和绝对湿度、相对湿度。湿度通常用相对湿度来表示，相对湿度可理解为单位容积空气中含有水蒸气质量的实际值与同温度下单位容积空气所能包含的水蒸气质量的最大值之比，用符号"Φ"表示。Φ值越小，说明空气越干燥，吸收水蒸气的能力就越强；Φ值越大，表示空气越潮湿，吸收水蒸气的能力就越弱。通常认为令人舒适的相对湿度为 40%~60%，但这个范围在不同地区对不同人群会有所变化。

3. 清洁度

（1）空气的新鲜程度。通常用换气次数 n 这个指标来衡量。换气次数是指单位时间房间的送风量与房间体积之比。部分民用建筑房间的通风换气次数要求见表6-1。

表6-1 民用建筑的通风换气次数

房间类型	换气次数/（次/小时）	房间类型	换气次数/（次/小时）
住宅	1	厨房（中餐）	40~50
卫生间	5~10	开水间	6~10
吸烟室	10	洗衣间	10~15
烫衣间	6	浴室（无窗）	5~10
配电室	3~4	电梯机房	8~15
蓄电池室	10~15	制冷空调机房	4~6
变电室	5~8	地下停车库	5~6
职工餐厅	25~35	锅炉房	10~15

（2）空气的洁净程度。空气的洁净程度是指空气中的粉尘及有害物的浓度。舒适性空调系统通常可采用下列标准进行判断：空调房间的绝大多数人对室内空气表示满意，并且空气中没有已知的污染物达到了可能对人体健康产生严重威胁的程度（参见美国 ASHRAE：可接受的室内空气品质标准）。

4. 气流速度（v）

人对空气流动的感觉不仅取决于空气流速的大小，而且与气温的高低、人的工作活动量、人体暴露在流动空气中的面积以及空气流动是否变化有关。一般规定舒适性空调的室内平均流速为：夏季不大于 0.3m/s；冬季不大于 0.2m/s。

6.2.2　空调系统的分类

1. 按空气处理设备的布置情况分类

空调系统按空气处理设备的布置情况可分为集中式空调系统、半集中式空调系统和全分散式空调系统。

（1）集中式空调系统。是将所有的空气处理设备，包括过滤器、表冷器、加热器、加湿器、风机和电动机（这些空气处理设备通常被组合成一个整体式机组，见图 6-17 所示）都集中在空调机房内，处理后的空气经风管（道）输送分配到各空调房间。

集中式空调系统的优点是能对室外空气进行集中过滤、加热（或制冷）、加湿或减湿处理，空气处理量大，运行可靠，便于管理和维修；但缺点是机房占地面积大，需要集中的冷源和热源，各空调房间内空气温湿度不能单独调节，系统复杂。该系统一般适用于大空间的公共建筑。

（2）半集中式空调系统。这种系统除设有集中空调机房外，还在空调房间内设有二次空气处理设备（又称为末端装置，如风机盘管、诱导器）。末端装置的作用主要是在空气进入空调房间之前，对来自集中处理设备的空气作进一步补充处理，以适应不同房间对空气温、湿度的不同要求。风机盘管也可对房间内空气单独处理。

半集中式空调系统的优点是：各空调房间内温、湿度可根据需要单独调节，空气处理机房面积较小，新风量较小，风管截面较小，利于空间敷设。缺点是水系统布置复杂，易漏水，运行维护工作量大。主要适用于层高较低、面积较小的空调房间，如办公楼、宾馆、饭店等。

（3）全分散式空调系统（也称为局部空调系统）。它是把空气处理设备、冷热源（即制冷机组和电加热器）和输送设备（风机）集中设置在一个箱体中，组成一个紧凑的空调系统。该系统不需要专用空调机房，可根据需要把空调机组灵活分散地设置在空调房间里。常用的全分散式空调系统有窗式空调器、壁挂式空调机、立柜式空调器等。

全分散式空调系统的优点是空调设备使用灵活，安装方便，可节省风道。

2. 按承担负荷的介质分类

（1）全空气空调系统。空调房间的所有冷、热负荷都由空气来负担，如图 6-16a 所示。

（2）全水空调系统。空调房间的所有冷、热负荷都由水来负担。冬天供热水，夏天供冷水，如图 6-16b 所示。

（3）空气-水空调系统。空调房间的冷、热负荷由空气和水共同负担，如图 6-16c 所示。

（4）制冷剂系统。空调房间的负荷由制冷剂来负担。分体式空调机属于制冷剂系统，如图 6-16d 所示。

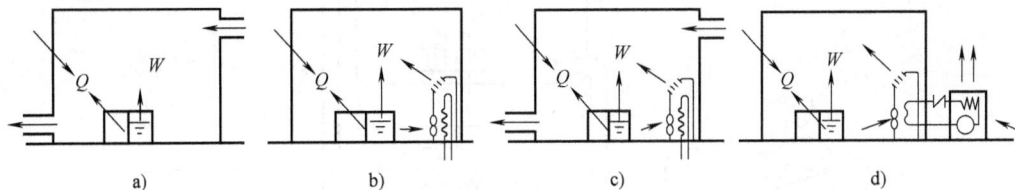

图 6-16 按承担室内空调负荷的介质分类的空调系统示意图
a) 全空气系统　b) 全水系统　c) 空气-水系统　d) 制冷剂系统

3. 按空调系统的使用目的分类

(1) 舒适性空调系统。是指为室内人员创造舒适健康环境的空调系统。如办公楼、酒店、商店、影剧院、图书馆、娱乐场所、候机或候车大厅等建筑中所用的空调系统。

(2) 工艺性空调系统。又称工业空调，指为生产工艺过程或设备运行创造必要环境条件的空调系统，工作人员的舒适要求有条件时可兼顾。例如，半导体元器件生产对空气中含尘浓度极为敏感，要求有很高的空气净化程度；棉纺织布车间对相对湿度要求很严格，一般控制在 70% ~ 75%；计量室要求全年基准温度为 20 ± 1℃；抗菌素生产车间要求无菌生产条件等。

4. 其他分类方法

(1) 根据系统的风量是否可变，可以分为变风量空调系统和定风量空调系统。

(2) 根据空调系统处理空气的来源不同，可以分为封闭式空调系统、直流式空调系统和混合式空调系统。

(3) 根据系统主风道内的气流速度大小，可以分为低速空调系统（一般民用建筑低于 10m/s；工业建筑低于 15m/s）和高速空调系统（民用建筑高于 10m/s；工业建筑高于 15m/s）。

(4) 根据系统的控制精度不同，可以分为一般空调系统和精密空调系统（如机房空调）。

(5) 根据系统的运行时间不同，可以分为季节性空调系统和全年性空调系统。

6.2.3　空调系统的组成

集中式和半集中式空调系统是工程上最常用的系统，通常由空气处理部分、空气输送部分、空气分配部分和辅助系统四个部分（子系统）组成，如图 6-17 所示。

1. 空气处理部分

空调系统的空气处理部分主要有过滤器、加热器或冷却器（有些系统还有一次加热器、二次加热器等不同设置）、加湿或减湿处理设备等。集中式空调系统的空气处理过程如下：在风机产生的风压作用下，室外空气从新风管进入系统，与从回风管引入的部分室内空气混

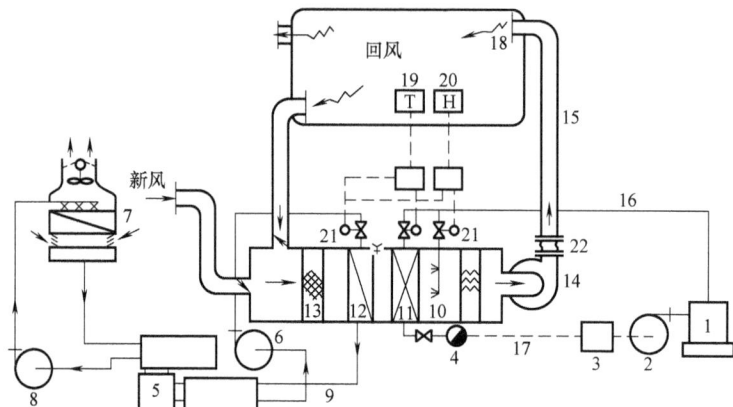

图 6-17　集中式空调系统组成示意图

空气处理系统：10—空气加湿器　11—空气加热器　12—空气冷却器　13—空气过滤器
空气输送系统：14—风机　15—送风管道　22—风管软接头　空气分配系统：18—空气分配器
辅助系统：（i）热源系统：1—锅炉　2—循环水泵　3—回水过滤器　4—疏水器　16—蒸气管
　　　　　　　　　　17—凝结水管
　　　　　（ii）冷源系统：5—制冷机组　6—冷冻水循环泵　7—冷却塔　8—冷却水循环泵
　　　　　　　　　　9—冷冻水管
　　　　　（iii）自动控制系统：19—温度控制器　20—湿度控制器　21—冷、热能量自动调
　　　　　　　　　　节阀

合，经空气过滤器进行过滤处理，再经空气冷却器（或空气加热器）进行空气的冷却（或加热）处理，然后经喷水室进行加湿或减湿处理，最后经送风管道输送到空调房间，从而实现对室内空气环境的调节和控制。在空气的处理过程中，为了节省能源，通常将一部分室内空气与室外新鲜空气混合后再进行处理，这部分室内的空气称为回风；而室外的新鲜空气称为新风。

用这些空气处理设备对空气进行过滤和热湿处理，可将送入空调房间的空气处理到所需的送风状态点。各种空气处理设备都有现成的定型产品，这种定型产品称为组合式空气机组。

2. 空气输送部分

空气输送部分主要包括送风机、回风机（系统较小时不用设置）、进排风管和必要的风量调节装置。空气输送部分的作用是不断将处理好的空气有效地输送到各空调房间，同时不断地排出室内空气，实现室内的通风换气。

3. 空气分配部分

空气分配部分主要包括设置在不同位置的送风口和回风口（空气分布器），其作用是合理地组织空调房间的空气流动，保证空调房间内工作区（一般是 2m 以下的空间）的空气温度和相对湿度均匀一致，空气流速不致过大，以免对室内的工作人员和生产造成不良的影响。

4. 辅助系统

空调机房里对空气进行制冷（热）的设备（空调用冷水机组或热蒸汽）和湿度控制设备等就是辅助设备。

（1）冷热源系统

1）冷源系统。冷源系统亦称空调制冷系统，负责提供整个空调系统的冷量。它由制冷装置、冷冻水系统、冷却水系统等三部分组成。

制冷装置主要采用液体气化方式制冷，主要包括蒸汽压缩式制冷、吸收式制冷。较为常用的是蒸汽压缩式制冷。压缩式制冷装置又分为活塞式、螺杆式、离心式三种机型。

冷冻水在制冷装置中进行冷却降温，经冷冻水循环泵、冷冻水输送管道送往空气处理系统，用以对空气进行冷却处理。处理后的冷冻水温度升高，经冷冻水回收管道送回到制冷装置中，进行循环使用。

冷却水用于吸收因冷冻水的降温而产生的热量，温度升高后的冷却水经冷却水循环泵、冷却水输送管道被送往冷却水塔进行冷却降温，再经管道回收到制冷装置中，进行循环利用。

2）热源系统。热源系统负责向空调系统提供空气处理所需的蒸汽、热水或热量。它一般由锅炉、水泵、输送管道等组成。锅炉中产生的热水或蒸汽经水泵和输送管道送往空气处理系统，处理后经回收管道送回至锅炉中循环使用。此外在需要辅助加热或某些特殊场合，可采用电能加热空气，其设备简单、重量轻、体积小、使用方便。

（2）自动控制系统。空调系统的自动控制部分用于对空气的温度、湿度及其所需之冷热源的能量供给等进行自动控制。它是保证空调系统良好运行所不可缺少的设备。

对于一个完整的空调系统，特别是集中式中央空调系统，系统通常比较复杂，空调系统能否达到预期的效果，关键往往在于空气的处理。

6.3 空调系统常用设备

6.3.1 空气处理设备

6.3.1.1 空气冷却及加热设备

空气冷却及加热设备主要有表面式换热器、喷水室和电加热器。

1. 表面式换热器

表面式换热器是利用在金属管内流动的各种冷（热）媒来冷却（加热）表面的空气的传热设备。根据管内流动的介质不同可分为两类：表面式冷却器或表面式加热器。表面式空气冷却器，以冷冻水或制冷剂做冷媒，使空气冷却、减湿，用于夏季工况冷却空气；表面式空气加热器，以热水或蒸汽做热媒，使空气加热，用于冬季工况加热空气。为了增强传热效果，表面式换热器通常采用肋片管组成肋片式换热器，如图 6-18 所示。根据肋片加工的不同，可以制成串片式、螺旋翅片管式、镶片管式、轧片管式等几种不同的空气加热器。为使冷（或热）水与空气间有较大的传热温差，应使空气与水按逆交叉流动，即进水管与空气出口在同一侧。

用于半集中式空调系统末端装置中的加热器，通常称为"二次盘管"。有的专为加热空气用，有的则冬季用做加热器，夏季用做冷却器。

另外，表面式空气冷却器下部应设凝结水集水盘和排水管。对于冷热两用的表面式换热器，其热水温度不宜过高，以免管内积垢过多而降低传热系数。

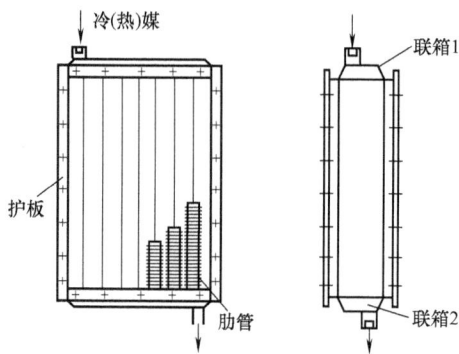

图 6-18　表面式换热器

2. 喷水室

喷水室是空调系统中的主要空气处理设备之一，用于冷却和加湿空气。其喷嘴孔径一般为 2~3mm。喷水室可分为卧式与立式以及单级与多级等几种，一般常用的为卧式单级喷水室。立式喷水室占地面积小，空气从下而上流动，水从上而下喷淋，热湿交换效果比卧式喷水室好，一般用于处理的空气量不大或空调机房层高较高的场合。喷水室构造如图 6-19 所示。

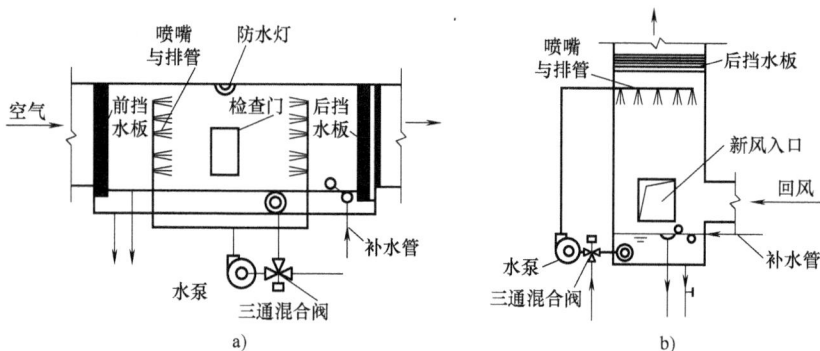

图 6-19　喷水室的构造

a）卧式喷水室　b）立式喷水室

喷水室应定期维护保养，主要包括：定期清洗喷水室的喷嘴、喷水管、回水过滤网和进水过滤器，清除水垢、残渣；定期检查底池中的自动补水装置，如阀针开关是否灵活，浮球阀是否好用等；每 2 年左右对底池清洗和刷底漆一次，以减少锈蚀等。

3. 电加热器

电加热器是让电流通过电阻丝发热而加热空气的设备，在小型空调冬季空气处理、恒温恒湿及精度要求较高的大型空调局部空气加热中常采用电加热器对空气进行加热处理，如安装在空调房间的送风支管上，可作为控制房间温度的辅助加热器。电加热器的特点是加热均匀迅速，效率高，结构紧凑，控制方便。

电加热器分为裸线式和管式。裸线式电加热器（图 6-20a）具有结构简单、热惰性小、加热迅速等优点；但由于其电阻丝容易烧断，安全性差，使用时必须有可靠的接地装置，常做成抽屉式（图 6-20b）。管式电加热器（图 6-20c）的优点是加热均匀，热量稳定，使用安全；其缺点是热惰性大，构造复杂。

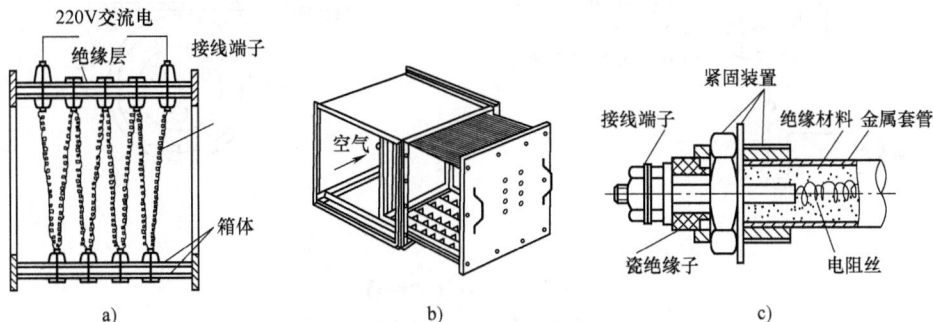

图 6-20 电加热器
a）裸线式电加热器 b）抽屉式电加热器 c）管式电加热器

6.3.1.2 空调系统加湿、减湿处理设备

在空调工程中，除利用喷水室或表面式换热器对空气进行热湿处理外，为满足空调送风和空调室内特殊要求，还需对空气进行专门加湿或减湿处理。

1. 空气加湿设备

对空气加湿的方法有很多，如喷水室、喷蒸汽加湿及喷雾加湿等。

（1）喷蒸汽加湿。把蒸汽直接喷入空气中对空气进行加湿的方法称为喷蒸汽加湿。常用的蒸汽加湿设备有蒸汽加湿喷管、"干式"蒸汽加湿器和电热加湿器。

1）干蒸汽加湿器。如图 6-21a 所示，为避免蒸汽喷管内产生凝结水，避免蒸汽接入管内的凝结水流入喷管，在蒸汽喷管外设蒸汽保温套管。加湿蒸汽先经喷管外的套管进入分离筒分离凝结水，然后再经调节阀孔进入干燥室，最后才到蒸汽喷管中去，以此保证喷出"干燥"的蒸汽。

2）电热加湿器。它是利用电能产生蒸汽，并直接混入空气中，有电热式和电极式两种。

电热式加湿器是在水槽中放入管状电热元件，元件通电后将水加热产生蒸汽。补水靠浮球阀自动控制，其加湿量大小取决于水温和水表面积，适用于大中型空调。

电极式加湿器是使电流直接从水中通过，对水加热汽化而实现加湿，其结构如图 6-21b 所示。电极式加湿器工作时，水相当于电阻，水容器中水位越高，导电面积就越大，则电阻

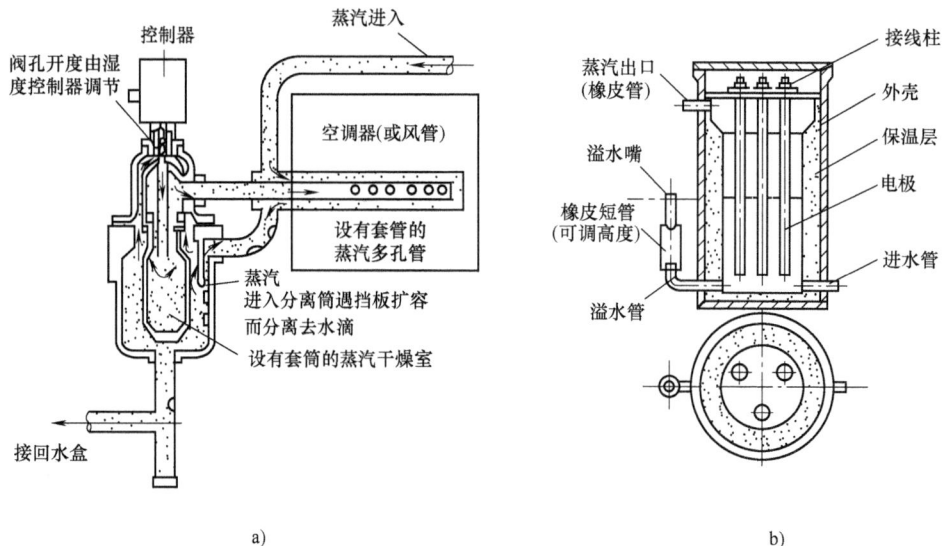

图 6-21 空气加湿器

a）干蒸汽加湿器 b）电极式加湿器

越小，电流越强，发热量就愈大。因此，可以通过调节溢水管内水位高低的方法来调节加湿器产生的蒸汽量（通常圆筒内水位高低可由溢水管控制），从而调节对空气的加湿量。当水位为零（无水）时，电流不通，加湿自动停止。

电热加湿器结构紧凑，且加湿量容易控制，但加湿量小，耗电量较大，因而多在小型独立式空调系统（如各种立柜式空调机组）中采用。

（2）喷雾加湿。将常温的水喷成雾状直接进入空气中的加湿设备称为喷雾加湿设备。利用高速喷出的压缩空气引射出水滴，并使水滴雾化而进行加湿的方法称为压缩空气喷雾加湿。

2. 空气减湿设备

空调系统中的减湿方法有加热通风法减湿、冷却除湿机减湿、表面冷却器减湿、转轮除湿机减湿及吸湿剂减湿等。空气的减湿应优先考虑加热通风法除湿，否则，要采用一些强制减湿措施。目前采用较广泛的是用专门的冷却减湿机进行冷却减湿。

（1）加热通风法减湿。向空调房间送入热风或直接在空调房间进行加热来降低室内空气相对湿度的方法称加热通风法减湿。实践证明，当室内的含湿量一定时，空气的温度每升高 $1℃$，相对湿度约降低 5%。但空气的等湿升温过程并不能减少含湿量，只能降低相对湿度，也就是不能真正地除湿。如果加热的同时又送以热风，可把水分带出室外，这就能达到真正减湿的目的。这种方法的特点是方法简单、投资少、运行费用低，最大的缺点是相对湿度控制不严格。

（2）冷却除湿机减湿。它是利用制冷设备来除掉空气中水分的方法。冷却除湿机一般做成机组的形式，由制冷压缩机、蒸发器、冷凝器、贮液器、过滤器、电磁阀、膨胀阀和通风机组成，如图 6-22a 所示。其中，蒸发器、压缩机和冷凝器组成一套制冷系统。同时，在空气处理系统中，蒸发器又兼作空气冷却器，冷凝器又兼作空气加热器。

冷却除湿机的主要优点是除湿性能稳定可靠，管理方便，只要有电源的地方就可以使用，特别适用于需要除湿升温的地下建筑。它的缺点是初投资和运行费用高，噪声大。除湿机宜在空气干球温度为 15～35℃，相对湿度 50% 以上的条件下工作。不宜用在温度 4℃ 以下的场合。如果温度过低，蒸发器表面结霜，影响传热，又增大空气流通的阻力，除湿能力降低。

（3）转轮除湿机减湿。如图 6-22b 所示，在除湿机内部，除湿转轮（一般由吸湿剂高效复合钛硅做成轮芯）以每小时 8～12 转的速度缓慢旋转，当潮湿空气进入转轮的处理区域时，空气中水分子被转轮内的吸湿剂吸收，变成干的空气。同时在再生区域，另一路空气先经过再生加热器后，变成高温空气（一般为 100～140℃）并穿过吸湿后的转轮，使转轮中已吸附的水分蒸发，从而恢复了转轮的除湿能力；同时，再生空气因蒸发了转轮的水分而变成湿空气，被再生风机排到室外。

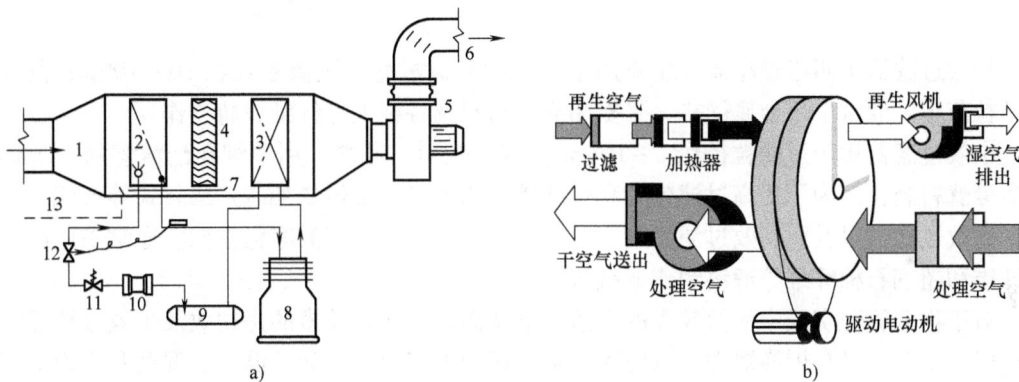

图 6-22　除湿机工作原理
a）冷却除湿机工作原理　b）转轮除湿机工作原理
1—外界空气进口　2—空气冷却器（蒸发器）　3—冷凝器　4—挡水板
5—风机　6—干燥空气出口　7—盛水盘　8—压缩机　9—储液器
10—过滤干燥器　11—电磁阀　12—膨胀阀　13—泄水管

（4）吸湿剂减湿。吸湿剂减湿是利用吸湿剂的作用，使空气中的水分被吸湿剂吸收或吸附。有固体吸湿和液体吸湿之分。

常用的固体吸湿材料有硅胶、铝胶和活性炭等。由于固体吸湿剂在吸湿达到饱和后，将失去吸湿作用，因此采用固体吸湿的方法时必须设置一套完整的吸湿及再生系统（通常利用干燥器使吸湿剂脱水再生），并要求吸湿和再生系统之间能自动转换。

常用的液体吸湿材料有氯化锂、三甘醇及氯化钙水溶液等。液体吸湿剂吸收水分后，溶液浓度会降低，吸湿能力下降，因此，需对吸湿后的溶液加热浓缩，去除水分，提高浓度后继续使用。使用液体吸湿法时应采取防止盐类腐蚀设备的措施。

6.3.1.3 空气的净化设备

空气过滤器是用来对空气进行净化处理的设备，根据过滤效率的高低，通常分为初效、中效和高效过滤器三种类型。为了便于更换，一般做成块状。此外，为了提高过滤器的过滤效率和增大额定风量，可做成袋式或抽屉式，如图 6-23 所示。

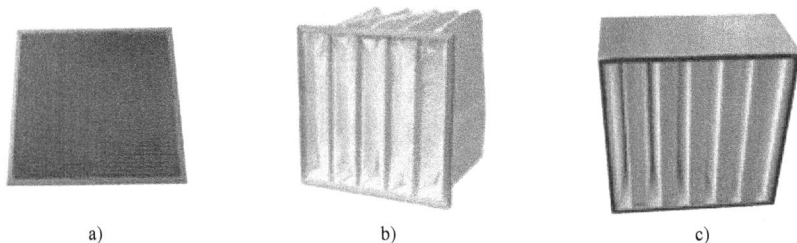

图 6-23　空气过滤器实物图

a）尼龙网初效过滤器　b）袋式中效过滤器　c）组合式高效过滤器

初效过滤器也叫粗过滤器，主要用于空气的初级过滤，过滤粒径在 $10 \sim 100\,\mu m$ 范围的大颗粒灰尘。通常采用金属网格、聚氨酯泡沫塑料及各种人造纤维滤料制作。

中效过滤器用于过滤粒径在 $1 \sim 10\,\mu m$ 范围的灰尘，通常采用中细孔泡沫塑料、玻璃无纺布等滤料制作。为了提高过滤效率和处理较大的风量，常做成抽屉式或袋式等形式。

高效过滤器以及亚高效过滤器用于对空气洁净度要求较高的净化空调。通常采用超细玻璃纤维和超细石棉纤维等滤料制作成纸状。

对于物业管理实践中涉及较多的舒适性空调而言，使用较多的是初效及中效过滤器。这些空气过滤器应经常拆换清洗，以免因滤料上积尘太多而使房间的温度、湿度及室内空气洁净度达不到使用要求。一般每两周将过滤器取出用清水漂洗或用压缩空气反吹，以减少过滤器的积尘，延长其使用寿命。

6.3.2　风机盘管、诱导器及组合式空调机

1. 风机盘管机组

风机盘管机组作为半集中式空调系统的末端装置，通常设置在每个空调房间内。机组由风机、盘管（换热器）以及电动机、空气过滤器、室温调节装置和箱体等组成。其形式有立式和卧式两种，在安装方式上又有明装和暗装之分。图 6-24 是卧式暗装风机盘管机组的构造简图。

风机盘管的风机采用前向多翼离心风机或贯流风机，电动机多为单向电容调速低噪声电动机，通过调节输入电压，改变风机转速，使之能变成高、中、低三档风量。盘管一般采用

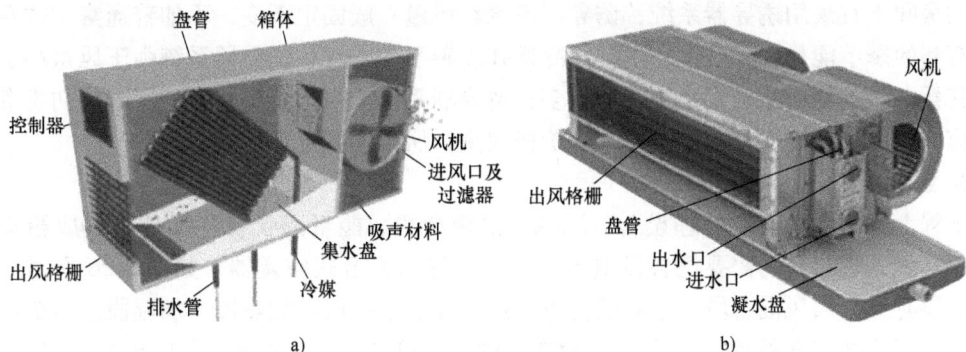

图6-24　卧式风机盘管构造

a）卧式暗装风机盘管示意图　b）卧式暗装风机盘管实物图

铜管套铝散热片，由于机组要负担空调室内负荷，盘管的容量较大（一般3~4排），通常是采用湿工况运行，所以必须敷设排除凝结水的管路。

风机盘管的冷量一般采用风量调节，也可以采用水量调节。可在盘管回水管上安装电动二通（或三通）阀，通过室温控制器控制阀门的开启，从而调节风机盘管的供冷（热）量。风机盘管的容量一般为：风量250~850m³/h，制冷量为2500~7000W，风机电功率一般为30~100W，水量一般为0.14~0.22L/s。

2. 诱导器

诱导器是指依靠经过处理的空气（一次风）形成的射流，诱导室内空气通过换热器的房间空气调节装置。其构造如图6-25所示。

优点：作为一次风的新鲜空气一般可以满足卫生要求，而二次风通过诱导器在室内循环，故不用回风道，从而避免了各空调房间之间的空气相互干扰。由于诱导器内静压箱压力较高，喷嘴速度也较大，故采用高速送风，其风道断面仅为普通系统的三分之一，有利于节省建筑空间。对于空气-水系统的诱导器，一部分室内负荷由二次盘管负担，从而可以大大地减小空气处理量，缩减空气集中处理机组箱体尺寸，减小风道断面，更有利于节省建筑空间。当旧建筑物需加设空调时，可考虑采用该系统。

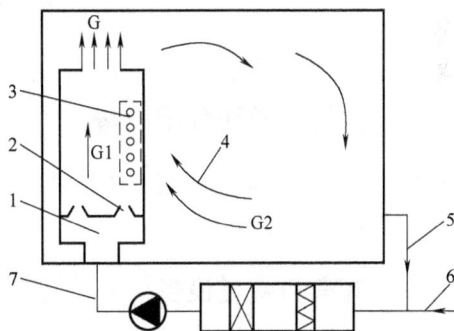

图6-25　诱导器构造

1—静压箱　2—喷嘴　3—热交换器　4—二次风
5—回风管　6—新风管　7——次风管
G—室内送风　G1——次风　G2—二次风

缺点：诱导器系统只能对一次风进行集中净化处理，对二次风进行粗过滤，所以不能用于净化要求较高的房间；由于诱导器喷嘴风速大，有噪声，因而应加消声装置，在噪声标准要求严格的房间不宜采用诱导器系统；诱导器系统新风量一般固定不变，不如普通集中式系统那样在有利的季节能最大限度地利用新风冷量并改善卫生条件；诱导器系统由于风量小、风压高，其耗电量与普通集中式系统相差不多；诱导器系统的机房设备和风道系统的初投资虽比普通集中式系统低，但目前诱导器本身价格较高，所以应做经济比较。

3. 组合式空调器

工程上常把各种空气处理设备、风机、消声装置、能量回收装置等分别做成箱式的单元，按空气处理过程的需要把各段组合在一起，称为组合式空调器，如图 6-26 所示。其常用功能段有：新回风混合段、中间混合段、过滤段、表冷段、加热段、加湿段、风机段、消声段等。组合式空气处理机组风量一般在 2000 ~ 160000m³/h 之间，设计灵活，安装方便，可对空气进行集中处理。

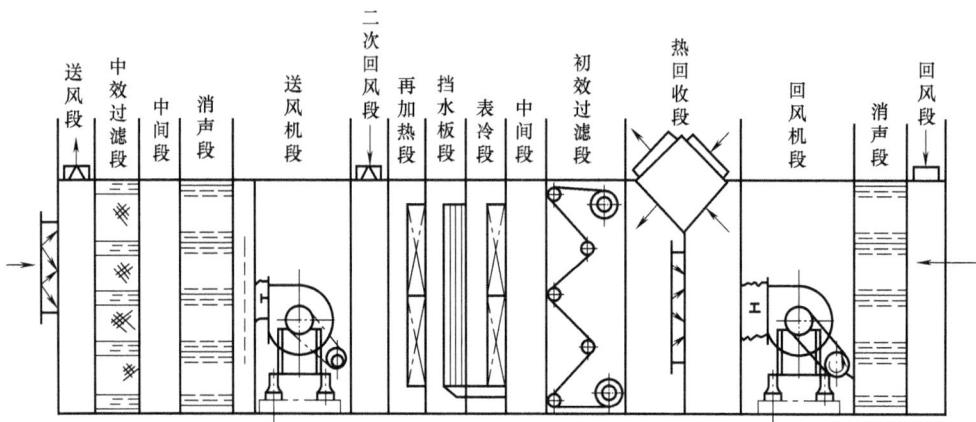

图 6-26　组合式空调器

6.3.3　空气输送和分配设备

风机、通风管道、风阀、送排风口（空气分布器）等空调系统输送和分配设备请参照通风系统相关内容学习。

6.3.4　消声和减震设备

1. 空调系统的消声设备

空调系统的消声处理措施主要包括以下两个方面：一是减少系统噪声的产生；二是在系统中设置消声器。

减少系统噪声的措施主要有：①选用低噪声风机，并尽量使其工作点接近最高效率点；②电动机与风机的传动方式最好用直接传动，如不可能，则采用带式传动；③适当降低风道中空气流速，对一般消声要求的系统，主风道中的流速不宜超过 8m/s，有严格消声要求的系统不宜超过 5m/s；④将风机安在减振基础上，并且进、出口与风道之间采用柔性连接（软接）；⑤在空调机房内和风道中粘贴吸声材料，以及将风机安装在单独的小室内等。

消声器的构造形式很多，按消声的原理主要有以下几类：

（1）阻性消声器。阻性消声器是把多孔松散的吸声材料固定在气流管道内壁，当声波传播时，将激发材料孔隙中的分子振动，由于摩擦阻力的作用，使声能转化为热能而消失，起到消减噪声的作用，如图 6-27a 所示。这种消声器对于高频和中频噪声有良好的消声性能，但对低频噪声的消声性能较差，适用于消除空调通风系统及以中高频噪声为主的各种空气动力设备噪声。

（2）抗性消声器。如图 6-27b 所示，气流通过截面突然改变的风道时，将使沿风道传播的声波向声源方向反射回去而起到消声作用。这种消声器对低频噪声有良好的消声作用。

（3）共振消声器。如图 6-27c 所示，小孔处的空气与共振腔内的空气构成一个弹性振动系统。当外界噪声的振动频率与该弹性振动系统的固有频率相同时，引起小孔处的空气柱强烈摩擦，声能就因克服摩擦阻力而消耗。这种消声器有消除低频噪声的性能，但频率范围很窄。

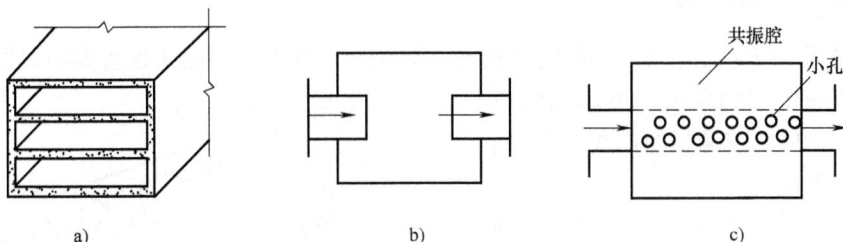

图 6-27　消声器构造示意图

a）阻性消声器　b）抗性消声器　c）共振消声器

（4）宽频带复合式消声器。宽频带复合式消声器是上述几种消声器的综合体，以便集中它们各自的性能特点以弥补单独使用时的不足。如阻、抗复合式消声器和阻性、共振复合消声器等。这些消声器对于高中低频噪声均有良好的消声作用。

2. 空调系统的减振设备

通风空调系统中的电动设备，如风机、水泵、制冷压缩机等在运动时会发生振动，应设置减振器进行减振。减振器的种类很多，常用的有三种：弹簧隔振器、橡胶隔振器和橡胶隔振垫。如图 6-28 所示。

弹簧隔振器（图 6-28a）是用金属弹簧做成的隔振设备，隔振器配有地脚螺栓，可固定在支撑结构上。这种隔振器的优点是隔振效果好，使用寿命长，能抗油、水的侵蚀，且不受温度的影响。缺点是水平稳定性差。

橡胶隔振器（图 6-28b）是用橡胶做成的隔振设备，这种橡胶隔振器是用丁腈橡胶经硫化处理成圆锥体，粘结在内外金属环上，外部套有橡胶防护罩。隔振器上部中心设有小孔，以便用螺栓和设备基座相连。下部周边设有四个螺栓孔，用于把隔振器和基座相连。这种隔振器的特点是自振频率低，仅次于金属弹簧，对于高频振动有很好的隔振效果。

橡胶隔振垫按其结构形式有单面单向肋型、双面单向肋型、双面双向肋型几种。图 6-28c 所示为双面单向肋型橡胶隔振垫。橡胶隔振垫结构简单，安装方便，隔振效果好，但橡胶长期使用易发生老化而缩短使用年限。

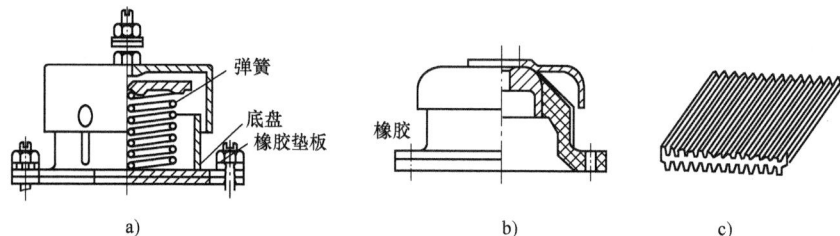

图 6-28　隔振器
a）弹簧隔振器　b）橡胶隔振器　c）橡胶隔振垫

6.3.5　局部空调系统

局部空调系统是把空气处理所需要的冷、热源，空气处理和输送设备集中设置在一个箱体内，组成一个结构紧凑、可单独使用的空调系统。局部空调机组的种类很多，常见类型如下：

（1）按容量大小可分为窗式、分体式和立柜式。

窗式空调器容量较小，冷量一般在 7kW 以下，风量在 1200m³/h 以下。

分体式空调器由室内机、室外机、连接管和电线组成，如图 6-29 所示。将运转时产生较大噪声的压缩机及冷凝器安装在一个箱体内，安装在空调房间外，称为室外机，将蒸发器及自动控制部件安装在一个箱体内，安装在空调房间内，称为室内机。室内机和室外机之间的连接管道有两根，一根是高压气管，另一根是低压气管。分体式空调器视室内机的安装方式可分为壁挂式、吊顶式、落地式柜机等，其主要优点是运行噪声低。

（2）按制冷设备冷凝器的冷却方式

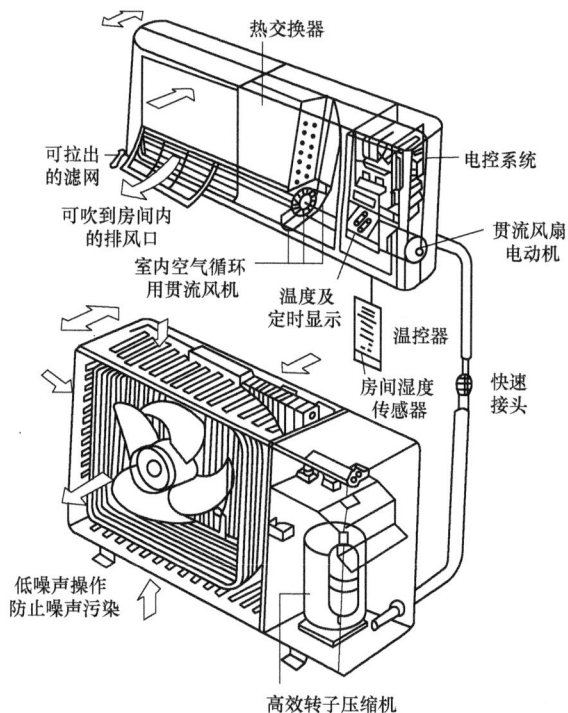

图 6-29　分体式壁挂式空调机构造

可分为水冷式空调器和风冷式空调器。

水冷式空调器一般用于容量较大的机组，但用户要具备水源和冷却塔。

风冷式空调器一般用于容量较小的机组（如窗式空调器、分体式空调器等），靠空气将冷凝器的热量带走。

（3）按供热方式不同可分为普通式空调器和热泵式空调器。

普通式空调器具有两种形式，一种是单冷型，即只夏季供冷，冬季不供热；另一种是夏季供冷，冬季用电加热空气供热。

热泵式空调器在冬季仍然由制冷机工作，只是通过一个四通换向阀使制冷剂作供热循环。冬季制冷系统运行时，将四通阀转向，使制冷剂逆向循环，把原蒸发器作为冷凝器（原冷凝器作为蒸发器），这样，空气通过时便被加热，以作供暖使用。图6-30是一种热泵式空调器的结构示意图。在冬季向建筑物供热时，采用热泵式空调器比采用电加热器直接加热更节省电能。热泵循环的经济性能以消耗单位能量所得到的供热量来衡量，称为供热系数。如某热泵式空调，其供

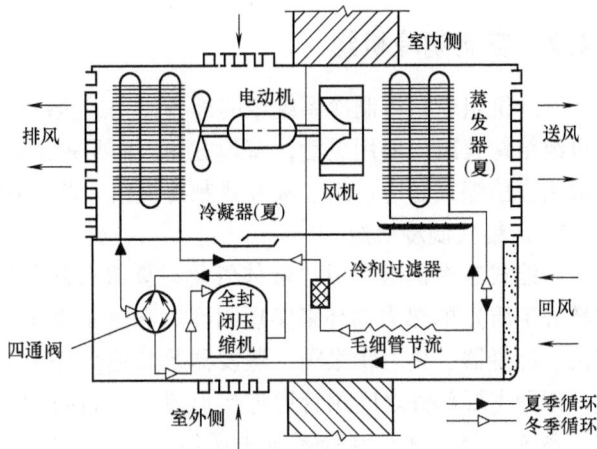

图6-30 热泵式空调器工作示意图

热系数为3.4，则消耗1kW的电能可以向室内供给3.4kW的热量，而对于直接用电加热，消耗1kW的电能只能向室内供应1kW的热量。

空调机组的经济性通常用评价指标"能效比（EER）"来衡量，其公式为：EER = 机组在名义工况下的制冷量/整台机组的耗功率。机组在名义工况（又称为额定工况）下的制冷量是指机组在国家有关标准规定的进风湿球温度、风冷冷凝器进风空气的干球温度等检验工况下测得的制冷量。其大小与产品的质量和性能有关。

6.4 空调系统冷热源及水系统

6.4.1 空调冷热源

空调冷源有天然冷源和人工冷源两种。

天然冷源是指自然界本身存在的温度较低的介质，主要有深井水和地道风等。深井水可作为舒适性空调冷源处理空气，但如果水量不足，则不能普遍采用，而地道风主要是利用地下洞穴、人防地道内冷空气送入使用场所达到通风降温的目的。利用深井水及地道风的特点

是节能、造价低，但具有一定的使用局限性。

人工冷源是指用各种形式的制冷设备制取低温冷水来处理空气。人工制冷的优点是不受条件的限制，可满足所需要的任何空气环境，因而被用户普遍采用。其缺点是初投资较大、运行费较高。

空调热源主要有独立锅炉房和集中供热的热网。对于独立锅炉房提供的热媒可以是热水，也可以是蒸汽或者同时供应热水和蒸汽即蒸-水两用锅炉。锅炉使用的燃料可以是煤（燃煤锅炉）、油（燃油锅炉）、气（燃气锅炉）。对于空调用热源可参考供暖系统有关内容。

6.4.2　空调制冷机组

制冷机组就是将制冷系统中的部分设备或全部设备配套组装在一起，成为一个整体。这种机组结构紧凑，使用灵活，管理方便，而且占地面积小，安装简单。空调工程中常用的制冷机组有压缩式制冷机组、吸收式制冷机组、蒸气喷射式制冷机组和热泵机组等。

1. 压缩式制冷机组

压缩式制冷机组利用"液体气化时要吸收热量"这一物理特性，通过制冷剂（氨、氟利昂等工质）的热力循环来实现制冷。它由制冷压缩机、冷凝器、热力膨胀阀、蒸发器及其他部件组成，四种主要部件之间用管道连接形成一个封闭的循环系统。制冷剂在制冷系统中历经蒸发、压缩、冷凝和节流 4 个主要热力过程。图 6-31 所示为压缩式制冷机的工作原理。

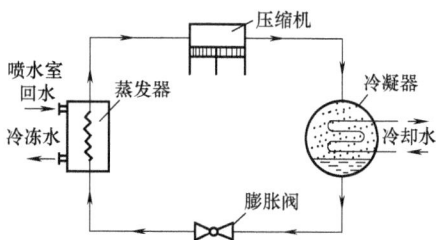

图 6-31　压缩式制冷机工作原理

其工作过程如下：压缩机将蒸发器内所产生的低压低温的制冷剂蒸气吸入汽缸内，经压缩后成为高压、高温的气体，经油分离器将油分出来后进入冷凝器，在冷凝器内，高压高温的制冷剂与冷却水（风冷式的为空气）进行热交换，把热量传给冷却水而使本身由气体凝结为液体。高压的制冷剂液体再经膨胀阀节流降压后，将低温低压制冷剂液体进入蒸发器，在蒸发器内，制冷剂液体进行气化并吸收蒸发器中冷冻水的热量，从而使冷冻水的回水重新得到冷却（一般由 12℃降为 7℃），蒸发器所产生的制冷剂气体又重新被压缩机吸走。如此往复循环，以实现制冷。一个制冷循环中制冷剂要经过压缩、冷凝、节流和汽化等四个过程。

常用的制冷剂有氨和氟利昂 R11、R12、R22、R134a、R123 等。氨的单位容积制冷能力强，价格便宜，有强烈的特殊刺激气味，试漏检查比较容易，能溶解于水，是一种极好的环保型制冷剂，但氨制冷剂有毒，与空气混合达到一定比例时容易爆炸，因此它的使用一直受到限制。氟利昂毒性小、不燃烧、不爆炸，热工性能极好，是一种安全的制冷剂，但它对大气中的臭氧层有破坏作用，同时能产生温室效应，因此对其中影响较大的制冷剂（R11 和 R12）已经实施限制。

制冷压缩机是制冷机组的心脏。它的主要作用是从蒸发器中抽吸气态制冷剂，以保证蒸

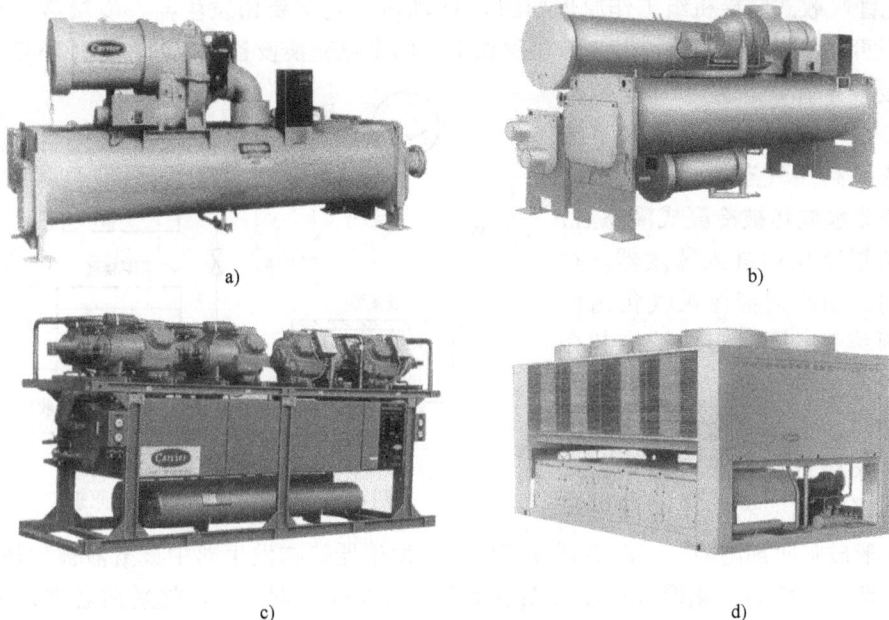

图 6-32　压缩式制冷机组

a）水冷离心式制冷机组　b）水冷螺杆式制冷机组
c）水冷活塞式制冷机组　d）风冷活塞式制冷机组

发器中有一定的蒸发压力，同时提高气态制冷剂的压力，使气态制冷剂能在较高的冷凝温度下被冷却剂冷凝液化。压缩式制冷机组的种类很多，空调工程中常用的有离心式、螺杆式和活塞式。如图 6-32 所示。

1）离心式压缩机组。离心式压缩机通过叶轮离心力作用吸入气体并对气体进行压缩，容量大、体积小，可实现多级压缩（一般为单级），制冷效率高，部分负荷状态下运行性能较好，常用作大型、超大型建筑物的空调冷源。

2）螺杆式压缩机组。螺杆式压缩机通过转动的两个螺旋形转子相互啮合吸入和压缩气体。它可以利用滑阀调节气缸的工作容积，实现部分负荷状态下运行，因此其部分负荷运行性能极好。广泛用作大中型、中型和中小型建筑物的空调冷源。

3）活塞式压缩机组。活塞式压缩机通过活塞的往复运动吸入和压缩气体。其制冷量小，部分负荷性能不佳，多用于小型空调系统和局部空调机组。

2. 吸收式制冷机组

吸收式制冷机组以溴化锂水溶液为工质，其中以水为制冷剂，溴化锂溶液为吸收剂。它利用溴化锂水溶液在常温下（特别是在温度较低时）吸收水蒸气的能力很强，而在高温下又能将所吸收的水分释放出来的特性，以及利用制冷剂液体在低压下汽化时要吸收周围介质的热量的特性来实现制冷的目的。

溴化锂吸收式制冷机组工作原理如图 6-33 所示，它主要由发生器、冷凝器、蒸发器和吸收器等四大主要部分组成。其工作过程如下：四个热交换设备组成两个循环环路：制冷剂循环与吸收剂循环。左半部是制冷剂循环，由冷凝器、蒸发器和节流装置组成。高压气态制冷剂在冷凝器中向冷却水放热被冷凝成液态后，经节流装置减压后进入蒸发器。在蒸发器内，制冷剂液体被气化为低压制冷剂蒸气，同时吸取被冷却介质的热量产生制冷效应。右半部为吸收剂循环，主要由吸收器、发生器和溶液泵组成。在吸收器中，液态吸收剂吸收蒸发器产生的低压气态制冷剂形成吸收剂溶液，经溶液泵升压后进入发生器，

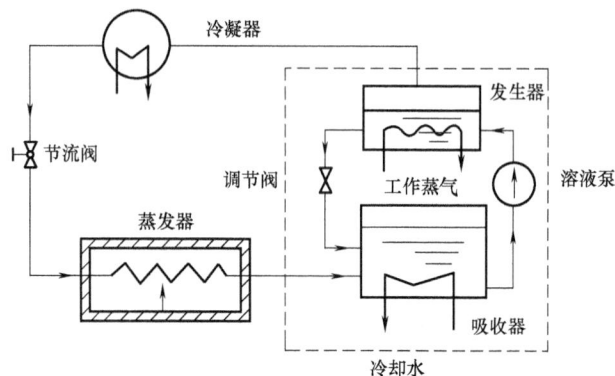

图 6-33   吸收式制冷机工作原理

在发生器中该溶液被加热至沸腾，其中沸点低的制冷剂气化形成高压气态制冷剂，又与吸收剂分离。然后前者进入冷凝器液化，后者则返回吸收器再次吸收低压气态制冷剂。

溴化锂吸收式制冷机组，按其结构可分为单筒、双筒、多级等几种形式。比较常用的双筒式溴化锂吸收式制冷机组是将发生器、冷凝器置于一个（上）筒体，蒸发器、吸收器放在另一个（下）筒体内，以保证系统的严密性。

溴化锂吸收式制冷机组出厂时是一个组装好的整体，溴化锂溶液管道、制冷剂液体及水蒸气管道、抽真空管道以及电气控制设备均已装好，现场施工时仅需连接机外的蒸气管道、冷却水管道和冷冻水管道。

3. 地源热泵空调机组

地源热泵系统是热泵系统的一种，利用大地（主要是地下水）作为热源的热泵。由于较深地下水在未受干扰的情况下常年保持恒定的温度，远高于冬季的室外温度，又低于夏季的室外温度。夏季通过热泵机组把建筑物中的热量传输给大地，使建筑物降温，同时在大地中蓄存热量以供冬季使用；冬季通过热泵机组把大地中的热量传递给建筑物供热，同时使大地中的温度降低，既蓄存了冷量，可供夏季使用。大地在地源热泵系统中起到了蓄能器的作用，进一步提高了空调系统全年的能源利用效率。

目前采用的深井回灌式地源热泵系统，是通过抽水井群将地下水抽出，通过二次换热或直接送至地源热泵机组，经提取热量或释放热量后，再经由回灌井群灌回地下，循环使用。深井回灌式地源热泵机组工作原理如图 6-34 所示。

制冷时，由取水井群提取出来的冷水经系统管道，进入压缩机内的冷凝器、膨胀阀、蒸发器进行换热，被冷凝器换热后的带热量的冷却水再经由回灌井群回到地下；而经蒸发器换热后温度已被降低的水则被送往建筑物，从而使建筑物达到制冷的目的。

制热时，压缩机从回灌井将夏季回灌到回灌井里的冷却水提取出来经系统管道，进入压缩机内的蒸发器、膨胀阀、冷凝器进行换热，被冷凝器换热后的低温水被回灌到回水井里。而经蒸发器换热后温度被升高的水被送往采暖建筑，使建筑内的温度升高到空调设计温度，从而达到采暖的目的。

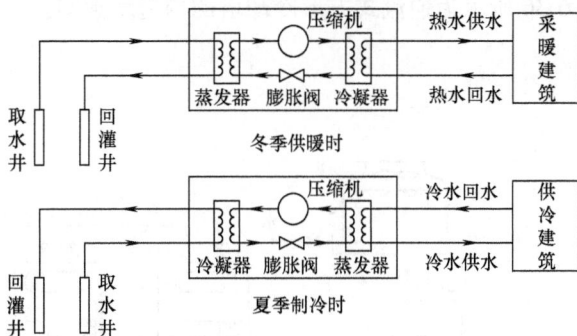

图 6-34　深井回灌式地源热泵机组工作原理

6.4.3　中央空调水系统

1. 冷冻水系统

冷冻水系统负责将制冷装置制备的冷冻水输送到空气处理设备，一般可分为闭式系统和开式系统。

对于变流量调节系统，常采用闭式系统，其特点是和外界空气接触少，可减缓对管道的腐蚀，制冷装置采用管壳式蒸发器，常用于表面冷却器的冷却系统。而定流量调节系统，常采用开式系统，其特点是需要设置冷水箱和回水箱，系统的水容量大，制冷装置采用水箱式蒸发器，用于喷淋室冷却系统。

为了保证闭式系统的水量平衡，在总送水管和总回水管之间设置有自动调节装置，一旦供水量减少而管道内压差增加，使一部分冷水直接流至总回水管内，保证制冷装置和水泵的正常运转。

2. 冷却水系统

冷却水负责吸收制冷剂蒸气冷凝时放出的热量，并将热量释放到室外。它一般可分为直流式、混合式及循环式等三种形式。

直流式冷却水系统将自来水或井水、河水直接打入冷凝器，升温后的冷却水直接排出，不再重复使用。混合式冷却水系统是将通过冷凝器的一部分冷却水，与深井水混合，再用水泵压送至冷凝器使用。

循环式冷却水系统，是将来自冷凝器的升温冷却水先送入蒸发式冷却装置，使其冷却降温，再用水泵送至冷凝器循环使用，只需要补充少量的水。图 6-35 所示的是常用的机械通风式冷却塔冷却水系统。

冷却塔是水冷中央空调系统中广泛应用的热力设备，也是管理实践中故障易发及重点管理设备。冷却塔有多种分类方式：按通风方式可分为自然通风冷却塔和机械通风冷却塔；按空气与水接触的方式可分成湿式冷却塔和干式冷却塔；按水和空气的流动方向可分为逆流式冷却塔和横流式冷却塔。其中，逆流式冷却塔里水自上而下，空气自下而上；横流式冷却塔中水自上而下，空气从水平方向流入。目前广泛使用机械式逆流（横流）冷却塔。

冷却塔系统一般包括：淋水填料、配水系统（布水器）、收水器（除水器）、通风设备、空气分配装置等五个部分。其中淋水填料的作用是使进入冷却塔的热水尽可能地形成细小的水滴或薄的水膜，以增加水与空气的接触面积和接触时间，有利于水和空气的热、质交换。图 6-36 所示为逆流式方形冷却塔的构造示意图。

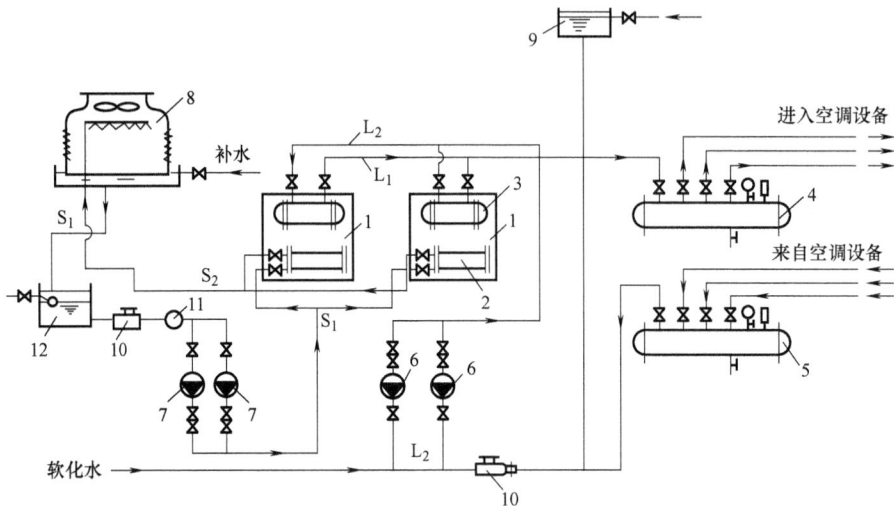

图 6-35　某空调工程水系统示意图

1—冷水机组　2—冷水机组冷凝器　3—冷水机组蒸发器　4—分水器　5—集水器

6—冷冻水循环泵　7—冷却水循环泵　8—冷却塔　9—膨胀水箱

10—除污器　11—水处理设备　12—冷却水循环水箱

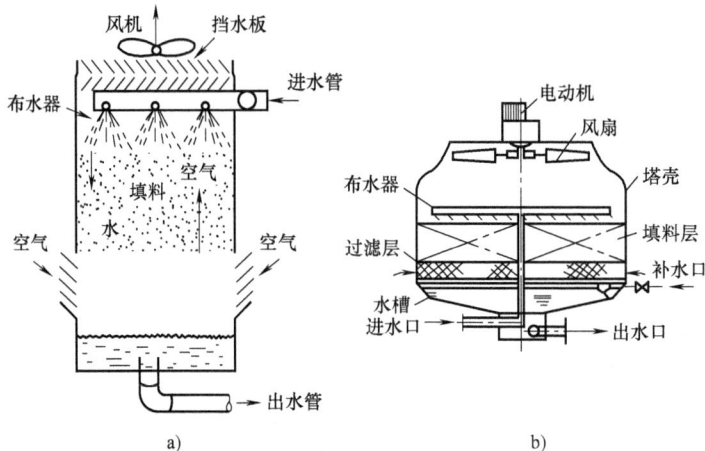

图 6-36　逆流式方形冷却塔的构造示意图

a）工作原理　b）外形结构

6.5　空调与通风系统的管理、运行及维护

6.5.1　空调、通风系统的管理、运行及维护

1. 空调、通风系统的管理

空调、通风系统是一个复杂的、自动化程度高的系统，其正常运转除了要求配备高技术素质及高度责任心的操作运行人员外，还依赖于科学的管理制度。

首先要建立各项规章制度，并且严格执行。以下是必须制订的六条制度。

（1）岗位责任制（规定配备人员的职责范围和要求）。

（2）巡回检查制度（明确定时检查的内容、路线和应记录项目）。

（3）交接班制度（明确交接班要求、内容及手续）。

（4）设备维护保养制度（规定设备各部件和仪表的检查、保养、检修、检定的周期、内容和要求）。

（5）清洁卫生制度。

（6）安全、保卫、防火制度。

执行制度时还应有下列详细记录：

（1）运行记录。

（2）交接班记录。

（3）设备维护保养记录。

（4）水质化验记录。

（5）事故及处理记录。

其次就是制订操作规程，保证风机及辅助设备得以正确、安全地操作。设备操作规程是按风机及其辅助设备使用说明书并与制造厂商一起制订出来的。操作规程一般包括：

（1）空调机操作规程。

（2）制冷机操作规程。

（3）冷却塔操作规程。

（4）水处理设备操作规程。

（5）水泵操作规程。

（6）换热器操作规程。

（7）其他设备操作规程。

2. 空调、通风系统的运行

（1）系统运行前的检查。开车前要对系统相关设备进行检查，做好运行准备。检查项目包括：风机、水泵等转动有无异常；冷热水温度是否合适；应该开启的阀门是否打开等。

（2）室内、外空气温、湿度的测定。测定室内、外空气温、湿度，并根据当天的室内、外气象条件确定当天的运行方案。

（3）开车。开车就是启动风机、水泵、电加热器和其他各种空调设备，使空调系统运转。开车时要注意安全，看自己和别人有否触电危险。启动设备时，只能在一台转速稳定后才允许启动另一台，以防供电线路启动电流太大而跳闸。风机启动要先开送风机，后开回风机，以防室内出现负压。风机启动完毕，再开电加热器等设备，设备启动完毕，再巡视一次，观察各种设备运转是否正常。

（4）运行。开车后空调、通风系统便投入使用，值班人员要精神集中，不许擅离职守，不许大声喧闹。认真按规定做好运行记录，读数要准确，填写要清楚。应随时巡视机房，尤其是对刚维修过的设备要更加注意。掌握设备运转情况，监督各种自动控制仪表，保证其动作正常，发现问题应及时处理，重大问题要立即报告。要仔细观测和分析实际运行与所确定方案是否相符。并勤调节控制好各空气参数。

（5）停车。关闭空调、通风系统各种设备，先停电加热器，再停回风机，最后停送风机。停车后巡视检查看设备是否都已停了，该关的阀门是否关好，有无不安全的因素。检查完毕方可离开值班室。

3. 空调、通风系统的维护

空调、通风系统的维护主要包括四个方面：灰尘清理、巡回检查、仪表检定、系统检修。

（1）灰尘清理。空调、通风系统灰尘来源主要是新风、漏风、风管内积尘，以及回风从室内带出来的灰尘等，运行人员就要针对灰尘来源进行清理，尽量防止空气污染。

1）经常检查及时更换空气过滤器。新风等粗效泡沫塑料过滤器要经常清洗，约 15~30 天清洗一次；风机盘管过滤器 30~40 天清洗一次；中效玻璃纤维过滤器当阻力为初阻力的两倍时，其他型号过滤器当达到其规定终阻力时要更换。更换安装过滤器时，不准污染滤料，安装要严密不漏风。对于循环使用的泡沫塑料滤料，清洗晾干时一定要在干净的环境中，使用前最好先测定其效率，已不合格者应更换新的。

2）要保持房间环境整洁，确保空调、通风房间室内正压。

3）系统全面清洗。通风系统全面清洗须遵照《空调通风系统清洗规范》（GB 19210—2003）执行，有以下主要原则：

①应定期对通风系统清洁程度进行检查。检查范围包括空气处理机、管道部件及管道系统的典型区域。

②当检查出现如下情况：通风系统可见或检测被污染、系统性能下降、对室内空气质量有特殊要求时，应对通风系统实施清洗。

③清洗管道时通风系统应保持负压，可用空气负压机或真空吸尘设备来实现。管道清洗分为干式清洗和湿式清洗两种方法。干式清洗可使用真空吸尘设备辅以机械搅动装置及高压气源。湿式清洗即高压冲洗、蒸汽清洗，使用湿式清洗不可使通风系统部件受到损害，清洗

后不能有残留化学物质。

④对于通风系统部件可直接清洗或拆卸清洗。

⑤清洗过程中发现老化或需修理的部件，及时更换或修理。

⑥要对清洗效果进行检验，检验合格后方可重新将空调通风系统投入使用。检验方法参照《空调通风系统清洗规范》（GB 19210—2003）。

（2）巡回检查。对设备状态要进行巡回检查，做到心中有数，出现问题及时维修，对暂时维修不了的设备，应采取应变措施，待非使用期时维修。

巡回检查的具体项目包括：送回风机、水泵、电动机是否有异常声音，轴承发热程度如何，传动皮带松紧是否合格；空调箱、风机箱、风管等内部有无锈蚀脱漆现象，水阀门是否严密，开关是否灵活；风管、水管保温是否有损坏；各个部位的空气调节阀是否有损坏，固定位置是否变化；需定期清洗、更换的设备（如各级过滤器等）是否已到清洗更换限度；配电盘、各种电器接线头是否有松脱发热现象，仪表动作是否正常等。

（3）仪表检定。定期检验和校正测量、控制仪表设备，保证它们测量控制准确可靠。

（4）系统检修。对于空调、通风系统及其单体设备的故障分析及维修可参考下面内容。

6.5.2　空调系统常用设备的维护保养

1. 组合式空调机组的维护

组合式空调机组的维护主要包括空调机组的检查及清扫。空调机组的检查和清扫需在停机状态下进行，一般 2～3 人一起按照事先规定的程序进行。检查时应关闭有关阀门，打开检修门，进入空调机组内部拆卸过滤网，检查盘管及风机叶片的污染程度，并进行彻底清扫。同时检查盘管及箱底的锈蚀和螺栓紧固情况。将初效过滤器在机外冲洗干净，晾干以后再稳固安装上去，如发现有损坏应及时修复或更换。如果皮带传动的，还要进行风机皮带的外观及松紧度检查，必要时需更换传动皮带。

内部检查完毕后，关闭检修门，打开有关阀门，将机组清理干净后进行单机试车。单机试车时必须注意运行电流、电动机温升、传动装置的振动及噪声等是否正常。单机试车结束后再进行运行试车，运行试车时检查送风温度和回风温度是否正常，进水电磁阀与风阀的动作是否可靠正确，温度设定是否灵敏等。一切正常后，该台空调机组可以正式投入使用。组合式空调机组的常见故障及处理方法见表6-2。

表 6-2　组合式空调机组常见故障及处理方法

故障现象	可能故障部位	故障原因判断	故障排除方法
机组漏水	过水严重	集水盘出水口堵塞	清理排水口
		盘内积水太深，排水管水封落差不够	整改水封，加大落差，使排水畅通
		风速过大	加大挡水板通风面积；适当降低风速
		风量过大	适当降低风机转速
		挡水板四周的挡风板破损或脱落	加装挡风板并作好密封

（续）

故障现象	可能故障部位	故障原因判断	故障排除方法
机组漏水	换热器	集水管保温不好致使表面凝露	重新保温
		集水管漏水	修补集水管
		换热器铜管破裂	修补换热器铜管
	集水盘	集水盘保温欠佳，表面凝露	作好集水盘、集水管的保温
		集水盘漏水	补焊集水盘
无风	电动机	电源未通、电源缺相或电动机烧毁	检查电源，如电动机烧毁则更换电动机
	风机	轴承卡死或烧毁	更换轴承或风机
		皮带断裂	更换传动皮带
风量偏小	风机	风机反转	将三相电源的任意两相互换接线
	系统	换热器长期使用，翅片表面积尘	清洗换热器
		设备或系统漏风	密封条（胶）堵漏
		过滤器积尘过多	清洗或更换过滤器
		系统实际阻力过大	检查风管、设备有无堵塞并排除；调节风阀开度
风量偏大	风机	风机压力偏高、风量偏大	降低风机转速，或更换风机
	系统	系统阻力过小	调节阀门，增加阻力
		过滤器损坏漏风	更换过滤器
		设备负压段或进风管漏气严重	作密封处理
制冷能力偏小	冷媒	冷媒温度偏高	调节冷水温度达到设计要求；管道保温若有问题，则整改保温（冷冻水出水温度一般为7℃）
		冷媒温度合格，流量偏小	检查水泵性能，管道阻力，有无堵塞现象，若存在问题，则先整改管道，或更换水泵
	风量	风量偏小引起冷量偏小	适当加大风量
风机传动皮带磨损严重	皮带轮	风机轴与电动机轴不平行，且两皮带盘端面不在同一平面内	先将两轴调平行，再将带轮端面调至同一平面
	皮带	皮带质量差	调换成质量好的皮带
机组表面凝露	箱体	保温不良，存在冷桥	作好保温
		箱体漏风	作好密封处理
		保温破损或老化	除去原保温，重作保温
		保温厚度不够	重作保温

（续）

故障现象	可能故障部位	故障原因判断	故障排除方法
机组噪声、振动值偏高	风机	风机轴与电动机轴不平行 风机蜗壳与叶轮摩擦，发出异常声音 风机蜗壳与叶轮变形 叶轮的静、动平衡未作好 风机轴承有问题	调节两轴至平行 调节蜗壳与叶轮至正常位置 更换蜗壳与叶轮 更换叶轮或重作静、动平衡 更换轴承
	电动机	电动机轴承有问题 电动机质量有问题	更换轴承 更换电动机
	隔振系统	减振器选用、安装不当 风机与支架、轴承座与支架的联接松动	重新选配、调整减振器 固紧螺栓、螺母
	箱体	隔声效果差	加固或更换箱体壁板
送风噪声偏高	风机	风机噪声偏高	同上述"机组噪声偏高"的故障排除方法
	系统	风管内风速过高，产生二次噪声	在不影响室内温湿度的前提下，适当调小送风量
		送风口风速过高	适当加大送风口
风机轴承温升过高	轴承	轴承里无润滑脂	加注润滑脂
		润滑脂质量不佳，变质，含混杂质	清洗轴承，加注润滑脂
		轴承安装歪斜，前后轴承不同轴，或游隙过小，或内外圈未锁紧	调节轴承安装位置，调节轴承游隙锁紧内外圈
		轴承磨损严重	更换轴承
电动机电流过大或温升过高	电动机	风机电流量过大	适当降低风机转速
		电动机冷却风扇损坏	修复冷却风扇
		输入电压过低	电压正常后运行
		轴承安装不当或损坏	同上述"轴承"故障排除方法
		密封圈未压紧或损坏	压紧或更换密封圈

2. 风机盘管的维护

风机盘管的主要维护内容及要求见表6-3。

表6-3 风机盘管的主要维护项目

设备名称	维护项目		
	巡视检查项目	维修项目	周期
空气过滤器	过滤器表面灰尘情况	用水清洗	1次/月

（续）

设备名称	维护项目		
	巡视检查项目	维修项目	周期
盘管	肋片管表面污垢情况	清洗	2次/年
	传热管腐蚀情况	清洗	2次/年
风机	风机叶轮灰尘情况及噪声	清理风机叶轮	2次/年
集水盘	集水盘排水情况	清扫防尘网和集水盘	2次/年
管道	保温隔热结构、自动阀动作情况		及时维修

风机盘管的部分常见故障及处理方法可以参照表6-2进行。

3. 换热器的维护

换热器的维护包括换热器表面翅片的清洗和换热器的除垢。清除垢层常用的方法有压缩空气吹污、手工或机械除污和化学清洗。

4. 离心式通风机的维护

风机的维修工作包括小修和大修两个部分。

小修内容一般包括：清洗、检查轴承；紧固各部分螺栓、调整皮带的松紧度和联轴器的间隙及同轴度；更换润滑油及密封圈；修理进出风调节阀等。大修内容：小修内容，解体清洗，检查各零部件；修理轴瓦，更换滚动轴承；修理或更换主轴和叶轮，并对叶轮的静、动平衡进行校验等。

风机主轴的配合如果超出公差要求，一般予以更换。而叶轮磨损常用补焊修复。补焊时应加支撑，以防变形，焊后应做静平衡试验，大功率风机叶轮还应做动平衡试验。若磨损变形严重，应予更换。叶轮的前盘板、后盘板及机壳的磨损、裂纹，一般通过焊补修复，不能修复者应予以更换。

修复好或准备更换的零部件，应进行外形尺寸的复核和质量的检查，合格后再清洗干净，依次将轴套、轴承、轴承座、皮带轮、密封装置、叶轮与主轴固定好，再装配吸入口、各管道阀门。装配时不要遗漏挡油盘、密封圈、平键等小零件。调整各部间隙时应特别注意叶轮与蜗壳的间隙、电动机与联轴器的同轴度应满足使用要求。

5. 制冷机的维护管理

制冷机是空调系统的冷源，制冷机运行正常与否是空调系统运行正常与否的关键。同时制冷机也是空调系统中最复杂的设备。

空调用制冷机组自动化程度较高。除有制冷量调节和润滑油恒温控制以外，还装有高压继电器、低压继电器、油压继电器和冷冻水、冷却水流量信号器等保护装置，以实现冷凝压力过高保护、油压油温保护、蒸发压力过低保护和断水保护等，使系统正常运转，如有不正常情况就报警及自动停车。同时，还有有关参数的测量和记录仪表。

（1）压缩式冷水机组的维护管理。目前蒸气压缩式冷水机组的自动化程度都较高，机组都有自动安全保护措施，如排气和吸气压力安全保护、油压和冷却水流的安全保护等。

在蒸气压缩式冷水机组的运行管理过程中，要注意制冷剂的安全使用。氟利昂类制冷剂泄漏时，若与明火接触，便会分解出剧毒物质；氨类制冷剂易燃易爆，因此要防止制冷剂泄漏。在氨制冷机房里要有可靠的安全措施，如氨浓度报警装置、事故排风装置等。所有废弃制冷剂均不得直接排放到大气中或下水道里，必须按环保部门的规定加以回收，待处理后再重复使用。

（2）吸收式冷水机组的维护管理。蒸气型溴化锂冷水机组有相应的自动保护装置，如低温保护、局部防结晶保护、停机防结晶保护等，对于直燃型溴化锂冷水机组，还有其他一些特殊保护措施，如安全点火装置、燃烧压力保护装置和熄火安全装置等。

由于溴化锂吸收式机组在运行时易结晶和机组内真空度易破坏，因此其运行管理相对较复杂，要进行专门的维护保养。主要包括以下几个方面：

1）溴化锂机组的气密性检验。保持溴化锂机组气密性是机组日常管理最重要的工作，如达不到高真空要求，一方面会使机内腐蚀加重，缩短主机使用寿命；另一方面制冷剂液体也不能低温蒸发导致制冷量下降，能耗上升，从而影响机组的正常运行。检验时可向机内腔充 0.12MPa 的氮气以进行检漏试压，对密封件部分、溶液泵、冷剂泵口、法兰连接处、焊缝等进行查漏，如查到漏点应及时更换或修补漏点。主机内腔抽至高真空，24h 内若大气压、室温无变化，U 型真空表应无变化。

2）溴化锂机组溶液的再生处理。若机内放出的溶液混浊，颜色已由金黄色变为暗红、绿色或黑色时，可以用沉淀法和过滤法清除溶液中的杂质，使之澄清，并测量铬酸锂、氢氧化锂等的含量及 pH 值，调整到所需范围内，过滤后的溶液应保存于密封的容器内。如果溶液质量不合格，机内会发生腐蚀，特别是点蚀，产生大量腐蚀物沉淀，腐蚀同时产生氢气，造成主机真空恶性循环，制冷能力下降。由于腐蚀物沉淀，溶液热交换器换热性能下降。腐蚀物在溶液中呈悬浮状，随溶液在系统内循环会堵塞主机溶液及制冷剂液体补液装置，铜离子也会增多，引起涂铜现象。还使屏蔽泵的轴承磨损加剧，损坏屏蔽泵。腐蚀严重的主机还会出现制冷剂液体污染现象，制冷出力严重不足，主机不能正常运行。溶液内铜离子增多引起溶液的物性变化，引起主机性能衰退。

3）溴化锂机组冷凝器、发生器、吸收器、蒸发器的保养。由于水中有害物质的腐蚀，冷凝器、发生器、吸收器、蒸发器的铜管中会产生沉淀物和结垢，从而影响冷、热传导效果。维护保养时可用机械或化学清洗方法。为防止铜管冻裂，应避免在 0℃ 以下维护保养机组。如遇到冬天机组故障，维修时一定要先将水盖中的存水（冷凝器、发生器、吸收器、蒸发器）和管道及热交换器中的存水放净。

4）安全附件装置的动作校验、传感器的感应性能测定。主要有：压力计、风压开关、温度传感器、电磁开关、继电器、定时器等。

5）燃烧器内过滤器、电极、喷嘴、炉膛灰尘、集电棒的检测或更换。如不及时调整喷嘴，清除喷嘴上的结炭，将导致燃料供应不足或燃烧不充分，降低燃料效力。

6）其他易损件的检测或更换。如屏蔽泵的石墨轴承、隔膜阀的密封圈和隔膜、真空泵的阀片、Y型过滤器的拆洗、垃圾清除等。

溴化锂机组具体的保养可参照表6-4进行。

表6-4　溴化锂机组的维护保养

检查保养项目	检查及维护内容	检查保养周期
溶液泵及冷剂泵	异常磨损及噪声	每日
	绝缘情况	每个制冷季
真空泵	真空度	每周
	电动机绝缘情况	每个制冷季
	油的污染情况	每周
	联轴器或传动带松紧情况	每月
机内气密性	吸收器损失上升1℃所需时间及平均排气量	每月/每个制冷季
调节阀	动作检查	每日
调整机构	动作及设定值检查	每周
手动阀	泄漏检查及膜片调换	每个制冷季
控制盘	绝缘情况、指示灯调换及控制程序检查	每个制冷季
传热管及管板	腐蚀、清洁情况	每个制冷季
冷却水及冷冻水管路	污垢情况、pH值及电导率分析	每个制冷季
冷剂水	污染情况（密度检测，必要时需再生处理）	每月
溶液	质量分析（如溶液污染则需再生处理）	每月
	pH值调整	每个制冷季
	缓蚀剂的加入	每个制冷季开车前、停车后
	表面活性剂的加入	每个制冷季开车前、停车后

6. 冷却塔维护

冷却塔的维护保养包括：停机后的清洗保养；开机前的检查调试；正式开机运行中的巡视检查。

（1）冷却塔停机后的清洗、保养

1）散水系统

①检查冷却塔主水管、分水管、喷头有无破损松动，及时进行修补、固定。彻底清除布水管及喷头内部的污物，以保证水管畅通，喷头布水均匀。

②彻底冲洗冷却塔水盘及出水过滤网罩，避免水垢污物积存堵塞管道。清洗完毕应打开泄水阀门，放尽水盘内积水，避免冷却塔冻坏。

③检查水盘、塔脚是否漏水，如有漏点，及时修复。

2）散热系统

①清洗冷却塔填料表面、孔间的水垢污物，保证填料的洁净。拆装填料时应注意布放紧密。

②清洗挡水帘、消音毯，去除污物。对破损处进行修补更换。挡水帘码放时要求紧密，防止漂水。将冷却塔充水，检查是否漏水（特别是塔体连接处），若漏则更换密封件。

3）传动系统

①电动机：检查电动机的接线端子是否完好，电动机转动是否正常，电动机接丝盒作密封处理，电动机轴承加油润滑，电动机外壳重新喷漆。如长期停机，建议每个月至少运转电动机3h，保持电动机线圈干燥，并润滑轴承表面。

②减速机：检查减速机转动是否正常，如有异声，立即更换减速机轴承。

③皮带、皮带轮：调节螺母，松开皮带，延长皮带使用寿命。检查皮带有无破损、裂纹，必要时更换新皮带。校核皮带轮，马达架水平度，紧固松动螺栓，有锈蚀螺栓予以更换。

④风扇：清洗扇叶表面污物，检查扇叶的角度、扇叶与风筒的间隙，并进行调整。

4）塔体外观

①对塔体、入风导板等进行彻底清洗，保证外观清洁美观。

②重新紧固各部位螺栓，并更换生锈螺栓。

③检查塔体外观有无破损、裂纹，及时予以修补。

④检查塔体壁板立缝处是否严密，必要时重新刷胶修补。

⑤集水器、填料及配水器中如有青苔、藻类或油类污物，易堵塞阻碍水流，可用漂白粉或次氯酸钠溶液加以处理，并控制余氯在0.5mg/L范围内。

5）冷却塔附件

①检查自动补水装置——浮球有无损坏，工作是否正常。发现异常应及时修理、更换。

②对冷却塔铁件螺栓重新紧固、更换生锈螺栓，对锈蚀铁件重新涂刷防锈漆。

③检查进、出水管。检查补水管的塔体法兰盘有无破损、漏水。此外还应采取措施防止杂物进入冷却塔内部。

（2）冷却塔开机前的检查、调试

1）认真检查冷却塔传动系统的电动机、减速机运转是否正常。冷却塔电动机的绝缘电阻应不低于0.5MΩ，否则应进行干燥处理。

2）检查清理冷却塔水盘、过滤网处污物，放水检查水盘、塔脚的密闭性，调整浮球位置，使水盘水位符合使用要求。

3）调整扇叶角度，测度电动机电流，使其达到最佳工况标准。

4）调节冷却塔进、出水阀门，使冷却塔水流量达到要求。

（3）冷却塔运行中的巡视、检查

1）定期巡视检查运行中的冷却塔，了解冷却塔使用情况。

2）认真测试冷却塔进、出水温度，电动机运转电流等技术数据。

3）仔细检查电动机、减速机等传动装置的运转状况。

4）检查布水系统的实际工况。

对于运行中发现的故障，应立即处理。

6.5.3　空调系统的节能管理

空调系统运行耗能很大，在某些工业发达国家，供暖和空调系统的能源消耗约占国家总能源消耗的三分之一。对于一般公共建筑（如写字楼、宾馆、商场），中央空调的耗电量要占总耗电量的 40%～60%。因而做好中央空调系统的节能工作具有十分重要的现实意义。

1. 强化节能观念

实践证明，夏季室内温度降低 1℃ 或冬季温度升高 1℃，工程投资将增加 6%，能耗增加 8% 左右。为深入贯彻科学发展观，节约能源资源，减少温室气体排放，有效保护环境，国务院办公厅于二〇〇七年六月一日出台的《关于严格执行公共建筑空调温度控制标准的通知》规定：夏季室内空调温度设置不得低于 26℃，冬季室内空调温度设置不得高于 20℃（除医院等特殊单位以及在生产工艺上对温度有特定要求并经批准的用户之外）。物业管理实践中，应严格执行我国《民用建筑节能条例》（中华人民共和国国务院令第 530 号）的相关规定，做好节能管理。

2. 采用节能技术措施，优化设计方案及系统

实现空调节能的根本途径，在于合理利用建筑物维护结构，合理利用空调节能技术，选择满足建筑节能要求的方案。

（1）改善建筑物围护结构

1）建筑外墙保温。建筑外墙保温就是在建筑外墙敷设墙体保温材料（主要以聚苯板、聚苯颗粒砂浆和由聚苯乙烯挤压的挤塑板之类的泡沫类保温材料等）。目前，建筑外墙保温技术的节能效果已经得到很多工程实践的验证，并已全面实施。

2）提高门窗气密性。房间换气次数如由 0.8 次/h 降到 0.5 次/h，则建筑物的能耗可降低 8% 左右。设计中应采用密闭性良好的门窗，而加设密封条是提高门窗气密性的重要手段。

另外，在保障室内采光的前提下，合理确定窗墙比也是节能的重要措施之一。我国《民用建筑节能条例》对新建建筑的节能措施作了如下规定：对不符合民用建筑节能强制性标准的，有关部门不得颁发建设工程规划许可证，不得颁发施工许可证，不得出具竣工验收合格报告。

（2）注重设备的选型。中央空调能耗一般包括三部分：空调冷热源；空气处理机组及末端设备；水系统或空气输送系统。这三部分能耗中，冷热源能耗约占总能耗的 50% 左右，是空调节能的重要内容，因此，强化设计环节空调冷热负荷的计算、选择能耗低的冷热源及系统附属设备具有重要节能意义。如目前逐步推广使用的冰蓄冷技术，就是对空调节能技术的很好应用；水泵等其他设备的选型是否合理也应该引起足够的重视。

（3）使用节能技术优化系统。由于中央空调系统都是按最大负载并增加一定余量设计，而实际运行中，绝大部分时间负载都在 70% 以下运行，从而造成了能源的极大浪费。因而，在系统方案的设计中，应优先考虑变频节能技术的应用。

除空调水系统采用外，变风量系统也在空调节能中得到了广泛的应用。它通过改变送到房间（或区域）里的风量，来满足这些地方负荷变化的需要。对于舒适性空调而言，由于不需要十分严格的温度及湿度控制，采用变风量系统则可以明显降低系统的能耗。

此外，还可以通过计算机软件处理、多点信号采集与处理技术，结合变频技术对中央空调系统进行整体智能改造，优化系统，降低能耗。

3. 强调空调系统的运行管理

根据有关测算，加强中央空调系统运行的管理和维护，可减少能耗 10% 左右。空调系统的运行调节和节能措施的实施，都与操作人员的技术素养密切相关。因此，相关人员必须具备相应的空调专业技术知识，还要有良好的职业素养，工作尽职尽责。通过制订合理的维修保养规范，定期对系统相关设备进行维护保养，能根据室外空气参数的变化及时进行系统的调节，此外还能提高设备的节能效果。

知 识 小 结

民用及工业建筑都离不开通风，通风包括送风和排风两个方面。按其作用动力不同可分为自然通风和机械通风。自然通风系统一般不需设置设备，机械通风系统的主要设备有通风机、风管或风道、风阀、风口和除尘设备等。

空气调节的任务就是将室内空气的温度、湿度、清洁度、空气流速以及噪声控制在一定的范围内，以满足工艺生产和人们生活的舒适性要求。空调系统可按空气处理设备的布置情况、承担负荷的介质不同、使用目的等进行分类。集中式和半集中式空调系统是工程上最常用的空调系统，通常由空气处理部分、空气输送部分、空气分配部分和辅助系统四个部分（子系统）组成。通过学习，要逐步认知空气冷却及加热设备（主要有表面式换热器、喷水室和电加热器）、空气输送和分配设备（主要有风机、风道、风阀、送排风口）、消声和减振设备、风机盘管、诱导器及组合式空调机以及局部空调系统。空调工程中常用的制冷机组有压缩式制冷机组、吸收式制冷机组、蒸气喷射式制冷机组和热泵机组等；水冷式空调系统的水系统包括冷冻水和冷却水系统。实践中要做好空调系统的运行维护管理，要加强空调系统的节能管理。

强 化 练 习

一、单项选择题

1. 全面机械送风时，室内是（　　）。

A. 正压，门窗排风　　　　　　　　　B. 负压，门窗进风

C. 正压，门窗进风　　　　　　　　　D. 负压，门窗排风

2. 发生火灾时，能自动关闭风道，切断气流，防止火势蔓延的阀门是（　　　）。

A. 闸板阀　　　　　B. 蝶阀　　　　　C. 止回阀　　　　　D. 防火阀

3. 城市内地下防空洞的冷风可以做冷源，它属于（　　　）。

A. 人工冷源　　　　B. 天然冷源　　　　C. 再生冷源　　　　D. 利用冷源

4. 目前应用较广泛的空调系统是（　　　）。

A. 全空气系统　　　B. 全水系统　　　C. 制冷剂系统　　　D. 空气-水系统

5. 喷水室特别适用于对空气的（　　　）控制。

A. 温度　　　　　　B. 湿度　　　　　C. 除尘　　　　　D. 洁净度

6. 热泵式空调器比普通电加热器在电能消耗上（　　　）。

A. 浪费电　　　　　B. 节省电　　　　C. 耗电相同　　　　D. 难于比较

7. 在压缩制冷系统中，具体起吸热制冷作用的是（　　　）。

A. 压缩机　　　　　B. 冷凝器　　　　C. 发生器　　　　D. 蒸发器

8. 在系统中起关断作用，多用于通风机的出口或主干管上的风阀是（　　　）。

A. 闸板阀　　　　　B. 蝶阀　　　　　C. 止回阀　　　　D. 防火阀

二、多项选择题

1. 建筑的通风方式主要有（　　　）。

A. 自动通风　　B. 自然通风　　C. 强制通风　　D. 机械通风　　E. 人力通风

2. 集中式空调系统通常由哪几个基本部分组成？（　　　）

A. 空气处理设备　　　　B. 能量输送及空气分配装置　C. 消声及减震装置

D. 冷热源　　　　　　　E. 电气控制设备

3. 根据空气处理设备的布置情况，空调系统可以分为（　　　）。

A. 集中式空调系统　　　B. 局部式空调系统　　　　C. 半集中式空调系统

D. 半分散式空调系统　　E. 分散式空调系统

4. 按负担室内负荷所用介质不同，空调系统可以分为（　　　）。

A. 全空气系统　　　　　B. 制冷剂-水系统　　　　C. 全水系统

D. 空气-水系统　　　　　E. 制冷剂系统

5. 根据不同的消声原理将消声器分为（　　　）。

A. 阻性消声器　　　　　B. 抗性消声器　　　　　C. 管式消声器

D. 共振性消声器　　　　E. 宽带复合消声器

6. 送入空调房间的空气通常需要进行（　　　）处理。

A. 冷却　　　　B. 加热　　　　C. 净化　　　　D. 去湿、加湿　　E. 消声

三、思考题

1. 通风系统按作用动力划分，可分为哪些类型？机械通风系统常用设备有哪些？

2. 空气调节的任务是什么？空调系统对空气有哪些基本的处理？

3. 集中式空调系统通常由哪些子系统组成？

4. 在空气调节中，新风和回风有什么区别？为什么要设置新风和回风？

5. 喷水室和表面式换热器能对空气进行哪些处理？

6. 风机盘管空调系统主要应用在什么地方？机组主要有哪些部分构成？主要维护内容有哪些？

7. 夏季集中式水冷空调系统有哪些常用设备？

8. 空调系统的节能措施有哪些？物业管理实际应如何进行管理？

技 能 实 训

任务 1. 结合具体物业项目，试分析其空调系统中的组合式空气处理机组、风机盘管系统的常见故障有哪些？

任务 2. 针对具体项目空调系统的管理实践，分析其节能管理中有哪些需要改进之处，应如何进行处理？请给出自己的建议。

单元 7

建筑消防系统

📖 教学目标

1. 知识目标

认知建筑火灾的成因；认知室内消火栓给水系统各组成部分；认知室内消火栓给水系统的设置原则；认知自动喷水灭火系统分类及组成；认知开式自动喷水灭火系统分类；认知闭式自动喷水灭火系统；认知其他常用灭火系统（如泡沫、卤代烷类灭火系统）；认知建筑物的防火排烟原理；认知建筑物的防火防烟分区；认知消防系统其他常用设施设备。

2. 能力目标

能认知室内消防栓、水龙带、水枪的规格，结合消火栓给水系统的设置原则，做到合理选择和配置室内消火栓；能区分不同类型的自动喷水灭火装置适用的场合；能区分干粉灭火系统、二氧化碳灭火系统、卤代烷灭火系统适用的情况；能识别防排烟系统的主要设备设施；能识别不同类型的火灾探测器。知道消防联动系统的操作流程，知道如何对其进行管理与维护。能区分并进行物业服务区内的变压器室、配电房、发电机房灭火系统的设置。能制订物业服务区内的消防管理制度；能协助进行物业消防系统的科学管理。

📖 引导案例

认知物业的消防管理

2010 年 11 月 15 日，上海静安区胶州路某公寓发生一起特别重大火灾事故，最终造成 58 人死亡，71 人受伤的特大事故。火灾起因为无证电工在 10 楼现场违规实施电焊施工，点燃了尼龙网、竹片板等可燃物，从而引发了大火。类似事故还有 2010 年 11 月 21 日，福州台江区突发火灾共烧毁了数十幢民房，火线长达 100 多米，过火占地面积约 1300m²，受害群众约四十六七户，事后调查，火灾是居民用电不慎所致。

据资料显示，近几年来，我国平均每年发生火灾约 4 万起，死 2000 多人，伤 3000 ~

4000 人，每年火灾造成的直接财产损失达 10 多亿元，尤其是造成几十人、几百人死亡的特大恶性火灾时有发生。如果没有科学、安全的消防设施及完善的管理，一旦发生火灾，无论对受害者、物业服务企业还是其他相关责任人都会带来难以估量的损失。请思考以下问题：

　　1. 物业消防系统通常有哪些部分组成？

　　2. 居住物业中，高层建筑和低层建筑的消防系统的设置会有哪些不同？

7.1　建筑消防系统概述

7.1.1　建筑火灾的成因及特点

1. 建筑火灾的成因

可燃物与氧化剂作用发生的放热反应，通常伴有火焰、发光和发烟现象，称为燃烧。在时间或空间上失去控制的燃烧所造成的灾害，称为火灾。建筑火灾的成因主要有以下几个方面：

（1）人为因素。不遵守操作规程往往是火灾形成的直接原因。如：无视操作规程带电作业，产生电火花引发火灾；私拉乱拉临时电线、超负荷用电；明火作业时的野蛮操作等。

（2）电气事故。用电设备多，用电量大，电气设备质量不好，老化且维护不及时，绝缘破损引起线路短路，防雷、避雷接地不合要求等都是造成火灾的隐患。

（3）可燃物的引燃。建筑火灾的可燃物可分为可燃气体、可燃液体及可燃固体。可燃气体泄漏后与空气混合，当浓度达到一定值时，遇到明火就会爆炸，形成火灾；可燃液体的蒸气与空气混合达到一定浓度时，遇明火就会出现闪燃现象，闪燃是燃爆、爆炸的前兆；可燃固体一般在被加热达到其燃点温度时，遇明火才会燃烧。但有些物质具有自燃现象，此外还有一些易燃易爆化学品，即使常温下也会自燃或爆炸，这些物品都是火灾的隐患。

2. 现代建筑火灾的特点

（1）火势蔓延极快。现代建筑，特别是高层建筑物，楼内布满了各种竖井及管道，犹如一个个烟囱。资料表明，烟囱效应可以使火焰及烟雾垂直腾升速度达到水平流动速度的 5~8 倍，且建筑物高度越高，传播速度也就越快。另外，建筑物内部装修时，常把大量有机材料或可燃、易燃物质带进建筑物，一旦着火，遍布各处的可燃材料就会造成火灾的快速蔓延。

（2）人员及物资疏散困难。高层建筑中人员相对密集，火灾时，人员与物资的疏散速度要比烟气流速慢很多，而且是逆烟火方向，更加影响疏散的速度。一旦疏散组织不当，就会造成人员盲目流动，拥挤混乱，进一步增加疏散的难度。因此，在消防系统中必须设有减灾、应急设施，以便使火灾损失降到最小。

（3）扑救难度大。高层建筑火灾的扑救难度要比一般建筑大得多。由于高层建筑多是裙楼围绕主楼的布局，楼群密集，从而使消防车难以接近火场和火源。限于经济及技术等原因，目前我国还难以大量装备现代化灭火车、大功率泵以及消防直升机等灭火新型设备，目前经济发达的大中城市消防部门使用的消防云梯车一般在 50m 左右，部分特大城市消防部门配备的消防云梯车达到了 90m 左右，但数量极为有限。而灭火水枪喷水扬程又是有限的，从而造成灭火的难度大、效果差。这就对建筑物内部的自动消防系统及设施提出了更高的要求。

7.1.2　建筑消防系统的组成

消防必须贯彻"以防为主、防消结合"的方针。基于现代建筑火灾的种种特点，消防系统须采用火灾自动报警、灭火及消防联动系统，以实现火灾报警早、扑救及时和自动化控制的要求。其组成如图 7-1 所示。

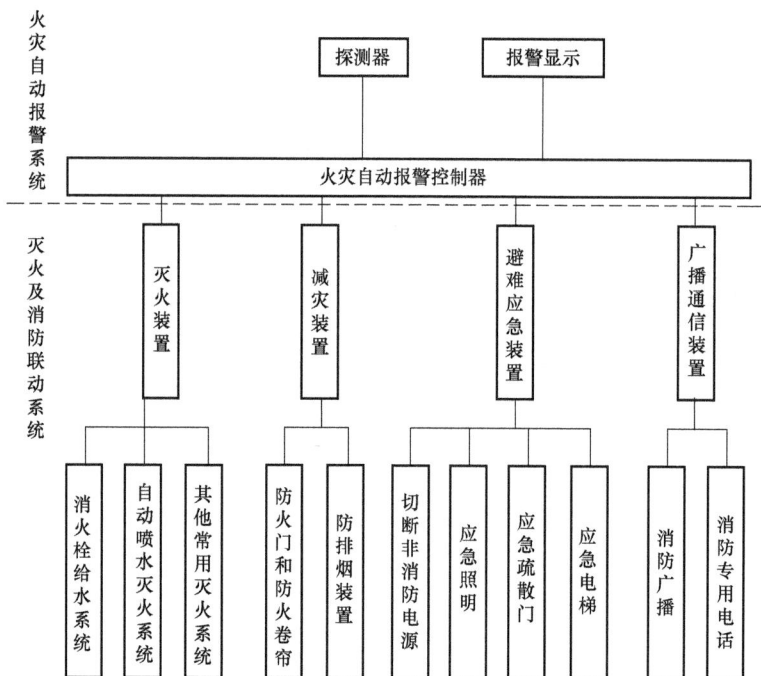

图 7-1　消防系统组成结构图

1. 火灾自动报警系统

火灾自动报警系统主要由探测器、报警显示和火灾自动报警控制器等构成。探测器能在火灾初期监控感知烟温等的变化，实现预先报警，并在主控屏上显示报警信号。一旦确认为火灾，将启动灭火及消防联动设备。

2. 灭火及消防联动系统

（1）灭火装置。灭火装置是消防系统的重要组成部分，可分为水灭火装置和其他常用灭火装置，其中水灭火装置又分消防栓灭火系统和自动喷水灭火系统；其他常用灭火装置分为二氧化碳灭火系统、干粉灭火系统、泡沫灭火系统、卤代烷灭火系统和移动式灭火器等。

（2）减灾装置。在消防系统中，不仅要妥善考虑灭火的种种问题，而且必须采取减灾措施，一旦发生火灾要将火灾损失减少到最小。常用的减灾装置有防火门、防火卷帘、防排烟装置等。

（3）避难应急装置。火灾发生后，为了及时通报火情，有序疏散人员，迅速扑救火灾，建筑物的消防系统须设置专用的应急照明、消防专用电话以及消防电梯等应急避难装置。

（4）广播通信装置。火灾广播及消防专用通信系统包括火灾事故广播、消防专用电话、对讲机等，是及时通报火灾情况，统一指挥疏散人员的必备设施。

7.2　室内消火栓给水系统

室内消火栓给水系统是利用室外消防给水系统提供的水量，扑灭建筑物中与水接触不能引起燃烧、爆炸的火灾而在室内设置的固定灭火设备。

7.2.1　室内消火栓给水系统的组成

室内消火栓给水系统一般由消火栓、水带、水枪、消防管道、消防水池、水箱、增压设备和水源等组成。当室外给水管网的水压不能满足室内消防要求时，应当设置消防水泵和水箱。

（1）消火栓。消火栓是具有内扣式接口的球形阀式龙头，一端与消防立管相连，另一端与水龙带相接，有单出口和双出口之分，见图7-2所示。单出口消火栓直径有50mm和65mm两种，双出口消火栓直径为65mm。建筑中一般采用单出口消火栓，高层建筑中应采用65mm口径的消火栓。

图7-2　室内消火栓实物图

a）单出口室内消火栓　b）单阀双出口室内消火栓

c）双阀双出口室内消火栓

（2）水枪。水枪常用铜、塑料、铝合金等不易锈蚀的材料制造，按有无开关分直流式和开关式两种，室内一般采用直流式水枪。水枪喷嘴直径有 13mm、16mm、19mm 等几种。直径 13mm 的水枪配备直径 50mm 的水龙带，16mm 的水枪配备 50mm 或 65mm 的水龙带，19mm 的水枪配备 65mm 的水龙带。高层建筑消防系统的水枪喷嘴直径不小于 19mm。

（3）水龙带。常用水龙带一般有帆布、麻布和衬胶三种，衬胶水龙带压力损失小，但抗折叠性能不如帆布、麻布材料的好。水龙带直径有 50mm 和 65mm 两种，长度一般为 15m、20m、25m、30m，高层建筑室内消火栓配备的水龙带不应超过 25m。水龙带一端与消火栓相连，另一端与水枪相接。

（4）消火栓箱。消火栓箱用来放置消火栓、水龙带、水枪，一般嵌入墙体暗装，也可以明装和半暗装，如图 7-3 所示。消火栓箱应设置在建筑物中经常有人通过、明显及便于使用之处，如走廊、楼梯间、门厅及消防电梯等处的墙龛内，表面一般装有玻璃门，并贴有"消火栓"标识，平时封锁，使用时击碎玻璃，按电钮启动水泵，取枪开栓灭火。

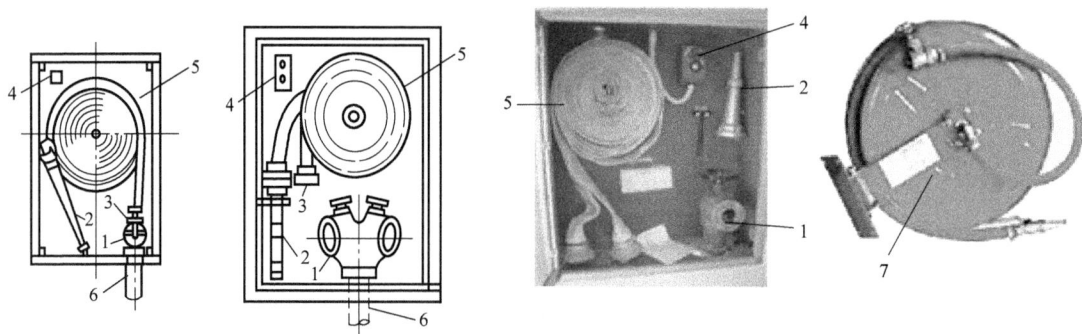

图 7-3　消火栓箱及消防卷盘
1—消火栓　2—水枪　3—水龙带接口　4—消防水泵启动按钮
5—水带　6—消防管道　7—消防卷盘

（5）消防卷盘。消防卷盘是设置在高级旅馆、综合楼和建筑高度超过 100m 的超高层建筑内的重要辅助灭火设备，由口径为 25mm 或 32mm 的消火栓，内径为 19mm、长度为 20 ~ 40m 卷绕在可旋转轴上的胶管和喷嘴口径为 6 ~ 9mm 的水枪组成，见图 7-3 所示。它是供非专业消防人员，如旅馆服务员、旅客和工作人员使用的简易消防设备，可及时控制初期火灾。

（6）水泵接合器。建筑消防给水系统中应设置水泵接合器。水泵接合器是消防车向室内管网供水的接口。其作用为：当室内消防用水量不足时须通过消防车从室外水源抽水向室内消防给水管网（或消防水池）补充消防用水；室内消防水泵压力不足时，可通过它将水送至室内消防给水管网；室内消防水泵因检修、停电或发生故障时，利用消防车从室外水源取水，通过它将水送至室内消防管网。水泵接合器有地上式、地下式、墙壁式三种，如图7-4 所示。

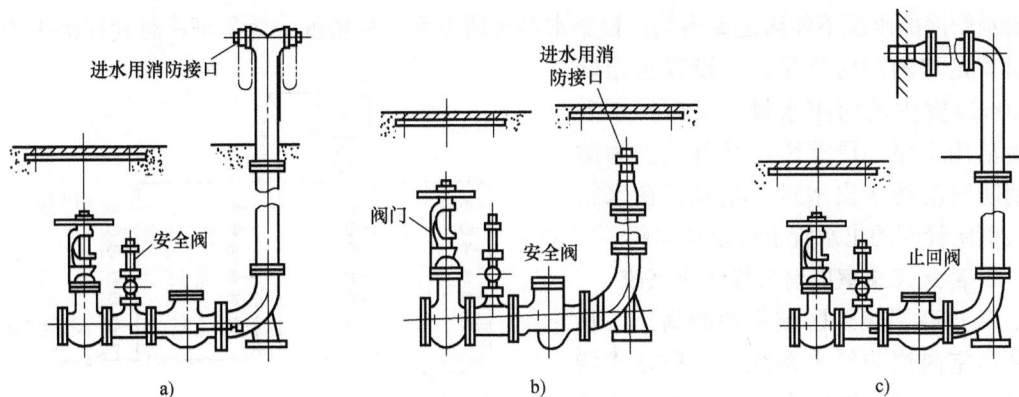

图7-4　水泵结合器

a) SQ 型地上式　b) SQ 型地下式　c) SQ 型墙壁式

（7）消防水池。消防灭火需要大量用水，消防水箱的蓄水远远不够，此时可用消防泵直接从消防水池抽水灭火。消防水池可设于室外地下或地面上，也可设在室内地下室，可与游泳池、水景水池兼用。根据各种用水系统的供水水质要求是否一致，可将消防水池与生活或生产贮水池合用，也可单独设置。

（8）消防水箱。室内消防水箱用于提供扑救初期火灾的水量和保证扑救初期火灾时灭火设备必要的水压。消防水箱宜与生活、生产水箱合用，以防止水质变坏。水箱内应储存 10min 的室内消防用水量。消防与生活或生产合用水池、水箱时，应有保证消防用水平时不作他用的技术措施。

7.2.2　室内消火栓系统给水方式

室内消火栓给水系统的类型按照高层建筑、低层建筑分为低层建筑室内消火栓给水系统和高层建筑室内消火栓给水系统。

1. 低层建筑室内消火栓给水系统

按照室外给水管网可供室内消防所需水量和水压情况，低层建筑室内消火栓给水系统类型有以下三种方式。

（1）无消防水泵、水箱的室内消火栓给水系统。当室外给水管网在任何时候均能满足室内消火栓给水系统所需的水量和水压时，可优先采用这种方式。当其与室内生活（或生产）合用管网时，进水管上若设有水表，则所选水表应考虑通过消防水量能力。

（2）仅设水箱不设水泵的消火栓给水系统。这种方式适用于室外给水管网一日间压力变化较大，但水量能满足室内消防、生活和生产用水。这种方式管网应独立设置。

（3）设有消防泵和消防水箱的室内消火栓给水系统，如图7-5所示。这种方式适用于室外给水管网的水压不能满足室内消火栓给水系统所需水压的情况，为保证一旦使用消火栓灭火时有足够的消防水量，应设置水箱储备10min室内消防用水量。水箱补水采用生活用水泵，严禁消防泵补水。为防止消防时消防泵出水进入水箱，在水箱进入消防管网的出水管上应设单向阀。

2. 高层建筑室内消火栓给水系统

（1）高层建筑区域集中的高压、临时高压室内消防给水系统。这种方式特点是多幢高层建筑室内仅设有独立的消防管网，但共用消防车来保持消防管网所需的水压或火灾报警临时加压时应保证供应消防用水量。这种方式便于集中管理，适用于高层建筑密集区。

（2）分区供水的室内消火栓给水系统。当建筑高度超过50m或消火栓处静水压力超过800kPa时，宜采用分区供水的室内消火栓给水系统。

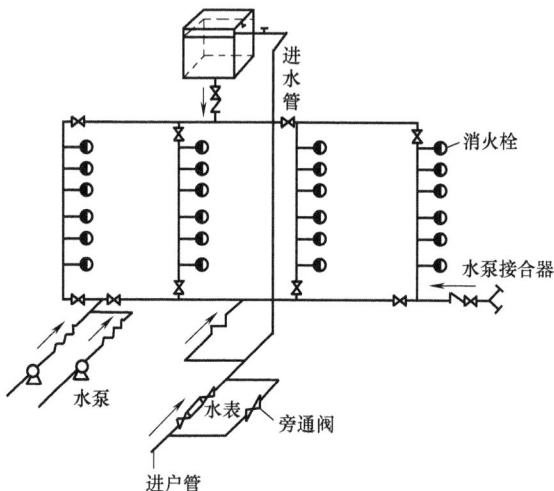

图 7-5　设置水泵、水箱的消火栓给水系统

7.2.3　消火栓给水系统的布置要求

（1）消火栓应设在明显的、易于取用的位置，如楼梯间、走廊、消防电梯前室等处。

（2）消火栓栓口中心距安装地面处的高度为1.1m，栓口宜向下或与墙面垂直。为保证能及时灭火，消火栓处应设置消防水泵启动按钮或报警信号装置。

（3）保证同层有两支水枪的充实水柱（即水枪射流中密实的、有足够力量扑灭火灾的那段水柱）同时到达室内任何部位。只有建筑高度不大于24m且体积不大于5000m³的库房，才可用一支水枪的充实水柱到达室内任何部位。水枪的充实水柱长度应由计算确定，一般不应小于7m，但超过六层的民用建筑、超过四层的厂房和库房内，不应小于10m。

（4）建筑屋顶应设至少一个消火栓，一是便于检查消火栓给水系统是否正常；二是能保护本建筑物免受邻近建筑物火灾波及。

（5）合并系统中，消火栓立管应独立设置，不能与生活给水立管合用。

（6）低层建筑消火栓给水立管直径不小于50mm，高层建筑消火栓给水立管直径不小于100mm。

（7）同一建筑内应采用相同规格的消火栓、水龙带和水枪。

7.3 自动喷水灭火系统

自动喷水灭火装置是一种能自动作用喷水灭火，同时发出火警信号的消防给水设备。这种装置多设置在火灾危险大，起火蔓延很快的场所，或者容易自燃而无人管理的仓库以及要求较高的建筑物。

7.3.1 自动喷水灭火系统的类型及特点

自动喷水灭火系统按喷头的开闭形式分为闭式自动喷水灭火系统和开式自动喷水灭火系统。前者有湿式、干式、干湿式和预作用自动喷水灭火系统之分；后者有雨淋喷水、水幕和水喷雾灭火系统之分。

1. 闭式自动喷水灭火系统

（1）湿式自动喷水灭火系统。湿式自动喷水灭火系统由闭式喷头、管道系统、湿式报警阀、报警装置和供水设施等组成。由于其供水管路和喷头内始终充满有压水，故称为湿式自动喷水灭火系统。如图7-6所示。

发生火灾时，火焰或高温气流使闭式喷头的热敏感元件动作，喷头开启，喷水灭火。此时，管网中的水由静止变为流动，使水

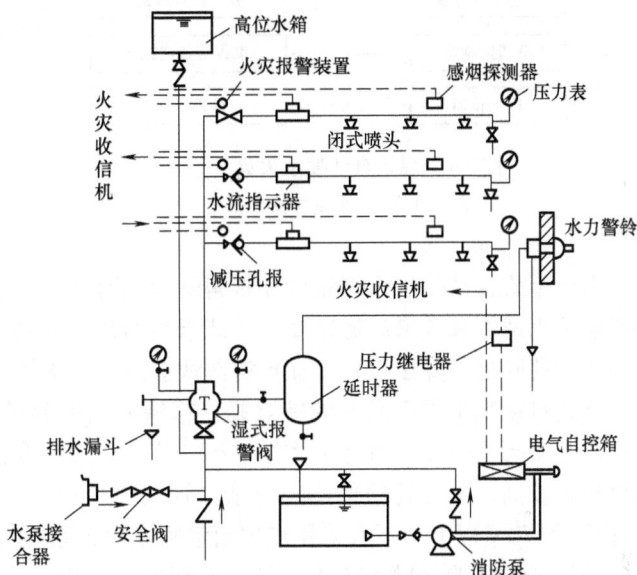

图 7-6　湿式喷水灭火系统组成

流指示器动作送出电信号，在报警控制器上指示某一区域已在喷水。由于喷头开启持续喷水泄压造成湿式报警阀上部水压低于下部水压，在压力差的作用下，原来处于关闭状态的湿式报警阀就自动开启，压力水通过报警阀流向灭火管网，同时打开通向水力警铃的通道，水流冲击水力警铃发出声响报警信号。控制中心根据水流指示器或压力开关的报警信号，自动启动消防水泵向系统加压供水，达到持续自动喷水灭火的目的。湿式自动喷水灭火系统工作原理流程图如图7-7所示。

湿式自动喷水灭火系统的特点是：结构简单，施工、管理方便；经济性好；灭火速度快，控制率高；适用范围广，可以与火灾自动报警装置联合使用，使其功能更加安全可靠。系统适用于设置在室内温度不低于4℃且不高于70℃的建筑物、构筑物内。

（2）干式自动喷水灭火系统。干式自动喷水灭火系统由闭式喷头、管道系统、干式报

警阀、充气设备、报警装置和供水设施等组成。由于报警阀后的管道内充以有压气体，故称为干式喷水灭火系统。干式自动喷水灭火系统的构造及工作过程与湿式类似，但在系统中要采用干式报警阀，其工作原理流程图如图7-8所示。

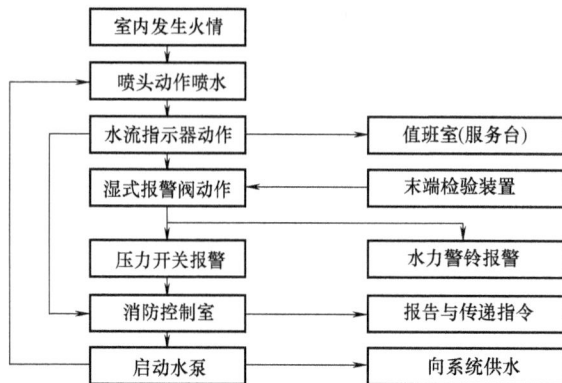

图7-7　湿式自动喷水灭火系统工作原理流程图

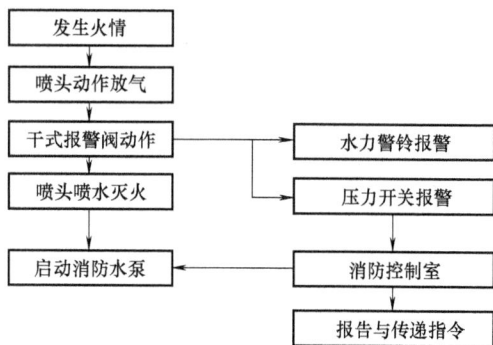

图7-8　干式自动喷水灭火系统工作原理图

由于干式自动喷水灭火系统在报警阀后充有空气，在喷头动作后会有一个排气过程，这将影响灭火速度和效果。通常要在干式报警阀出口管道上，附加一个"排气加速器"装置，以加快报警阀处的降压过程，让报警阀快些启动，缩短排气时间，及早喷水灭火。

干式自动喷水灭火系统的特点是：报警阀后的管道中无水，故不怕冻结，不怕高温汽化；由于喷头受热开启后有个排气过程，所以灭火速度较湿式系统慢；因为有充气设备，故建设投资较高，平常管理也比较复杂，管理要求高。干式自动喷水灭火系统适用于环境在4℃以下和70℃以上而不宜采用湿式自动喷水灭火系统的地方。

（3）干湿式自动喷水灭火系统。干湿式自动喷水灭火系统又称干湿交替系统，是干式自动喷水灭火系统与湿式自动喷水灭火系统交替使用的系统。它有一套干、湿式系统都适用的复合式报警阀，即同时装有湿式和干式报警阀。干式报警阀应装在湿式报警阀的上面，当系统的环境温度 $T > 70℃$ 和 $T < 4℃$ 时为干式系统；$4℃ \leqslant T \leqslant 70℃$ 时为湿式系统。

干湿式自动喷水灭火系统适用于季节温度变化明显，寒冷季节需采暖但没有采暖设备的建筑物内，该系统由于水、气交替使用，对管道腐蚀较为严重，每年水、气各换一次，管理繁琐，因此，应尽量不采用。

（4）预作用自动喷水灭火系统。预作用自动喷水灭火系统由火灾探测报警系统、闭式喷头、预作用阀、充气设备、管道系统、控制组件等组成。预作用阀后的管道内平时无水，充以有压或无压气体。发生火灾时，与喷头一起安装在保护区的火灾探测器，首先发出火警报警信号，报警控制器在接到报警信号并延迟30s证实无误后，声光报警的同时启动电磁阀将预作用阀打开，使压力水迅速充满管道，把原来呈干式的系统迅速自动转变成湿式系统，完成预作用过程。闭式喷头开启后，立即喷水灭火。

预作用自动喷水灭火系统的特点是：具有干式自动喷水灭火系统平时无水的优点，在预作用阀以后的管网中平时不充水，而充以加压空气或氮气，或是干管，只有在发生火灾时，火灾探测系统自动打开预作用阀，才使管道充水变成湿式系统，可避免因系统破损而造成的水渍损失；同时它又没有干式自动喷水灭火系统必须待喷头动作后排完气才能喷水灭火，延迟喷头喷水时间的缺点；另外，系统有早期报警装置，能在喷头动作之前及时报警，以便及早组织扑救。系统将湿式喷水灭火系统与电子报警技术和自动化技术紧密结合，使系统更完善和安全可靠，从而扩大了系统的应用范围。

预作用自动喷水灭火系统适用于高级宾馆、重要办公楼、大型商场等不允许因误喷而造成水渍损失的建筑物，也适用于干式系统适用的场所。

2. 开式自动喷水灭火系统

（1）雨淋喷水灭火系统。雨淋喷水灭火系统由开式喷头（用于开式空管系统）、闭式喷头（用于闭式充水系统）、雨淋阀、火灾探测器、报警控制系统、供水系统组成。当建筑在系统保护区内任一处发生火灾时，系统的火灾探测器会把火灾信号及时传输到自动灭火控制器，自动灭火控制器及时开启系统雨淋阀，压力水立即充满管网，使全部开式喷头同时喷水灭火；闭式充水雨淋系统反应更快，可实现迅速灭火。雨淋系统出水迅速，喷水量大，覆盖面广，降温效果好，灭火效率显著，适于控制来势凶猛、蔓延快的火灾。但系统启动完全由控制系统操纵，因而对自动控制系统的可靠性要求比较高。

（2）水幕消防系统。水幕消防系统不能直接扑灭火灾，而是喷出水帘幕状的水，阻挡火焰热气流和热辐射向邻近保护区扩散，起到防火分隔作用。水幕消防系统由开式喷头、雨淋阀、控制设备、供水系统组成。其工作原理与雨淋自动喷水灭火系统基本相同，只是喷头出水的状态不同及作用不同。在功能上两者的主要区别是，水幕喷头喷出的水形成水帘状，因此水幕系统不是直接用于扑灭火灾，而是与防火卷帘、防火幕配合使用，用于防火隔断、防火分区以及局部降温保护等。消防水幕按其作用可分为三种类型：冷却型、阻火型、防火型。其特点与雨淋自动喷水灭火系统基本相同，强调控制系统的高可靠性。

（3）水喷雾灭火系统。水喷雾灭火系统是利用水雾喷头在较高的水压力作用下，将水流分离成细小水雾滴，喷向保护对象实现灭火和防护冷却的作用。

水喷雾灭火系统用水量少，冷却和灭火效果好，使用范围广泛。该系统用于灭火时的适用范围是：扑救固体火灾、闪点高于 60℃ 的液体火灾和电气火灾。用于防护冷却时的适用范围是：对可燃气体和甲、乙、丙类液体的生产、储存装置和装卸设施进行防护冷却。水喷雾灭火系统由水雾喷头、管网、雨淋阀组、给水设备、火灾自动报警控制系统等组成。

水喷雾灭火系统工作原理与雨淋喷水灭火系统和水幕系统基本相同。水喷雾灭火系统利用高压水，经过各种形式的雾化喷头将雾状水流喷射在燃烧物表面时会产生表面冷却、窒息、冲击乳化和稀释四种作用。水喷雾的以上四种作用在灭火时是同时发生的，并以此实现灭火的效果。水喷雾的上述灭火原理，使它不仅在扑灭一般固体可燃物火灾中提高了水的灭火效率，而且由于细小水雾滴的形态所具有的不会造成液体飞溅、电气绝缘度高的特点，在扑灭可燃液体火灾和电气火灾中得到广泛的应用。

7.3.2 自动喷水灭火系统的主要组件

1. 闭式喷头

闭式喷头在系统中担负着探测火灾、启动系统和喷水灭火的任务，是系统中的关键组件。

闭式喷头由喷水口、感温释放机构和溅水盘等组成。平时，闭式喷头的喷水口由感温元件组成的释放机构封闭。当温度达到喷头的公称动作温度范围时，感温元件动作，释放机构脱落，喷头开启。

闭式喷头按感温元件的不同可分为易熔元件洒水喷头和玻璃球洒水喷头两种，如图7-9所示。

易熔元件洒水喷头释放机构中的感温元件为易熔金属或其他易熔材料制成的元件。目前，易熔元件主要是易熔金属元件。易熔元件洒水喷头结构简单，感温比较灵敏，成本低，性能稳定，是生产和使用历史最长的一种喷头，可在各种建筑中安装使用。易熔元件洒水喷头的公称动作温度分为7档，在喷头轭臂上用不同的颜色作标记来表示，见表7-1。

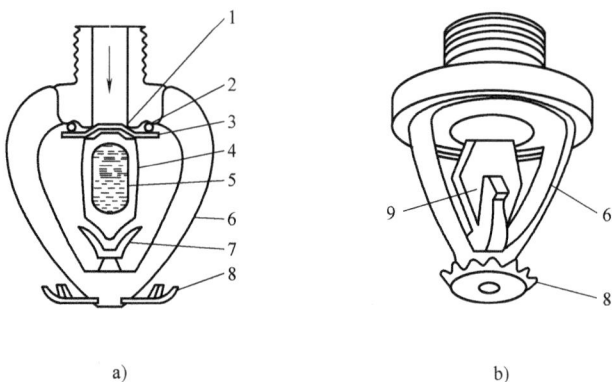

图7-9 常用闭式喷头及构造

a）玻璃球洒水喷头结构图 b）易熔元件洒水喷头结构图
1—阀座 2—填圈 3—阀片 4—玻璃球 5—色液
6—支架 7—锥套 8—溅水盘 9—锁片

表7-1 易熔元件喷头温标颜色

公称动作温度/℃	55~77	80~107	121~149	163~191	201~246	260~343
颜　色	本色	白色	蓝色	红色	绿色	橙色

玻璃球洒水喷头释放机构中的感温元件为内装彩色液体的玻璃球，它支撑在喷口和轭臂之间，使喷口保持封闭，当周围温度升高到它的公称动作温度范围时，玻璃球因内部液体膨胀炸碎，喷口开启。这种喷头具有良好的抗腐蚀性能，体积小，外形美观，对各种建筑尤其是展厅、剧院等公共建筑更为适合。玻璃球洒水喷头的公称动作温度分为9档，用玻璃球内液体的不同颜色表示，见表7-2。

表7-2 玻璃球洒水喷头温标颜色

公称动作温度/℃	57	68	79	93	141	182	227	260	343
颜　色	橙色	红色	黄色	绿色	蓝色	紫色	黑色	黑色	黑色

2. 开式喷头

（1）开式洒水喷头。开式洒水喷头是无释放机构的洒水喷头，其喷水口是敞开的。按安装形式可分为直立式和下垂式，按结构形式可分为单臂和双臂两种，如图7-10所示。

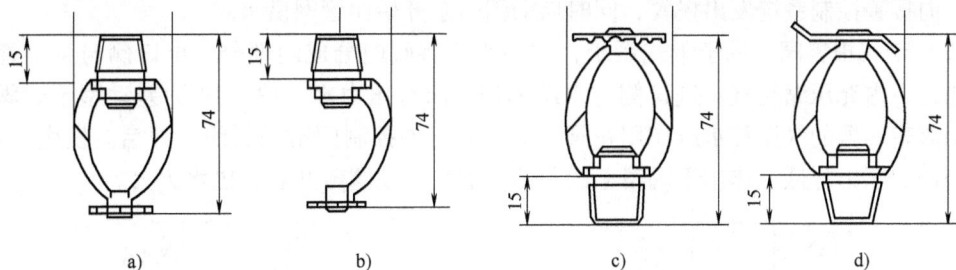

图7-10 开式洒水喷头

a）双臂下垂型 b）单臂下垂型 c）双臂直立型 d）双臂边墙型

（2）水幕喷头。水幕喷头是开口的喷头，喷头将水喷洒成水帘状，成组布置时可形成一道水幕。按构造和用途不同可分为幕帘式、窗口式和檐口式水幕喷头，如图7-11所示。

（3）水雾喷头。水雾喷头是在一定压力下，利用离心或撞击原理将水分解成细小水滴以锥形喷出的喷水部件。水雾喷头可分为中速型水雾喷头和高速型水雾喷头两种，如图7-12所示。

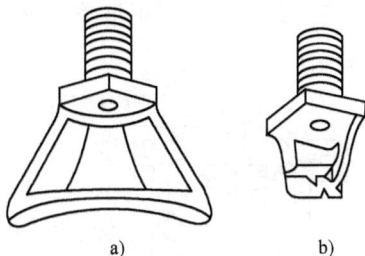

图7-11 水幕喷头

a）窗口式 b）檐口式

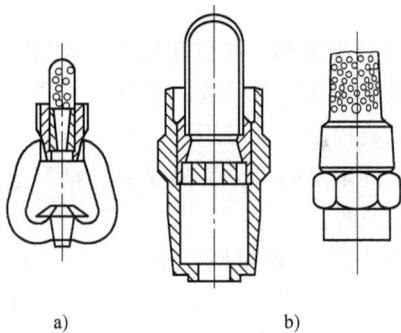

图7-12 水雾喷头

a）中速型 b）高速型

3. 报警阀

报警阀是自动喷水灭火系统的关键组件之一，具有控制供水、启动系统及发出报警的作用。不同类型的喷水灭火系统必须配备不同功能和结构形式的专用报警阀。按用途和功能不同一般分为湿式报警阀、干式报警阀和雨淋阀三类。

（1）湿式报警阀。用于湿式系统，按结构形式不同有座圈型湿式阀、导阀型湿式阀和蝶阀型湿式阀。图7-13所示为导阀型湿式阀构造，它的阀瓣将阀腔分为上、下两部分，平时靠自重关闭。发生火灾时喷头开启灭火，阀瓣以上的水流出使阀瓣前后所承受的压力不同，阀瓣在压差的作用下被抬起使水流接通，水源不断补充管网灭火。同时水流经密封环槽内的小孔流入延迟器，经 5~90s 延迟后，冲动水力警铃发出连续响亮的报警声；压力开关动作，向报警控制系统发出报警，同时启动消防泵开始向管网供水。

（2）干式报警阀。用于干式系统，它的阀瓣将阀门分成两部分，出口侧与系统管路和喷头相连，内充压缩空气；进口侧与水源相连，内充压力水。图 7-14 为差动型干式阀。平时利用阀瓣两侧的气压和水压作用在阀瓣上的力矩差控制阀瓣的封闭和开启。发生火灾时，气体一侧的压力降低，作用于阀瓣上的力矩差加大，使阀瓣开启，供水灭火。

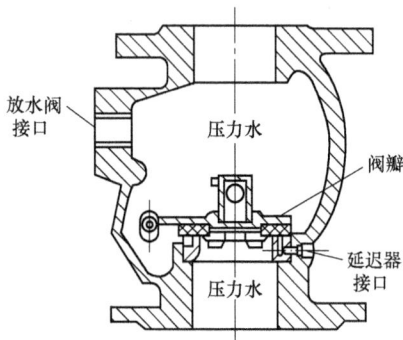

图 7-13　导阀型湿式阀

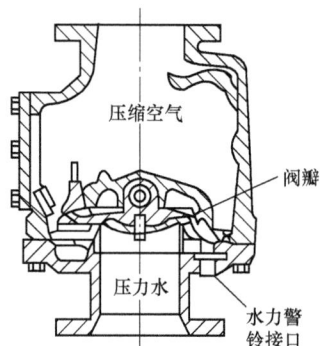

图 7-14　差动型干式阀

（3）雨淋阀。在自动喷水灭火系统中用于预作用系统，此外还用于雨淋喷水灭火系统、水幕系统和水喷雾系统。雨淋阀可用自动控制系统控制，也可用手动控制开启。按构造不同雨淋阀可分为隔膜型、杠杆型和活塞型三种。

图 7-15 为隔膜型雨淋阀。阀体内部分成 A、B、C 三个室，A 室接于供水管上，B 室接雨淋配水管，C 室与传动管网相连。平时 A、B、C 三个室均充满水。而由于 C 室通过一个直径为 3 mm 的小孔阀与供水管相通，使 A、C 两室的水具有

图 7-15　隔膜型雨淋阀

相同的压力。B 室内的水具有静压力，其静压力是由雨淋管网的水平管道与雨淋阀之间的高差造成。位于 C 室的大圆盘隔膜的面积是位于 A 室小圆盘面积的两倍以上，因此处于相同水压力下，雨淋阀处于关闭状态。当发生火灾时，火灾探测控制设备将自动使 C 室中的水流出，水压释放，C 室内大圆盘上的压力骤降，大圆盘上、下两侧形成较大压力差，雨淋阀在供水管的水压推动下自动开启，向雨淋管网供水灭火。

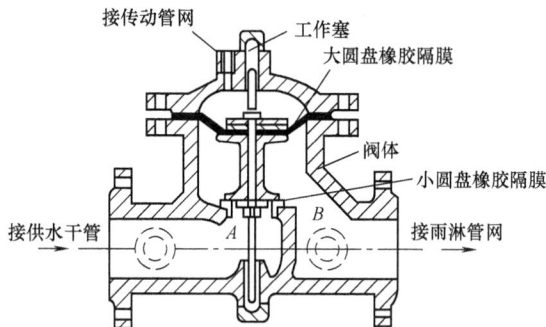

报警阀的安装高度一般是距地面 1.2m，两侧距墙不小于 0.5m，正面距墙不小于 1.2m，安装报警阀的室内地面应采取必要的排水措施，防止冰冻且便于操作。

4. 报警控制装置

报警控制装置是在自动喷水灭火系统中起监测、控制、报警的作用，并能发出声、光等信号的装置，主要由报警控制器、监测器和报警器等组成。

（1）报警控制器。报警控制器的基本功能主要包括接收信号、输出信号和监控系统自身工作状态这三部分。报警控制器根据功能和系统应用的不同，可分为湿式系统报警控制器、雨淋和预作用系统报警控制器两种。湿式系统报警控制器可以实现对喷水部位指示、湿式阀开启指示、总管控制阀启闭状态指示、水箱水位指示、系统水压指示、报警状态指示以及控制消防泵的启动。

（2）监测器。常见监测器有水流指示器、阀门限位器、压力监测器、水位监视器等，能分别对管网内的水流、阀门的开启状态和消防水池、水箱和水位等进行监测，并能以电信号的方式向报警控制器传送状态信息。

1）水流指示器如图 7-16 所示，它安装于湿式喷水灭火系统的配水干管或支管上，利用插入管内的金属或塑料叶片，随水流而动作。当喷头喷水灭火或管道发生意外损坏，有水流过装有水流指示器的管道时，因水的流动引起叶片移动，经过延迟一定的时间后，及时发出区域、分区水流信号，送至消防控制室，指示出发生火灾或系统故障的具体部位。

2）阀门限位器用于监视闸阀开启状态，当发生部分或全部关闭时，即向系统的报警控制器发出警告信号。

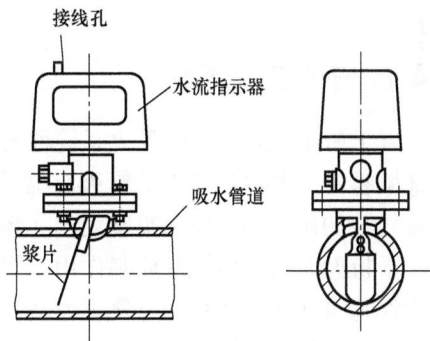

图 7-16 常用的浆片式水流指示器

3）压力监测器在自动喷水灭火系统中常用作稳压泵的自动开关控制器件。

（3）报警器。报警器是用来发出声响报警信号的装置，包括水力警铃和压力开关。

1）水力警铃是一种靠压力水驱动的撞击式警铃，由警铃、铃锤、转动轴、水轮机、输水管等组成。当报警阀打开消防水源后，压力水由输水管通过导管从喷嘴喷出，冲击水轮转动，使铃锤不断击响警铃报警。

2）压力开关是一种靠水压或气压驱动的电气开关，通常与水力警铃一起安装使用。在水力警铃报警的同时，依靠警铃管内水压的升高自动接通电触点，完成电动警铃报警，向消防控制室传送电信号或启动消防水泵。

5. 附件和配件

附件及配件是提高自动喷水灭火系统的灭火效能或施工安装、使用维修所需的部件和专用工具，包括传动装置、延迟装置、快开装置、压力调节装置和专用工具、吊架等。

（1）传动装置用于远距离多路控制，一般用手动启动器。手动启动器主要是火警紧急按铃，它可以直接与自动喷水灭火系统的报警控制器或消防泵接通。

（2）延迟装置主要是延迟器。它的作用是缓冲和延时，消除因水源压力波动引起的水力警铃误报。延迟器只用于湿式系统，它是一个罐式容器，安装在湿式报警阀与水力警铃之间的管路上。当湿式报警阀因压力波动瞬间开启时，水首先进入延迟器，这时因进入延迟器的水量很少，会很快从延迟器底部泄水孔排出，水就不会进入水力警铃，从而起到防止误报警的作用。只有当水连续通过湿式报警阀，使它完全开启时，水才能很快充满延迟器，并由顶部的出口流向水力警铃，发出报警。

（3）快开装置用于干式系统，可以起到加快排气过程，缩短阀门开启时间和提高系统灭火效果的作用。

（4）压力调节装置在系统中起调节、平衡系统管路水压的作用。

7.4　其他常用灭火系统

7.4.1　干粉灭火系统

以干粉作为灭火剂的灭火系统称为干粉灭火系统。干粉灭火剂是一种干燥的、易于流动的细微粉末，平时贮存于干粉灭火器或干粉灭火设备中，灭火时靠加压气体（二氧化碳或者氮气）的压力将干粉从喷嘴射出，形成一股携夹着加压气体的雾状粉流射向燃烧物。

干粉灭火剂对燃烧有抑制作用，当大量的粉粒喷向火焰时，可以吸收维持燃烧连锁反应的活性基团（H^+、OH^-），随着活性基团的急剧减少，使燃烧连锁反应中断、火焰熄灭；另外，某些化合物与火焰接触时，其粉粒受高热作用后爆裂成许多更小的颗粒，从而大大增加了粉粒与火焰的接触面积，提高了灭火效力，这种现象称为烧爆作用；还有，使用干粉灭火剂时，粉雾包围了火焰，可以减少火焰的热辐射，同时粉末受热放出结晶水或发生分解，可以吸收部分热量而分解生成不活泼气体。

干粉有普通型干粉（BC类）、多用途干粉（ABC类）和金属专用灭火剂（D类火灾专用干粉）。BC类干粉根据其制造基料的不同有钠盐、钾盐、氨基干粉之分。这类干粉适用于扑救易燃、可燃液体火灾，也可用于扑救可燃气体（液化气、乙炔气等）和带电设备的火灾。

干粉灭火具有效率高，绝缘好，灭火后损失小，不怕冻，不用水，可长期贮存等优点。

干粉灭火系统按其安装方式有固定式、半固定式之分。按其控制启动方法又有自动控制、手动控制之分。按其喷射干粉的方式有全淹没和局部应用系统之分。

一般的物业管理工作较少涉及大型干粉灭火系统。但由于干粉灭火剂的灭火范围较广，常在物业服务区内配备便携式干粉灭火器。

7.4.2　二氧化碳灭火系统

二氧化碳灭火系统是纯物理的气体灭火系统。其原理是通过减少空气中氧的含量，使其达不到支持燃烧的浓度。

二氧化碳灭火系统适用于灭火前可切断气源的气体火灾、固体火灾、液体火灾和电气火灾，但不得用于扑救硝化纤维、火药等含氧化剂的化学制品火灾。物业服务中可用在小区发电机房、高压电容器室、油浸式变压器室、档案室等场所。该系统具有不污损保护物、灭火快、空间淹没效果好等优点。

二氧化碳灭火系统按灭火方式可分为：全淹没系统、局部应用系统、手持软管系统、竖管系统；按系统保护范围可分为：组合分配系统、单元独立系统。

全淹没系统是指在规定的时间内，向防护区喷射一定浓度的二氧化碳，并使其均匀地充满整个防护区的系统。局部应用系统是指向保护对象以设计喷射强度直接喷射二氧化碳，并持续一定时间的系统。当被保护对象有很大的开口部分而无法密闭，用全淹没系统不能收到灭火效果的情况下，或保护对象规模庞大，用全淹没系统不仅二氧化碳用量很大，且有可能造成人员生命危险的情况下宜采用局部应用系统。

图 7-17 为组合分配型二氧化碳系统组成示意图。系统的启动方式有手动和自动两种，一般使用手动式，但当室内无人时，可以转换为自动式。系统的工作原理是：当采用自动式时，探测器在探测到发生火灾后，发出声、光报警，并通过控制盘打开启动用气容器的阀

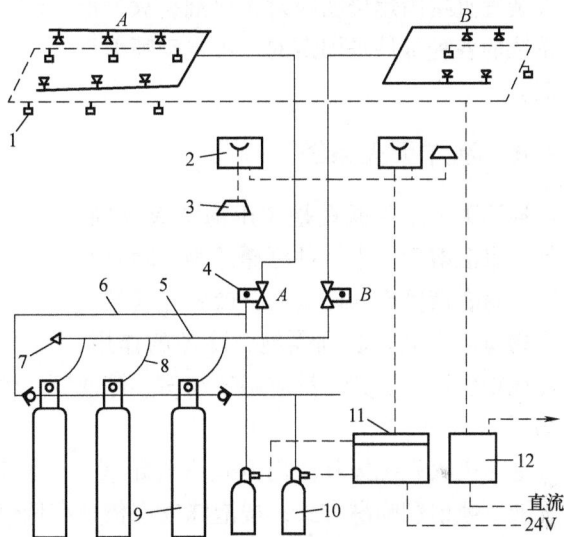

图 7-17　组合分配型二氧化碳灭火系统
1—探测器　2—手动按钮启动装置　3—报警阀
4—选择阀　5—总管　6—操作管　7—安全阀
8—连接管　9—储存容器　10—启动用气容器
11—报警控制装置　12—检测盘

门，放出启动气体来打开选择阀和二氧化碳储存钢瓶的瓶头阀，从而放出二氧化碳灭火。当采用手动式时，则直接打开手动启动装置，按下按钮，接通电源，也能按以上程序放出二氧化碳灭火。

7.4.3　卤代烷灭火系统

卤代烷灭火系统是把具有灭火功能的卤代烷碳氢化合物作为灭火剂的一种气体灭火系统。目前应用较多的有 FM-200（七氟丙烷）和 INERGEN（烟烙尽）。该系统适用于不能用

水灭火的场所，如发电机房、计算机房、图书档案室等建筑物。图 7-18 为卤代烷灭火系统的组成。

卤代烷灭火系统有全淹没、局部应用两类。全淹没卤代烷灭火系统能在一定的封闭空间内，保持一定浓度的卤代烷气体，从而达到灭火所需的浸渍时间。这种系统又可分为组合分配、单元独立和无管网系统。组合分配系统是指采用一套卤代烷灭火装置，可以保护几个保护区。无管网系统属于半固定灭火系统，用于小面积防护区，不设固定管道和储存容器间。局部应用卤代烷灭火系统是由灭火装置直接向燃烧物喷射灭火剂灭火，但其系统的各种部件是固定的，可自动喷射灭火剂。

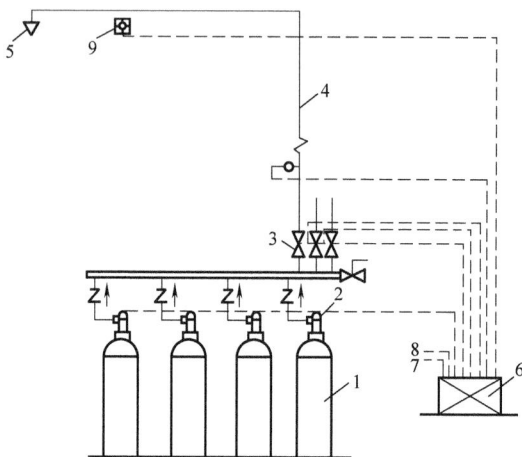

图 7-18　卤代烷灭火系统
1—灭火剂储罐　2—容器阀　3—选择阀　4—管网
5—喷嘴　6—自控装置　7—联动控制　8—报警
9—火警探测器

7.4.4　泡沫灭火系统

泡沫灭火工作原理是应用泡沫灭火剂，使其与水混溶后产生一种可漂浮物，粘附在可燃、易燃液体或固体表面，或者充满某一着火物质的空间，起到隔绝、冷却的作用，使燃烧物质熄灭。其广泛应用于油田、炼油厂、油库、发电厂、汽车库、飞机库、矿井坑道等场所。

泡沫灭火系统按其使用方式有固定式、半固定式和移动式；按泡沫喷射方式有液上喷射、液下喷射和喷淋方式；按泡沫发泡倍数有低倍、中倍和高倍之分。

泡沫灭火剂按其成分有：化学泡沫灭火剂、蛋白质泡沫灭火剂、合成型泡沫灭火剂等几种类型。

化学泡沫灭火剂是由带结晶水的硫酸铝和碳酸氢钠组成。使用时使两者混合反应后产生二氧化碳灭火。

蛋白质泡沫灭火剂成分主要是对骨胶朊、毛角朊、动物角、蹄、豆饼等水解后，适当投加稳定剂、防冻剂、缓蚀剂、防腐剂、降粘剂等添加剂混合成的液体。目前国内这类产品多为蛋白泡沫液添加适量氟碳表面活性剂制成的泡沫液。

合成型泡沫灭火剂是一种以石油产品为基料制成的泡沫灭火剂。目前国内应用较多的有凝胶型、水成膜和高倍数等几种合成型泡沫灭火剂。

选用和应用泡沫灭火系统时，首先应根据可燃物性质选用泡沫液，如液下喷射时应选用氟蛋白泡沫液或水成膜泡沫液。对某些水溶性液体贮罐，应选用抗溶性泡沫液。对泡沫喷淋系统上为吸气泡沫喷头时，应用蛋白泡沫液或氟蛋白、水成膜、抗溶性泡沫液，如为非吸气型泡沫喷头时，则只能选用水成膜泡沫液。对于中倍及高倍泡沫灭火系统则应选用合成泡沫液。其次，泡沫罐的贮存应置于通风、干燥场所，温度应在 0～40℃ 范围内。此外，还应保证泡沫灭火系统所需的足够的消防用水量、一定的水温（约为 4～35℃）和必需的水质，如氟蛋白、蛋白、抗溶氟蛋白可使用淡水和海水，凝胶型、金属皂型抗溶性泡沫混合液只能使用淡水。

7.4.5 移动式灭火器

灭火器是扑救初起火灾的重要消防器材，轻便灵活，可移动，稍经训练即可掌握其操作使用方法，属消防实战灭火过程中较理想的第一线灭火工具。目前生产的移动式灭火器主要有泡沫灭火器、酸碱灭火器、二氧化碳灭火器、四氯化碳灭火器、干粉灭火器和轻金属灭火器等。

（1）泡沫灭火器。泡沫灭火器用于扑灭易燃和可燃液体、可燃固体物质火灾。甲、乙、丙类火灾危险性的厂房、库房以及民用建筑物内（如医院、百货楼、旅馆、商务办公楼、图书档案楼、教学楼和住宅等）广泛采用泡沫灭火器。

（2）酸碱灭火器。酸碱灭火器用于扑灭可燃固体物质火灾。如医院、百货楼、旅馆、办公楼、展览楼、图书档案楼、教学楼、影剧院以及住宅等可采用酸碱灭火器。

（3）二氧化碳灭火器。二氧化碳灭火器可以扑灭贵重设备、图书档案、精密仪器、电压在 600V 以下的电气设备，以及一般可燃固体物质的初起火灾。物业服务中，常用于小型发电机房、档案室、计算机房以及建筑物内贵重设备室等。

（4）干粉灭火器。干粉灭火器可有效地扑灭易燃和可燃液体、可燃气体、电气设备和一般固体物质火灾。民用建筑的住宅、百货楼、办公楼、旅馆、高压电容器、变压器室、展览楼、图书馆、邮政楼、影剧院、炼油厂和石油化工厂的厂房、库房和露天生产装置区、油库、油船、油槽车等，广泛采用干粉灭火器。

7.5 建筑火灾的防火、排烟

建筑火灾烟气是造成人员伤亡的主要原因。因为烟气中的有害成分使人直接中毒或缺氧使人窒息死亡；烟气的遮光作用又使人逃生困难而被困于火灾区，同时也给消防队员扑救带来困难。因此，火灾发生时应当及时对烟气进行控制，使烟气不流向疏散通道、安全区和非着火区。

7.5.1 火灾烟气的控制方式

烟气控制的主要方法有隔断或阻挡、疏导排烟和加压防烟。

1. 隔断或阻挡

墙、楼板、门等都具有隔断烟气传播的作用。为了防止火势蔓延和烟气传播，建筑中必须划分防火分区和防烟分区。

（1）防火分区。所谓防火分区，是指用防火墙、楼板、防火门或防火卷帘等分隔的区域，可以将火灾（在一定时间内）限制在一定局部区域内，不使火势蔓延。当然，防火分区的隔断同样也对烟气起了隔断作用。在建筑物中应合理地进行防火分区，每层应作水平分区，垂直方向也要作分区。

水平防火分区的分隔物，主要依靠防火墙，也可以利用防火水幕带或防火卷帘加水幕。防火墙是指由非燃烧材料组成，直接砌筑在基础上或钢筋混凝土框架梁上，耐火极限不小于 3h 的墙体。防火墙上尽量不开洞口，必须开设时，应设耐火极限不小于 1.2h 的防火门窗。

竖直方向通常每层划分为一个防火分区，以耐火楼板（主要是钢筋混凝土楼板）为分隔。对于在两层或多层之间设有各种开口，如设有开敞楼梯、自动扶梯、中庭（共享空间）的建筑，应把连通部分作为一个竖向防火分区的整体考虑，且连通部分各层面积之和不应超过允许的水平防火分区的面积。

（2）防烟分区。所谓防烟分区，是指在设置排烟措施的过道、房间中用隔墙或其他措施（可以阻挡和限制烟气的流动）分隔的区域。防烟分区在防火分区内分隔。防火分区、防烟分区的大小及划分原则参见《建筑设计防火规范》（GB 50016—2014）。防烟分区分隔的方法除隔墙外，还有顶棚下凸不小于 500mm 的梁、挡烟垂壁和吹吸式空气幕。图 7-19 为挡烟垂壁示意图。

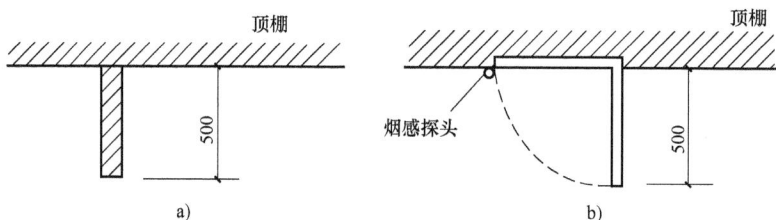

图 7-19　挡烟垂壁示意图
a）固定挡烟垂壁　b）可活动的挡烟垂壁

挡烟垂壁是指用不燃烧材料制成，从顶棚下垂不小于 500mm 的固定或活动的挡烟设施。若是活动式，则受消防设备（探测器、排烟口、消防控制器等）控制，也可手动控制。落下时，其下端至少离地 1.8m。在安全要求高的场合，也可将挡烟垂壁加长成为挡烟墙。

2. 排烟

排烟的部位有两类：着火区和疏散通道。着火区排烟的目的是为了将火灾发生的烟气（包括空气受热膨胀的体积）排到室外，降低着火区的压力，不使烟气流向非着火区。疏散通道的排烟是为了排除可能侵入的烟气，以利于人员安全疏散及救火人员通行。排烟分为自然排烟和机械排烟。

（1）自然排烟。自然排烟有两种方式：一是利用外窗或专设的排烟口排烟；二是利用竖井排烟，如图 7-20 所示。

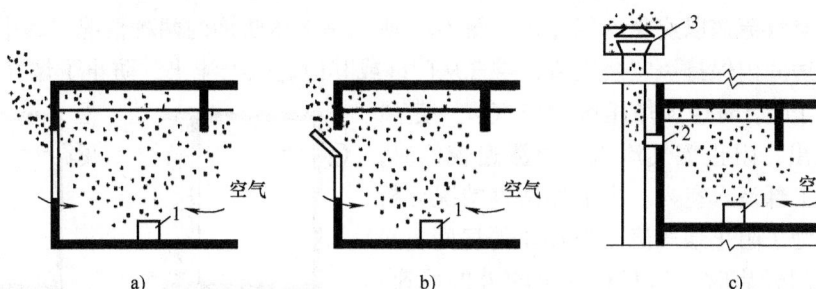

图 7-20 自然排烟

a）利用可开启外窗排烟 b）利用专设排烟口排烟 c）利用竖井排烟

1—火源 2—排烟风口 3—避风风帽

在高层建筑中除建筑物高度超过 50m 的一类公共建筑和建筑高度超过 100m 的居住建筑外，靠外墙的防烟楼梯间及其前室、消防电梯间前室和合用前室，可采用自然排烟方式。自然排烟窗、排烟口、送风口应设开启方便、灵活的装置。

（2）机械排烟。机械排烟系统实质上就是一个排风系统。适用于不具备自然排烟条件或较难进行自然排烟的内走道、房间、中庭及地下室。带裙房的高层建筑防烟楼梯间及其前室，消防电梯间前室或合用前室，当裙房以上部分利用可开启外窗进行自然排烟，裙房部分不具备自然排烟条件时，其前室或合用前室应设置局部机械排烟设施。对机械排烟设施的要求有：

1）排烟口应设在顶棚上或靠近顶棚的墙面上，设在顶棚上的排烟口，距可燃构件或可燃物的距离不应小于 1m。

2）排烟口应设有手动和自动开启装置，平时关闭，当发生火灾时仅开启着火楼层的排烟口。

3）防烟分区内的排烟口距最远点的水平距离不应超过 30m。走道的排烟口应尽量布置在与人流疏散方向相反的位置。

4）在排烟支管和排烟风机入口处应设有温度超过 280℃时能自行关闭的排烟防火阀。

5）当任一排烟口或排烟阀开启时，排烟风机应能自行启动。

6）排烟风道必须采用不燃材料制作。安装在吊顶内的排烟管道，其隔热层应采用不燃材料制作，并应与可燃物保持不小于 150m 的距离。

7）机械排烟系统与通风、空调系统宜分开设置。若合用时，必须采取可靠的防火安全措施，并应符合排烟系统要求。

8）设置机械排烟的地下室，应同时设置送风系统。

3. 加压防烟

加压防烟是用风机把一定量的室外空气送入一房间或通道内，使室内保持一定压力或门洞处有一定空气流速以避免烟气侵入。图 7-21 所示是加压防烟的两种情况。其中图 7-21a 是当门关闭时房间内保持一定余压值，空气从门缝或其他缝隙处流出，防止了烟气的侵入；图 7-21b 是当门开启时送入加压区的空气以一定风速从门洞流出，阻止烟气流入。当流速较低时，烟气可能从上部流入室内。由上述两种情况分析可以看到，为了阻止烟气流入被加压的房间，必须达到：①门开启时，门洞有一定向外的风速；②门关闭时，房间内有一定余压值。《建筑设计防火规范》（GB 50016—2014）规定：前室、合用前室、消防电梯间前室、封闭避难层（间）余压值为 25 ~ 30Pa；防烟楼梯间为 40 ~ 50Pa。

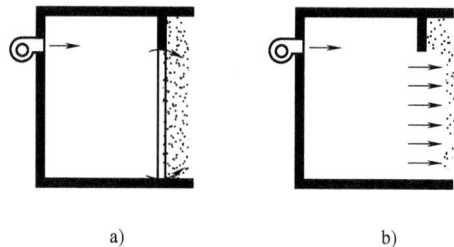

a)　　　　　　　　　　　b)

图 7-21　加压防烟示意图

《建筑设计防火规范》（GB 50016—2014）第 8.5.1 条规定建筑的下列场所或部位应设置防烟设施：

1）防烟楼梯间及其前室。

2）消防电梯间前室或合用前室。

3）避难走道的前室、避难层（间）。

建筑高度不大于 50m 的公共建筑、厂房、仓库和建筑高度不大于 100m 的住宅建筑，当其防烟楼梯间的前室或合用前室符合下列条件之一时，楼梯间可不设防烟系统：

1）前室或合用前室采用敞开的阳台、凹廊。

2）前室或合用前室具有不同朝向的可开启外窗，且可开启外窗的面积满足自然排烟口的面积要求。

楼梯间每隔 2 ~ 3 层设置一个加压送风口；前室应每层设一个。机械加压送风防烟系统中送风口的风速不宜大于 7m/s。加压送风口应采用自垂式百叶风口或常开双层百叶风口。当采用常开百叶风口时，应在其加压风机的压出管上设置止回阀。加压送风口应设手动和自动开启装置，并与加压送风机的启动装置连锁。

7.5.2　通风和空调系统的防火与排烟

在设计阶段的前期介入过程中，应注意尽量不使风道穿越防火分区和防烟分区；否则，须在风道上增设防火阀。下列情况下须在通风、空调系统风道上设置防火阀：①管道穿越防火分区的隔墙孔；②管道穿越通风、空调机房及重要的或火灾危险性大的房间和楼板处；③管道穿越垂直风道与每层水平风道交接处的水平管段上；④管道穿越变形缝处的两侧。另外，在厨房、浴室、厕所等垂直的排风管道上，应采取防止回流的措施或在支管上设止回阀或设防火阀。

通风和空调系统的风道，应采用非燃材料制作，其保温和消声材料应采用非燃或难燃材料；通风、空调系统的进风口应设在无火灾危险的安全地带。

为了充分发挥通风、空调系统的作用，有些建筑物把通风风口与机械排烟系统共用，即把通风、空调房间的上部送风口兼作排烟口，在这种共用系统中必须特别注意要采取可靠的防火安全及控制措施。

目前，机械排烟系统多数为独立设置。由于利用空调系统进行排烟时，因烟气不允许通过空调器，需装设旁通管和自动切换阀，平时运行时会产生漏风量并造成阻力的增大；另外，由于通风、空调系统的各送风口是相互连通的，所以当临时作为排烟口进行排烟时，其他送风口都必须关闭。这就要求在通风、空调系统中每个送风口上都要安装自动关闭装置，将会使排烟系统的控制更加复杂，成本也会大增，因此，一般不用通风、空调系统兼作机械排烟系统。

7.5.3　防火排烟主要设备及部件

1. 防烟、排烟风机

防烟风机可以采用轴流风机或中、低压离心风机。风机位置应根据供电条件、风量分配均衡、新风入口不受火和烟威胁等因素确定。排烟风机可采用离心风机或采用排烟轴流风机。排烟风机应保证能在 280℃时连续工作 30min，并应在其机房入口处设有当烟气温度超过 280℃时能自动关闭的排烟防火阀。

常用的防火、排烟专用风机有 HTF 系列、ZWF 系列、W—X 型等类型。烟温较低时可长时间运转，烟温较高时仅可连续运转一定时间。

2. 防火阀

防火阀应用于有防火要求的风管上，一般安装在风管穿越防火墙处，平时处于常开状态，发生火灾时，温度超过 70℃或 280℃时，温度熔断器动作使阀门关闭，切断火势和烟气沿风管蔓延的通路，进而联动送（补）风机关闭。

(1) 防火阀的控制方式有热敏元件控制、感烟感温器控制及复合控制等。

1) 热敏元件控制。有易熔环、热敏电阻、热电偶和双金属片等，它通过元件在不同温度下的状态或参数变化来实现控制。采用易熔环控制时，火灾使易熔环熔断脱落，阀门在弹簧力或自重力作用下关闭。采用热敏电阻、热电偶、双金属片等控制时，通过传感及电子元件控制驱动微型电动机工作将阀门关闭。

2) 感烟感温器控制。是通过感烟感温控制设备的输出信号控制执行机构的电磁铁、电动机动作，或控制气动执行机构，实现阀门在弹簧力作用下的关闭或电动机转动使阀门关闭。

3) 复合控制方式为上述两种控制方式的组合。

（2）防火阀的关闭驱动方式有重力式、弹簧力驱动式（或称电磁式）、电动机驱动式及气动驱动式等四种。

3. 排烟阀

排烟阀安装在排烟系统的风管上，平时排烟阀的叶片呈关闭状态，发生火灾时，烟感探头发出火灾信号，通过控制中心接通排烟阀上的直流24V电源，在弹簧力或电动机转矩的作用下阀门迅速打开进行排烟。当排烟温度达到280℃时，排烟阀自动关闭，排烟系统停止运行。

排烟阀按其控制方式可分为电磁式和电动式两种；按其结构形式可分为装饰型排烟阀、翻板型排烟阀、排烟防火阀；按其外形可分为矩形和圆形两种。

7.6　消防系统其他设施设备

7.6.1　消防电梯

消防电梯属于消防系统的应急避难装置，它是具有耐火封闭结构、防烟前室和专用电源，在火灾情况下供消防队使用的电梯。高层建筑按照规定必须设置消防电梯。我国规定一类高层建筑、塔式住宅、十二层以上的单元式和通廊式住宅，以及高度32m以上的二类高层建筑，其主体楼层为1500m² 以内时应设1台消防电梯，1500～4500m² 内设2台，超过4500m² 的则为3台，且宜分别在不同的防火区内设置。

当建筑物起火后，非消防电梯必须全部招回首层，若火灾发生在首层则应停于较近层，待人员撤离后应锁上停止使用，而消防电梯则由消防队员操纵投入灭火救援战斗。消防队员掀动控制按钮，或将专用钥匙插入切换开关（通常设于首层电梯门旁）。消防电梯亦能回到首层供消防队员使用。

为了防止烟火侵入电梯井道及轿厢之中，消防电梯必须设前室进行保护。前室既是消防队员开展灭火战斗的基地，又是被救护伤员的暂时避难场所。因此，前室兼有保护、基地及避难三重作用。

7.6.2　防火门

防火门属于消防系统的减灾装置，它能防止火势在建筑物内部的通道蔓延，保证消防疏散通道的安全。目前国内防火门主要分为三类：木质防火门、钢质防火门和无机防火门。

防火门按使用状态可分为常开式和常闭式两种。常开式防火门平时呈开启状态，火灾时自动关闭。在疏散楼梯间，应设置常开式防火门，平时呈开启状态，发生火灾时，通过各种传感器控制闭门器关门。

完整的防火门配件包括闭门器、顺序器和释放器。闭门器能够随时关闭门扇，顺序器能让双扇和多扇防火门按顺序关闭，若防火门与消防报警联控器连接，则需要安装释放器。发生火灾时，联动系统控制释放器动作，让防火门处于常闭，当人员通过后又将门自动关闭。

特别要注意用于疏散通道的防火门应具有在发生火灾时迅速关闭的功能，且向疏散方向开启，不能装锁和插销。

7.6.3 应急照明

应急照明属于消防系统的应急装置。完善的事故照明与紧急疏散指示标志能为火灾逃生提供良好的条件。按照规定，救生通道必须设置事故照明与紧急疏散指示系统。

应急照明、疏散指示灯具一般由充电器、镇流器、应急转换器、电池、光源、灯具等部分组成。其中应急转换器的作用是把电池提供的低压直流电，变换成足够高的交流电源，使灯顺利地启动并正常工作。

应急照明系统的电池容易损坏，主要原因有电池保险断、寿命到期、充放电不当等，其中充放电不当是主要因素。应急照明电池目前多用镍镉电池，其中正极为镍，负极为镉，由于镉有记忆效应，新电池使用前应先充电约20h，一般须经2~3次充放电才能达到最佳容量。为延长电池组使用寿命，应在使用过程中隔一段时间对电池进行一次放电。

7.6.4 火灾监控系统设施设备

火灾监控系统是以火灾为监控对象，为及时发现和通报火情，并采取有效措施控制和扑灭火灾而设置在建筑物内的自动消防设施。它由火灾自动报警系统和联动控制灭火系统两个子系统组成。由于联动控制灭火子系统的主要作用是为了方便人员疏散和有效地灭火，所以通常把它划归为自动控制灭火部分。其工作原理是：火灾探测器监测感受到火灾信息（如烟雾、温度、火焰光、可燃气等）后，转换成电信号形式送往报警控制器，由控制器处理、运算和判断。当确认发生火灾时，在火灾自动报警控制器上发出声、光报警及数字显示火灾区域或房间的号码，并打印报警时间、地点。同时使所有消防联动控制灭火子系统动作，如关闭建筑物空调系统，启动有关部位的排烟风机和正压送风机，启动疏散指示系统和火灾事故广播，监控电梯回降首层等，指挥人员疏散到安全区域，利用消防专用电话向消防部门报警，同时启动消防水泵和喷淋泵灭火等。

火灾自动报警系统用于尽早探测初期火灾并发出警报，主要包括火灾探测器、火灾自动报警控制器、火灾警报装置、信号线路以及具有其他辅助功能的装置等。

消防联动控制灭火系统可在接收到火警信号时实现自动或手动启动相关消防设备并显示其状态。其主要控制对象包括：火灾报警控制器、自动灭火系统的控制装置、室内消火栓系统的控制装置、防烟排烟系统及通风空调系统的控制装置、常开防火门及防火卷帘的控制装置、电梯回降控制装置、火灾应急广播、火灾警报装置、火灾应急照明与疏散指示标志控制装置等的部分或全部。

具体内容请参照本书《第五部分——建筑弱电及智能化系统》中"12.2 火灾自动报警系统"的相关内容进行学习。

7.6.5　消防控制中心

消防控制中心是设置火灾自动报警控制设备和消防联动控制设备的专门场所，用于接收、显示、处理火灾报警信号，控制有关的消防设施。消防控制中心的设备由火灾报警控制器、消防联动控制装置以及消防通信设备等组成。

现代化建筑的消防控制中心，应设置显示屏和控制台，以便消防人员了解大楼各种自动灭火系统的运作情况，对大楼的灭火救灾活动进行有效的指挥。显示屏有逐点显示和分区显示两种显示方式。逐点显示能指示出火灾的具体位置；分区显示只能显示出火灾区域地段。为简化线路、减少设备，消防中心通常采用分区显示方式（分区报警器已能指示出火灾的具体位置，可满足指挥灭火和疏散的要求）。

消防控制中心的面积、位置、建筑耐火性能、通风、电气线路等应符合国家现行有关建筑设计防火规范的规定。一般应满足以下要求：消防控制中心应设置在建筑物的首层，距通往室外出入口不应大于20m，内部和外部的消防人员应能容易找到、可以接近，并应设在交通方便和发生火灾时不易延燃的部位。不应将消防控制中心设于厕所、锅炉房、浴室、汽车库、变压器室等的隔壁和上、下层相对应的房间。有条件时，宜与防盗监控、广播通信设施等用房相邻近。应适当考虑长期值班人员房间的朝向。消防控制中心的面积一般应在 15m² 以上，为了防止烟、火危及消防控制室工作人员的安全，消防控制室的门应有一定的耐火能力，并应向疏散方向开启。为了便于消防人员扑救火灾时联系工作，应在入口处设置明显的标志牌或标志灯，标志灯电源应从消防电源上接入，以保证标志灯电源可靠。另外，根据消防控制室的功能要求，火灾自动报警系统、火灾自动灭火装置、电动防火门、防火卷帘、消防电话以及火灾应急照明、火灾应急广播等系统的信号线和控制线路均要送入消防控制室。消防控制室与值班室、消防水泵房、备用发电机房、变配电室、通风空调机房、排烟机房、消防电梯机房以及其他与消防联动控制有关的且经常有人值班的机房和灭火控制系统的操作装置处或控制室，应设置固定的对讲电话或专用电话分机，并应设置可向当地公安消防部门直接报警的外线电话。消防控制中心不应穿过与其无关的电气线路及其他管道，也不可装设与其无关的其他设备。

7.6.6　消防电源及传输导线

消防控制中心、消防水泵、消防电梯、防排烟设施、火灾自动报警、自动灭火装置、火灾事故照明、疏散指示标志、电动防火门窗、卷帘、阀门等消防用电，按建筑防火等级来供电，一类建筑按一级负荷要求供电，二类建筑按二级负荷要求供电。

消防中心应设两路专线电源供电，自动切换，互为备用。为了确保消防用电的可靠性，还应设置备用的镉镍蓄电池组。火灾事故照明和疏散指示标志可用电池作备用电源，但其连续供电时间不应小于20 min。火灾报警器采用蓄电池作备用电源时，电池容量应可供火灾报警器在监视状态下工作24h后，能在报警器不超过4路时处于最大负荷条件下，以及容量超过 4 路时处于 1/3 最大负荷（但不少于 4 回路同时报警）下工作 30min。

火灾自动报警系统的传输导线采用铜芯绝缘导线或铜芯电缆，其电压等级不应低于交流 250V。线芯截面面积的最小值为 $1mm^2$（穿管敷设的绝缘导线）、$0.75mm^2$（线槽敷设的绝缘导线）和 $0.5mm^2$（多芯电缆）。

所有消防系统的管线，应选用防火耐热的铜芯绝缘导线，并采用钢管暗敷。绝缘导线应采用穿金属管、硬质塑料管、半硬质塑料管或封闭式线槽保护式布线。消防控制、通信和报警线路应穿金属管保护暗敷在非燃烧体结构内，其保护层厚度不小于 3cm。必须明敷时，金属管上应采取防火保护措施。不同系统、不同电压、不同电源类别的线路，不得共管敷设。弱电线路和强电线路的竖井宜分别设置，条件不许可时也应分置在竖井两侧。

7.7 消防系统的管理与维护

近年来，消防设施的维护管理得到了各方面的高度重视，公安部于 2006 年 5 月 1 日公布实施了《建筑消防设施的维护管理》（GA587—2005）标准，用以规范建筑消防设施的维护保养工作。该标准规定：单位具备建筑消防设施的单项检查、联动检查的专业技术人员和检测仪器设备，可以按照本标准自行实施，也可以委托具备相应消防设施安装资质的单位依照本标准实施。

7.7.1 消防管理的基本制度

物业管理部门要结合建筑物的实际情况，建立严格的消防管理制度，并且要认真落实执行。

（1）消防中心值班制度。消防控制中心要建立 24 小时值班制度，值班人员要具有消防基本知识，同时对建筑物内的消防设备有充分的了解，并懂得火灾事故处理程序，同时值班人员要有高度的责任心和判断事物的敏锐性。

（2）防火档案制度。物业管理部门要建立防火档案制度，对火灾隐患、消防设备状况（位置、功能、状态等）、重点消防部位、前期消防工作概况等要记录在案，以备随时查阅，还要根据档案记载的前期消防工作概况，定期进行研究，不断提高防火、灭火的水平和效率。

（3）防火岗位责任制度。要建立各级领导负责的逐级防火岗位责任制，上至公司领导，下至消防员，都要对消防负有一定的责任。

7.7.2 消防设备管理的内容

消防设备的管理主要是对消防设备的保养与维护。消防设备的维修需要专门的技术，特别是一些关键设备，一般应请消防主管行政部门认可的专业公司。作为物业服务公司，一般应做到以下几个方面：

（1）熟悉消防法规，了解各种消防设备的使用方法，制订建筑物的消防管理制度。

（2）禁止擅自更改消防设备。

（3）定期检查消防设备的完好情况，对使用不当等应及时改正。

（4）检查电器、电线、电缆、燃气管道等有无锈蚀、氧化、熔化、堵塞等情况，防止短路或爆炸引起火灾。

（5）制止任何违反消防安全的行为。

（6）积极开展防火安全教育，提高全民防火意识。

建筑物消防设备的管理与维护主要包括以下内容：①消火栓的检查；②消防泵（消防泵、喷淋泵及稳压泵）的检查；③水泵接合器的检查；④集中报警控制器的检查；⑤火灾探测器的检查；⑥消防卷帘的检查；⑦联动控制设备的检查；⑧防火门的检查；⑨气体灭火系统的检查；⑩防排烟系统的检查；⑪紧急广播的检查；⑫消防电源的检查。

7.7.3 消火栓灭火系统的管理与维护

1. 室内消火栓

月检内容：①逐个检查消火栓箱门关闭是否良好，锁、玻璃有无损坏，箱门封条是否完好，如有脱落破损应及时修复；②随机抽取消火栓总数的10%进行测试，按下消火栓报警按钮，消防中心应有正确的报警显示。

年检内容：①开栓门取出水带，仔细检查有无破损、发黑、发霉，如有则应取出刷净、晾干；②检查水枪、水带接头连接是否方便牢固，有无缺损；如有应立即修复，整理后放好；③将水龙带交换折边或翻动一次，检查接口垫圈是否完好无缺；④检查消火栓和消防卷盘供水闸间是否有渗漏现象，如有则应及时修复；⑤消火栓、供水阀门及消防卷盘等处转动部位应转动灵活；应及时更换阀上老化的皮垫并给阀杆上油；⑥检查修整全部支架，掉漆部位应重新补刷；⑦将栓箱内清理干净，部件存放整齐后，锁上栓门，贴上封条。

2. 室外消火栓

（1）每月或大节日前，应对消火栓进行一次检查。

（2）清除启闭杆端部周围杂物。

（3）将专用消火栓钥匙套于杆头，检查是否合适，并转动启闭杆，加注润滑油。

（4）用纱布擦除出水口螺纹上的积锈，检查闷盖内橡胶垫圈是否完好。

（5）打开消火栓，检查供水情况，要放净锈水后再关闭，并观察有无漏水现象，发现问题及时检修。在冬季还须做好室外消火栓的保温防冻。

7.7.4 自动喷水灭火系统的管理与维护

自动喷水灭火系统的灭火功能取决于产品质量、施工安装质量及维护管理水平三个环节。系统投入使用后，主管单位应建立日常检测、维护、管理制度，确保系统随时处于准工作状态。实践证明，由于一些使用单位平时忽视了对系统的管理维护及检测试验工作，火灾发生后，系统不能启动灭火或灭火效果不佳，从而造成了巨大的损失。因此，必须重视系统的日常维护管理和检测试验工作。

自动喷水灭火系统日常维护管理工作，应由专人承担并持证上岗。系统的维护管理工作内容及要求见表7-3。

表 7-3　自动喷水灭火系统维护管理内容及要求

序号	维护管理部位	维护管理工作内容及要求	维护周期
1	水源	测试供水能力，符合设计要求	每年
2	蓄水池、高位水箱	检测水位及消防储备水不被他用措施挪用，正常	每月
3	消防气压给水设备	检测气压、水位符合工作条件要求	每月
4	设置储水设备的房间	检查室温，不低于5℃	寒冷季节每天
5	储水设备	检查结构材料完好，无锈蚀	每两年
6	电动消防水泵	启动试运转正常；水量、水压符合要求	每月
7	内燃机驱动消防水泵	启动试运转正常；水量、水压符合要求	每星期
8	报警阀	放水试验，启动性能正常	每季
9	水源控制阀、报警控制装置	目测巡检完好状况及开闭位置正确	每日
10	系统所有控制阀门、电磁阀	检查铅封、锁链完好状况正常	每月
11	室外阀门井中控制阀门	检查开启状况正确	每季
12	水泵接合器	检查完好状况	每月
13	水流指示器	试验报警正常	每两月
14	喷头	检查完好状况、清除异物，重要场所还应定期实测动作性能	每月

7.7.5　消防自动报警与联动系统的管理与维护

1. 系统档案资料的管理

火灾自动报警与联动控制系统的档案管理应包含基本情况和动态情况管理。基本情况包括火灾自动报警与联动控制系统的验收文件和产品、系统使用说明书、系统调试记录等原始技术资料。动态情况包括火灾自动报警与联动控制系统的值班记录、巡查记录、单项检查记录、联动检查记录、故障处理记录等。

原始技术资料应长期保存；《消防控制室值班记录》和《建筑消防设施巡查记录》的存档时间不应少于1年；《建筑消防设施单项检查记录》《建筑消防设施联动检查记录》《建筑消防设施故障处理记录》的存档时间不应少于3年。

2. 消防联动控制室的管理

（1）消防联动控制室应制订消防控制室日常管理制度、值班员职责、接处警操作规程等工作制度。

（2）消防联动控制室的设备应当实行每日24h专人值班制度，确保及时发现并准确处置火灾和故障报警。

（3）消防联动控制室值班人员应当在岗在位，认真记录控制器日运行情况，每日检查火灾报警控制器的自检、消音、复位功能以及主备电源切换功能。

（4）消防联动控制室值班人员应当经消防专业考试合格，持证上岗。

（5）正常工作状态下，报警联动控制设备应当处于自动控制状态。严禁将自动喷水灭火系统和联动控制的防火卷帘等防火分隔设施设置在手动控制状态。其他联动控制设备需要设置在手动状态时，应有火灾时能迅速将手动控制转换为自动控制的可靠措施。

3. 系统联动功能检查

（1）火灾自动报警装置每层、每回路报警系统和联动控制设备的功能试验，每12个月对每只探测器、手动报警按钮检查不少于一次。

（2）自动喷水灭火系统在末端放水，进行系统功能联动试验，水流指示器报警，压力开关、水力警铃动作。对消防设施上的仪器仪表进行校验；每12个月对每个末端放水阀检查不少于一次。

（3）消防给水系统最不利点消火栓（消防炮）出水，分别用消防水箱和消防水泵供水。每12个月累计对每个消火栓、卷盘、水炮检查不少于一次。

（4）通过报警联动，检查电梯迫降功能；通过报警联动，检查防火卷帘门及电动防火门的功能；通过报警联动，检查消防广播切换功能；通过报警联动，检查应急照明、疏散指示标志功能；通过报警联动，检查正压送风或者机械排烟系统功能，并测试风速、风压值。

（5）通过报警联动，检验系统功能，进行模拟喷气试验；校验仪器仪表，存储容器称重。

（6）应急照明和疏散指示灯要在规定的救生通道里接通。

（7）测试事故广播，不论扬声器处于何种工作状态，都应能将其切换到事故广播通道上。

另外，所有切换开关如电源转换开关、灭火转换开关，防排烟、防火门、防烟等转换开关，警报转换开关、应急照明转换开关等都应进行符合规定的动作。

4. 火灾探测器的管理

（1）每年应对探测器的使用功能检查一次。检查时，可对某一火灾探测器用专用加烟（温）工具进行实际操作；当火灾探测器正常响应后，报警确认灯会亮；同时，探测器向火灾报警控制器发送火灾信号，控制器上信号显示的位置应无误。

（2）探测器因环境条件的改变而不能适用时，应及时更换。如原库房改为厨房、锅炉房、开水房、发电机房时就应将感烟式探测器改为感温式探测器。据测定，感烟式探测器的环境使用温度一般在50℃左右，否则有可能出现故障；而感温式探测器动作的额定温度应要高出环境温度10～35℃。

（3）火灾探测器投入运行 1 年后，应每隔 3 年全部清洗一遍，并作响应阈值及其他必要的功能试验，合格者方可继续使用，不合格者严禁重新安装使用。

（4）要防止外部干扰或意外损坏。对于探测器不仅要防止烟、灰尘及类似的气溶胶、小动物的侵入，要防止水蒸气凝结、结冰等外部自然因素的影响而产生的误报，而且还要防止人为的因素（如贮藏架的摆放）或设备、隔断等分隔对探测器的影响。

（5）废弃的离子型探测器因含有放射性物质，须集中收集交环保部门处理。

5. 电源管理

一般每季度要对备用电源进行 1 或 2 次充、放电试验，1～3 次主电源和备用源自动切换试验。同时检查：

（1）火灾自动报警系统的交流电源是否因与大型设备电源连在一起而产生波动。否则应采取措施分开设置，保证火灾自动报警系统单独回路供电。

（2）检查火灾自动报警系统的电压偏移是否在允许范围内，否则应采取稳压措施。

6. 火灾自动报警系统的接地管理

火灾自动报警系统属于电子设备，其工作接地良好与否对系统运行的可靠性影响很大。火灾自动报警系统的接地应定期检查并符合以下要求。

（1）采用专用接地装置时，接地电阻不应大于 4Ω；采用共用接地装置时，接地电阻不应大于 1Ω。

（2）系统应设专用接地干线，并应在消防控制室设置专用接地板。专用接地干线应从消防控制室专用接地板引至接地体。专用接地干线应采用铜芯绝缘导线，其芯线截面面积不应小于 $25mm^2$。专用接地干线宜采用硬质塑料套管埋设至接地体。

（3）由消防控制室接地板引至各消防电子设备的专用接地线，应选用铜芯塑料绝缘导线，其芯线截面面积不应小于 $4mm^2$。

（4）消防电子设备采用交流电供电时，设备金属外壳和金属支架等应作保护接地，接地线应与电气保护接地干线相连接。

7.7.6　防排烟系统的管理与维护

为保证防排烟系统能够在紧急状态下发挥应有的作用，对机械防烟、排烟系统的风机、送风口、排烟口等部位应经常维护，如扫除尘土、加润滑油等，并经常检查排烟阀等手动启动装置和防止误动的保护装置是否完好。

另外，每隔 1～2 周，由消防中心或风机房启动风机空载运行 5min。每年对全楼送风口、排烟阀进行一次机械动作试验。此试验可分别由现场手动开启、消防控制室遥控开启或结合火灾报警系统的试验由该系统联动开启。排烟阀及送风口的试验不必每次都联动风机，联动风机几次后应将风机电源切断，只做排烟阀、送风口的开启试验。

7.7.7　应急照明、疏散指示系统的管理与维护

（1）储备的应急灯具每两个月必须进行一次充、放电，以防灯具电池损坏。

（2）使用中的应急灯具每月必须进行性能检查，通过连续 10 次开关试验，以检查电路转换及电池的应急功能，并进行放电，以延长电池使用寿命。

（3）灯具出现故障及电池寿命终结应及时维修更换。

7.7.8　其他常用灭火系统的管理与维护

1. 气体灭火系统的检查维护

定期对系统进行检查和维护是保持气体灭火系统能发挥预期作用的关键。为了做好检查、维护工作，所有可能担任气体灭火系统的操作、日常维护、半年检、年检、试验、充装和修理工作的人员，均应经过专门培训，并经考试合格；专门人员还必须对系统设计、施工、调试和竣工验收的情况有全面的了解，熟悉系统的性能、构造和检查维护方法。因此，已投入使用的气体灭火系统应具备要求审核的全部文件资料及竣工验收报告，系统的操作规程和系统的检查、维护记录图表。定期检查和维护包括日常维护、月检和年检。

（1）日常维护。包括清洁、油漆、修理和每周巡检等工作，由专职的管理人员担任。

每周巡检应检查所有压力表、操作装置、报警系统设备和灭火设备是否处于正常工作状态；检查所有管道和喷嘴有无堵塞或损坏；核查封闭空间的情况和储放使用的可燃物是否符合原设计要求，疏散通道是否畅通。

（2）月检。每月应由专职管理人员对系统进行两次检查，检查内容及要求有下列各项。

1）对灭火剂储存容器、选择阀、液体单向阀、高压软管、集流管、阀驱动装置、管网与喷嘴等全部组件进行外观检查。所有组件应无碰撞变形及其他机械性损伤，表面无锈蚀，保护涂层完好，铭牌清晰。手动操作部位的防护罩、铅封和安全标志完整。

2）检查卤代烷灭火剂储存容器内的压力。压力降不得大于设计储存压力的 10%。

3）检查气动驱动装置的气动源的压力。压力降不得大于设计压力的 10%。

（3）年检。每年应对系统进行两次检查，检查试验工作由专职管理人员配合有关维修单位的技术人员进行。检查内容和要求除上述月检项目外，还包括下述项目。

1）检查每个防护区的开口情况、防护区的用途及可燃物的种类、数量、分布情况，应符合原设计规定。

2）检查灭火剂储瓶间设备，管网和支、吊架的固定情况，应无松动现象。

3）检查高压软管，应无变形、裂纹及老化现象。如有不合格项目，则应逐根进行水压强度试验和气压严密性试验。

4）检查各喷嘴孔口，应无堵塞现象。

5）对灭火剂储存容器逐个进行称重检查，灭火剂净重损失不得大于设计量的 5%。

6）检查中如发现输送灭火剂管网有损伤和可能的堵塞现象，应对其进行气压严密性试验和吹扫。

7）对每个防护区进行一次模拟自动启动试验。如试验结果有不合格项目，按前述的方法和要求对相应的防护区进行一次模拟喷气试验。

气体灭火系统的维护检查是一项长期延续的工作，无论是日常维护、月检，还是年检，检查维护人员都应按操作规程、检查及维护记录表做好记录，为今后的维护管理积累必要的档案资料。该记录中应明确地记载检查维护的日期、人员姓名、检查的设备名称、检查方法，检查中发现的问题及处理情况，以及系统当前的运行状况。

维护检查工作应严格按有关操作规程进行，注意安全，防止压力容器、压力气体或电器设备对人员造成意外伤害。

2. 干粉灭火系统的维护保养

灭火系统设备及控制安装完成后，一般不发生火灾时是不启动的。长期待用状态下，若不定期检查维保，就可能存在隐患。对于干粉灭火系统来说，一般规定 3 个月做一次外观检查，1 年做一次全面检查，3 年做一次压力容器、电器控制回路细检，每次检查应将检查的原因、内容详细记录。检查的项目内容见表 7-4。

表 7-4　干粉灭火系统检查项目表

检查部位	检查项目	检查事项
一般事项	1. 安装装配状况 2. 损坏腐蚀状况 3. 外部环境状况 4. 清扫及标志状况 5. 资料状况	安装装配部分有无松动、破裂、移位情况，使用性能上有无变化、破坏；机件有无锈蚀、破裂，有无影响性能和操作的外部变化； 是否定期清扫；各部分标志及警告牌是否备齐醒目；工程图纸竣工资料、平时的工作记录是否齐全
干粉 灭火剂	干粉质量 干粉数量	干粉是否受潮结块； 干粉量有无减少
干粉罐	1. 外观状况 2. 罐外阀件状况 3. 罐内阀件状况	表面有无裂纹，防护漆是否完好，法兰连接、螺栓是否完好；出粉球阀动作是否灵活；罐内出粉管有无堵塞、脱落，内表面是否完好
动力启动装置	1. 启动瓶 2. 气动控制回路 3. 减压装置及控制阀件状况 4. 电动控制回路状况	启动瓶外观是否完好，压力表是否完好，压力指示值是否正常；气动控制回路管道连接有无松动、脱落、破坏现象，减压阀定位是否正确，表压是否正常；接线有无松动，连接是否正确，回路动作是否正常
选择阀 控制阀	1. 手动操作状况 2. 自动操作状况 3. 标志状况	手动操作是否灵活；阀件是否安全； 自动操作是否可靠，响应时间是否符合要求； 各种阀件位置标志是否正常
管道喷嘴	1. 外观状况 2. 管道内部状况 3. 喷嘴状况	管道有无松动、移位、锈蚀、坏裂现象； 管内有无堵塞； 喷嘴有无堵塞，角度是否正确，固定是否牢固
干粉检查	性能	取出 0.5kg 干粉检查其外观、比重、含水量及流动性是否符合标准

（续）

检查部位	检查项目	检查事项
动力气源检查，启动控制检查	1. 动力气瓶瓶头阀及压力表 2. 启动瓶瓶头阀及压力表	抽检一只动力瓶，关闭其他瓶头阀，断开通向干粉罐管道，采用电动控制启动瓶启动方式，检查动力瓶开启状况，启动瓶瓶头动作状况，同时检查系统压力表反映状况
手动控制检查，自动控制检查	1. 手动按钮启动检查 2. 自动启动检查	插上保险销（启动瓶头阀和动力瓶瓶头阀）在现场手动启动按钮，检查各部分电瓶阀启动动作状况； 同上，插上保险销，模拟火灾状态，检查自动控制回路是否正常
燃气式干粉固定灭火装置	1. 外观检查 2. 发生器检查 3. 管道检查 4. 控制部分检查	按照产品说明书检查电关火系统的直流电阻（$8\sim12\Omega$ 为正常）； 取下发生器上的点火插头，装 24VDC 灯或 24VDC 讯向器，手动或自动操作，若灯泡亮或讯向器发生声响，说明控制正常
压力容器检查	1. 干粉罐检查 2. 发生器检查	对焊缝进行 X 光探伤检查是否符合规定； 水压试验，应符合设计标准

对于消防设备设施更为详尽的检查及管理维护内容，物业实际管理过程中可参照公安部颁布的《建筑消防设施的维护管理》（GA587—2005）标准来进行。

知 识 小 结

消防必须贯彻"以防为主、防消结合"的方针。现代建筑的消防系统主要包括火灾自动报警、灭火与消防联动系统，以实现火灾报警早、扑救及时和自动化控制的要求。灭火及消防联动系统包括灭火装置、减灾装置、避难应急装置、广播通信装置。

室内消火栓给水系统一般由消火栓、水龙带、水枪、消防管道、消防水池、水箱、增压设备和水源等组成。当室外给水管网的水压不能满足室内消防要求时，应当设置消防水泵和水箱。

自动喷水灭火系统按喷头的开闭形式分为闭式系统和开式系统。前者有湿式、干式、干湿式和预作用之分；后者有雨淋、水幕和水喷雾灭火系统之分。

消防系统其他常用灭火系统主要有：干粉灭火系统、二氧化碳灭火系统、卤代烷灭火系统、泡沫灭火系统、移动式灭火系统。

消防系统防烟、排烟的主要控制方法有隔断或阻挡、疏导排烟和加压防烟；防火、防排烟主要设备有排烟风机、防火阀、排烟阀等。

学习中应对消防电梯、防火门、应急照明、火灾监控系统、消防控制中心给予适当关注，实践中应注意加强对消防系统的管理和维护，减少相关管理风险。

强化练习

一、单项选择题

1. 一般规定在居住、公共建筑内，充实水柱长度不小于（　　）m。

A. 5　　　　　　　B. 7　　　　　　　C. 9　　　　　　　D. 15

2. 平时不允许有水渍的高级建筑物应安装（　　）。

A. 干式自动灭火系统　　　　　　　B. 湿式自动灭火系统

C. 干湿式自动灭火系统　　　　　　D. 预作用自动喷水灭火系统

3. 消防水箱和气压水罐应该（　　）检查一次。

A. 每天　　　　　B. 每月　　　　　C. 每年　　　　　D. 每两年

4. 消防水箱应贮存的消防用水量为（　　）。

A. 18m³　　　　　　　　　　　　B. 12m³

C. 10min 的用水量　　　　　　　D. 6m³

5. 室内用消防水龙带的长度一般是（　　）。

A. 25m 以下　　　B. 30m　　　　　C. 40m　　　　　D. 50m

6. 消火栓阀门中心装置的高度距离地面为（　　）m。

A. 1　　　　　　　B. 1.1　　　　　　C. 1.5　　　　　　D. 1.8

二、多项多选题

1. 属于消火栓灭火系统的组成部分的有（　　）。

A. 水枪　　　B. 水龙带　　　C. 消火栓　　　D. 探测器　　　E. 管道及阀门

2. 水泵结合器的形式有（　　）。

A. 地上式　　　B. 地下式　　　C. 屋顶式　　　D. 墙壁式　　　E. 管井式

3. 室内消防给水系统主要包括（　　）系统。

A. 消火栓灭火　　　　　B. 开式自动喷水灭火　　C. 闭式自动喷水灭火

D. 泡沫灭火　　　　　　E. 卤代烷灭火

4. 干粉灭火系统常用的干粉是（　　）。

A. ABC 类干粉　　　　　B. BC 类干粉　　　　　　C. AC 类干粉

D. D 类干粉　　　　　　E. E 类干粉

5. 闭式自动喷水灭火系统的类型是（　　）。

A. 干式　　　B. 湿式　　　C. 干湿式　　　D. 预作用式　　　E. 泡沫式

6. 对于消防设备，物业公司应（　　）。

A. 熟悉法规、制度　　　B. 定期检查　　　　　C. 开展防火教育

D. 禁止改动消防设备　　E. 制止违规

7. 消防管理制度包括（　　）。

A. 消防中心值班制度　　　B. 防火档案制度　　　C. 防火岗位责任制度

D. 消防用水制度　　　E. 消防设备启动制度

8. 自动喷水灭火系统应定期检查，包括（　　）。

A. 日常检查　B. 日检查　　C. 月检查　　D. 季度检查　E. 半年度检查

三、思考题

1. 建筑消防系统由哪些部分组成？

2. 室内消火栓系统由哪些部分组成？其管理维护有哪些基本要求？

3. 消火栓给水系统的布置有哪些要求？

4. 自动喷水灭火装置有哪些类型？分别适用于什么场合？

5. 火灾烟气的控制方式有哪些？防排烟系统的主要设备设施有哪些？

6. 消防联动的控制对象有哪些？如何对消防联动系统管理与维护？

技 能 实 训

任务1. 现有一建筑面积约30万 m^2 的物业小区，区域内建筑物有高层、小高层电梯公寓，多层洋房，商业综合楼（1~6层为商业，7~21层为住宅），请思考，如何对此物业服务区内的消防设施进行有效的管理维护？

任务2. 针对自己熟悉的物业项目，结合当前国家和地方行政主管部门颁布的各项消防规章制度，试制订符合该项目实际的消防管理制度。

第四部分　建筑供配电、照明及安全用电、电梯

单元 **8**

建筑供配电系统

📖 **教学目标**

1. 知识目标

认知三相交流电路中相电压、相电流、线电压、线电流，交流电的有效值、最大值、瞬时值；认知供配电系统构成；认知建筑物用电负荷的分类及高层建筑的供电方式；认知变配电室的用途；认知变配电室的管理。

2. 能力目标

能区分建筑物用电负荷的分类及高层建筑的供电方式；能够掌握配电线路敷设的方式；能制订发电机房、高低压配电房、变压器室的管理制度。

📖 **引导案例**

认知供配电系统及其管理

供配电系统是物业正常运行的核心，系统的安全运行关系到建筑各部分功能的良好实现和使用人员的安全。如某刚竣工交付使用的大厦在开业之初，入住该大厦的某银行营业厅突然停电，造成多部电脑因断电而丢失大量数据，严重影响了该银行开展的正常业务，并造成了经济损失。此前，该营业部并未接到物业企业任何有关停电的通知和告示，于是向负责该大厦物业管理的物业公司提出交涉，要求该物业公司做出解释并赔偿由此造成的一切损失，改善日后的供电管理。

一般的住宅建筑、办公楼宇多采用380/220V低压供电，对于大、中型物业管理项目或高层建筑物通常经由6kV、10kV或者35kV的变配电所再向最终用户供电。在当今社会中，无论是住宅小区还是高层建筑，都要保持电力的正常供应，因此物业工程部门必须做好供配电系统的维护与管理工作。

供配电系统管理是按照我国相关法律法规及物业管理企业的管理规范要求，对已经竣工且投入使用的物业管理区域内的供配电设备，运用现代化的管理方法和先进的维护养护技术，进行管理和服务，从而确保物业管理区域内的供配电系统正常、安全地运行。供配电系统管理的重点是安全供电、正常供电、故障修复、应急处理等。

8.1 电工基本知识

8.1.1 电路的基本概念

1. 电路

电路是各种电气元器件按一定的方式连接起来的总体。最简单的电路实例是手电筒电路。

2. 电路中的主要物理量

电路中的主要物理量：电流、电压和电功率。

电流是电路中既有大小又有方向的基本物理量，其定义为在单位时间内通过导体横截面的电荷量，单位为安培（A）。

电压也是电路中既有大小又有方向（极性）的基本物理量，电路中两点之间的电位差（或电位降）称为电压。直流电压用大写字母 U 表示，交流电压用小写字母 u 表示。

电功率是指单位时间内电流所做的功，用 P 表示，单位为瓦（W）。电功率有瞬时功率、有功功率、无功功率、视在功率。

3. 电路的基本元件

电路的基本元件主要有：电阻元件、电容元件、电感元件、电压源、电流源。

8.1.2 常用的基本定律

1. 欧姆定律

在同一电路中，导体中的电流跟导体两端的电压成正比，跟导体的电阻值成反比，这就是欧姆定律，基本公式是 $I = U/R$。欧姆定律是计算线性电路的最基本定律。

2. 基尔霍夫定律

基尔霍夫电流定律（简称 KCL）指出：任一时刻，流入电路中任一个节点的各支路电流的代数和恒等于零，即 $\sum i = 0$。

基尔霍夫电压定律（简称 KVL）指出：任一时刻，沿电路中的任何一个回路，所有支路的电压代数和恒等于零，即 $\sum u = 0$。

3. 电磁感应定律

闭合电路的一部分导体在磁场里做切割磁感线的运动时，导体中就会产生电流，这种现象叫电磁感应。产生的电流称为感应电流。

（1）直导体右手螺旋定则。右手平展，使大拇指与其余四指垂直，并且都跟手掌在一个平面内。把右手放入磁场中,若磁感线垂直进入手心(当磁感线为直线时,相当于手心面向 N 极),大拇指指向导线运动方向,则四指所指方向为导线中感应电流(动生电动势)的方向。

(2)螺旋线圈右手螺旋定则。用右手握螺线管,让四指弯向螺线管的电流方向,大拇指所指的那一端就是通电螺线管的北极。

(3)左手定则。左手平展,使大拇指与其余四指垂直,并且都跟手掌在一个平面内。把左手放入磁场中,让磁感线垂直穿入手心,手心面向 N 极,四指指向电流所指方向,则大拇指的方向就是导体受力的方向。

8.1.3　正弦交流电路

正弦交流电路简称交流电路,是实际应用中最常用的一种电路。正弦交流电是最常见的一种电源。其特点是大小和方向均按正弦规律变化。

在强电方面,电能的产生、输送和分配采用的几乎都是正弦交流电。

1. 正弦交流电的三要素

(1)角频率、频率和周期。频率反映正弦量变化的快慢。角频率:每秒变化的弧度。频率:每秒变化的次数。周期:变化一周所需的时间。

(2)瞬时值、最大值和有效值。瞬时值:交流电流、电压、电动势在某一时刻所对应的值称为它的瞬时值。瞬时值随时间的变化而变化。

最大值:反映正弦量变化的幅度,用 Im 或 Um 表示。

有效值:让正弦交流电和直流电分别通过两个阻值相等的电阻,如果在相同的时间 T 内,两个电阻消耗的能量相等,那么,就称该直流电的值为正弦交流电的有效值。

在工程应用中常用有效值表示正弦量的大小。交流仪表指示的读数、电器设备的额定电压、额定电流都是指有效值。

(3)初相位和相位差。$t=0$ 时的相位,称为初相位或初相角。相位差:两个同频率正弦量之间的相位差。

2. 三相正弦交流电路

目前电能的生产、输送和分配,一般都采用对称三相制。三相交流电路的应用最为广泛,世界各国的电力系统普遍采用三相制。

(1)相电压和线电压。每相电源的电压称为电源的相电压,相电压就是端线与中性线之间的电压。端线之间的电压称为线电压。

(2)相电流和线电流。流过电源内的电流称为电源的相电流;流过端线的电流叫做线电流。

8.2　建筑供配电系统概述

建筑供配电系统是电力系统的组成部分，该系统确保建筑物所需电能的供应和分配。通过高低压输电线路将电能输入到建筑物内部称为供电，输入到建筑物内的电能经变配电装置分配给各个用电设备称为配电。选用相应的电器设备将电源与用电设备联系在一起即组成建筑供配电系统。

8.2.1　电力系统和电力网

8.2.1.1　电力系统

一般由各类型发电厂、升（降）压变电所、电力网（输电、变电、配电）和用电设备等部分组成的整体，常称为输配电系统或供电系统，如图 8-1 所示。

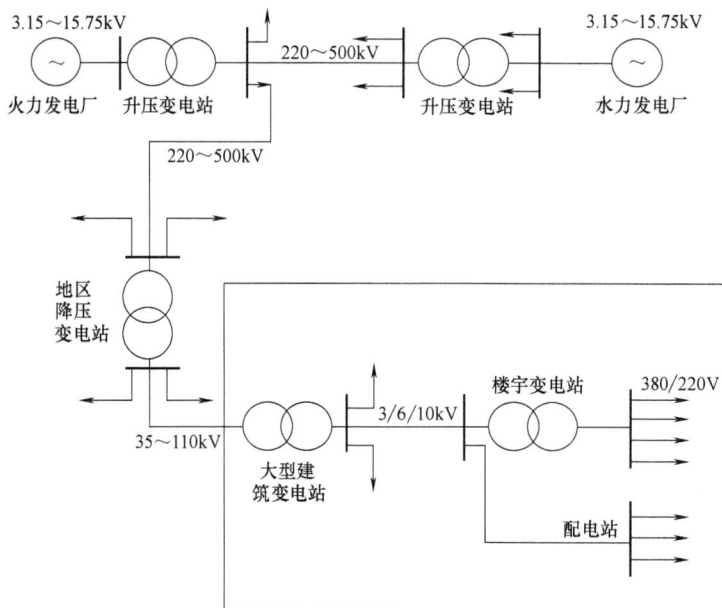

图 8-1　电力系统示意图

发电厂是生产电能的工厂，它通过发电设备将其他形式（一次能源，如煤炭、石油、天然气的化学能及水能、核能、太阳能、地热能、风能、潮汐能等）的能源转化为电能（二次能源）。目前，我国主要的发电形式是火力发电和水力发电，另外，还有核电、风力发电和地热发电等。

变电所是变换电压和受电与配电的场所。变电所又分为升压变电所和降压变电所两类。升压变电所将发电机发出的 6 ~ 10kV 电压转换为 110kV、220kV 或 550kV 等的高压电能以利于远距离输送。

降压变电所将远距离传送来的高压电能转换为10kV或380/220V的电能，以满足电力分配和用户低压用电的要求。

电力网是电力系统的有机组成部分，是连接发电厂、变电所和用电设备之间的电力线路。电力网常分为输电网和配电网两大类。一般把电压在35kV及以上的高压电力线路称为输电网。我国国家标准中规定的输电线的额定电压为35，110，220，330，500，750kV等。将发电厂生产的电能直接分配给用户或由降压变电所分配给用户的10kV及以下的电力线路称为配电网或配电线路。电网电压为1kV及以上的称为高压，1kV以下的电压称为低压。用户电压为380/220V的配电线路称为低压配电线路。

8.2.1.2　配电线路的敷设

配电线路的敷设应根据建筑的功能、室内装饰的要求和使用环境等因素，经技术、经济比较后确定，并且要按环境条件确定导线的规格及敷设的方式。

1. 架空线路

室外电缆、电线架空敷设线路具有造价低、取材方便、分支容易、便于施工和维护等优点，是工业厂区、住宅小区供电的主要方式之一。其缺点是容易受外界环境的影响和机械损伤，供电可靠性较差。

架空线路主要由导线、电杆、横担、金具、绝缘子、拉线盘、卡盘及底盘等组成，如图8-2所示。

2. 绝缘导线的敷设

室内导线的敷设通常分为明配线跟暗配线。

（1）明配线。导线沿建筑物的墙壁、天花板、柱子等表面敷设，导线暴露在外，称为明配线。其特点是工程造价低，施工简便，维修容易，但由于导线裸露在外，容易受到有害气体的腐蚀，受到机械损伤时易发生事故，并且影响建筑物的美观。

（2）暗配线。将导线装在管子、线槽等保护体内，埋设在墙壁、地坪、顶棚及楼板等内部，即为暗配线。其优点是不影响建筑物的美观，防水、防潮、防有害气体的腐蚀，防意外的机械损伤，使用寿命长。但是，它的安装施工费用较高，检查、维修不方便。

在现代建筑中，为了美观、安全等，几乎

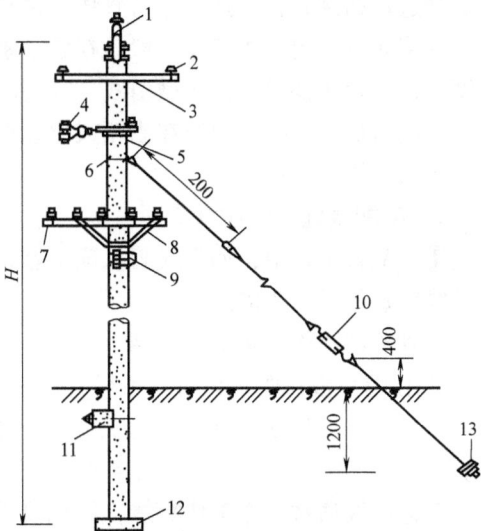

图8-2　钢筋混凝土电杆装置示意图

1—高压杆顶　2—高压针式绝缘子　3—高压二线横担
4—悬式绝缘子及高压碟式绝缘子　5—双横担　6—拉线抱箍　7—低压针式绝缘子　8—低压五线横担
9—碟式绝缘子　10—花篮螺钉　11—卡盘
12—底盘　13—拉线盘

所有的新建建筑大多采用暗配线的方法。

导线暗配的种类主要有硬塑料管内穿线、PVC波纹管内穿线和水煤气管内穿线三种。

1）暗配线的施工步骤如下：

①线管的选择。根据设计要求，选择管型和规格。在选规格时要注意，管内所穿导线的总面积不得超过管内面积的40%。

②线管加工。主要是指根据设计要求对线管进行弯曲和切割。在线管加工前，应该注意检查线管质量是否符合设计要求，线管是否有堵塞、裂缝等。硬管在弯曲时，为了防止线管弯曲部位变低，可在线管弯曲前放入一根弹簧。管子弯曲的半径不小于该管直径的6倍。线管切割后，应将管口的毛刺锉平刮光，以免在穿线时损坏导线的绝缘。最后在管口盖好护口，以防管路堵塞。

③线管敷设。俗称配管，即根据敷设要求和施工图纸配管敷设。一般从配电箱端开始，逐段配置到用电设备处。配管工作的核心，是必须保证整个管路畅通无阻。在砖混结构内配管时，一般是随同土建砌砖时预埋，一边砌砖一边敷设管路。在现场浇制的钢筋混凝土结构内配管时，通常是在浇灌前用钢丝将加工好的线管直接绑扎在钢筋上，各种箱体、盒体的预埋和预留工作也应在此同时完成。

④箱体、盒体的固定。按照设计要求找出配电箱、开关盒和接线盒的具体位置，然后锯掉线管过长的部分，连接箱体与管线，最后对空当部分用水泥填充，以彻底固定箱体。

⑤穿线。管内穿线工作一般是在管子敷设全部结束以及土建粉刷工程也结束以后进行。穿管时，一般用铁线或钢线做引线。穿线时应有两人操作，一人在入口负责整理、送线，另一人在出口负责拉线。导线在出箱或出盒处应预留有一定的长度，通常接线盒以一周为宜，配电箱为其周长的一半。

2）暗配线施工的注意事项：

①在配管工程中，如果线管长度不够，需要连接时，则需采用套管套接。套管的长度一般是线管直径的2.2倍。

②管子内不得有接头和扭结。

③用PVC波纹管敷设时，不得有挤扁和死弯。

④在现浇楼板里配管时，灯头盒里一般放入填充物锯末，以防以后浇灌时灯头盒被堵塞。

⑤蓝色线通常用作工作零线，红色线用作相线，黄、绿双色线用作保护零线，各种颜色线不能混用。

8.2.1.3　物业用电负荷的分类和负荷类别

一般按负荷性质和用途将小区物业用电负荷分为三种类型：

（1）普通型负荷。指一般家用电气照明、空调设备及其他居民生活用电等。

（2）保障型负荷。指保障小区公共基础设施和管理秩序的电力负荷，如公共照明、生活水泵、电梯及其他重要部位的电源插座等。

（3）保安型负荷。指保证小区内人身、财产安全的各种自动化系统的负荷，包括消防控制系统、小区各种安防系统等。

8.2.2　低压配电方式

低压配电方式是指低压干线的配线方式。低压配电一般采用 380/220V 中性点直接接地。低压配电的接线方式常用的有放射式、树干式和混合式三种，如图 8-3 所示。

1. 放射式配电

放射式配电是一独立负荷或一集中负荷由一单独的配电线路供电，它一般用在供电可靠性要求高或单台设备容量较大的场所以及容量比较集中的地方。例如单台电梯容量不大时可采用一回路供一台电梯的接线方式；对于大型的消防水泵、生活水泵和中央空调的冷冻机组也应以放射式专线供电；对于楼层用电量较大的建筑，可采用一回路供一层楼的放射式供电方案。放射式的优点是各个独立负荷由配电盘（屏）供电，若某一用电设备或其供电线路发生故障时，则故障范围仅限本回路，对其他设备没有影响，也不会影响其他回路的正常工作；而缺点是所需的开关和线路较多，电能的损耗大，投资费用较高。

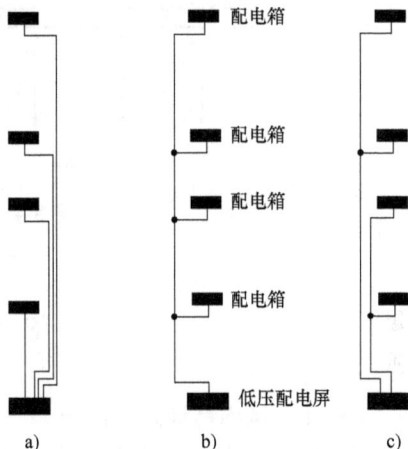

图 8-3　常用低压配电方式
a）放射式　b）树干式　c）混合式

2. 树干式配电

一独立负荷或一集中负荷按它所处的位置依次连接到某一条配电干线上的供电方式。适用于负荷集中且均匀分布、容量不大、无特殊要求的场所。优点是投资费用低、施工方便，易于扩展。缺点是干线发生故障时，影响范围大，供电可靠性较差。一般适用于用电设备比较均匀、容量不大，又无特殊要求的场合。

3. 混合式配电

混合式是由放射式和树干式相结合而形成的接线方式。一般用于楼层的配电。

在实际工程中，照明配电系统不是单独采用某一种形式的低压配电方式，多数是综合形式，如在一般民用住宅所采用的配电形式多数为放射式与树干式的结合，其中总配电箱向每个楼梯间配电为放射式，楼梯间向不同楼层间的配电箱为树干式配电。

8.2.3　高层建筑供电

高层建筑一般采用 10kV 或 35kV 的高压供电。为了保证供电的可靠性，应至少有两个独立电源，采用两路独立电源运行方式，原则上是两路同时供电，互为备用。此外，还必须装设应急备用柴油发电机组。

图 8-4 中方案 a 为两路高压电源，正常时一用一备，即当正常工作电源事故停电时，另

一路备用电源自动投入。方案 b 为两路电源同时工作，当其中一路故障时，由母线联络开关对故障回路供电。

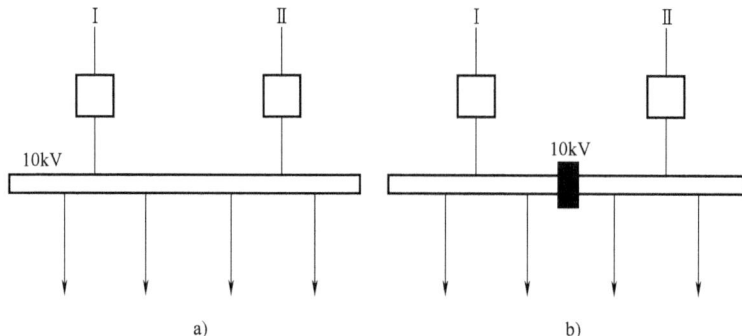

图 8-4　高层建筑常用高压供电方案

a）一用一备　b）同时供电

8.3　变配电室

一般在小区内部通过变配电系统，实现为各类建筑供电，如图 8-5 所示。目前，小区供电主要有两种方式；一种是供电部门把电能直接送到用户，另一种是先把高压电送到小区或高层楼宇，通过变配电站再送到用户。

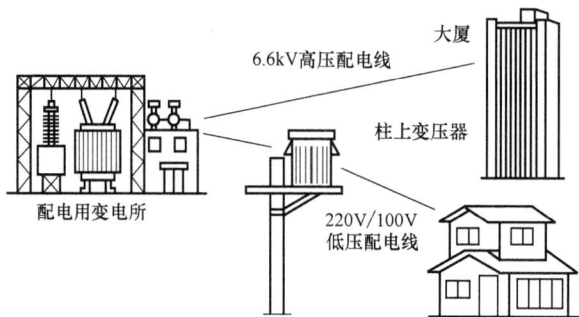

图 8-5　建筑变配电示意图

8.3.1　低压配电柜、箱

配电箱一般按三级设置，即总配电箱、分配电箱和开关箱。总配电箱一般设置在负荷相对集中的地方，分配电箱与开关箱的距离原则上不超过 30m。

（1）配电柜（箱）的作用：①分片（或分类）配置电源；②线路出现故障时，有利于控制故障范围，快速找出故障点；③便于分片安排线路检修，而无须大面积停电；④柜内便于安装各种低压电器设备。

（2）配电柜（箱）内主要安装：接线端子、各种刀闸、保护设备（空气开关、熔断器等）、测量设备（电压表、电流表、周波表等）、计量设备（有功、无功功率表）。

（3）配电柜与配电箱的区别

根据国标《低压成套开关设备和控制设备》（GB 7251.1），柜式成套设备是指一种封闭的立式成套设备，它可以由若干个柜架单元、框架单元或隔室组成。箱式成套设备是指安装在垂直面上的一种封闭成套设备。一般安装在墙上的称为配电箱；安装在地上，体积比较大的一般称为配电柜。

（4）配电柜、箱的管理

一般配电柜、箱门要上锁，要安排专门人员负责。坚持电气专业人员持证上岗，至少每月检查、维修一次。

8.3.2　社区变配电所

变配电所是电力系统中变换电压，接受和分配电能的电工装置，它是联系发电厂和电力用户的中间环节，变配电所的作用是变换电压，传输和分配电能。社区变配电所是为该社区内的用户变换电压，传输和分配电能的装置。

变电所的形式有独立式、附设式、杆上式或高台式、成套式变电所。10kV 变电所一般由高压配电室、变压器室和低压配电室三部分组成。架空线路和台上、杆上变压器是住宅小区传统的供电方式，在这样的供电方式下，小区上空如蛛网密布，经常发生用电事故，使得供电可靠性降低。现如今人们对生活质量、生存环境要求越来越高，箱式变电站（箱变）及埋设地下的电缆构成环网供电，在住宅小区供电方案中被广泛采纳。

8.4　建筑供配电系统的维护与管理

为了保障住宅小区或楼宇设备的正常运转，就必须对建筑供配电系统进行有效的维护与管理。为此，物业管理企业应该了解和掌握全部设备的各项资料，制订相应可行的维护与管理办法。

8.4.1　供配电系统管理范围的界定

依据"全国供用电规则"对维护管理与产权分界的界定，供电部门与用户电气设备的维护管理范围应该遵照以下原则。

（1）低压供电的，以供电接户线的最后支持物为分界点，支持物属供电局。

（2）10kV 及以下变压供电的，以用户厂界外或配电室前的第一断路器或进线套管为分界点，第二断路器或进线套管的维护责任由双方协商确定。

（3）35kV 及以上高压供电的，以用户厂界外或用户变电站外第一基电杆为分界点，第一基电杆属供电局。

（4）采用电缆供电的，本着便于维护管理的原则，由供电局与用户协商确定。

（5）产权属于用户的线路，以分支点或以供电局变电所外第一基电杆为分界点，第一基电杆维护管理责任由双方协商确定。

（6）计费电表及附属件的购置、安装、移动、变更、校验、拆除、加封、启封等，均由供电局负责办理。

（7）供电局和用户分工维护管理的供电、用电设备，未经分管单位同意，对方不得操作或更动。如因紧急事故必须操作或更动者，事后应迅速通知分管单位。

（8）供电局由于工程施工或线路维护上的需要，在用户处凿墙、挖沟、掘坑、巡线等时，用户应给予方便，供电局人员应遵守用户的有关安全保卫制度。用户到供电局维护的设备区工作，应征得供电局同意并在供电局人员监护下进行工作。竣工后，均应及时修复。

8.4.2　供配电系统的维护与管理

供配电系统维护与管理范围，必须以供电规则中所规定的产权分界点为依据。维护与管理的主要内容包括供配电系统的接管验收、安全管理、正常运行管理、维修管理和档案管理。主要有以下几个方面的内容：

（1）了解管理范围内各建筑物用电内容、供电方式、分配方案、配线方法等。

（2）负责供电运行和维修人员必须持证上岗，并配备相应的主管电气的工程技术人员。

（3）做好定期巡查维护和重点设备检测，建立24小时值班制度，做到发现故障及时排除。

（4）做好日常维护，确保公共使用的照明灯、指示灯、显示灯的完好。

（5）停电、限电时要提前告知业主，以防意外事故发生及造成不必要的经济损失。

（6）对临时施工工程和住户装修要事先制订用电管理措施，做好临时用电管理。

（7）发生火灾、水灾、地震等特殊情况时，要做到及时切断电源，保证应急灯在停电状态下能正常使用。

（8）严禁管理区域内乱拉、乱接供电线路。

（9）积极有效地宣传安全用电、合理用电、节约用电的知识。

（10）建立各项设备档案。如设备原理图，维修记录，各种设备的保修卡等。

对供配电系统的维护建立日常巡视维护和定期检查保养制度。供配电系统的维护保养工作以不影响物业的正常运营为原则，特殊情况要报主管人员，及时通知受影响的用户，以免造成更大的纠纷。

知 识 小 结

本单元主要讲述了电力系统和电力网。在线路的敷设中，重点讲述了暗配线的种类及特点，物业用电负荷的分类；低压配电的接线方式有放射式、树干式、混合式三种。高层建筑供电运行方式；低压配电系统中的配电柜和配电箱及其区别；社区变配电所的概念、作用及箱式变电站；供配电系统管理范围的界定，供配电系统的维护与管理。在学习的过程中，应该注重理论联系实际，将教材内容与物业管理实践中的各种设备、供配电原理结合起来，注意观察，学会用理论来联系实际，分析管理实践中遇到的电学问题，以便逐步提高分析和解决实际问题的能力。

强化练习

一、单项选择题

1. 我国电力工业的标准频率是（　　）Hz。

A. 48　　　　　　B. 50　　　　　　C. 55　　　　　　D. 60

2. 高层建筑供电一般采用 10kV 或（　　）kV 的方式。

A. 10　　　　　　B. 35　　　　　　C. 110　　　　　　D. 220

3. 供配电系统的维护与管理应该做好（　　）个小时的值班制度。

A. 8　　　　　　B. 24　　　　　　C. 12　　　　　　D. 6

4. 用于安全照明开关设备的操作电源的电压应在（　　）。

A. 100V 以上　　B. 220V 以上　　C. 100V 以下　　D. 110V

5. 分配电箱与开关箱的距离原则上不超过（　　）m。

A. 30　　　　　　B. 40　　　　　　C. 45　　　　　　D. 50

二、多项选择题

1. 变配电所是电力系统中（　　）、（　　）和（　　）电能的电工装置。

A. 变换电压　　B. 接受　　　　C. 分配　　　　D. 转换

2. 低压配电的接线方式常用的有（　　）、（　　）和（　　）三种。

A. 放射式　　　B. 树干式　　　C. 混合式　　　D. 环式

3. 二级用电负荷的单位主要是（　　）等地方。

A. 政府机关　　B. 科研机构　　C. 银行

D. 三星级宾馆　E. 商业大楼

三、思考题

1. 高、低压电界定的标准是什么？

2. 低压配电的接线方式主要有哪几种？各自有什么特点？

3. 配电箱和配电柜的区别是什么？

4. 变电所的形式有哪些？

5. 供配电系统的管理范围一般如何界定？

技 能 实 训

任务 1. 结合实训现场，指导学生正确区分漏电保护与断路器的区别。

任务 2. 教师结合实训现场情况，指导学生理解、操作二、三级配电箱中的各种开关。

任务 3. （拓展能力）指导学生认知供配电系统承接查验对应的基本要求。

单元 *9*

电气照明系统

1. 知识目标

认知照明常用电光源及其选择；认知照明的种类；认知灯具及其选择；认知照明配电箱、开关、插座及其安装方式；认知照明线路常用导线及认知室内照明线路的敷设；认知电气照明的管理与维护。

2. 能力目标

能识别照明的不同种类；能认知各种灯具并进行选择；熟悉照明供电线路的布置，能对供电线路的布置科学敷设；能识别照明配电箱、开关、插座并对其安装进行管理。

📖 引导案例

案例：吴老太太家住某小区 12 楼。有一天晚上，老太太想从楼道爬到 15 楼锻炼身体，爬到 14 层的时候发现楼道的廊灯怎么都不亮，眼前一片漆黑，老太太摸着慢慢往上爬，结果不慎摔倒，造成左脚裸、右腿粉碎性骨折。老太太认为，这次的严重摔伤是由于楼道的廊灯不亮造成的，物业公司负有维修和管理不到位的责任，要求物业公司承担赔偿责任；最后，经过法院调解，物业公司承担了一定赔偿责任。由此可见，做好公共照明管理是物业公司一项重要任务。

9.1 照明基础知识

照明管理是物业日常管理中的一项基本工作。电气照明是一门综合性技术，它涉及光学、电学、建筑学及生理学等方面的内容。电的发明，使电气照明得到了突飞猛进的发展，已经成为人工照明的重要手段，在人类社会中发挥着极其重要的作用。

9.1.1 照明的概念

照明分为自然照明和人工照明两类，它是利用各种光源照亮工作和生活场所或个别物体的措施。利用太阳光的称"天然采光"，利用人工光源的称"人工照明"。电气照明具有灯光稳定、易于调节控制和安全等特点，是现代人工照明中应用最广泛的一种照明方式。

1. 光

光是能量的一种形式，它可以通过辐射的方式从一个物体传播到另一个物体。光的本质是一种电磁波，它在电磁波极其宽广的波长范围内仅占极小一部分。通常，把红外线、可见光和紫外线统称为光。光分为可见光和不可见光，可见光是人眼能够感觉到的，其波长范围在 380~760nm 之间。波长不同的可见光，在人眼中相应的产生不同的颜色。

2. 光的度量

（1）光通量。光源发射并被人的眼睛所能感觉的光的辐射功率称为光通量，通常用字母 Φ 表示，其单位是光瓦（W）或流明（lm）。主要用来表征光源或发光体发射光的强弱。

（2）发光强度。发光强度简称光强，是指单位立体角内的光通量。发光强度是表征光源发光能力大小的物理量，通常用字母 I 表示，单位为坎德拉（cd）。

发光强度常用于说明光源发出的光通量在空间各方面或在选定方向上的分布密度。

（3）照度。光照度，即通常所说的勒克斯度（lx），表示被照物体表面单位面积上接收到的光通量。照度的单位为勒克斯（lx），通常用字母 E 表示。照度是表示物体被照亮程度的物理量。能否看清一个物体，与这个物体的照度有关。

$$E = \Phi/S$$

办公室、工厂等所有环境均有其各自的"适合的照度"，一旦照度不足或者照度过高，会因此而导致作业效率低下、疲劳、视力降低等情况，当照度适中时，可提高工作效率，确保作业安全，为此重视照明管理十分重要。

工作场地必需的照度为 20~100lx，晴朗夏天采光良好的室内光照度为 100~500lx，中午露天地面的光照度为 10000lx。

（4）亮度。亮度是直接对人眼引起感觉的光量之一，它与被视物的发光或反光面积以及反光强度有关。通常把被视物表面在某一视线方向或给定方向的单位投影面上所发出或反射的发光强度，称为该物体表面在该方向的亮度，亮度的单位是尼特（nt），通常用 L 表示。

光通量表示发光体发出的光能数量；发光强度表示光通量在空间的分布状况；照度衡量了被照面的照明情况；亮度则反映了物体的明亮程度，它们从不同的角度反映了物体的光学特征。

9.1.2 照明的分类

照明一般分为正常照明、应急照明、警卫值班照明、障碍照明和装饰照明等。

1. 正常照明

正常照明，指在正常情况下使用的室内外照明。在所有居住的房间和供工作、运输、人行的走道以及室外场地，均应设置正常照明。

正常照明按照照明装置的分布特点又分为一般照明、局部照明和混合照明三种方式。

（1）一般照明。整个房间普遍需要的照明称为一般照明。这种照明一般都很均匀，所以又称一般均匀照明。其灯具通常分布在天花板下面，距工作面有足够高的距离。采用单独一般照明的房间，可在所有工作面和通道上得到同等的照度。

（2）局部照明。在工作地点附近设置照明灯具，以满足某一局部工作地点的照度要求。它又分为固定式和移动式两种，前者的灯具是固定安装，后者的灯具是可以移动的，例如临时照明用的手提灯等。

（3）混合照明。由一般照明和局部照明共同组成，两者搭配要适当，若采用过低的一般照明和过高的局部照明，则会造成背景和工作面的亮度对比相差太大，从而容易引起视觉疲劳。

2. 应急照明

应急照明亦称事故照明，是在正常照明因故中断，不能提供正常照明的情况下，供人员疏散、保障安全或继续工作的照明。

应急照明包括：备用照明、疏散照明和安全照明三种。

（1）备用照明。在正常照明发生故障时，为确保正常活动继续进行而设的应急照明部分。

（2）疏散照明。在正常照明发生故障时，为使人员能容易而准确无误地找到建筑物出口而设的应急照明部分。

（3）安全照明。在正常照明发生故障时，为确保处于潜在危险中人员的安全而设的应急照明部分。

根据应急照明的概念及应急照明设置的场所，应急照明既要满足照明的一般要求，又要满足应急作用的特殊要求，既要在紧急状态下照明，同时又要保证常年安装在建筑物内安全、可靠地处于良好的应急状态。这除了选择合适的光源外，选择安全、可靠、经久、耐用的应急照明电源也是至关重要的。

3. 警卫值班照明

在值班室、警卫室、门卫室等地方所设置的照明称为警卫值班照明。它可利用正常照明的一部分，但应能单独控制，也可以利用事故照明的一部分或全部作为值班照明。

4. 障碍照明

在建筑物上装设用于障碍标志的照明称为障碍照明。例如装设在高层建筑物顶上作为飞行障碍标志的照明，装在水上航道两侧建筑物上作为航道障碍标志的照明，这些照明应按照交通部门有关规定设置，尽量采用能透雾的红光灯具。

5. 装饰照明

建筑装饰照明不同于一般照明，它对艺术性、功能性要求较高。在照明工程设计中，把对宾馆酒店、广告、橱窗、舞厅、餐厅等以装饰为主要目的照明工程，称为装饰照明。

9.1.3 照明的质量

照明设计首先应考虑照明质量，在满足照明质量的基础上，再综合考虑投资省、安全可靠、便于维护管理等问题。照明质量包括以下内容：

1. 照度均匀

（1）空间均匀。相邻照明器之间的距离与照明器到工作面的距离（高度）之比称为照明器的距高比。只要布置照明器时使其距高比不大于允许距高比，则工作面上的照度就会比较均匀。照明器的允许距高比取决于照明器的配光特性。国际发光照明委员会规定，最小照度与平均照度之比不小于0.8，我国标准规定不得小于0.7。在灯具布置小于最大允许距高比的情况下，也应该满足上述要求。实际布置的灯具距高比比灯具最大允许距高比小得越多，说明光线相互交叉照射越充分，相对均匀度也越好。

（2）时间均匀。任何照明装置的照度不会始终不变。灯泡发光效率降低、灯具污染老化、房间内表面积灰等都会使照度降低。在我国，取最终维护照度为推荐照度，即取更换光源、清洗灯具之前的平均照度为推荐照度，以便在整个使用周期内得到高于照度标准的照度。在任何情况下，新照明装置和清洁室内的初始照度都不能作为照度推荐值使用。

如果被照面的亮度不均匀，使眼睛经常处于亮度差异较大的适应变化中，将会导致视觉疲劳，为了使照度均匀，灯具布置时其相互间的距离和对被照面的高度有一定比例，这个比例要选得恰当。

2. 照度合理

亮度反映眼睛对发光体明暗程度的感觉，原则上应规定合适的亮度，由于确定照度比确定亮度要简单得多，因此在照明设计中一般规定照度标准。对人最舒适的照度平均值为2000lx左右。

3. 合适的亮度分布

当物体发出可见光（或反光），人才能感知物体的存在，愈亮，看得就愈清楚。若亮度过大，人眼会感觉不舒服，超出眼睛的适应范围，则灵敏度下降，反而看不清楚。照明环境不但应使人能清楚地观看物体，而且要给人以舒适的感觉，所以在整个视场（如房间）内各个表面都应有合适的亮度分布。

4. 光源的显色性

光源的显色性是指灯光对它照射的物体颜色的影响作用，光源对被照物体颜色的显现性质称为光源的显色性。光源显色性的优劣以显色指数来定量评价，显色指数是在被测光源照射下物体的颜色与日光参照光源照射下该物体的颜色相符合的程度。显色指数越高，光源的显色性就越好，颜色失真越少。在需要正确辨认颜色的场所，应采用显色指数高的光源。如白炽灯、日光色荧光灯等。

5. 照度的稳定性

照度变化引起照明的忽明忽暗，不但会分散人们的注意力，给工作和学习带来不便，而且会导致视觉疲劳，尤其是 5 ~ 10 次/s 到 1 次/min 的周期性严重波动，对眼睛极为有害。因此，照度的稳定性应予以保证。

6. 限制眩光

当视野内出现高亮度或过大的亮度对比时，会引起视觉上的不舒服、烦恼或视觉疲劳，这种高亮度对比称为眩光。它是评价光环境舒适性的一个重要指标。当这种亮度或大亮度对比被人眼直接看到时，称为"直接眩光"；若是从视野内的光滑表面反射到眼睛，则称"反射眩光"或"间接眩光"。眩光会使人感到不舒适、极不舒适以至影响视力。

为了限制眩光，可适当降低光源和照明器具表面的亮度。如对有的光源，可用漫射玻璃或格栅等限制眩光，格栅保护角一般为 30° ~ 45°。

7. 消除频闪效应

交流供电的气体放电电源，其光通量会发生周期性的变化。最大光通量和最小光通量差别很大。使人眼发生很亮的闪烁感觉，即频闪效应。当观察转动物体时，若物体转动频率是灯光闪烁频率的整数倍时，则转动的物体看上去好像没有转动一样，因而造成错觉，容易发生事故。

9.2　常用电光源、灯具及其选择

电光源是将电能转化为光能的器件或装置。电光源的发明促进了电力装置的发展和应用，电光源的转换效率高，电能供给稳定，使用方便，安全可靠，并能方便地用仪表来计算耗能，因此，得到了迅速普及。电光源，不仅成为人类日常生活的必需品，而且在各行业中发挥着极为重要的作用。

9.2.1　常用电光源及其选用

1. 电光源

电光源一般可分为照明光源和辐射光源两大类。照明光源是以照明为目的，辐射出主要为人眼视觉的可见光谱的电光源，其规格品种繁多。辐射光源是不以照明为目的，能辐射大量紫外光线和红外光线的电光源，它包括紫外光源、红外光源和非照明用的可见光源。

照明光源品种很多，按发光形式分为热辐射光源、气体放电光源和电致发光光源三类。

（1）热辐射光源。热辐射光源是利用电流的热效应，将具有耐高温、低挥发性的灯丝加热到白热化程度而产生可见光。常用的热辐射光源有白炽灯和卤钨灯等。

（2）气体放电光源。气体放电光源是利用电场对气体的作用，使电流流经气体或金属蒸气，产生气体放电而发光的光源。气体放电有弧光放电和辉光放电两种，放电电压有低气压、高气压和超高气压三种。弧光放电光源包括：荧光灯、低压钠灯等低气压气体放电灯；高压汞灯、高压钠灯、金属卤化物灯等高强度气体放电灯；超高压汞灯等超高压气体放电灯，以及碳弧灯、氙灯、某些光谱光源等放电气压跨度较大的气体放电灯。辉光放电光源包括利用负辉区辉光放电的辉光指示光源和利用正柱区辉光放电的霓虹灯，二者均为低气压放电灯；此外还包括某些光谱光源。

（3）电致发光光源。在电场作用下，使固体物质发光的光源。它将电能直接转变为光能。包括场致发光光源和发光二极管两种。

2. 常用电光源

（1）白炽灯。白炽灯（图9-1）即普通灯泡，它是最早被发明、应用广泛的热辐射光源，发光基本原理是利用电流通过灯丝产生热量，把灯丝加热到白炽状态而发光。主要由灯头、灯丝、玻璃壳组成。白炽灯有以下特点：构造简单，价格便宜，使用方便，显色性好，容易调光。灯丝加热迅速，一般加热到输出90%的光通量只需0.07~0.38s，表现为瞬时点燃，照明可靠，事故照明一般都采用白炽灯。但它的发光效率较低，只有2%~3%。它所消耗电能的97%左右都通过发热消耗掉。

白炽灯对电压变化比较敏感，电压升高5%，它的使用寿命降低一半，电压降低5%，光通量下降18%。使用时灯泡上所标注的额定电压必须与电网供电电压相符合。常用的白炽

图9-1　白炽灯

灯的额定电压有220V和36V两种。白炽灯最适宜用于不常使用或照明时间较短的地方，由于白炽灯电光效率低，已经逐步被其他高效节能灯具代替。

（2）卤钨灯。卤钨灯（图9-2），是白炽灯的一种，它由灯丝和耐高温的石英管组成，灯丝由钨丝绕制，比白炽灯更密，因此工作稳定性更高，灯管内除充入惰性气体外，还充入适量卤族元素，如碘和溴等。使用时灯丝在高温下工作，蒸发出来的钨和卤素在管壁附近化合成卤化钨，使钨不会沉积在管壁上。当卤化钨向灯管中心扩散时，在灯丝高温作用下又分解成钨和卤素，从而在灯丝周围形成一层钨蒸气，一部分钨又重新回到灯丝上，有效地抑制了钨的蒸发。钨丝、卤化钨循环不断进行，将蒸发的钨不断送回钨丝，不仅避免了管壁发黑，还保证灯管在较高温度下工作，从而提高灯丝的使用寿命和发光效率。

图9-2　卤钨灯

卤钨灯有碘钨灯和溴钨灯两种，溴钨灯比碘钨灯的发光效率高4%~5%。卤钨灯的性能特点：与白炽灯比，寿命明显增加，平均达1500h；发光效率提高，达20~40lm/W；色温增高，适合电视摄影和投光照明；工作温度高，管壁达600℃；耐震性差；耐电压波动性差；尺寸较小。

（3）荧光灯。荧光灯（图9-3）俗称日光灯，是应用很广泛的一种电光源。荧光灯主要由灯管、启辉器、镇流器组成，荧光灯的主要特点是：发光效率高，约为普通白炽灯的2~5倍，可达到50~60lm/W；耗电省，包括镇流器损耗在内，耗电仅仅是普通白炽灯泡的1/5；使用寿命长，长达2000~10000h；光线柔和，发光面积大，亮度低，没有强烈眩光；荧光灯受环境温度影响大，最适宜18~25℃的温度，环境温度过高或过低都会造成启辉困难和光效下降。荧光灯的缺点是有频闪效应，附件多，不宜频繁开关。新型荧光灯采用了电子镇流器，取代了老式的铁芯线圈镇流器和启辉器，使荧光灯无频闪，启动电压宽，节电，灯管寿命延长。荧光灯的使用场合非常广泛，主要用于家庭、学校、商店等各类建筑物的室内照明。

（4）高压汞灯。高压汞灯（图9-4）又称为高压水银荧光灯，是荧光灯的改进产品，属于高气压汞蒸气放电光源。高压汞灯的性能特点：发光效率较高，可达50~60lm/W；自镇流荧光高压汞灯可直接接入市电工作；寿命长，光通量输出衰耗到70%时寿命5000h；受环境影响大，低温启动困难，玻璃外壳温度较高，散热要求高；光谱缺乏红色，显色性差，室内一般不用；但蓝绿色丰富，照到树木上效果好；频闪严重，点亮和熄灭对寿命影响大；启动慢，再启动时间长，约5~10min，故不能用于事故照明和频繁开关的场所，主要用在道路、广场等地。

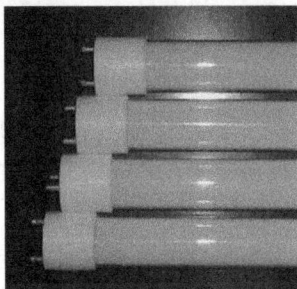

图9-3 荧光灯

图9-4 高压汞灯

（5）高压钠灯。高压钠灯（图9-5）是利用管内高压钠蒸气放电发光的一种光源。发光效率达120lm/W，是照明光源里最高的；使用寿命长，光通量输出衰耗到70%时，寿命约12000h；节能，结构简单，坚固耐用；透雾性强，光色较好，为金白色。主要用于交通要道、机场跑道、航道、码头等高亮度和高光效的场所。

（6）低压钠灯。低压钠灯（图9-6）是利用低压钠蒸气放电发光的电光源，在它的玻璃外壳内涂以红外线反射膜，是光衰较小和发光效率较高的电光源。低压钠灯发出的是单色黄光，用于对光色没有要求的场所，它的"透雾性"非常好，

图9-5 高压钠灯

特别适合于高速公路、交通道路、市政道路、公园、庭院照明，能使人清晰地看到色差比较小的物体。低压钠灯也是替代高压汞灯节约用电的一种高效灯种，应用场所也在不断扩大。

（7）金卤灯。金卤灯（图9-7）又叫金属卤化灯，是在高压汞灯的基础上发展起来的新型电光源。当金属卤化灯的放电管工作时，金属卤化灯被气化并在电弧中心处被分解为金属原子和卤素原子。由于金属原子的参加，使激发的原子数目大大增加，因而光效较高。另外，在放电辐射中，金属光谱占支配地位，只要选择几种金属卤化物并控制好它们的比例，就可得到理想的光色。金属卤化灯的优点是：光效高、光色好（接近自然光）。缺点是：使用寿命短，光通量保持性及光色一致性较差。主要用于电视、摄影、体育馆及要求高照度、高显色的场所。

图9-6　低压钠灯

图9-7　金卤灯

（8）氙灯。氙灯（图9-8）是指填充氙气的光电管或闪光电灯。氙气化学性质不活泼，不能燃烧，也不助燃，是天然的稀有气体中分子量最大、密度最高的气体。氙气高压灯辐射发出很强的紫外线，可用于医疗，制作光谱仪光谱。

（9）发光二极管。发光二极管（图9-9）简称为LED，在电路及仪器中作为指示灯，或者组成文字或数字显示。由镓（Ga）与砷（As）、磷（P）的化合物制成的二极管，当电子与空穴复合时能辐射出可见光，因而可以用来制成发光二极管。磷砷化镓二极管发红光，磷化镓二极管发绿光，碳化硅二极管发黄光。

图9-8　氙灯

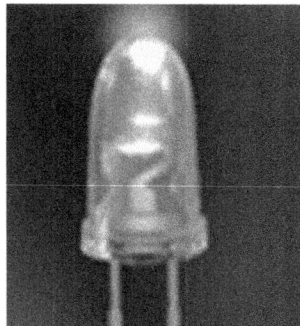

图9-9　发光二极管

3. 电光源的选用

科学选用电光源是照明节电的首要问题，在选用电光源时可遵循以下原则：①满足使用场所的照明需求；②更高的光效，保证节能和环保效果；③合适的色温；④稳定的发光，包括频闪、电压波动、光通量变化等；⑤良好的启动性能；⑥寿命长；⑦性能价格比高。

电光源的选用，应根据实际条件进行综合考虑。如在开闭频繁、面积小、照明要求低的情况下，可采用白炽灯。双螺旋灯丝型白炽灯比单螺旋灯丝型白炽灯光通量增加10%，可根据需要优先选用。

荧光灯比白炽灯节电70%，适用于在办公室、宿舍及顶棚高度低于5m的车间等室内照明。紧凑型荧光灯发光效率比普通荧光灯高5%，细管型荧光灯比普通荧光灯节电10%，因此，紧凑型和细管型荧光灯是当今"绿色照明工程"实施方案中推出的高效节能电光源。

高压钠灯光效是白炽灯的8～10倍，寿命长、特性稳定，适用于在显色性要求不高的道路、广场、码头和室内高大的厂房和仓库等场所照明。

金属卤化物灯，具有光效高、显色性好、功率大的特点，适用于剧院、总装车间等大面积照明场所。

9.2.2 灯具

1. 灯具的分类

在实际的照明过程中，电光源裸露显然是不合理的，它要和一定形式的灯具配合使用，既便于电光源的安装，又可以美化照明器具和环境。灯具与光源在一起组成一个完整的照明器。灯具的类型很复杂，大体可以按以下几种情况进行分类。

(1) 按光线在空间的分布情况进行分类

1) 直射型灯具。能够使90%以上的光线向下投射，绝大部分的光线集中在工作面上，使工作面得到充分的照度。直射型灯具根据光线的分布是否集中分成广照型、配照型、深照型灯具。

2) 半直射型灯具。能够使60%的光线向下投射，光线既能大部分集中在工作面上，同时也能对空间环境（如顶棚、墙壁）得到适当的照明，使整个空间比较明亮，阴影变淡。

3) 漫射型灯具。空间各个方向上的光线分布基本相同，可以达到无眩光。如乳白罩玻璃圆球灯就属于这一类灯具。

4) 半间接型照明灯具。能够使60%以上的光线向上投射，而向下投射的光线只是一小部分。此种灯具光线利用率比较低，但是光线柔和，阴影基本被消除。

5) 间接型灯具。能够使90%以上的光线向上投射，利用反射使整个顶棚作为第二发光体。这种灯具可以使光线变得非常柔和均匀，完全避免了眩光，但光线的利用率最低。如金属制反射型吊灯、金属制反射型壁灯等。

(2) 按照灯具在建筑物上的安装方式分类

1) 吸顶式。在顶棚上直接安装的照明器为吸顶式，适用于顶棚比较光亮并且比较低的房间作直接照明。其特点是使顶棚比较明亮，可以形成全房间的明亮感；缺点是容易产生眩光，灯的效率较低。

2）嵌入顶棚式。将照明器嵌入顶棚内，人眼看不到照明器，适用于低顶棚，要求眩光少的房间。其缺点是顶棚有阴影感，并且照明的经济效益较差。

3）悬挂式。用软线、链子、管子等将灯具从顶棚吊下来的方式称为悬挂式，是在一般建筑物照明中应用较多的一种方式。

4）墙壁式。用托架将照明器直接装在墙壁上称为墙壁灯。它主要作为室内装饰用，是一种辅助性的照明器。

5）可移动式。这种照明器往往是作为辅助性照明器。如桌上的台灯，放在地上的落地灯、床头灯等。因为这种灯具一般可以自由移动，所以在选择灯具时，应注意其稳定性和安全性。

（3）特殊照明器

1）防潮型。在湿度高的环境中，采用普通照明器会使安全性能降低，需要采用防潮型灯具。这种灯具主要是将光源用透光罩密封起来，使光源与外界隔离。适用于浴室、潮湿或有水蒸气的车间、隧道等场所的照明。

2）防爆安全型。这种灯具采用高强度的透光罩和灯具外壳，将光源和周围环境隔离。可以将灯具在正常运行的情况下产生的电火花密封在泡壳内，与周围易爆炸气体相隔离。适用于在正常情况下有可能形成爆炸危险的场所。

3）隔爆型。这种灯具不是靠密封性防爆的，而是在透光罩与灯座之间有隔爆间隙。当气体在灯内发生爆炸，经过间隙溢出灯外时，高温气体即可被冷却，从而不会引起外部易爆气体的爆炸。它主要应用于在正常情况下有可能发生爆炸的场所。

4）防腐蚀型。将光源封闭在透光罩内，不使具有腐蚀性的气体进入灯内。灯具的外壳是用耐腐蚀的材料制成的。

2. 灯具的选用

灯具的种类繁多，应根据建筑物的不同用途，选择不同形式的灯具。选择灯具要从实际出发，既要适用，又要经济，在可能的条件下注意美观。选择灯具一般可以从以下几个方面来考虑：

（1）配光选择。室内照明是否达到规定的照度，工作面上的照度是否均匀，有无眩光等。例如在高大厂房中，为了使光线能集中在工作面上，就应该选择深照型直射灯具。

（2）经济效益。在满足室内一定照度的情况下，电功率的消耗、设备投资、运行费用的消耗都应该适当控制，使其获得较好的经济效益。

（3）环境条件。选择灯具时，还需要考虑周围的环境条件，如有爆炸危险的场所，应选用防爆型灯具，同时还要考虑灯具的外形与建筑物是否协调。

总之，灯具的选择，要根据实际条件进行综合考虑。例如对于一般生活用房和公共建筑多采用半直射型或漫射型灯具。这样可以使室内顶棚有一定的光照，整个室内空间照度分布比较均匀。在生产厂房多采用直射型灯具，可以使光通量全部或大部分投射到下方的工作面上。在特殊的工作环境下，要采用特殊灯具，潮湿的房间要采用防潮灯具，室外需采用防雨式灯具。

3. 灯具的布置

灯具的布置是确定灯具在房间内的空间位置，应满足的要求是：

（1）规定的照度。

（2）工作面上照度均匀。

（3）光线的射向适当，无眩光、无阴影。

（4）灯泡安装容量减至最少。

（5）维护方便。

（6）布置整齐美观并与建筑空间相协调。

（7）地下建筑物内的灯具，应有防潮措施，灯具低于 2.0m 时，灯具应安装在人不易碰到的地方，否则应采用 36V 及以下的安全电压。

（8）嵌入顶棚内的灯具应固定在专设的框架上，电源线不应贴近灯具外壳，灯线应留有余度，固定灯罩的框架边缘应紧贴在顶棚上。嵌入式日光灯管组合的开启式灯具，灯管应排列整齐，金属间隔片不应有弯曲扭斜等现象。

（9）配电箱（屏）的正上方不得安装灯具，以免造成眩光，影响对配电箱（屏）上仪表等设备的监视和抄读。

（10）事故照明灯具应有特殊标志。

9.2.3 灯罩

灯罩是光源的附件。它可改变光源的光学指标，可适应不同安装方式的要求，可做成不同的形式、尺寸，可以用不同性质和色彩的材料制造，可以将几个到几十个光源集中在一起组成建筑花灯。灯罩的主要作用是①重新分配光源发出的光通量；②限制光源的眩光作用；③减少和防止光源的污染；④保护光源免遭机械破坏；⑤安装和固定光源；⑥与光源配合起一定的装饰作用。

灯罩的材料一般为金属、玻璃或塑料。按照灯罩的光学性质可分为反射型、折射型和透射型等多种类型。

灯罩的主要参数为配光曲线、光效率和保护角。其中配光曲线是指光源向其四周发出的光强大小曲线。光效率是指由灯罩输出的光通量与光源的辐射光通量的比值。灯罩的保护角，指灯罩开口边缘与发光体（灯丝）最远边缘的边线与水平线之间的夹角，即控照器遮挡光源的角度。

控照器的配光曲线、光效率和保护角三者之间是紧密相关而又相互制约。如为改善配光需加罩，为减弱眩光需增大保护角等。

9.3　照明供电系统

9.3.1　照明供电系统的组成

照明供电系统一般由以下几部分组成。

（1）进户线。由室外架空供电线路的电杆上至建筑物外墙的支架之间的线路称为接户线，从外墙支架到总照明配电箱之间的线路称为进户线。

（2）配电箱。配电箱是接受和分配电能的装置。配电箱由开关、熔断器及电度表等电气设备组成。

（3）干线和支线。从总配电箱到各分配电箱的线路称为干线。从分配电箱引至灯具及其他用电器的线路称为支线。

9.3.2　照明供电线路的布置

建筑物内部照明供电线路，应根据工程规模大小、设备布置、负荷容量等条件确定。对于容量较大的照明负荷，一般采用 380/220V 的三相四线制配电方式，每相均与中线构成单相 220V 电路，将照明负荷尽可能均匀分配到三相电路中，形成对称三相。额定电压的偏移量允许 ±5%。三相动力负载一般使用 380V 的线电压，照明负载一般使用 220V 的相电压。照明配电线路如图 9-10 所示。

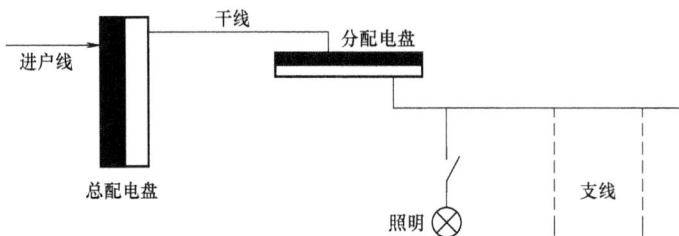

图 9-10　照明配电线路图

1. 进户线

进户线的位置应根据供电电源的位置、建筑物大小和用电设备的布置情况综合考虑后确定。一般应尽量从建筑物的侧面和背面进户。进户点的数量不宜过多，建筑物的长度在 60m 以内者，都采用一处进线，超过 60m 的可根据需要采用两处进线。进户线距离室内地平面不得低于 3.5m，对于多层建筑物，一般可以由二层进户。

2. 配电箱

配电箱是接受和分配电能的装置。根据建筑物电能用户容量的大小，可安装总配电箱和分配电箱，在配电箱里，一般应装设有开关、熔断器、电度表等电气设备。三相电源的零线不经过开关，直接接在零线极上，各单相电路所需零线都可以从零线接线板上引出。配电箱应安装在安全、干燥、易操作的场所。配电箱安装时，其底口距地一般为 1.5m；明装时底口距地 1.2m；明装电度表板底口距地不得小于 1.8m。

3. 干线

从总配电箱到各分配电箱的线路称为干线。照明供电的干线，一般有下面三种方式：

（1）放射式如图 9-11a 所示，可靠性高，配电设备集中，检查维修方便，但系统灵活性较差，有色金属消耗较多，一般用于容量大、负荷集中的建筑群供电。

（2）树干式如图 9-11b 所示，所需配电设备及有色金属消耗量较少，系统灵活性好，但干线故障时影响范围大，一般用于用电设备比较均匀、容量不大、狭长区域的建筑群供电。

（3）混合式如图 9-11c 所示，适用于大中型建筑群或上述两种建筑群的综合供电。

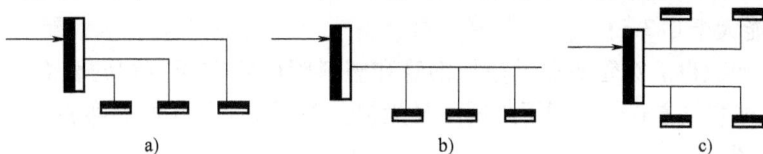

图 9-11   干线布置方式

a）放射式   b）树干式   c）混合式

4. 支线

从分配电箱引出的线路称为支线。建筑物内将有若干条支线，各支线的负荷应尽可能均匀分配在三相线上。对单相支线，电流一般不宜超过 15A，灯和插座数量不宜超过 20 个，最多不应超过 25 个，否则线路出故障的机会将增多，检修也较困难。

9.3.3   室内照明线路的敷设

室内照明线路的敷设方式通常分为明线敷设与暗线敷设两种。

1. 明线敷设

明线敷设就是把导线沿建筑物的墙面或顶棚表面、桁架、屋柱等外表面敷设，导线裸露在外。明线敷设的优点是工程造价低，施工简便，维修容易。缺点是导线裸露在外，容易受到有害气体的腐蚀，易受到机械损伤而发生事故，同时也不够美观。

明线敷设的方式一般有以下几种。

（1）瓷夹板敷设。导线用瓷夹板固定，敷设时要求导线的走向横平竖直。线路水平敷设时离地面高度不得小于 2.3m，垂直敷设时最下端离地面高度不得小于 2m。导线敷设时不与建筑物接触，在直线段敷设时，两瓷夹板之间的距离一般为 0.6～0.8m，导线穿墙或穿楼板时，应将导线穿在瓷管内，避免导线与墙壁楼板直接接触。由于这种敷设方式简单，造价低廉，在一般民用建筑中仍得到采用，主要用于负荷小、干燥的场所。

（2）瓷柱敷设。导线固定在瓷柱或瓷瓶上。其安装注意事项与瓷夹板相类似。当导线截面面积为 1 ~ 4mm² 时，两个相邻瓷瓶之间的最大允许距离为 2m，当导线截面面积为 6 ~ 10mm² 时，最大允许距离为 2.5m。敷设的导线不得与建筑物相接触，绑扎线不能用裸铜线。这种敷设方式适用于负荷较大、潮湿的场所。

（3）槽板敷设。把导线敷设在木槽板或塑料槽板内，外加盖板，使导线不外露。敷设时，其走向应尽量沿墙角或边缘。这种敷设方式整齐美观，使用安全，但工程造价较高。它适用于小负荷并且干燥的民用、公共建筑的照明线路。安装时，每个槽内只允许敷设一根导线，在槽内不准有接头，如需接头，应使导线穿过盖板在外面连接，或者在分支处使用接线盒。

（4）铝皮卡钉敷设。用铝皮卡钉来固定导线，一般是用来固定带有护套的导线。这种敷设方式也很简便，目前应用也比较广泛。安装时，两个相邻的铝皮卡钉之间的距离不小于0.15m，也不能大于 0.3m。

（5）穿管明敷设。穿管明敷设是将钢管和塑料管固定在建筑物的表面或支架上，导线穿在管内。这种敷设方式使导线不外露不易受损，多用于工厂车间和实验室。

2. 暗线敷设

暗线敷设就是将管子（如焊接钢管、硬塑料管等）预先埋入墙内、楼板内或顶棚内，然后再将导线穿入管中。这种敷设的优点是不影响建筑物的美观，防潮，防止导线受到有害气体的腐蚀和意外的机械损伤。但是它的安装费用较高，要耗费大量管材。由于导线穿入管内，而管子又是埋在墙内，在使用过程中检修比较困难，所以在安装过程中要求比较严格。敷设时应注意以下几点：

（1）暗线敷设是指根据设计要求，选择符合材质要求的钢管和硬塑料管，并考虑穿过电线管的导线截面不得超过电线管截面的 40%。

（2）除锈和防锈。对于钢管，在配管前，应进行除锈和防锈处理。若埋在混凝土中，则不需做防锈处理。

（3）下料。根据图样测位、计算长度，用手工钢锯或砂轮锯切割下料。

（4）弯管。对于钢管、硬塑料管和半硬塑料管，均需在敷设前弯好，管子弯曲半径不小于管子直径的 4 ~ 6 倍（明管 4 倍，暗管 6 倍），弯曲角度一般小于 90°。

（5）管子的连接。对于暗配钢管可采用喇叭口焊接或螺纹连接，对于硬塑料管和半硬塑料管一般采用插入法或套接法。

（6）管子敷设。管子加工好后，按图样配管。对于楼房按土建施工流水段逐层敷设。

（7）穿线。管子配好后，等到土建结构完成，装修基本结束时准备穿线。穿线前，应将管路清理干净，金属管应戴好护口，至少由二人一头拉一头送来穿线。

9.3.4　电气照明常见故障与维护

照明装置不正常运行极易发现，如开灯不亮、电灯突然熄灭、日光灯镇流器声音增大、拉线开关的拉绳易磨损、灯泡离易燃物距离太近、闸刀开关因过负荷高热至发红、灯泡受外力破碎等。在实际中有些故障比较明显，如电光源的受碰撞破碎等，但大部分的故障是需要进行故障分析和检查才能进行修复。

1. 电气照明常见故障

照明装置故障，与其他用电设备相同，一般有短路、断路和漏电三种。

（1）短路。照明线路发生短路时，由于短路电流很大，若熔丝不及时熔断或空气开关不及时断开，可能烧毁电线或电气设备，甚至引起火灾。造成的原因：一般由接线错误而引起相线（火）与中线（地）直接相连；因接触不良而导致接头之间直接短接；因接线柱松动，而引起连线；在该用插头处而图省事，直接将线头插入插孔，造成连线而短路；电器用具内部绝缘损坏，致使导线碰触金属外壳引起短路；房屋失修漏水，室外灯具日久失修，橡皮垫失效漏水，造成灯头或开关受潮，绝缘不良而短路；导线受外力损伤，在破损处相连线，同时接地等。

（2）断路。引起照明线路断线的原因，主要是导线断落，线头松脱，开关损坏，熔丝熔断以及导线受机械损伤而折断，铝导线连接头因电化学腐蚀造成断路，接线端子受振动松脱等。

（3）漏电。漏电主要是由于电线或电气设备的绝缘因外力损伤，或长期使用，绝缘发生老化；或受到潮气侵袭或被污染导致绝缘不良，而引起漏电。照明线路发生漏电时，不但浪费电力，还可能会引起电击事故。漏电与短路只是程度上的差别，严重的漏电就会造成短路。因此，应将漏电看成短路的前兆。对漏电切不可漠然视之，所以要定期检查照明线路的绝缘情况，尤其是当发生漏电现象后，应立即查找故障点及漏电原因，对症处理而尽早消除。

2. 电气照明设施的维护

为了避免电气照明故障的发生，必须对电气照明设施加强维护。

（1）日常维护。要对配电箱、熔断器、开关线路及每个灯都要进行日常检查和维护，维护时要断电操作。对异常现象及时进行处理。

（2）定期维护。要定期（半年或一个季度）对照明设施进行维护，具体内容是：

1）配电箱、灯座和插座等装置上的各种接线、接头是否有松动，是否被擅自拆装过，线头是否被接错。

2）配电箱、灯座和插座等装置的结构是否完整，操作是否灵活可靠，通电触片的接触是否良好，是否有被电弧灼伤的痕迹。

3）带接地线的线路是否被拆除或接错，电源引线有否被擅自接长，导线绝缘是否良好。

4）灯泡的功率是否符合要求，是否被擅自换成大功率的灯泡。

5）是否有被擅自加接灯座或插座的情况。

6）导线绝缘是否损坏或老化，中间连接处有否松散现象，线路是否被移位。

7）各级保护熔断器中的熔体是否被换粗。

知 识 小 结

　　照明一般分为正常照明、应急照明、警卫值班照明、障碍照明和装饰照明等。衡量照明质量的技术指标主要是照度均匀、照度合理、合适的亮度分布、光源的显色性、照度的稳定性、限制眩光和消除频闪效应等。

　　常用的电光源有白炽灯、荧光灯、卤钨灯、高压汞灯、高压钠灯、低压钠灯、金卤灯、氙灯和发光二极管。白炽灯一般用于不常使用或照明时间较短的地方；碘钨灯和溴钨灯适合电视摄影和投光照明；荧光灯主要用于家庭、学校、商店和办公室等各类建筑物的室内照明；高压汞灯主要用在道路、广场等室外场所的照明；高压钠灯主要用于交通要道、机场跑道、航道、码头等高亮度和高光效的场所；金卤灯主要用于电视、摄影、体育馆及要求高照度、高显色的场所。

　　室内照明线路的敷设方式有明线敷设与暗线敷设两种。常见的照明装置故障有短路、断路和漏电三种。电气照明设施的管理与维护主要是加强日常管理、日常维护和定期维护。

强 化 练 习

一、单项选择题

1. 为了保证飞行安全，在高大的建筑物顶部装有障碍灯，是属于（　　）方式。

A. 一般照明　　　　B. 混合照明　　　　C. 障碍照明　　　　D. 安全照明

2. 闭路电视监控配备的照明是（　　）。

A. 值班照明　　　　B. 警卫照明　　　　C. 一般照明　　　　D. 应急照明

3. 障碍灯应为（　　），且应闪光。

A. 白色　　　　　　B. 绿色　　　　　　C. 黄色　　　　　　D. 红色

4. 露天体育场通常采用（　　）照明。

A. 高压汞灯　　　　B. 碘钨灯　　　　　C. 荧光灯　　　　　D. 白炽灯

二、多项选择题

1. 照明方式主要有（　　）。

A. 正常照明　　B. 应急照明　　C. 警卫值班照明　　D. 障碍照明　　E. 装饰照明

2. 常用的电光源有（　　）等。

A. 白炽灯　　B. 荧光灯　　C. 卤钨灯　　D. 高压汞灯　　E. 氙灯和发光二极管

三、思考题

1. 照明的种类有哪些？

2. 常用电光源的分类及选用？

3. 灯具的选用及布置要求是什么？

4. 照明供电线路的敷设方式有哪几种？

5. 短路、断路和漏电有何不同之处？

技 能 实 训

任务1. 组织学生参观学校的电气照明系统，了解照明系统的组成、工作原理、管理与维护的方法和措施，根据资料写出报告。

任务2. 结合现场（如条件具备）指导学生对各种灯具进行辨认、安装操作。

单元 *10*

电气安全技术

1. 知识目标

认知人体触电的方式及电流对人体的伤害；认知雷电的产生；认知防雷保护装置的种类和特点；认知建筑物防雷保护的方法及相应的措施；认知接地保护、接零保护、漏电保护；认知安全用电措施。

2. 能力目标

能区分人体触电的不同方式及各自的危害性；能结合实际正确识别建筑防雷各组成部分；能结合雷电的不同种类和特点制订防雷保护的相应措施；能正确识别及应用接地保护、接零保护、漏电保护；能结合物业实践制订安全用电措施。

📖 **引导案例**

案例：2002 年 7 月某日，某建筑公司承包的某学校 4 号楼工地上，水电班班长朱某安排王某、张某二人为一组到 4 号楼东单元 4~5 层开凿电线管墙槽工作。王某、张某二人分别携带施工工具准备作业。张某去了 4 层，王某去了 5 层。当张某在东单元西套卫生间开凿墙槽时，由于操作不慎，切割机切破电线，致使张某触电。下午 14 时 20 分左右，王某路过东单元西套卫生间，发现张某躺倒在地坪上，立即叫人将张某送往医院，后经抢救无效死亡。由此可见，用电安全管理是物业设备管理中的一项重要工作。

10.1 安 全 用 电

电气事故不仅包括触电事故，而且还包括雷电、静电、电磁场危害、各种电气火灾与爆炸以及由电气线路和设备的故障等而造成的事故。当人体触及带电体而承受过高的电压，导致死亡或局部受伤的现象称为触电。触电依伤害程度不同可分为电击和电伤两种。调查显示，人体触电事故中的绝大部分都属于电击伤，常见的人体触电事故主要有以下几种：

10.1.1　常见的人体触电方式

1. 单相触电

单相触电是指当人体站在地面上，触及电源的一根相线或漏电设备的外壳而触电。其危险程度根据电压的高低、绝缘情况、电网的中性点是否接地和每相对地电容的大小等决定。

如图 10-1 所示，在中性点接地的电网中，如果人体接触它的任何一根相线，或接触连在电网中的电气设备的任何一根带电导线，相当于电源的相电压加给人体电阻与接地电阻的串联电路，由于接地电阻一般为 4Ω，它比人体的电阻小得多，因此施加在人体上的电压接近于相电压 220V，就有可能发生严重的触电事故。在触电事故当中，大部分属于单相触电。

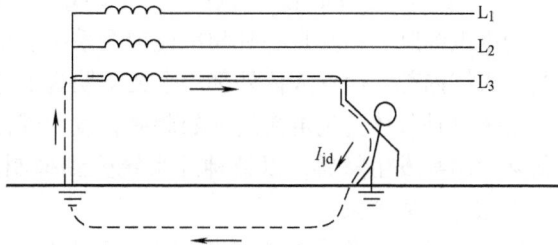

图 10-1　单相触电示意图

2. 两相触电

两相触电是指当人体的两处，如两手或手和脚，同时触及电源的两根相线发生触电的现象。这时，不管电网中性点是不是接地，人体是处在线电压 380V 之下，这是最危险的触电方式。如图 10-2 所示。

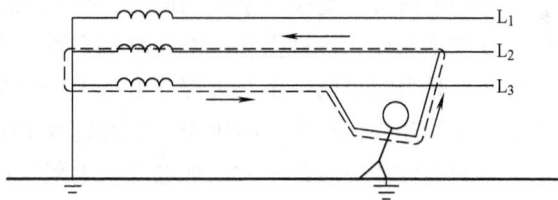

图 10-2　两相触电示意图

3. 跨步电压触电

当电气设备的绝缘损坏或线路的一相断线落地时，落地点的电位就是导线的电位，电流就会从落地点流入地中，在接地电流入地点周围电位分布区行走的人，其两脚之间产生的电压，称为跨步电压。离落地点越远，电位越低。如图 10-3 所示。如果人的双脚分开站立，两脚的电位是不同的，这个电压差就叫跨步电压，人两脚间的电位差随离开电流入地处的距离的增加而减小，距 20m 以外已经接近于零。

当触电者受到较高的跨步电压时，双脚就会发生抽筋，立即跌倒在地上，这不仅使作用在身体上的电压增加，也可能会使电流流经人体重要器官。经验证明：人倒地后，即使跨步电压持续时间仅有 2s，也会使人遭受较为严重的电击。因

图 10-3　跨步电压触电

此，有关电业安全作业规程中规定人不得走近离断线入地地点的 8 ~ 10m 地段；万一不慎走近，应背向落地点，单脚跳离，以保障人身安全。

10.1.2　电流对人体的伤害

1. 电流对人体的伤害

触电伤害的主要形式分为电击和电伤两大类。

（1）电击。电击是电流通过人体而造成体内器官的综合性伤害。在这个电流的作用下，人体的组织细胞，尤其是心脏和中枢神经系统会受到破坏，从而造成伤害。电击致伤的部位主要在人体内部，而在人体外部不会留下明显痕迹，是最具有致命危险的触电伤害。

电休克是人体受到电流的强烈刺激，发生强烈的神经系统反射，使血液循环、呼吸及其他新陈代谢都发生障碍，以致神经系统受到抑制，出现血压急剧下降、脉搏减弱、呼吸衰竭、神志昏迷的现象。

（2）电伤。电伤是电弧以及融化、蒸发的金属微粒对人体外表造成的局部伤害。电伤会在人体表面留下明显的伤痕，但其伤害作用也可能深入体内。与电击相比，电伤属局部性伤害。电伤的危险程度决定于受伤面积、受伤深度、受伤部位等因素。电伤包括电烧伤、电烙印、皮肤金属化、机械损伤、电光眼等多种伤害。

电烧伤是最常见的电伤。大部分电击事故都会造成电烧伤。电烧伤可分为电流灼伤和电弧烧伤。电流越大，通电时间越长，电流途经的电阻越小，则电流灼伤越严重。由于人体与带电体接触的面积一般都不大，加之皮肤电阻又比较高，使得皮肤与带电体的接触部位产生较多的热量，受到严重的灼伤。当电流较大时，可能灼伤皮下组织。

电烙印是电流通过人体后，在接触部位留下的斑痕。斑痕处皮肤变硬，失去原有弹性和色泽，表层坏死，失去知觉。

皮肤金属化是金属微粒渗入皮肤造成的，受伤部位变得粗糙而张紧。皮肤金属化多在弧光放电时发生，而且一般都伤在人体的裸露部位。

电光眼表现为角膜和结膜发炎，在弧光放电时，红外线、可见光、紫外线都可能损伤眼睛。对于短暂的照射，紫外线是引起电光眼的主要原因。

2. 影响触电伤害程度的因素

调查显示，人体触电事故中的绝大部分都属于电击伤，电击对人体的伤害程度，一般与通过人体电流的大小、持续的时间、电流流经人体的途径、电流的种类和频率、电压的高低及身心健康状况等有关。

（1）通过人体电流的大小。通过人体的电流越大对人体的伤害越大。相关的研究认为：在 50Hz、10mA 的交流电和 50mA 以下直流电时是安全电流。但是即使是这样大小的电流，如果长时间地流经人体仍旧会有危险的。试验证明：100mA 左右的电流流经人体就能使人休克或死亡。电流超过 200mA 时，如果未能及时抢救，或抢救方法欠妥，一般很少能存活下来。

（2）电流通过人体的持续时间。触电时间越长对人体的伤害越大，如当人体流过 10mA 电流时，在 5s 内不会造成伤害，20mA 时，在 2s 内不会造成伤害。电击时间越长，电流对人体引起的热伤害、化学伤害及生理伤害就愈严重。另外，电击时间长，人体电阻因出汗等原因而降低，导致触电电流进一步增大，这也将使电击的危险性随之增加。

（3）电流流经人体的途径。电流流经人体的途径对于触电的伤害程度影响很大。一般认为：电流流经心脏、脊椎和中枢神经等要害部位时，电击的伤害最为严重，特别是电流通过心脏时危险性最大。因此从左手到胸部以及从左手到右脚是最危险的电流途径。从右手到胸部或从右手到脚、从手到手等都是很危险的电流途径。触电还容易因剧烈痉挛而摔倒，导致电流流过全身并造成摔伤、坠落等二次事故。

（4）人体电阻的影响。在一定电流作用下，流经人体的电流大小和人体电阻成反比，因此人体电阻的大小对电击后果产生一定的影响。人体电阻主要是皮肤电阻，皮肤电阻随条件不同，使得人体电阻的变化幅度也很大，当人体皮肤处于干燥、洁净和无损伤的状态时，人体电阻可高达 40 ~ 100kΩ；而当皮肤处于潮湿状态，如湿手、出汗，人体电阻会降到 1000Ω 左右；如皮肤完全遭到破坏，人体电阻将下降到 600 ~ 800Ω 左右。此外，当触电时，皮肤触及带电部分的面积愈大，接触得愈紧密，电阻就愈小，同时，流经人体的电流愈大、时间愈长，人体的电阻也就愈小，这是因为皮肤发热出汗和电解作用所造成的。

（5）作用于人体电压的高低。一般来说，电压越高，危险性越大。流经人体电流的大小与外加电压不是直线关系，而是呈近似抛物线关系，这是因为随电压的增高，人体表皮角质层有电解和类似介质击穿的现象发生，使人体电阻急剧下降，从而使电流迅速地增大，造成严重的触电事故。从安全的角度看，所谓安全电压和危险电压是不能与普通的低压和高压混为一谈的。实践证明：即使在相当低的电压下，也可能引起触电的危险。例如，人手若潮湿，36V 以上的电压就成为危险电压。

（6）电源的频率。电流频率不同，对人体伤害也不同。据测，25 ~ 300Hz 的交流电流，对人体的伤害最严重，低于或高于这些频率时，造成的伤害程度都会减轻。统计表明，在实际工作中经常使用的 3kHz、10kHz 或者更高频率的高频设备，是不易引起触电致死的。但是应该注意，高压高频电的危险性还是很大的，如 6 ~ 10kV、500kHz 的强力设备也有电击致死的危险，同时由于高频电磁场的作用，附近工作人员常有头晕、乏力、记忆力减退及其他症状，这是不同于电击伤害的高频生理伤害，也应该引起注意和认识。

（7）身心的健康状态。人体不同，对电流的敏感程度也不一样，一般地说，儿童较成年人敏感，女性较男性敏感。身体的健康状况和精神状态正常与否，对于触电伤害的后果有很大影响。患有心脏病、神经病、内分泌器官疾病的人，触电后果更为严重，身体上的变化，如出汗、醉酒、疲劳过度等也可促成不幸事故的发生和增加触电的危险性。

10.1.3　安全用电措施

电气化给人类带来了巨大的物质文明，但同时也带来了新的灾害——触电死亡。为了防止触电事故的发生，要以积极预防为主。预防触电，首先要进行安全用电的教育，克服麻痹大意的思想，认识到触电的危害。其次要加强用电设备的管理，严格遵守操作规程和安全用电规程。

（1）加强用电安全教育和培训。触电事故往往不给人们任何预兆，且会在极短的时间内造成不可挽回的后果。掌握安全用电和触电急救知识，对人们来说显得尤为重要。

（2）建立健全规章制度。经常对设备进行安全检查，检查有无裸露的带电部分和漏电情况，检验时应使用专用的验电设备，任何情况下都不要用手去鉴别，建立健全岗位责任制。

（3）采用电气安全用具。安全用具的绝缘足以承受电气设备的工作电压，并能在该电压等级产生内过电压时保证工作人员的人身安全。

（4）普及安全用电知识。

（5）临时用电应经有关主管部门审查批准，并有专人负责管理，限期拆除。

（6）设立屏障，保证人与带电体的安全距离，并挂上警告牌。

（7）正确选用和安装导线、电缆、电气设备，对有故障的电气设备及时进行修理。

（8）有条件时采用安全电压供电。

（9）不能用铜丝或钢丝代替熔断器中的熔丝。电气设备停电后要立即拉闸。

（10）检修电路时应切断电源，并在电源开关处挂警示牌。

（11）防止线路、用电器受潮，湿手不接触用电器。

（12）供电导线的截面面积应符合安全载流量的要求。

（13）装设接地或接零保护，并且在配电箱或开关箱内安装漏电保护开关。

（14）正确使用各种安全用具，如绝缘棒、绝缘钳、绝缘手套、绝缘鞋、绝缘地毯等。

以上仅简要列举了一些安全用电措施，在平时的工作中还应根据实际情况制订相关的安全用电规程，只有这样才能减少触电事故的发生。

10.1.4 触电急救

当有人触电时，应立即进行抢救。被电击的人是否能获救，关键在于能否尽快脱离电源和施行正确的紧急救护，因此，懂得触电急救的正确方法尤为重要。据国外资料统计，触电1min后开始急救，90%有良好效果，6min后10%有良好效果，12 min后救活的可能性就很小了。触电急救的要点是要镇静、迅速，具体的急救步骤如下。

1. 使触电者尽快脱离电源

当人体触电后，由于失去自我控制能力而难以自行摆脱电源，这时，使触电者尽快脱离电源是救活触电者的首要因素。

（1）迅速关掉电源。

（2）若离电源开关较远，可用绝缘物体挑开电源线或用带绝缘手柄的刀、斧等砍断电线。

（3）用绝缘物体如木板等垫到触电者身下，切断人体的电流通路。

2. 脱离电源后的急救处理

触电者脱离电源后，应尽量在现场抢救，抢救的方法根据伤害程度的不同而不同。

若触电者所受伤害并不严重，神志尚清醒，只是有些心慌、四肢发麻、全身无力或者虽一度昏迷，但未失去知觉时，则应让他安静休息，不要走路，并严密观察其病变，并召请医生。

若触电者已失去知觉，但还有呼吸或心脏还在跳动，应使其舒适、安静地平卧，劝散围观者，使空气流通，解开其衣服以利呼吸。如天气寒冷，还应注意保温，并迅速请医生诊治。

若发现触电者呼吸困难，并有痉挛现象，应准备在心脏停止跳动、呼吸停止后立刻进行人工呼吸和心脏挤压。

若触电者伤害得相当严重，心跳和呼吸都已停止，人完全失去知觉时，则需采用口对口人工呼吸和人工胸外心脏挤压两种方法同时进行，千万不要认为已经死亡而不去急救。

抢救触电者往往需要很长时间，有时要进行 1~2h，必须连续进行，不得间断，直到触电者心跳和呼吸恢复正常，面色好转，嘴唇红润，瞳孔缩小，才算抢救完毕。

10.2　电气设备保护措施

10.2.1　接地保护

所谓接地保护就是将正常情况下不带电，而在绝缘材料损坏后或其他情况下可能带电的电器金属部分（即与带电部分相绝缘的金属结构部分）用导线与接地体可靠连接起来的一种保护接线方式。接地保护，是为防止电气装置的金属外壳、配电装置的构架和线路杆塔等带电危及人身和设备安全而进行的接地。

电气设备采用接地保护措施后，设备外壳已通过导线与大地有良好的接触，则当人体触及带电的外壳时，人体相当于接地电阻的一条并联支路。由于人体电阻远远大于接地电阻，所以通过人体的电流很小，避免了触电事故。

接地保护适用于中性点不接地的供电系统，根据规定在电压低于 1000V 而中性点不接地的电力网中，或电压高于 1000V 的电力网中均须采用保护接地。

10.2.2　接零保护

所谓"接零保护"就是在正常情况下把电器设备中与带电部分相绝缘的金属结构部件用导线与配电系统的零线连接起来。接零保护一般与熔断器、保护装置等配合用于变压器中性点直接接地的系统中。我们日常生活中常用的就是这种三相四线制中性点直接接地的供电方式。电器设备采用"接零保护"后，当电器设备绝缘损坏或发生相线碰壳时，因为电器设备的金属外壳已直接接到低压电网中的零线上，所以故障电流经过接零导线与配电变压器零线构成闭合回路，碰壳故障变成了单相短路，因金属导线阻抗小，这一短路电流在瞬间增大，足以使保护装置或熔断器迅速动作（熔断）而切断漏电设备电源，即使人体触及了电器设备的外壳（构架）也不会触电。

在三相四线制电力系统中，不允许对某些设备采取接零保护，对另外一些设备采取接地保护而不接零。正确的做法是采取重复接地保护装置，就是将零线上的一处或多处通过接地装置与大地再次连接。通常是把用电设备的金属外壳同时接地和接零。还应该注意，零线回路中不允许装设熔断器和开关。

10.2.3　漏电保护

漏电是指由于电气线路、设备的绝缘层损坏，绝缘层的绝缘等级不达标或安装错误等原因导致线路、设备带电的现象。

漏电所带来的危害性如下：

（1）损坏电气设备。漏电会引起线路产生过压、过流、过热现象，从而可能损坏电气设备。

（2）危及人身安全。当导线的绝缘层损坏，与电气设备（如电动机、家用电器等）的外壳相触，会导致金属外壳带电。当人体接触外壳时，便会遭到电击，损害身体，甚至威胁生命。

（3）引起火灾。漏电往往会产生电弧或过热现象，从而引发电气火灾。这是漏电最为严重的后果。漏电已成为目前电气火灾防范的重点对象。

为了防止漏电而引发的故障和触电事故，就必须采取漏电保护措施，通常的做法是在线路中装设漏电保护器。漏电保护器的作用是在发生触电时能够及时准确地向保护装置发出信息，使之有选择地切断电源，同时，漏电保护器往往兼有短路、过载保护等功能。

漏电保护器可分为电磁式和电子式。电磁式漏电保护器主要由检测元件、电磁式脱扣器和主开关等几部分组成，电子式漏电保护器是在电磁式漏电保护器基础上加装具有放大、比较功能的电子电路，使之动作更加灵活可靠，在保护原理上与电磁式相同。

10.2.4　常用的低压配电系统保护装置

10.2.4.1　刀开关

按工作原理和结构，刀开关可分为胶盖闸刀开关、铁壳开关、刀形隔离器、熔断式刀开关、组合开关等。

（1）胶盖闸刀开关。胶盖闸刀开关又叫开启式负荷开关，图10-4是胶盖闸刀开关的外形结构示意图。闸刀装在瓷质底板上，每相附有熔丝、接线柱，用胶木罩壳盖住闸刀，以防止切断电源时电弧烧伤操作者。胶盖闸刀开关主要作为一般照明、电热等回路的控制开关用。安有熔丝，也可作为短路保护用。小容量三相异步电动机的全压启动操作，也可用三相胶盖闸刀开关。

（2）铁壳开关。铁壳开关又称封闭式负荷开关，主要由刀开关、熔断器和铁制外壳组成，其外形与结构如图 10-5 所示。

它适用于各种配电设备，供不频繁手动接通和分断负荷电路之用，还可作为线路末端的短路保护用。

（3）隔离刀开关。图 10-6 所示为 HD13 型隔离刀开关。普通的隔离刀开关不可以带负荷操作，只有在和低压断路器配合使用时，低压断路器切断电路后才能操作刀开关。其主要用于交流额定电压 380V、直流额定电压 440V、额定电流 1500A 及以下装置中。

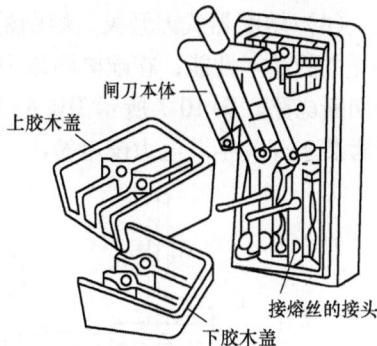

图 10-4　HK2 型胶盖闸刀开关

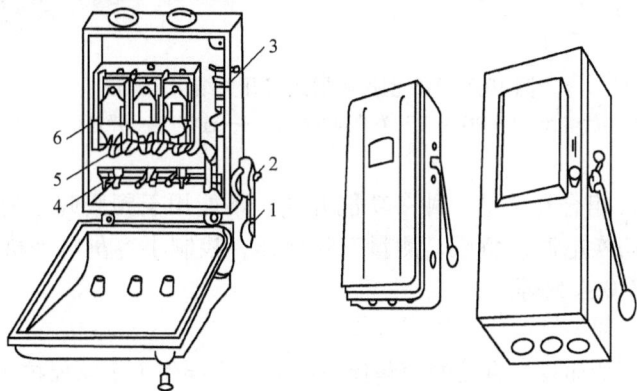

图 10-5　封闭式铁壳开关

1—手柄　2—转轴　3—速断弹簧　4—闸刀　5—夹座　6—熔断器

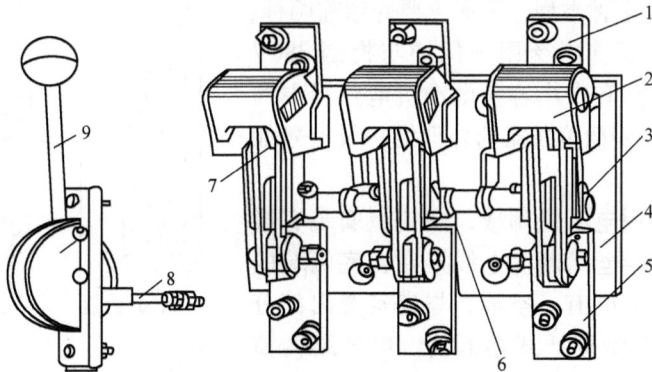

图 10-6　HD13 型隔离刀开关

1—上接线端子　2—钢栅片灭弧罩　3—闸刀　4—底座　5—下接线端子
6—主轴　7—静触头　8—连杆　9—操作手柄（中央杠杆操作）

（4）熔断器式刀开关。熔断器式刀开关是由熔断器和刀开关组合而成，具有熔断器和刀开关的基本性能，在配电网络中用于过载和短路保护，以及正常供电情况下不频繁地接通和切断电路。图10-7所示HR型熔断器式刀开关结构示意图和外形图。熔断器式刀开关，通常装于开关柜及电力配电箱内，主要型号有HR3、HR5、HR6、HR11系列。

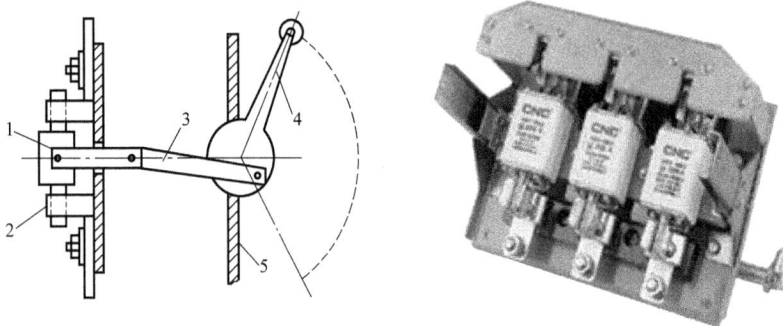

图10-7　HR型熔断器式刀开关结构示意图

1—RT型熔断器的熔管　2—HD型刀开关的弹性触座　3—连杆　4—操作手柄　5—配电屏面板

（5）组合开关。组合开关是一种多功能开关，不能用于频繁起停的电路中，经常用在接通或分断电路，切换电源或负载，测量三相电压，控制小容量电动机正、反转等的电路中，主要型号有HZ10系列等。

10.2.4.2　熔断器

熔断器是最简便的而且是有效的短路保护电器，主要作为短路保护用，也可能起过负荷保护的作用。当线路中出现故障时，通过的电流大于规定值，熔体产生过量的热而被熔断，电路由此被分断。常用的熔断器有瓷插式（RCIA）、螺旋式（RL）、密闭管式（RM10）、填充料式（RT20）等多种类型，下面主要介绍前两种：

（1）瓷插熔断器。广泛用于保护与控制380V分支线路、照明电路和中小容量电动机电路当中的短路保护。RCIA型瓷插熔断器的外形结构及符号如图10-8所示。

瓷盖和瓷底均用电工瓷制成，磁盖上安装有熔丝，过载或短路时熔丝熔断。电线接在瓷底两端的静触头上。瓷底座中间有一空腔，与瓷盖突出部分构成灭弧室。RCIA型瓷插式熔断器，以其结构简单、价格低廉、使用方便等优点，成为建筑工地常用的保护电器。

（2）螺旋式熔断器。图10-9是RL系列螺旋式熔断器的外形结构图。

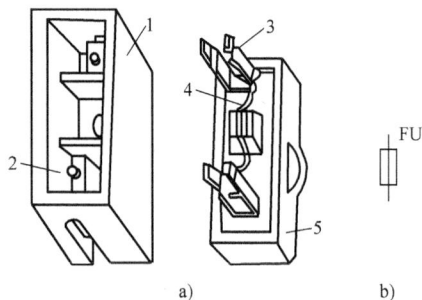

图10-8　瓷插熔断器

a) 外形结构　b) 符号

1—底座　2—静触头　3—动触头

4—熔丝　5—瓷盖

螺旋式熔断器也主要用于电气设备的过载及短路保护。螺旋式熔断器由瓷帽、熔断管、保护圈及底座四部分组成。熔断管内装有熔丝和石英砂，石英砂起熄灭电弧用，管的上盖有指示器，指示熔丝是否熔断。螺旋式熔断器更换熔管时比较安全，填充料式的断流能力更强。

在选择熔断器时，应该特别注意以下两点：

（1）熔断器的额定电压必须大于或等于线路的工作电压。

（2）熔断器的额定电流必须大于或等于所装熔体的额定电流。

10.2.4.3　自动空气断路器

断路器是指具有接通和分断电路作用，能提供短路、过负荷和失压保护的低压开关设备。空气开关是空气断路器的简称。

图 10-9　螺旋熔断器

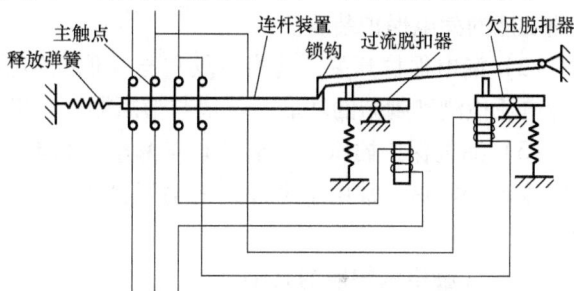

空气断路器，是指分断电路过程可能会产生电弧，而灭弧过程是在空气介质中完成的（电弧，就是一种介质在电场中发生的击穿现象）。相应的有真空断路器（利用真空来消除电弧）、油断路器（利用油作为灭弧的介质）、六氟化硫断路器（以六氟化硫为介质）。

断路器主要由触头系统、灭弧系统、脱扣器和操作机构等部分组成。图10-10 所示为空气断路器的一般原理图。主触点通常是由手动的操作机构来闭合的。开关的脱扣机构是一套连杆装置。当主触点闭合后就被锁钩锁住。如果电路中发生故障，脱扣机构就在有关脱扣器的作用下将锁钩脱开，于是主触点在释放弹簧的作用下迅速分断。当电源电压恢复正常时，必须重新合闸后才能工作，实现了失压保护。实物图如图10-11 所示。

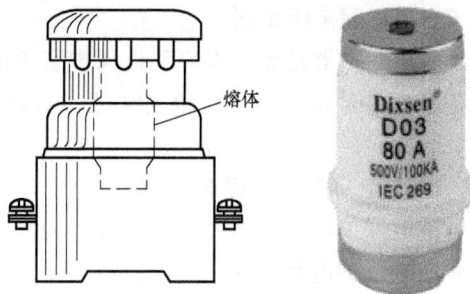

图 10-10　一般自动空气断路器的原理图

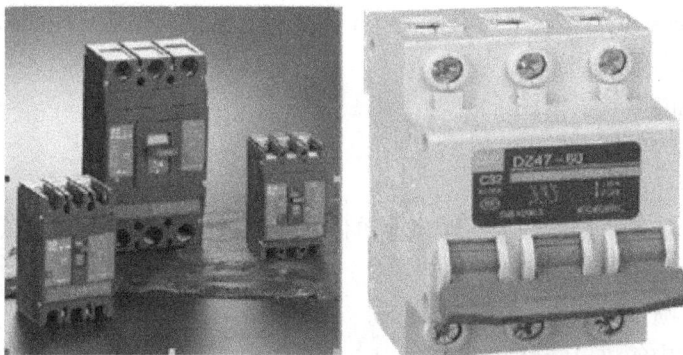

图 10-11　常见的断路器、空气开关

注意：图 10-11 左图中的断路器一般应用于大规模的电路中，主要是应用于 3.5kV 以上电路中。右图主要用在小规模的电路中，如家庭、办公室等。

10.2.4.4　漏电保护器

漏电保护器是剩余电流动作保护装置的简称，又叫漏电保护开关，主要是用来在设备发生漏电故障时以及对有致命危险的人身触电进行保护。漏电保护器一般要跟断路器配合使用。

1. 漏电保护器的组成部分

漏电保护器主要由三部分组成：检测元件、中间放大环节、操作执行机构。

在被保护电路工作正常，没有发生漏电或触电的情况下，漏电保护器不动作，系统保持正常供电。当被保护电路发生漏电或有人触电时，由于漏电电流的存在，当达到预定值时，使主开关分离脱扣器线圈通电，驱动主开关自动跳闸，切断故障电路，从而实现保护。

2. 漏电保护器产品的分类

按其保护功能和用途分类，一般可分为漏电保护继电器、漏电保护开关和漏电保护插座三种。

（1）漏电保护继电器。是指具有对漏电流检测和判断的功能，而不具有切断和接通主回路功能的漏电保护装置。

（2）漏电保护开关。是指不仅它与其他断路器一样可将主电路接通或断开，而且具有对漏电流检测和判断的功能，一般与熔断器、热继电器配合使用。

（3）漏电保护插座。是指具有对漏电流检测和判断并能切断回路的电源插座。漏电动作电流 6 ~ 30mA，常用于手持式电动工具和移动式电气设备的保护及家庭、学校等民用场所。

3. 装设漏电保护器的范围

国家技术监督局发布的《剩余电流动作保护装置安装和运行》（GB 13955—2005）对必须安装剩余电流动作保护装置（漏电保护器）的设备和场所做出了规定：

1）属于 I 类的移动式电气设备及手持式电动工具（I 类电气产品，即产品的防电击保护不仅依靠设备的基本绝缘，而且还包含一个附加的安全预防措施，如产品外壳接地）。

2）生产用的电气设备。

3）施工工地的电气机械设备。

4）临时用电的电气设备。

5）安装在户外的电气装置。

6）机关、学校、宾馆、饭店、企事业单位和住宅等建筑物内除壁挂式空调电源插座外的其他电源插座或插座回路。

7）游泳池、喷水池、浴池的电气设备。

8）安装在水中的供电线路和设备。

9）医院中可能直接接触人体的电气医用设备。

10）其他需要安装剩余电流动作保护装置的场所。

一般环境选择动作电流不超过 30mA，动作时间不超过 0.1s 的剩余电流动作保护装置（漏电保护器），这两个参数保证了人体如果触电时，不会使触电者产生病理性生理危险效应。在浴室、游泳池等场所剩余电流动作保护装置（漏电保护器）的额定动作电流不宜超过 10mA。

4. 漏电保护器、漏电断路器、空气开关三者的区别

空气开关只能对线路过载进行保护，但是漏电保护器就不同了，不仅能对线路过载起到保护的作用，而且当线路有人发生单线触电的时候可以迅速地分断电路起到避免发生触电危害的作用；漏电保护器动作的整定值可以整定得很小（一般为 mA 级）。漏电断路器是在断路器上加装漏电保护器件。

10.3　建 筑 防 雷

过电压会造成绝缘或保护设备的损坏，从而造成人身伤亡或经济损失。造成过电压的原因主要有两大类，即内部电压过高和雷电过电压。内部过电压的能量来源于电力网本身；雷电过压是由于电云放电所形成的，伤害大。

10.3.1　雷电的形成及危害

1. 雷电的形成

雷电是自然界中的一种放电现象。

大气中的饱和水蒸气，由于气候的变化，发生上升或下降的对流，在对流过程中由于强烈的摩擦和碰撞，水蒸气凝结成的水滴就被分解成带有正负电荷的小水滴，大量的水滴聚积成带有不同电荷的雷云。随着电荷的积聚，雷云的电位逐渐升高。当带有不同电荷的两块雷云接近到一定程度时，两块雷云间的电场强度达到 25～30kV/cm 时，其间的空气绝缘被击穿，引起两块雷云间的击穿放电；当带电荷的云块接近地面时，由于静电感应，使大地感应出与雷云极性相反的电荷，当带电云块对地电场强度达到 25～30kV/cm 时，周围空气绝缘被击穿，雷云对大地发生击穿放电。放电时出现强烈耀眼的弧光，就是我们平时看到的闪电，闪电通道中大量的正负电荷瞬间中和，造成的雷电流高达数百千安，这一过程称为主放电，主放电时间仅 30～50μs，放电波陡度高达 50kA/μs，主放电温度高达 20000℃，使周围空气急剧加热，骤然膨胀而发生巨响，这就是我们平时听到的雷声。闪电和雷声的组合我们称为雷电。

雷电的形成与气象条件（即空气湿度、空气流动速度）及地形（山岳、高原、平原）有关。湿度大、气温高的季节（尤其是夏天）以及地面的突出部分较易形成闪电，突出的高耸建筑物、树木、山顶容易遭受雷击。

2. 雷电的分类

根据雷电造成危害的形式和作用，一般可分为直击雷、感应雷和雷电波侵入三类。

（1）直击雷。雷云对地面或地面上凸出物的直接放电，称为直击雷，也叫雷击。雷云放电时，引起很大的雷电流，雷电流可达几万甚至几十万安培，从而产生极大的破坏作用。雷电流通过被雷击物体时，产生大量的热量，使物体燃烧。被击物体内的水分由于突然受热，急骤膨胀，还可能使被击物劈裂。所以当雷云向地面放电时，常常发生房屋倒塌、损坏或者引起火灾，发生人畜伤亡。

（2）感应雷。感应雷击是地面物体附近发生雷击时，由于静电感应和电磁感应而引起的雷击现象。雷云在建筑物和架空线路上空形成很强的电场，在建筑物和架空线路上便会感应出与雷云电荷相反的电荷。在雷云向其他地方放电后，雷云与大地之间的电场突然消失，但聚集在建筑物的顶部或架空线路上的电荷不能很快全部泄入大地，残留下来的大量电荷，相互排斥而产生强大的能量使建筑物震裂。同时，残留电荷形成的高电位，往往造成屋内电线、金属管道和金属设备放电，击穿电气绝缘层或引起火灾、爆炸。

（3）雷电侵入波。由于雷击而在架空线路或金属管道上产生的冲击电压，沿线路或管道迅速传播形成的雷电冲击波，称为雷电侵入波。雷电侵入波的电压幅值愈高，对人身或设备造成的危害就愈大。

10.3.2　民用建筑防雷分类

根据建筑物的重要程度、使用性质以及所造成后果的严重程度，民用建筑物的防雷分类，按《民用建筑电气设计规范》规定，可以划分为如下三类：

1. 一类防雷建筑物

凡建筑中制造、使用或贮存大量爆炸物品，易因火花而引发爆炸，并造成巨大破坏和人身伤亡者。

2. 二类防雷建筑物

凡制造、使用或贮存爆炸物品的建筑物，电火花不易引起爆炸或不致造成巨大破坏和人身伤亡者；国家级重点文物保护的建筑物；国家级的会堂、办公建筑物、大型展览和博览建筑物、大型火车站、国宾馆、国家级档案馆、大型城市的重要给水水泵房等特别重要的建筑物；国家级计算中心、国际通讯枢纽等对国民经济有重要意义且装有大量电子设备的建筑物等。

3. 三类防雷建筑物

不属于一类与二类的爆炸、火灾危险场所。根据当地情况确定需要防雷的建筑物，如大型商场、大型影剧院等。高度在15m及以上的烟囱、水塔等孤立的高耸建筑物。省级重点文物保护的建筑物及省级档案馆等。

10.3.3　建筑物常用防雷装置

建筑物是否需要进行防雷保护，应采取哪些防雷措施，要根据建筑物的防雷等级来确定。对于一类防雷民用建筑，应有防直击雷、感应雷和防雷电波侵入的措施；对于二类防雷民用建筑应有防直击雷、和防雷电波侵入的措施；对于三类防雷民用建筑，应有防止雷电波沿低压架空线路侵入的措施，至于是否需要防直击雷，要根据建筑物所处的环境以及建筑物的高度、规模来确定。

1. 防直击雷

建筑物防直击雷的防雷装置由接闪器、引下线和接地装置三部分组成，如图10-12所示。

接闪器就是专门接受雷击的金属体，如避雷针、避雷带、避雷线及避雷网等。接闪器的作用是使其上空电场局部加强，将附近的雷云放电诱导过来，通过引下线注入大地，从而使离接闪器一定距离内一定高度的建筑物免遭直击雷击。

引下线又称引流器，接闪器通过引下线与接地装置相连。引下线的作用是将雷电流引入大地。引下线可以是建筑物柱中钢筋，也可以专设。专设引下线一般采用圆钢或扁钢制成，宜优先采用圆钢。

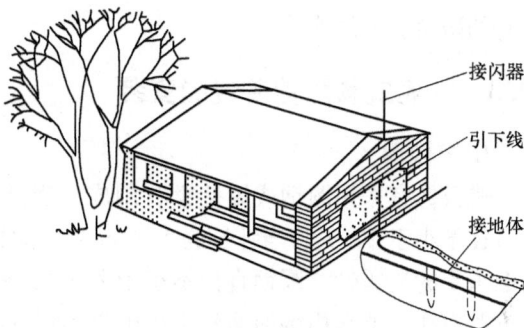

图10-12　建筑物防雷装置示意图

接地装置的作用是把雷电流疏散到大地中去。接地体有自然接地体、基础接地体和人工接地体三种形式。自然接地体是指直接与大地可靠接触的各种金属构件、金属管道（自来水管、燃气管等除外）；基础接地体多指建筑物基础中的钢筋；人工接地体是专设的金属导体，埋于土壤中的人工垂直接地体宜采用角钢、钢管或圆钢；埋于土壤中的人工水平接地体宜采用扁钢或圆钢。

2. 防感应雷

为防止雷电感应产生火花，建筑物内部的设备、管道、构架、钢窗等金属物，均应通过接地装置与大地作可靠的连接，并减小接地电阻，以便将雷云放电后在建筑上残留的电荷迅速引入大地，避免雷害。对平行敷设的金属管道、构架和电缆外皮等，当距离较近，应按规范要求，每隔一段距离用金属线跨接起来。

3. 防雷电波侵入

据调查统计，低压线路上雷电波侵入引发的雷害占总雷害事故的70%以上。为了防止这种雷害，最好采用电缆供电，并将电缆外皮接地；或者对架空供电线路在进入建筑物前50～100m采用电缆供电，并在架空线与电缆连接处设置阀型避雷器，邻近的电杆上绝缘子的铁脚亦采取接地措施。对于架空管道可在接近建筑物处采用一处或几处接地措施，其接地电阻不宜大于10～30Ω。

此外，还要防止雷电流流经引下线时产生的高电位对附件金属物体形成的雷电反击。当防雷装置接受雷击时，雷电流沿着接闪器、引下线和接地体流入大地，并且在它们上面产生很高的电位。如果防雷装置与建筑物内外电气设备、电线或其他金属管线的绝缘距离不够，它们之间就会产生放电现象，这种情况称之为"反击"。反击的发生，可引起电气设备绝缘被破坏，金属管道被烧穿，甚至引起火灾、爆炸及人身事故。防止反击的措施有两种：一种是将建筑物的金属物体（含钢筋）与防雷装置的接闪器、引下线分隔开，并且保持一定的距离；另一种是当防雷装置不易与建筑物内的钢筋、金属管道分隔开时，则将建筑物内的金属管道系统，在其主干管道外与靠近的防雷装置相连接。有条件时，宜将建筑物每层的钢筋与所有的防雷引下线连接。

10.3.4　建筑物防雷装置的安装

1. 接闪器

避雷针宜采用圆钢或焊接钢管制成，当针长在 1m 以下时，圆钢直径不小于 12mm，钢管直径不小于 20mm。当针长为 1~2m 时，圆钢直径不小于 16mm，钢管直径不小于 25mm。烟囱顶上的避雷针，圆钢直径不小于 20mm，钢管直径不小于 40mm。

避雷线一般采用截面面积不小于 35mm^2 的镀锌钢绞线。

避雷网和避雷带宜采用圆钢或扁钢，优先采用圆钢。圆钢直径不应小于 8mm，扁钢截面面积不应小于 48mm^2，其厚度不应小于 4mm，当烟囱上用避雷环时，圆钢直径不应小于 12mm，扁钢截面面积不应小于 100mm^2，其厚度不应小于 4mm。

2. 引下线

引下线应取最短的途径，尽量避免弯曲，一般采用圆钢或扁钢制成，宜优先采用圆钢，采用圆钢时其直径不应小于 8mm；采用扁钢时其截面面积不得小于 48mm^2，厚度大于 4mm；当烟囱上的引下线采用圆钢时，其直径不应小于 12mm，采用扁钢时，其截面面积不应小于 100mm^2，厚度不应小于 4mm；在易遭受腐蚀的部位，其截面应适当加大。若利用建筑物柱中钢筋作引下线，钢筋截面面积不小于 90mm^2，构件内钢筋连接处应绑扎或焊接。

3. 接地装置

埋于土壤中的人工垂直接地体宜采用角钢、钢管或圆钢；埋于土壤中的人工水平接地体宜采用扁钢或圆钢。圆钢直径不应小于 10mm；扁钢截面面积不应小于 100mm^2，其厚度不应小于 4mm；角钢厚度不应小于 4mm；钢管壁厚不应小于 3.5mm。接地体埋设深度不得小于 0.6m，且必须在冻土层以下。在腐蚀性较强的土壤中，应采取热镀锌等防腐措施或加大截面，且地下部分不得涂漆。接地体的接地电阻要小（一般不超过 10Ω），这样才能迅速地疏散雷电流。接地体不应该在回填垃圾、灰渣等地带埋设，还应远离由于高温影响使土壤电阻率升高的地方。接地体埋设后，应将回填土分层夯实。

10.3.5　防雷设施的维护

防雷装置应定期检查，确保安全可靠。10kV 以下的防雷装置每三年应检查一次，但是避雷器应在每年雨季前检查一次，雷雨过后还应注意对防雷保护装置的巡视。

防雷装置的检查包括外观检查和测量两方面内容。外观检查主要检查接闪器、引下线等各部分的连接是否牢固可靠；检查各部分的腐蚀和锈蚀情况，若腐蚀或锈蚀超过30%以上应给予更换。也应注意各部分安装是否符合规范。测量的内容是检查接地电阻值。

知 识 小 结

常见的触电方式有单相触电、两相触电、跨步电压触电等几种形式，触电伤害的主要形式有电击和电伤。影响触电对人的伤害程度的因素有通过人体电流的大小、电流通过人体的持续时间、电流流经人体的途径等多种因素。我们在日常的生活和工作中要充分认识触电的危害和加强安全用电措施的学习，同时也要掌握触电急救的常规方法。

电气设备保护主要有接地保护、接零保护、漏电保护等基本措施。

雷电造成危害的形式和作用，一般有直击雷、感应雷和雷电波侵入三类。民用建筑物的防雷分类可以划分为三类，建筑物防直击雷的防雷装置由接闪器、引下线和接地装置三部分组成。防雷设施的维护主要是加强定期检查，确保防雷装置安全可靠。

强 化 练 习

一、单项选择题

1. 一般认为，通过人体的安全电流应不大于（　　　）。

A. 30mA　　　　　　B. 50mA　　　　　　C. 60mA　　　　　　D. 100mA

2. 我国建筑物防雷分为（　　　）。

A. 3 类　　　　　　B. 4 类　　　　　　C. 5 类　　　　　　D. 6 类

3. 省级档案馆属于（　　　）防雷建筑。

A. 一类　　　　　　B. 二类　　　　　　C. 三类　　　　　　D. 四类

4. 引下线一般采用圆钢或扁钢制成，采用圆钢时其直径不应小于（　　　）mm。

A. 6　　　　　　B. 8　　　　　　C. 10　　　　　　D. 12

5. 低压配电系统中，可对人体触电、漏电等起保护作用的设备是（　　　）。

A. 刀开关　　　B. 隔离开关　　　C. 自动空气开关　　D. 漏电保护开关

6. 对于以防止触电为目的的漏电保护器宜选用（　　　）的漏电保护器。

A. 动作时间 0.1s，动作电流 30mA　　　B. 动作时间 0.1s，动作电流 15mA

C. 动作时间 0.5s，动作电流 30mA　　　D. 动作时间 1.0s，动作电流 30mA

二、多项选择题

1. 引下线的材料一般采用（　　　）。

A. 圆钢　　B. 扁钢　　C. 铜材　　D. 铝材　　E. 电缆

2. 雷电的特点是（　　）。

A. 放电时间短　　　B. 声音大　　　C. 电流大　　　D. 电压高　　　E. 破坏性大

3. 对建筑物防雷措施的设计应该调查（　　）后，因地制宜进行。

A. 雷电规律　　　B. 环境条件　　　C. 建筑物特点　　　D. 地质、地貌　　　E. 气象

三、思考题

1. 常见的触电方式有哪些？

2. 电流对人体的伤害有哪几类？

3. 影响触电伤害程度的因素有哪些？

4. 触电急救步骤有哪些？

5. 常用电气设备保护措施有哪些？

6. 雷电的危害有哪些？

7. 建筑物防直击雷装置有哪几部分组成？

技 能 实 训

任务1. 通过学习视频，指导学生认真学习触电急救方法。

任务2. 带领学生认知教学楼的防雷装置。

单元11

电 梯

📖 教学目标

1. 知识目标

认知电梯的不同分类；认知电梯的各组成部分及作用；认知自动扶梯的构造，认知自动扶梯的主要性能参数，认知电梯的管理与维护。

2. 能力目标

能识别不同类型的电梯；能识别电梯各主要部分构造及其功能；能识别电梯主要常见故障现象；能协助进行电梯的管理及维护；熟知电梯关人的处理方法及流程；能对电梯运行中的其他突发事件进行有效的管理。

📖 引导案例

重视电梯安全管理

电梯的使用已越来越普及，据资料显示，截止2012年底，我国在用电梯总数已达245万台，并以每年20%左右的速度增长，电梯保有量、年产量、年增长量均位列世界第一。但我国电梯目前在用品牌多、型号复杂、技术水平参差不齐，电梯故障频繁，电梯运行中关人、夹人、蹲底或冲顶等事故时有发生，已经引起社会的广泛关注。其中典型事故如2011年7月5日，北京地铁四号线动物园站A口上行自动扶梯发生了设备故障，造成梯级失控下滑，导致1死28伤的严重事故。为此，国家质量监督检验检疫总局和特种设备安全监察局多次发文，要求各有关单位必须高度重视电梯的安全管理。

11.1 电 梯

11.1.1 电梯的种类

电梯通常按照用途、速度、拖动方式和控制方式进行分类。

（1）按用途不同可分为：客梯、货梯、病床梯（医梯）、杂物梯、观光电梯、消防电梯、车辆电梯（车库）等。

（2）按拖动方式不同可分为：交流电梯、直流电梯、液压电梯和齿轮齿条式电梯等。

（3）按额定速度不同可分为：低速梯，即速度低于 1.0m/s 的电梯，规格通常有 0.25m/s、0.50m/s、0.75m/s、0.1m/s；中速梯，即速度为 1.0~2.0m/s 的电梯，规格通常有 1.50m/s、1.75m/s；高速梯，即速度高于 2.0m/s 的电梯，规格通常有 2m/s、2.5m/s、3m/s、超高速电梯，即指速度高于 5.0m/s 的电梯，台北 101 大楼内设置的电梯速度为 16.8m/s，有世界最高楼之称的迪拜塔电梯速度达到了 17.4 m/s。

（4）按控制方式不同可分为：手柄操纵控制电梯、按钮控制电梯、信号控制电梯、集选控制电梯、向下集选控制（向下集中控制）电梯、并联控制电梯、群控电梯、智能控制电梯等。

（5）按运行方式分为：直升电梯和自动扶梯。直升电梯是靠曳引机，通过钢丝绳传动上下垂直运行的电梯；自动扶梯是靠齿轮传动，开放式传输运行的电梯。

11.1.2 电梯的构造及功能

电梯是机电一体化产品。其机械部分好比是人的躯体，电气部分相当于人的神经，控制部分相当于人的大脑。各部分通过控制部分调度，密切协同，使电梯可靠运行。目前使用的电梯绝大多为电力拖动、钢丝绳曳引式结构，图 11-1 所示为曳引电梯的基本结构剖视图。

从电梯的空间位置使用看，由四个部分组成：依附建筑物的机房、井道；运载乘客或货物的空间——轿厢；乘客或货物出入轿厢的地点——层站。即机房、井道、轿厢、层站。

从电梯各构件部分的功能上看，可分为八个部分：曳引系统、导向系统、轿厢、门系统、重量平衡系统、电力拖动系统、电气控制系统和安全保护系统，见表 11-1。

1. 曳引系统

现代电梯广泛采用曳引驱动方式，如图 11-2a 所示。曳引机是曳引驱动的动力，钢丝绳挂在曳引机的绳轮上，一端悬吊轿厢，另一端悬吊对重装置。曳引机转动时，由钢丝绳与绳轮之间的摩擦力产生曳引力来驱使轿厢上下运动。为使井道中的轿厢与对重各自沿井道中导轨运行而不相蹭，曳引机上设置有导向轮使二者分开。轿厢与对重装置的重力使曳引钢丝绳压紧在曳引轮槽内产生摩擦力。电动机带动曳引轮转动，驱动钢丝绳拖动轿厢和对重作相对运动，从而完成垂直运送任务。

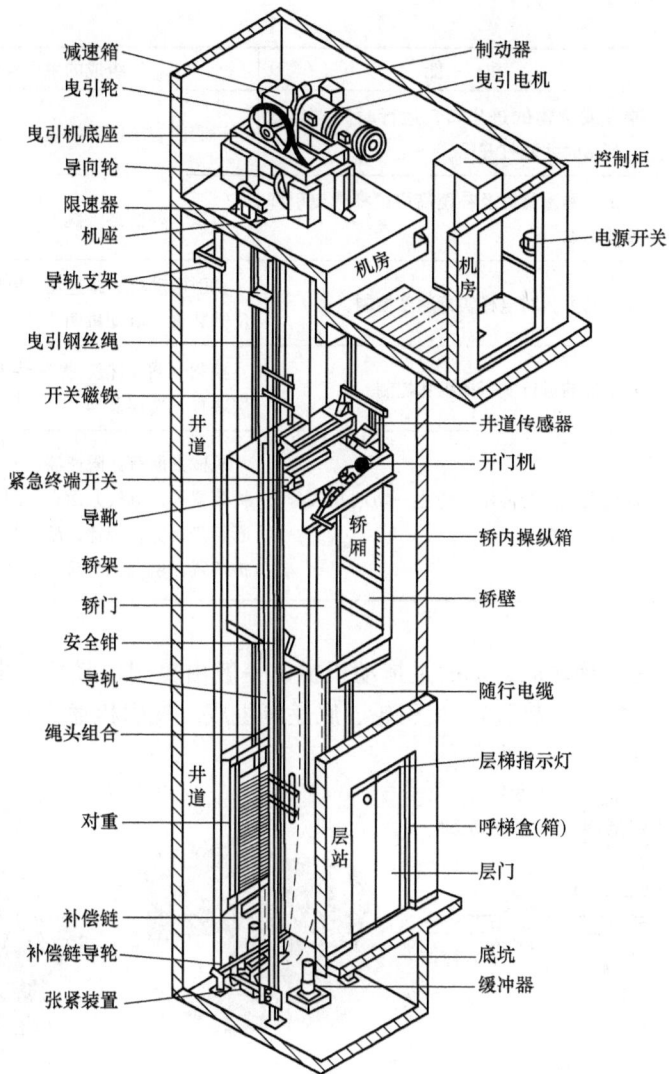

图 11-1 曳引电梯基本构造

表 11-1 电梯八个系统的功能及其主要构件与装置

电梯八个系统	功 能	组成的主要构件与装置
1. 曳引系统	输出与传递动力，驱动电梯运行	曳引机、曳引钢丝绳、导向轮、返绳轮、制动器
2. 导向系统	限制轿厢和对重活动自由度，使轿厢和对重只能沿着导轨上、下运动	轿厢的导轨、对重导轨及其导轨架、导靴
3. 轿厢	用以运送乘客和货物的组件	轿厢架、轿厢体

（续）

电梯八个系统	功　　能	组成的主要构件与装置
4. 门系统	乘客或货物的进出口，运行时门必须封闭，到站时才能打开	轿厢门、层门、门锁、开门机、关门防夹装置
5. 重量平衡系统	平衡轿厢重量以及补偿高层电梯中曳引绳重量的影响	对重、补偿链（绳）
6. 电力拖动系统	提供动力，对电梯实行速度控制	曳引电动机、减速器、制动器、供电系统、速度反馈装置、电动机调速装置等
7. 电气控制系统	对电梯的运行实行操纵和控制	控制（屏）柜、操纵装置、位置显示装置、平层装置、选层器等
8. 安全保护装置	保证电梯安全使用，防止一切危及人身安全的事故安全	机械方面有：限速器、安全钳、缓冲器、端站保护装置等；电气方面有：超速保护装置、供电系统断相错相保护装置，超越上、下极限工作位置的保护装置，层门锁与轿门电气联锁装置等

（1）曳引机。是电梯轿厢升降的主拖动机械，一般由曳引电动机、电磁制动器、齿轮减速器（无齿轮曳引机无此装置）、曳引轮、底座等组成。曳引机通常有齿轮曳引机和无齿轮曳引机之分，如图 11-2b、c 所示。

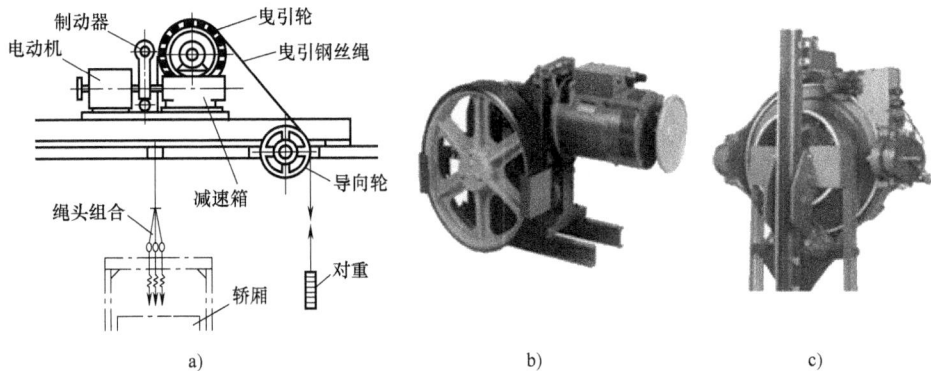

图 11-2　电梯曳引系统

a）曳引系统示意图　b）有齿轮曳引机（实物图）　c）直流永磁无齿轮曳引机（实物图）

（2）曳引钢丝绳。两端分别连接轿厢和对重（或者两端固定在机房上），承受着电梯的全部悬挂重量，在电梯运行中绕着曳引轮、导向轮或反绳轮作单向或交变弯曲，因此钢丝绳应具有较大的安全系数。

（3）导向轮。将曳引钢丝绳引向对重或轿厢的钢丝绳轮，安装在曳引机架或承重梁上。

（4）反绳轮。是指设置在轿厢顶部和对重顶部位置的动滑轮以及设置在机房里的定滑轮，用以构成不同的曳引绳传动比，数量可以是一个、两个或更多。

（5）制动器。是安全装置，在正常断电或异常情况下均可实现停车。电磁制动器安装在电动机轴与蜗杆轴的连接处。

2. 导向系统

导轨和导靴是电梯轿厢和对重的导向部分。

（1）导轨。是轿厢和对重借助于导靴在导轨面上下运动的部件。电梯中大量使用的是 T 形导轨（另外还有 L 形、槽形等），具有通用性强和良好的抗弯性能。导轨长度一般为 3 ~ 5m，需用专门的连接板连接，不允许采用焊接和螺栓直接连接。

（2）导靴。电梯轿厢导靴被安装在轿厢上梁和轿底安全钳座的下面（与导轨接触处），每个轿厢 4 套；对重导靴安装在上、下横梁两侧端部，每个对重 4 套。通常有固定式滑动导靴、弹性滑动导靴之分。图 11-3 为导轨和导靴的配合示意图。

3. 轿厢

（1）轿厢的组成。轿厢一般由轿厢架和轿厢体组成，如图 11-4 所示。高度不小于 2m，宽度和深度由实际载重量而定，国标规定，载客电梯轿厢额定载重量约 350kg/m^2（其他电梯有不同规定）。

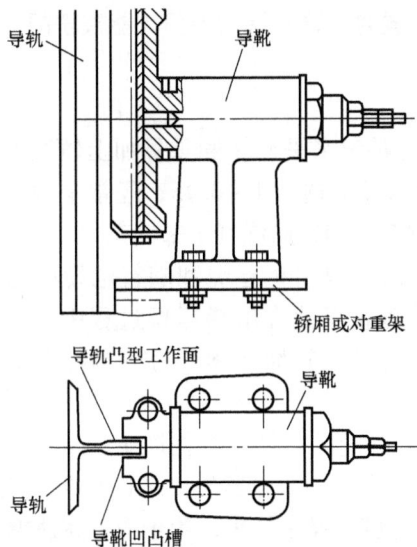

图 11-3　导轨与导靴配合图

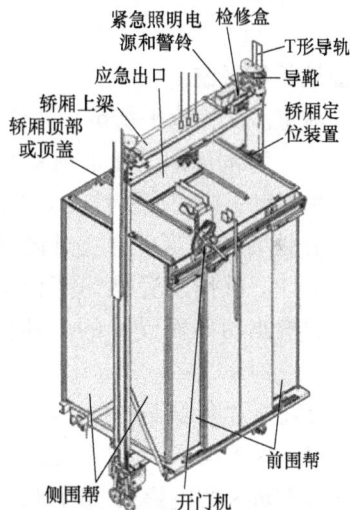

图 11-4　电梯轿厢结构

轿厢架是固定和悬吊轿厢的框架，它是轿厢的主要承载构件，由上梁、立梁、下梁、拉条组成。

轿厢体由轿厢底、轿厢壁、轿厢顶、轿厢门组成。轿顶上强度应能支撑两个维修人员的重量；为了维修方便，轿顶还设有轿顶检修盒，包含系列开关；轿箱门一般是封闭门，可以为中分、双折中分、双折单方向旁开门。

（2）轿厢内操纵箱　通常设置以下功能：运行状态控制、定向启动、开关门、选层、直驶、急停、报警（警钟按钮）、厅外召唤显示、检修控制、照明控制、风扇控制、超载指示灯和超载警钟、轿内层楼指示器（显示轿厢在运行中所处的楼层位置）、平层感应器。

4. 门系统

电梯门系统包括轿厢门、层门、开门机、门联锁、关门防夹装置。门区是电梯事故高发区，也是电梯监督检验和安全管理的重点。

（1）自动开门机。装在轿厢靠近轿门处，由电动机通过减速装置（齿轮传动或蜗轮传动或带齿胶带传动）带动曲柄摇杆机构去开、关轿门，再由轿门带动层门开关。

（2）轿箱门。是随着轿厢一起运动的门，通过轿箱门上的开门刀插入该层门门锁内，使门联锁首先断开电气开关，然后将层门一起联动着打开或关闭，是主动门。

（3）层门。是电梯在各楼层的停靠站，也是供乘客或货物进出电梯轿厢通向各层大厅的出入口。可根据需要在每层楼设1个或2个出入口。不设层站出入口的楼层在电梯工程中称之为盲层，层门是被动门。

（4）门联锁。是带有电气触点的机械门锁，是电梯中最重要的安全部件之一。电梯安全规范要求所有厅门锁的电气触点都必须串联在控制电路内。只有在所有层的层门都关好后电梯才能启动运行。当轿厢到达某一层站并达到平层位置时、这一层的层门才能被轿门上的开门刀拨开。

5. 重量平衡系统

（1）对重。又称为平衡重，其作用是借助其自身重量来平衡轿厢重量加上轿厢额定载重量的40%～50%（即电梯平衡系数，经常轻载的电梯可选0.4～0.45；经常重载的可选0.5），以改善曳引机的曳引性能。对重块可由铸铁制造或用钢筋混凝土来填充。

（2）补偿装置。当电梯提升高度超过30m以上时，曳引钢丝绳和随行电缆的重量不能再忽略不计。补偿装置是为了保证轿厢侧与对重侧重量比在电梯运行过程中不变，减小曳引机的输出功率而设置的。补偿装置通常一端悬挂在轿厢下面，另一端挂在对重装置下部。

补偿装置通常有以下几种：①补偿链（带有消音麻绳的铁链，结构简单，常用于速度不超过1.75m/s的电梯）；②补偿绳（以钢丝绳为主，需另加装张紧轮，结构复杂，常用于速度超过1.75m/s的电梯）；③补偿缆（补偿链外包橡胶，噪音最小，用于中、高速梯）。

6. 电力拖动系统

电力拖动系统由曳引电动机、供电系统、调速装置、速度反馈装置构成，其作用是对电梯实行速度控制。

7. 电梯控制系统

（1）控制屏（柜）。控制屏（柜）安装在机房中，是电梯实行电气控制的集中部件。在操纵装置的指令下，控制屏（柜）上的元件发挥预期作用，使电动机运转或停止、正转或反转、快速或慢速，以及达到预期的自动性能和安全动作。

（2）选层装置。选层装置（器）能起到指示和反馈轿厢位置、决定运行方向、发出加减速信号等作用。选层装置有多种形式，如机械选层器、电气选层器和电子（电脑）选层器。

（3）召唤按钮盒。一般是安装在厅门（层门）外离地面 1.3～1.5m 右侧墙壁上，而集选、群控电梯是把按钮箱装在两台电梯的中间位置。

（4）层楼指示器。用以显示轿厢的运行方向和所处的层站。

（5）随行电缆。轿厢内外所有电气开关、照明、信号控制线等都要与机房控制柜连接，轿内按钮也要与机房控制柜连接，所有这些信号都需要通过电梯随行电缆传输。随行电缆在轿厢底部固定牢靠并接入轿厢。

8. 电梯安全保护系统

电梯安全保护系统由机械安全装置和电气安全装置两大部分组成。其中部分机械安全装置需要电气方面的配合和联锁才能实现其安全功能。

（1）超速（失控）保护装置。它由限速器和安全钳两部分组成，二者必须成对使用、联合动作才能发挥作用，是电梯中最重要的安全装置之一。

限速器是限制轿厢（或对重）速度的装置，安全钳则是使轿厢（或对重）停止运动的装置。在轿厢或对重故障下落超速时，限速器先动作，断开安全钳电气安全开关，切断曳引机电源，之后拉起安全钳拉杆使安全钳钳头将轿厢卡在井道导轨上，使轿厢不致下坠，从而起到超速时的安全保护作用。

凡是由钢丝绳悬挂的轿厢均需设安全钳。安全钳分为以下两种：瞬时式安全钳（用于低速梯）、滑移式安全钳（用于高速梯）。安全钳设在轿厢下横梁上，限速器通常安装在机房内或井道顶部。

（2）终端保护装置（超越上下极限工作位置的保护装置）。为防"冲顶"、"蹲底"现象，在井道中常设置减速开关、限位开关和极限开关。

减速开关（强迫减速开关）——安装在电梯井道内顶层和底层附近，是第 1 道防线。

限位开关（端站限位开关）——电梯有上、下限位开关各 1 个，安装在上下减速开关的后面。上限位开关动作后，如下面层楼有召唤，电梯能下行；下限位开关动作后，如上面楼召唤，电梯也能上行。

极限开关（终端极限开关）——是电梯安全保护装置中最后一道电气安全保护装置。有机械式和电气式两种。机械式常用于慢速载货电梯，是非自动复位的；电气式常用于载客电梯中（该开关动作后电梯不能再启动，排除故障后在电梯机房将此开关短路，慢车离开此位置之后才能使电梯恢复运行）。

国标规定：极限开关必须在轿厢或对重未触及缓冲器之前动作。

（3）撞底（或冲顶）保护装置——缓冲器。缓冲器是电梯机械安全装置的最后一道措施。当电梯在井道下部运行时，由于断绳或其他故障，下部限位开关不起作用，轿厢就要向底坑掉落蹲底。这时，设置在底坑的缓冲器可以减缓轿厢与底坑之间的冲击，使轿厢停止运动。缓冲器有弹簧缓冲器和液压缓冲器两种，弹簧缓冲器是一种蓄能型缓冲器，常用于低速电梯；液压缓冲器是耗能型缓冲器，常用于快速与高速电梯中。

（4）电磁制动器。也叫电磁抱闸，它得电松闸、失电抱闸，是电梯安全装置中最重要的一种。在轿厢超速、越位、超载溜车或其他原因造成坠落等危急情况下都需要电磁制动器动作。

（5）平层感应装置。当电梯轿厢按轿内或轿外指令运行到站进入平层区时，平层隔磁（或隔光）板即插入感应器中，切断干簧感应器磁回路（或遮挡电子光电感应器红外线光线），接通或断开有关控制电路，控制电梯自动平层。平层感应装置安装在轿顶上，平层隔磁（隔光）板安装在每层站平层位置附近井道壁上。

（6）超载与称载装置。超载与称载装置是为了防止电梯发生超载事件，确保电梯运行的安全。当轿厢载员达到额定载荷的110%时，称重机构动作，切断电梯控制电路使电梯不关门、不运行；同时点亮超载信号灯，超载蜂鸣器响。常用超载装置类型有轿底式称重装置、轿顶式称重装置、机房称重式称重装置。

（7）盘车手轮和松闸扳手。它们是结构简单但能在电梯困人情况下通过人工操作对乘客进行安全解救的重要工具。

（8）安全窗。是当轿厢因故停在两个楼层中间且轿厢又无法移动而设置的紧急救助出入口。为防止启用安全窗时，电梯突然启动运行而造成人身伤害事故，安全窗具有打开即切断控制回路的功能。

（9）限速钢丝绳张紧保护。可防止电梯在超速保护装置失灵的情况下运行。

（10）急停开关。在轿顶、底坑、机房处检修电梯时，关闭急停开关就可切断电源。在轿厢里遇到紧急情况只要按下急停按钮或扳动急停开关，即可及时停车。可根据需要分别安装在轿厢操纵盘、轿顶操纵盒及底坑内和机房控制柜上。

（11）过载短路及相序保护装置。防止电动机因超载、电路短路或供电线路出现相序错误或缺相而被烧毁。当运行中出现以上情况则可立即切断控制回路。

（12）报警装置。轿厢内与外界联系的警铃、电话等安全保护装置。

11.2　自　动　扶　梯

自动扶梯是一种可连续输送的机械，一般设置在人流集中的公共场所，比如高层大厦、商场、车站、码头、机场和地铁站等处。自动扶梯与直升电梯相比，优点是：运送能力大，能连续输送人员；可以逆转，也就是可上可下；当停电或零件损坏而停车时，它可以当普通楼梯使用，具有较大的灵活性。缺点是：因其结构有水平区段，所以有附加的能量损失；如果提升高度大的话，人员在上面停留的时间比直升电梯要长得多，另外，自动扶梯的造价较高。

11.2.1　自动扶梯的构造

自动扶梯的结构包括支承部分、驱动系统、运载系统、安全保护系统、电气控制系统和扶手系统等，如图 11-5 所示。

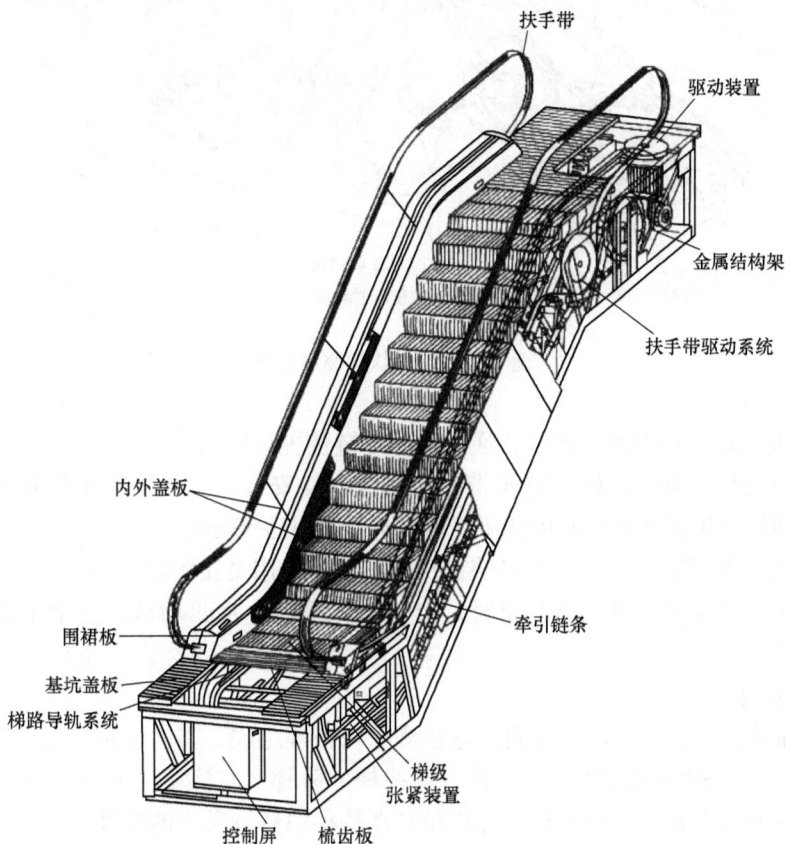

图 11-5　自动扶梯的总体构造

1. 金属桁架

金属桁架即自动扶梯的支承部分，其作用在于安装和支承自动扶梯的各个部件，承受各种载荷以及将建筑物两个不同层高的地面连接起来。一般端部驱动以及中间驱动自动扶梯的导轨系统、驱动装置、张紧装置以及扶手装置等都安装在金属桁架的里面和上面。

桁架架设在建筑物结构上，用型钢焊接而成。一般分成三段，即上水平段框架、倾斜段框架、下水平段框架。提升高度较大时，可再对倾斜段分段。

2. 驱动系统

驱动系统由主机、主驱动轴、主驱动链、扶手带驱动链、扶手带驱动轴、梯级链张紧装置等组成，如图 11-6 所示。其功能是驱动梯级和扶手带运动。

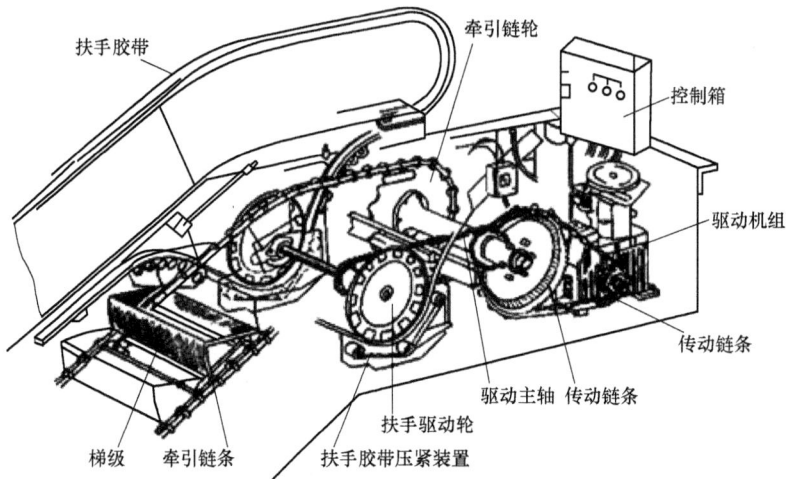

图 11-6　自动扶梯驱动系统

（1）主机。是扶梯的动力部分，通过主驱动链使主轴转动。

（2）主驱动轴。轴上的梯级链轮带动梯级链，使安装在梯级链条上的梯级运动；轴上的扶手带驱动链以相同的方式驱动扶手带驱动轮，使扶手带运动。

（3）梯级链张紧装置。该装置安装在扶梯下部，作用是拉紧梯级链。

（4）自动润滑装置。其功能是定时、定量对梯级链、主驱动链、扶手带驱动链等运动部件进行润滑。

3. 运载系统

运载系统由梯级、梯级链、导轨、地板和梳齿板等组成，其功能是运送乘客。

（1）梯级。也称为梯级踏板，就是自动扶梯的阶梯。它实际上是一个特殊结构形式的四轮小车，有两只主轮和两只辅轮。梯级是自动扶梯中数量最多的部件，一台扶梯质量的好坏，主要取决于梯级的结构和质量。

（2）梯级链。是自动扶梯的牵引机构，将主机的动力传送给梯级，使梯级沿着导轨运动。一台自动扶梯一般有两根构成闭合环路的梯级链。梯级链的驱动装置一般设在上水平梯级区段的末端，也就是所谓的端部驱动式。

（3）导轨系统。导轨是梯级运动的导向，并起到支撑梯级及梯级链的作用。由支承梯级工作的工作导轨和使梯级回转的返回导轨、防止梯级在工作时脱轨的压轨及相应的支撑件组成。导轨不仅要满足结构设计要求，还应光滑、平整、耐磨，并满足一定精度要求。

（4）地板与梳齿板。地板为乘客在扶梯两端提供站立平台，同时又是机房的盖板。梳齿板位于梯级的出入口。梳齿板上的梳齿与梯级的齿槽相啮合，保证梯级在回转时的安全性。

4. 扶手系统

扶手系统是供梯级上的乘客作扶手用，特别是在出入扶梯的期间，它由扶手护栏、扶手驱动装置、扶手带等组成。

（1）扶手护栏。其作用是保护乘客和支撑扶手带，由围裙板、内盖板、护壁板、外盖板以及外装饰板组成。按结构可分为全透明无支撑式、半透明有支撑式及不透明有支撑式等。

（2）扶手驱动装置。常见的扶手驱动系统有两种结构形式，一种是传统使用的摩擦轮驱动形式，另一种是压滚驱动形式。

（3）扶手带。它是供人扶手的部件，与梯级同步运行。按胶带内部衬垫不同分为多层织物衬垫胶带、织物夹钢带胶带和织物夹钢丝绳胶带（我国生产的自动扶梯多用这种结构）。

5. 电气控制系统

电气控制系统主要由控制柜、控制按钮、开关等组成，实现对扶梯的运行控制。有继电器控制、PLC 控制和微机控制几种。

（1）电控柜。电控柜安装在扶梯的上部机房，负责向主机供电并控制扶梯运行。

（2）控制按钮、开关。主要由钥匙开关、紧急停止按钮组成，安装在扶梯上下端部。钥匙开关用于开关扶梯，急停按钮用于在紧急情况下使扶梯停止。

6. 安全保护系统

安全保护系统的功能是当自动扶梯处于不安全状态时，安全装置使之停止。安全装置一般分为必备安全装置和辅助安全装置两类。

（1）必备安全装置

1）工作制动器。又称机电式制动器，是保证自动扶梯正常停车用的装置。在通电时释放打开，使自动扶梯正常运转；一旦断电立即制动，使自动扶梯停止运转。

2）紧急制动器。采用链条传动的自动扶梯，应设紧急制动器，以防自动扶梯超速运转或链条断裂等意外情况发生，确保乘客安全。

3）牵引链条伸长或断裂保护装置。只要牵引链条因磨损或其他原因而变长，就会碰到此开关，从而切断电源使自动扶梯停止运转。

4）梯级塌陷保护装置。一般自动扶梯的塌陷保护装置共有两套，分别装在梯路上、下曲线段处。若加固梯级损坏而下陷，保护装置会使自动扶梯停止运转。

5）速度监控装置。速度监控装置的作用，就是当自动扶梯的运行速度超过额定速度或低于额定速度时，及时切断电源。

6）梳齿板保护装置。其作用是一旦乘客的高跟鞋、伞尖或其他异物嵌入梳齿，梳齿板就要前移。当移到一定的距离，梳齿板下方的斜块就要撞击开关，从而切断电源。

7）扶手胶带入口防异物保护装置。扶手胶带的端部下方入口处是事故的易发处，若不加保护装置，就常会夹住异物或小孩的手。所以，此处应安装异物保护装置。

8）裙板保护装置。一旦异物进入裙板与梯级间的间隙，裙板就会发生形变，C 型钢就会随之移动，到达一定位置后，碰击开关，断开电源，使自动扶梯停车。

9）梯级间隙的照明装置。自动扶梯在运行过程中，在梯路的上下水平区段与曲线区段的过渡处，梯级要形成阶梯或者阶梯消失。此时，若乘客的脚正好踏在两个阶梯之间，就会发生事故。为此，在上下水平区段的梯级下面各安装一绿色荧光灯，可使乘客经过此处时，看见绿色的荧光灯，及时调整在梯级上的站立位置，避免事故发生。

10）过载短路及相序保护装置。防止电动机因超载、电路短路或供电线路出现相序错误或缺相而被烧毁。当运行中出现以上情况则可立即切断控制回路。

11）急停按钮。它是遇有紧急情况可立即停车的开关。紧急开关要装在醒目而又容易操作的地方，一般为红色，但旁边也要装有钥匙开关。只有打开钥匙开关，才能按动急停按钮。

（2）辅助安全装置

1）辅助制动器，其在结构上和功能上与工作制动器完全相同。

2）机械锁紧装置，是运输过程中或长期不用时用于锁紧驱动机组的装置。

3）梯级上的黄色边框是乘客乘梯的警示标识。

4）裙板上的安全刷，其作用是防止异物落入裙板。

5）扶手胶带同步监控装置，其作用是监视扶手胶带与梯级的同步运行情况。

11.2.2　自动扶梯的主要性能参数

当高层大楼的业主或承包商向自动扶梯生产厂家订购自动扶梯时，应提供一些必要的建筑物参数，同时也要对该厂家的自动扶梯规格参数有一些了解。

（1）提升高度（H）。提升高度是指建筑物上、下楼层之间或地下铁道地面与地下站厅之间的高度。我国目前生产的自动扶梯系列为：小提升高度 $H = 3 \sim 10m$；中提升高度 $H > 10 \sim 45m$；大提升高度 $H > 45 \sim 65m$。

（2）输送能力（Q）。自动扶梯的输送能力是每小时运载人员的数目。

（3）倾斜角（α）。一般自动扶梯的倾斜角为 30°，有时为了适应建筑物的特别需要，减少自动扶梯所占的空间，有些也可采用 35°。国家标准有如下规定：自动扶梯的倾角 α 应不超过 30°，但如提升高度不超过 6m，运行速度不超过 0.5m/s 时，倾斜角 α 最大可以增至 35°。

（4）运行速度（v）。国家标准规定：当倾斜角 $\alpha \leqslant 30°$ 时，运行速度不得超过 0.75m/s；倾斜角 30° < $\alpha \leqslant 35°$ 时，运行速度不得超过 0.5m/s。

（5）梯级宽度（B）。目前我国采用的梯级宽度一般为：小提升高度时，单人的为 0.6m，双人的为 1.0m。中、大提升高度时，双人的为 1.0m。国家标准除规定 0.6m 及 1.0m 两种规格外，还增加了一种 0.8m 的规格。

11.2.3 自动扶梯的工作过程

1. 驱动装置的工作原理

对于蜗杆副传动的端部驱动装置，当驱动装置上的制动器得电后，制动带松开，电动机通电转动，通过联轴器带动蜗杆副转动。传动链轮与蜗轮同轴，随蜗轮同步转动，并通过驱动链将动力传递给梯级链轮，进而带动梯级运动。梯级链轮转动时，与之同轴的驱动主轴同步转动，并通过扶手带驱动链带动扶手带驱动轮转动，从而使扶手带运动。

2. 自动扶梯的工作过程

自动扶梯上的一系列梯级与两根牵引链条连接在一起，在按一定线路布置的导轨上运行即形成自动扶梯的梯路。牵引链条绕过上牵引链轮、下张紧装置，并通过上、下分支的若干直线和曲线区段构成闭合环路。这一环路的上分支中的各个梯级（也就是梯路）严格保持水平，以供乘客站立；上牵引链轮（也就是主轴）通过减速器等与电动机相连以获得动力。扶梯两旁装有与梯路同步运行的扶手装置，以供乘客手扶之用。扶手装置同样由上述电动机驱动。

11.3 电梯的管理

电梯在完成安装、调试，经主管部门验收合格交付使用后就进入了运行管理阶段。为了使电梯能够安全可靠运行，充分发挥其应有效益，延长使用寿命，必须加强电梯的使用管理，明确管理职责，建立管理制度，重视电梯安全使用的控制。

11.3.1 电梯投入使用前的工作

新增电梯在投入使用前，使用单位必须到所在地区的地、市级以上特种设备安全监察机构办理注册登记手续，注册登记后，才可以投入使用。

当制造企业提供免费维修保养且其期限达到时，必须向注册登记机构补报规定的维修保养合同或者维修保养责任书。

使用单位还必须将电梯安全检验合格标志及相关牌照和证书固定在规定的位置上。安全检验合格标志超过有效期或者未按照规定张挂安全检验合格标志的电梯不得使用。

使用单位必须指定专人负责电梯的安全管理工作。安全管理人员应当掌握相关的安全技术知识，熟悉有关电梯的法规和标准，并具体负责落实各项安全管理制度。

11.3.2 电梯的管理制度

电梯的使用单位必须制订以岗位责任制为核心的电梯使用和运营管理制度，并严格执行。管理制度至少应当包括以下内容：

1. 岗位责任制

岗位责任制是明确电梯司机和维修人员工作范围、承担的责任、完成岗位工作质量的管理制度。岗位职责越明确、具体，就越有利于在工作中执行。因此，在制订此项制度时，要以电梯的安全管理为宗旨，将岗位人员值班期间的工作内容及要求具体化、程序化。

2. 交接班制度管理

对于多班运行的电梯岗位，应建立交接班制度，以明确交接双方的责任，交接的内容、方式和应履行的手续。否则，一旦遇到问题，易出现推诿、纠纷等现象。

（1）交接班时，双方应在现场共同查看电梯的运行状态，清点工具、备件和机房内配置的消防器材，当面交接清楚，而不能以见面打招呼的方式进行交接。

（2）应明确交接前后的责任。通常，在双方履行交接签字手续后再出现的问题，由接班人员负责处理；若正在交接时电梯出现故障，应由交班人员负责处理，但接班人员应积极配合；若接班人员未能按时接班，在未征得领导同意前，交班人员不得擅自离开岗位。电梯岗位一般配置人员较少，如遇较大运行故障，当班人力不足时，已下班人员应在接到通知后尽快赶到现场共同处理。

3. 维修保养制度

为了使电梯能安全、可靠、高效率地提供服务，防止突发事故的发生，使用单位应制订切实可行的维修保养制度。应参考电梯厂家提供的使用维修保养说明书及国家有关标准和规定，结合单位电梯使用的具体情况，将日常检查、周期性保养和定期检修的具体内容、时间及要求，做出计划性安排，维修备件及工具的申报、采购、保管和领用办法及程序，也应包括在此项管理制度中。维修保养应避开电梯使用的高峰期。

4. 机房管理制度

机房的管理应以满足电梯的工作条件和安全运行为原则，主要内容有：

（1）非岗位人员未经管理者签字许可不得进入机房。

（2）机房内配置的消防灭火器材要定期检查，放在明显易取部位（一般在机房入口处），并应经常维护使其保持完好状态。

（3）保证机房内照明、通信设施的完备及良好使用状态。

（4）保持机房内部的清洁及门窗的完好；机房内不准存放与电梯无关的物品，禁止堆放易燃、易爆危险品和腐蚀挥发性物品。

（5）应保持机房温度在 5～40℃ 范围内。有条件时可安装空调设备来调节机房温度，但必须满足机房通风要求。

（6）注意防水、防鼠的检查。严防机房顶部和墙体渗水、漏水和鼠害。

（7）注意电梯电源配电柜（盘）的日常检查，保证完好、可靠。

（8）保持通往机房的通道、楼梯间的畅通。

5. 技术档案管理制度

作为建筑物中的大型重要设备之一，电梯应建立专门的技术档案。每台电梯都应有独立的技术档案，不能互相混淆。电梯的技术档案应包括以下内容：

（1）产品质量合格证书、出厂试验记录及装箱单。

（2）电梯的井道及机房土建设计图和设计变更文件。

（3）安装、测试、试验、检验、验收的记录和报告书。

（4）使用维修保养说明书，电气控制原理图，接线图，主要部件和电气元件的技术说明书等随机技术资料。

（5）备档案卡（如设备卡片、台账等）。

6. 安全使用管理制度

这项制度的核心是通过制度的建立使电梯得以安全合理地使用，避免人为损坏或事故的发生。

此外，电梯管理制度还应注意完善以下管理制度，如操作人员守则；安全操作规程；定期报检制度；作业人员及相关运营服务人员的培训考核制度；意外事件和事故的紧急救援措施及紧急救援演习制度等。

11.3.3　电梯的使用管理

按照电梯的种类和运输管理的要求，电梯使用管理单位必要时应配备经培训合格且持有电梯司机操作证的人员负责电梯的司机工作，并每天进行日检，巡查各台电梯的运行情况。若电梯不需要配备电梯司机，则必须指定安全管理人员日检和巡查各台电梯。

1. 直升电梯的使用管理

电梯的使用管理（包括乘客和货物运输管理），应清晰标明电梯运行楼层，张贴乘客须知。

（1）运货申报。使用乘客电梯运送货物，应有明确的申报手续，使用方书面向管理处申请，并详细列明每次运送货物的重量，经批准后在指定非繁忙时间内，由专业人员随行协助运送货物，禁止超载。

（2）乘客须知。可在电梯轿厢内张贴"乘梯须知"，告知电梯乘客应遵守的规则和注意事项。

（3）钥匙管理。钥匙管理是一项很重要的工作，特别是用于打开层门的三角钥匙，必须按照规定挂上一块警示牌，没有受过训练的人员不得使用。电梯机房、层门和操纵箱的钥匙，由电梯使用管理单位统一管理放在指定的位置，而且必须是由指定的有资格的人员才能使用，并应有领用登记手续。

（4）卫生清洁。卫生清洁不能忽视，特别是加强对厅门、轿门地坎的清理，可以大大减少电梯故障次数。电梯轿厢的卫生清洁应安排清洁工，在每天非繁忙时间对轿厢进行清理，而电梯机房、轿顶、底坑等是由电梯企业进行清理，电梯使用管理单位也应督促其完成。

2. 自动扶梯的使用管理

自动扶梯在使用中应注意以下方面的管理：

（1）每年要向行政主管部门提出复验申请，检验不合格不能继续使用。

（2）在扶梯入口等醒目位置设置告示牌，告知乘客正确的乘梯方法和注意事项。

（3）在端部护壁板上粘贴有符合要求的安全标记图案。

（4）不要让小孩在自动扶梯上和扶梯附近玩耍。

（5）在自动扶梯周围的隔栅和楼顶之间装防护板。

（6）当梳齿有两齿以上损坏时必须立即更换。若梳齿间有异物应立即清除。

（7）若发生事故应立即停机，根据实际情况向主管部门报告并由专门的技术人员修复。

3. 电梯的年检及改造管理

根据《特种设备质量监督与安全监察规定》，在用电梯每年应报当地电梯检验机构检验一次。电梯年检的基本流程如下。

（1）申请。填写专用申请表格。

（2）受理。由当地电梯检验机构受理。

（3）检验。由当地电梯检验机构依据《电梯监督检验规程》和国家相关电梯标准检验，并出具报告。

（4）颁发安全检验合格标志。由执行检验任务的当地电梯检验机构颁发安全检验合格标志。合格标志每年更换一次，应张贴在电梯上。

电梯的改造应参照电梯安装手册进行，并按国家标准进行各项试验，取得改造后的安全检验合格标志，到当地质量技术监督部门办理变更注册登记。

4. 电梯事故的报告处理

根据 2009 年 7 月 3 日正式实施的《特种设备事故报告和调查处理规定》（国家质检总局第 115 号文），发生特种设备事故后，事故现场有关人员应当立即向事故发生单位负责人报告；事故发生单位的负责人接到报告后，应当于 1 小时内向事故发生地的县以上质量技术监督部门和有关部门报告。情况紧急时，事故现场有关人员可以直接向事故发生地的县以上质量技术监督部门报告。具体请参考《特种设备事故报告和调查处理规定》。

11.3.4　电梯的日常检查和维修保养

1. 电梯的日常检查及维护

电梯应根据其使用性质及频繁程度，按每天或两天进行一次日常检查和维护，该工作由电梯机房值班人员实施。检查工作包括对机房进行清扫和巡视检查，及时发现和排除各种不正常现象；保持轿厢内部与厅门的清洁卫生，以免影响门的正常开合。日常检查应当做详细记录，并存档备查。表 11-2 为某物业的《直升电梯日巡查记录表》。

对于检查中发现的问题，应及时处理。对于当时不能处理但可缓步进行的项目，应记下来，尽快安排时间处理，避免电梯带隐患运行。

表 11-2 直升电梯日巡查记录表

项目名称： 年 月 日

巡 检 项 目			电 梯 号											
			1	2	3	4	5	6	7	8	9	10	11	12
机房	1	机房各部清洁												
	2	油镜、油杯油位												
	3	盘车工具、救援规程												
	4	应急灯、灭火器												
	5	控制柜内继电器接触器												
	6	照明、通风设备												
	7	警告牌及门窗、门锁												
	8	曳引电动机												
	9	减速箱及绳轮												
	10	安全装置												
	11	机房温度												
轿厢	1	轿厢门联锁												
	2	安全触板及开关												
	3	轿内显示器、按钮												
	4	对讲电话与警铃												
	5	天花板、壁板、地面												
	6	通风扇												
	7	照明灯												
	8	异音、异感（启动、行车、加减速的平稳性、抖动、噪音、平层差等）												
门系统	1	厅门按钮及显示												
	2	钥匙开关及消防按钮												
	3	厅门联锁												

说明：良好打"√"，不良打"×"，并填写《电梯维修登记表》。

2. 直升电梯的维修保养

电梯作为一种机电设备，良好的维修保养可使其一直处于完好状态，延长其使用寿命。电梯的维修保养应委托有资质的维修保养企业或聘请有资质的维修保养人员承担。

各电梯厂家应根据电梯的类型在维修保养说明书中作出明确规定。电梯使用单位可根据这些规定制订相应的周期性保养制度并严格执行。通常的做法是按周、月、季度（或半年）、年度的保养周期进行。

（1）日常维修保养。日常维修保养一般每两周进行一次，主要是检查电梯整机和各主要部件的工作情况是否正常，发现问题应及时维修。

（2）月度维修保养。在日常维保的基础上，每月定期对各主要部件进行检查、清洁、润滑和必要的调整，着重各安全装置性能的检查，对发现的问题及时处理排除。

（3）季度维修保养。每季度对电梯进行细致地检查、清洁、润滑和调整，对安全装置进行必要的试验。表 11-3 为某物业维修保养完成后填写的《直升电梯季度维修保养记录》。

表 11-3　直升电梯季度维修保养记录

		维修保养项目	清理	检查	调查	记录	不良情况部分记录及处理结果
机房	1	电动机冷却风扇注油					
	2	电源总开关					
	3	控制盘、讯号盘清扫，紧引线螺钉					
机身及井道	1	门机各装置箱内部检查					
	2	门电动机、电阻箱、接点盒内部检查					
	3	门机械牙箱、连杆、链条、皮带检查					
	4	导轨装置与导轨间隙检查					
	5	检查主钢丝的磨损、清洁、张力平衡					
	6	轿箱风扇检查及清洁					
	7	底坑缓冲器油量检查及清洁					
维修保养人			验证人				

（4）年度维修保养。每年进行一次全面的综合性检查、清洁、清洗、润滑、修理、调整和测试。同时每年对电梯的整机运行性能和安全设施作一次检查。整机性能包括乘坐的舒适感、运行的振动及噪音、运行速度、平层准确性。安全设施包括超速保护，断相、错相保护，撞底缓冲装置，超越上下限位置的保护等。由专职检验员对电梯进行全面、系统的检查，为电梯年度检测做准备。某物业整机检修完成后填写的《直升电梯年度维修保养记录》如表 11-4 所示。

表 11-4　直升电梯年度维修保养记录

		维修保养项目	清理	检查	调查	记录	不良情况部分记录及处理结果
机房	1	减速器换油					
	2	各种润滑油更换					
	3	电动机定子、转子气隙测量					
	4	曳引轮槽磨损情况检查					
	5	制动器解体大修及线圈电流测定					

（续）

		维修保养项目	清理	检查	调查	记录	不良情况部分记录 及处理结果
机身 及 井道	1	选层器牙箱换油					
	2	安全系统及限速器动作试验					
	3	安全器及夹轨拆卸、清洗					
	4	曳引机、行车速度、平衡装置检测					
	5	制动盘各接线螺钉固定					
	6	门电动机牙箱、润滑油更换					
	7	中途箱、轿底接线箱螺钉紧固					
	8	主缆、保险缆加缆油					
	9	井道内各路轨、各腰刀等牢固					
	10	井底油压缓冲器清洗换油，有效动作确定					
	11	井道内及井底大扫除					
	12	电梯年检					
维修保养人				验证人			

3. 电梯的计划性检修

电梯的计划性检修是在日常检查维护和周期性保养的基础上，根据保养中掌握的运行状态，结合电梯的使用保养现状，为恢复电梯原有的性能，延长其使用寿命而做出的计划性检修安排。通常包括中修、大修和专项修理三部分内容。一般中修周期为三年，大修周期为五年，可根据电梯的实际性能和运行状态适当提前或延长。

4. 自动扶梯的维护保养

自动扶梯近年来事故屡有发生。事故发生的主要原因包括梯级与扶手带不同步、梯级与围裙板间隙伤人、梯级驱动链断造成梯级逆转等。因此，使用中更应该加强其维护管理。主要内容如下。

（1）驱动装置的维护保养。驱动装置的故障主要有异常响声（电动机轴承损坏、减速器轴承损坏、蜗杆蜗轮磨损、制动器的制动电动机损坏、驱动链条过松等原因）、温升过快过高（电动机轴承损坏、电动机烧坏、减速器油量不足、制动器的摩擦间隙调整不适合等）。例行检查时，应注意对以上可能故障点的筛查，若发现问题，应及时处理，以免造成大祸。驱动装置维修所需的专业性很强，一旦出现较大故障必须找生产厂家或特约维修人员修理。

（2）曳引链的维护保养。曳引链是自动扶梯最大的受力部件，长期运行会导致受损，必须配备润滑系统实施润滑；驱动主轴和张紧轴由于采用滚动轴承作为转动件，所以也需定期润滑。另外，在检查曳引链条时如发现梯级主轮有脱胶、裂纹、破裂现象必须停机更换。

（3）梯级、梯路和梳齿板的维护保养。梯级是一个连续运行的部件，由于人为因素、机件本身等原因可能会发生踏板齿折断、支架盖断裂、支架主轴孔处断裂、主轮脱胶等现象，从而造成梯级下沉或损坏、夹伤乘客等事故。

梯路应保证左、右导轨在水平方向的平行及一致性，否则会造成梯级运行中跑偏，或梯级主轮受侧向力过大而脱胶损坏，或梯级运行中碰擦裙板，及导轨定位面磨损过快等现象。

梳齿一旦损坏，会发生夹脚、夹鞋等事故，严重时可能造成人身事故。

梯级及梯路的维修保养应注意以下事项：严禁将自动扶梯载货使用；自动扶梯出入口处1.5m范围内应有使乘客清除鞋底杂物的设置；要定期对导轨梯路进行清理保养，特别是导轨工作面；使用单位的维修人员必须按照生产单位提供的随机文件进行维护保养；当一块梳齿板上有三根齿或相邻两根齿损坏时必须立即予以更换。发现故障应及时排除，必要时应停机维修。

（4）扶手装置的维护保养。扶手装置故障多发生在驱动部分，宜发生轴承、链条、驱动带的损坏和带速滞后等现象。维护保养时应适度调节驱动链的松紧程度，各轴承处应按要求添加润滑脂，并按要求给驱动链条润滑。扶手带不可调得过紧，否则容易造成发热现象。

（5）安全保护装置的维护保养。自动扶梯的各种保护装置必须在故障时立即动作，故日常的保养极为重要。维护保养时，必须保持各保护装置的清洁，逐个对安全保护装置机构进行检查，看能否正常工作，电路反映是否正常。一旦发现有误，必须经专业人员进行故障排除后，方可重新启用，以确保扶梯在有监控的条件下正常运行，从而保证人身和设备安全。

11.3.5　电梯安全及突发事件管理

11.3.5.1　电梯使用常见故障

近年来，我国电梯恶性事故频发，乘客伤亡事故剧增，电梯安全运行已成为社会舆论持续关注的焦点。电梯常见的故障现象主要体现在以下方面：

（1）直升电梯门区是事故高发区域。因擅自开启层门导致人员坠落；电梯层门被短接导致开门走车发生剪切；在门区维修中违章操作被意外挤压剪切；电梯困人时逃生不当；电梯安装完工后显示未装，以致判断失误坠落井道等在电梯层门区域发生的事故占事故总数的63.9%。电梯门区事故之所以发生率最高，是由电梯系统的结构特点造成的。因为电梯的每一运行过程都要经过开门动作过程两次，关门动作过程两次，使门锁工作频繁，老化速度快，久而久之，造成门锁机械或电气保护装置动作不可靠。若维修更换不及时，电梯带隐患运行，则很容易发生事故。

（2）直升梯冲顶或蹲底事故。其一般是由于电梯的制动器发生故障所致，如果制动器失效或带有隐患，那么电梯将处于失控状态，后果将不堪设想。要有效地防范冲顶事故的发生，除加强完善有关标准外，必须加强制动器的检查、保养和维修。

（3）自动扶梯和自动人行道事故频发。其主要原因包括梯级与扶手带不同步、梯级与围裙板间隙伤人、梯级驱动链断造成梯级逆转等。

11.3.5.2　电梯的安全管理

电梯能否安全使用，与电梯司乘人员和维修人员的安全意识、责任心、电梯知识、驾驶及维修操作技能以及处理紧急情况的经验和能力有关。电梯的安全使用通常包括行驶前的安全检查、行驶中的安全操作和紧急情况下的安全措施三个环节。

1. 电梯行驶前的安全检查

电梯司机除了做好轿厢内部和层站部位的清洁工作外，还应认真对电梯进行行驶前的安全检查。检查的主要项目有：

（1）对多班制运行的岗位，接班人员要详细了解上一班电梯的运行状况。

（2）对电梯作上、下试运行。观察电梯从选层启动到平层销号及开关门是否正常；有无异常响声及晃动，各信号指示是否完好正确，急停按钮是否动作正常。

（3）在开启厅门进入轿厢前，必须先确认轿厢实际停层位置，不能盲目直入。

（4）检查门联锁的可靠性。厅门、轿门未完全关闭时，电梯应不能启动，厅门关闭后，应不能从外面将门随意扒开。对有安全触板的电梯，应检查其动作是否正常。

（5）检查门地坎滑槽内有无垃圾，轿厢和层门是否清洁。

（6）检查轿厢内照明和风扇是否完好；电话是否畅通，警铃是否正常；开关是否正常。

（7）对检查中发现的问题，应通知维修人员尽快处理，正常后方可投入运行。对无司机电梯，每班应由电梯维修人员跟梯检查 1~2 次，及时处理异常现象，防止电梯带故障运行。连续停用 7 天以上的电梯，启用前应认真检查，无问题后方可使用。

2. 行驶中的安全操作

（1）电梯司机在位班期间，应坚守岗位。确需离开轿厢或每次下班时，应将轿厢回至基站，断开轿厢内电源开关，关闭厅门。

（2）引导乘客正确乘梯。

（3）严禁超载行驶。载货电梯的轿厢内负荷应均匀分布，以防倾斜行驶。

（4）电梯在行驶中严禁进行清洁、维修作业。清洗轿厢顶部照明隔光板（栅）时，严禁将其放在厅门、轿门之间的通道地面。在未断电情况下，禁止在轿厢内做任何维护保养工作。

3. 电梯紧急情况的（突发事件）处理

（1）运行时出现失控、超速、异常响声或冲击等异常情况。

1）应立即按急停按钮和警钟按钮。

2）应保持镇静，控制轿厢内乘客秩序，劝阻乘客不要扒轿门，等待维修人员前来解救疏散。

（2）电梯运行中突然停车的（盘车）处理。

盘车放人的方法如下：

1）盘车操作前，维修人员应了解轿厢所处的大概位置，并通知被困人员，请乘客予以配合。

2）盘车一般由2人在机房进行，操作前必须切断总电源开关，一人用松闸扳手打开制动器，另一人用盘车手轮慢慢盘车，二人应密切配合，防止溜车。当轿厢盘至接近楼面时（轿门地坎一般应不高于或低于厅门地坎500mm），应停止盘车，使制动器复位。

3）电梯操作工用厅门钥匙打开紧急门锁，协助乘客离去。

4）盘车时应缓慢进行，尤其当轿厢轻载状态下往上盘车时，防止因对重侧重造成溜车，当对无齿轮曳引机的高速电梯进行盘车时，应采用渐进式，一步步松动制动器，以防止电梯失控。

盘车前、正式盘车及盘车过程中应注意与轿厢内司机或乘客保持联系。

（3）电梯困人时的应急处理。

1）告知被困人员，等待救援。当发生电梯困人事故时，应告知电梯管理员及时组织救援，并通过对讲机或喊话与被困人员取得联系，问清被困乘客是否受伤，对被困人员进行安慰，使其保持镇静，静心等待救援，不要爬窗，不要用手扒门，不可将身体任何部位伸出轿箱外。被困人员可做屈膝动作，以减轻对电梯急停的不适应；如果轿箱属于半开闭状态，电梯管理员应设法将厢门完全关闭。

2）准确判断轿箱位置，作好援救准备。根据楼层指示灯等判断轿箱的所在位置，然后设法援救乘客。

①轿箱停于接近电梯口的位置时的援救步骤：关闭机房电源开关→用专业层门锁钥匙开启层门→在轿箱顶用人力慢慢开启轿门→协助乘客离开轿厢→重新关好层门。

②电梯轿厢高于或低于楼层面超过0.5m时，应当先执行盘车解救程序，再按照下列程序实施救援：确定电梯轿厢所在位置→关闭电梯总电源→用紧急开锁钥匙打开电梯厅门、轿厢门→疏导乘客离开轿厢，防止乘客跌伤→重新将电梯厅门、轿厢门关好→在电梯出入口处设置禁用电梯的指示牌。

③轿厢远离电梯层门时的援救步骤。进入机房，关闭该故障电梯的电源开关→拆除电动机尾轴端盖，按上旋柄座及旋柄→救援人员用力把住旋柄，其他救援人员手持制动释放杆，轻轻撬开制动，注意观察平层标志，使轿厢逐步移动至最接近厅门为止→当确认刹车制动无误时，放开盘车手轮。然后按上述①的步骤救援。

3）遇到其他复杂的情况时，应请电梯公司帮助救援。援救结束时，电梯管理员填写援救记录并存档。

（4）轿厢因安全钳动作而被夹持在导轨上无法盘车移动。此种情况下应由维修人员先找出原因，排除故障后再启动运行，将乘客从就近层站救出，尽量不通过安全窗疏散。如果故障不能尽快排除，在利用安全窗疏散时，应先切断轿厢内控制电源，并注意救助过程中的安全。完成救助工作后，维修人员应对导轨的夹持面进行检查、修复。

（5）发生火灾时的应急处理。

1）当发生火灾时，应立即停止电梯的运行。司机或乘客应保持镇静，并尽快疏导乘客从安全楼梯撤离。

2）按动有消防功能电梯的消防按钮，使消防电梯进入消防运行状态，以供消防人员使用。对于无消防功能的电梯，应当立即将电梯直驶至首层并切断电源或将电梯停于火灾尚未蔓延的楼层。在乘客离开电梯轿厢后，将电梯置于停止运行状态，用手关闭电梯轿厢厅门、轿门，切断电梯总电源。

3）井道内或电梯轿厢发生火灾时，必须立即停梯并疏导乘客撤离，切断电源，用灭火器灭火。

4）有共用井道的电梯发生火灾时，应当立即将尚未发生火灾的电梯停于远离火灾蔓延区，或交给消防人员用以灭火使用。

5）相邻建筑物发生火灾时也应该停梯，以避免因火灾停电造成困人事故。

6）当楼层发生火灾时，电梯机房值班人员应立即设法按动"消防开关"，使电梯进入消防运行状态。电梯运行到基站后，疏导乘客迅速离开并拨打"119"电话报警。

（6）地震情况下的电梯管理。

1）当电梯运行中发生地震时，应立即就近停梯，将轿厢内乘客迅速撤离，关闭厅门、轿门，停止使用。

2）地震过后应对电梯进行全面细致的检查，对造成的损坏进行安全检验。确认一切正常后，方可投入使用。

3）如果有地震预报，应根据当地人民政府发布的紧急处理措施决定是否停梯，如需停梯，应提前将电梯停在一层；告诫用户，发生地震时不要使用电梯。

（7）电梯湿水的处理。

电梯的结构与建筑物紧密相连，当建筑物因某种原因漏、渗水而影响电梯运行时，除从建筑设施上采取堵漏措施外，还应采取应急措施。

1）当底坑出现少量进水或渗水时，应将电梯停在二层以上，停梯并断开总电源。

2）当楼层发生水淹而使井道或底坑进水时，应将轿厢停于进水层的上二层，停梯断电以防轿厢进水。

3）当底坑井道或机房进水很多时，应立即停梯，断开总电源开关，防止发生短路、触电事故。

4）对湿水电梯应进行除湿处理，如采取擦拭、热风吹干、自然通风、更换线管等措施。在确认湿水消除、绝缘电阻符合要求并经试梯无异常后，方可投入运行。对计算机控制的电梯，更需仔细检查，以免烧毁线路板。

5）电梯恢复运行后，要详细填写湿水检查报告，对湿水原因、处理方法、防范措施记录清楚并存档。

知 识 小 结

电梯是较为复杂的机、电结合体，学习中应逐步认知直升电梯和自动扶梯的构造、主要部件的功能。作为特种设备，实践中须对电梯的管理加以高度重视。

电梯设备管理主要包括电梯设备的安全管理、运行管理、维修管理等内容。电梯设备的安全管理主要包括：电梯使用安全教育、安全措施，电梯困人的援救管理等，电梯设备的安全管理好坏直接影响电梯管理人员和电梯司乘人员的安危，居管理的首要地位。电梯的运行管理主要包括：规范电梯的日常管理工作，以保证电梯设备的正常运行。电梯设备的维修管理是通过规范电梯的维护保养工作，使电梯各项性能指标达标，减少运行费用，消除电梯的故障隐患，保障电梯的安全运行。

强 化 练 习

一、单项选择题

1. 2.0m/s≤速度≤5.0m/s 的电梯属于（　　）。

A. 低速梯　　　　　　B. 中速梯　　　　　　C. 高速梯　　　　　　D. 超高速梯

2. 从电梯的空间位置使用看，由四个空间部分组成，即（　　）。

A. 机房、井道、曳引机、层站　　　　　　B. 机房、井道、轿厢、层站

C. 机房、井道、轿厢、底坑　　　　　　　D. 机房、导轨、轿厢、曳引机

3. （　　）是电梯轿厢升降的主拖动机械。

A. 制动器　　　　　　B. 导向轮　　　　　　C. 曳引机　　　　　　D. 反绳轮

4. 正常断电或异常情况下均可实现电梯停车的安全装置是（　　）。

A. 制动器　　　　　　B. 缓冲器　　　　　　C. 曳引机　　　　　　D. 导靴

5. 轿厢是由哪两部分构成？（　　）

A. 轿厢体和轿厢架　　　　　　　　　　　B. 轿厢体和轿厢门

C. 轿厢架和轿厢门　　　　　　　　　　　D. 轿厢架和轿厢臂

6. 电梯的哪个区域是事故高发区，也是电梯监督检验和安全管理的重点（　　）。

A. 井道　　　　　　　B. 机房　　　　　　　C. 门区　　　　　　　D. 曳引机

7. 关于电梯的轿箱门和层门，下列哪个说法是正确的：（　　）。

A. 轿箱门是自动门，层门是被动门　　　　B. 轿箱门是自动门，层门是自动门

C. 轿箱门是被动门，层门是被动门　　　　D. 轿箱门是被动门，层门是自动门

8. 对电梯的安全设备和整机部件磨损情况进行详细检查的周期是（　　）。

A. 每周　　　　　　　B. 每月　　　　　　　C. 每季　　　　　　　D. 每年

9. 轿厢内外所有电气开关、照明、轿内按钮、信号控制线等都要与机房控制柜连接，

所有这些信号都需要通过电梯的（　　）传输。

 A. 选层装置   B. 轿厢   C. 随行电缆   D. 井道

 10. 为防"冲顶"及"蹲底"现象，在电梯井道中常设置（　　），这些装置一起被称为电梯的三道防线。

 A. 减速开关、限位开关、极限开关   B. 制动器、缓冲器、安全钳

 C. 限位开关、缓冲器、安全钳   D. 制动器、缓冲器、极限开关

 11. （　　）是电梯机械安全装置的最后一道措施。

 A. 缓冲器   B. 电磁制动器 C. 极限开关   D. 安全钳

 12. （　　）是电梯安全保护装置中最后一道电气安全保护装置。

 A. 减速开关   B. 制动器   C. 限位开关   D. 极限开关

二、多项选择题

1. 电梯曳引系统主要是由（　　）组成。

 A. 曳引机 B. 曳引钢丝绳 C. 导轨架 D. 导向轮 E. 反绳轮

2. 导向系统主要是由（　　）组成。

 A. 导轨   B. 导靴   C. 导轨架 D. 导向轮 E. 反绳轮

3. 下列属于曳引机组成部分的是（　　）。

 A. 驱动电动机 B. 机械制动器 C. 曳引轮 D. 测速装置 E. 限速器

4. 下列属于电梯电气控制系统的主要部件的是（　　）。

 A. 控制柜 B. 选层器 C. 安全钳 D. 安全触板 E. 门电连锁开关

5. 下列哪些属于电梯的重量平衡系统（　　）。

 A. 对重   B. 补偿链 C. 选层器 D. 补偿绳 E. 轿厢

6. 按拖动方式划分，电梯可以分为（　　）。

 A. 直流电梯 B. 变压电梯 C. 交流电梯 D. 液压电梯 E. 热能电梯

7. 设置在电梯井道中的终端保护装置包括（　　）。

 A. 减速开关 B. 限位开关 C. 极限开关 D. 缓冲器 E. 安全钳

8. 属于电梯的超速保护装置且必须联合动作才能发挥作用的有（　　）。

 A. 限速器 B. 电磁制动器 C. 极限开关 D. 安全钳 E. 缓冲器

三、复习思考题

1. 电梯按速度不同可分为哪几类？

2. 电梯是由哪些功能系统组成的？组成的主要构件与装置分别有哪些？

3. 电梯是如何实现升降的？曳引系统由哪些部分组成？

4. 对重平衡系统的功能是什么？由哪些装置构成？

5. 门区是电梯事故高发区，电梯门系统由哪些部分构成？门系统常见故障有哪些？

6. 直升电梯的安全系统由哪些部分构成？安全系统的管理及维护应注意哪些事项？

7. 电梯的安全管理制度有哪些？

8. 电梯的交接班应怎样管理？

9. 电梯维护管理的内容有哪些？

10. 电梯的应急管理内容有哪些？

技能实训

任务 1. 案例分析

某物业管理处员工乘电梯从 1 层大厅往 26 层途中，抵达 17 层时，因轿厢拥挤，下梯给其他乘客让位后重返电梯时，电梯在未关层门的情况下突然上行，致使其一脚踩空，直接从 17 层坠入电梯井道底坑，当场死亡。事故原因为维修电工李某（非专业电梯维修工）在机房违章执行检修作业，在未做任何提前通知和防护措施的情况下，将层门联锁及轿厢门联锁短接，致使电梯在未关层门的情况下突然上行导致该严重安全事故。

请根据以上案例分析以下问题：

1. 什么是特种设备？物业设备设施中的特种设备有哪些？

2. 特种设备作业人员应当遵守哪些规定？

任务 2. 结合实习，在认真学习电梯构造及管理维护知识的基础上，请分析电梯通常会出现哪些突发事件？这些突发事件的应急管理措施分别是什么？

第五部分　建筑弱电及智能化系统

建筑弱电系统是现代物业的重要组成部分，是物业发挥其整体功能的基础和平台。建筑弱电系统一般由广播音响系统、有线电视系统、火灾自动报警系统、安全防范系统、通信与宽带网络系统等组成。

建筑智能化系统是利用现代建筑技术（Architecture Technology）、计算机技术（Computer Technology）、通信技术（Communication Technology）和自动控制技术（Auto Control Technology）等高新技术，把物业管理、安防、通信等系统集成在一起，为业主提供安全、舒适、便利、高效的现代生活环境。

单元 *12*

建筑弱电系统

1. 知识目标

（1）认知广播及有线电视系统的组成、功能和实际应用。

（2）认知安保监控系统的组成、功能和实际应用。

（3）认知通信与宽带网络系统的组成、功能和实际应用。

（4）认知建筑弱电系统的日常管理和维护方法。

2. 能力目标

（1）能够制订广播音响及有线电视系统的日常管理制度，能够对相关设备设施进行有效地维护和管理。

（2）能够制订火灾自动报警系统的日常管理制度，能够对火灾报警器、火灾探测器等设备进行有效地维护和管理。

（3）能够制订安全防范系统的日常管理制度，能够对安全防范各子系统进行有效地管理与维护。

（4）能够制订电话通信与宽带网络系统的日常管理制度，能够对相关设备设施进行有效地维护和管理。

业主委员自垫 2 万元为小区装摄像头

私家车屡屡被划、电动车频频丢失、入室盗窃时有发生，几年前，南京市鼓楼区海棠里小区就是这样一个局面。而如今，因为治安好、设施全，最近小区被选为鼓楼区老小区中唯一一个六进社区的试点。

"社区六进"是 2011 年年初南京市公安局针对当前社会管理中的突出问题，结合实际推出的一项创新性、基础性工作，即：消防进社区、车管进社区、危管进社区、外管进社区、网管进社区、物管进社区，在南京市选择了一些工作比较突出的试点开始实施。

海棠里小区位于凤凰西街社区，因为治安欠佳，小区曾经多次出现十多辆私家车一夜之间集体被划伤的事件，引发了业主的不满，有人甚至一气之下，跟前任的业主委员会成员发生冲突，将其推倒。电动车丢失更是频频发生，平均一年丢失100多辆，业主意见大，大家不愿意缴纳停车费，小区仅有的收入来源也成了问题。为了解决小区存在的问题，业主委员在征集了居民的意见后决定安装闭路电视监控系统，以此保证小区安全，但是采购设备、器材和电路改造就需要4万多元，除去原有的2万元经费，剩下的2万元出处成了问题。

业主委员们几经商量，决定先自行垫资2万元，无偿无利息。有了资金，16个摄像头很快安装并且发挥作用，加上请来的保安，犹如为小区撑起一把大伞，业主委员们还动员社区积极分子成立巡逻小组，维护社区安全，短短数月内，再无一起丢车和划车事件，成为整个凤凰西街社区9个小区里治安最好的小区。因为管理得好，车主们自觉缴纳停车费，小区在维持日常开销的同时，还能有所结余，预计到明年就能将当初的垫资全部补上。

案例编写参考自：新华报业网 – 扬子晚报 http：//xhby. jschina. com. cn/

案例思考题：

1. 闭路电视监控系统的应用给小区安全带来了哪些好处？

2. 本案例有效地解决了老社区存在的治安问题、车辆停放和车辆丢失等问题，这对我国众多的老社区有什么启示？

12.1　广播音响及有线电视系统

12.1.1　广播音响系统

广播音响系统也叫扩音系统，是对音频（音乐、语音）信号进行处理、放大、传输与扩音的电声设备系统的集成。广泛应用于公共场所、单位团体、生活小区、文化娱乐等场所，是现代社会进行政治、经济、文化、宣传、教育和生活等活动的重要基础设施。通常广播音响系统和消防系统联动设置（也可以单独设置），当发生火灾时，广播音响系统由背景音乐自动转换成紧急广播，通过火灾报警控制器产生报警信号，向警区发出警告或预先录制的告警录音，同时可用消防话筒进行救灾、减灾的组织和指挥。

1. 广播音响系统的组成

广播音响系统一般由节目源设备、信号处理设备、信号放大设备、传输线路和扬声器系统等设备组成，如图12-1所示。

（1）节目源设备。节目源设备是指提供或产生语音或音乐信号的设备，常见的节目源有无线电广播、话筒、唱片、磁带、光盘等；常见的节目源设备有广播收音机、CD机、DVD机、电子乐器等。

（2）信号处理设备。信号处理设备是指对节目源信号进行加工、处理、混合、分配、调音和润色的设备。如调音台、混合器、频率均衡器、音量控制器等。

（3）信号放大器。信号放大器分为前置放大器和功率放大器。前置放大器主要是进行电压放大和激励放大，通常与信号处理设备组合，完成对信号幅度、频率、时间等参数的调整与处理；功率放大器的主要作用是功率放大，以提供足够的输出功率。

（4）传输线路。传输线路是扩音信号传输的媒介，通过电线、电缆将功率放大设备输出的电信号馈送到各个扬声器终端。

（5）扬声器系统。扬声器系统是由一个或几个扬声器和相应的附件如障板、喇叭、分频网络等组成。扬声器

图 12-1　广播音响系统组成示意图

（SPEAKER）俗称喇叭，其作用是将电信号转变为声音信号，它是决定扩音系统音质的关键部件之一。常用的扬声器有直射式电动扬声器、喇叭式电动扬声器和各种组合扬声器。一般采用 3~6W 喇叭，为了获得较好的音质，可以采用大功率的音箱、音柱等设备。

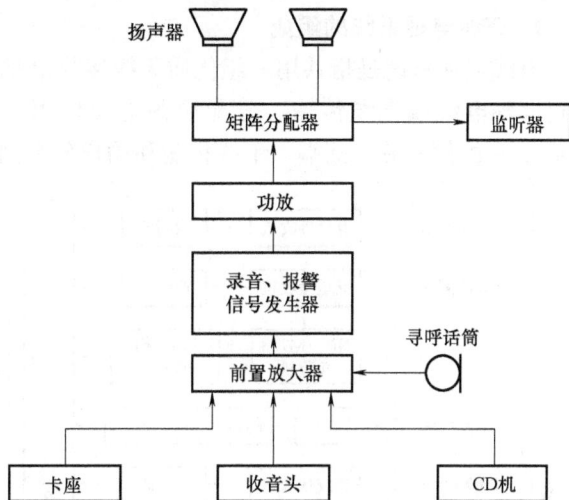

2. 广播音响系统的分类

广播音响系统按用途可以分为公共广播系统、专用会议系统、室外（内）扩音系统和流动演出系统等。

（1）公共广播系统。公共广播系统是对公共场所进行广播的扩音系统，广泛应用于小区、学校、机关、车站、机场、码头、商场、宾馆等场所，一般在小区广场、中心绿地、道路交汇等处设置音箱、音柱等放音设备，由管理中心集中控制，可在节假日、早晚或特定时间播放背景音乐、通知、商业信息、娱乐节目等。若发生紧急事件或者火灾时，可作为紧急广播强制切入使用。

（2）专用会议系统。专用会议系统是为了解决某些特殊问题的专用系统，一般包括会议讨论系统、表决系统、同声传译系统等，广泛应用于会议中心、宾馆等场所。

（3）室外扩音系统。专门用于室外广场、公园、运动场等进行扩音广播的系统，以语言广播功能为主，兼有音乐和其他扩声功能。

（4）室内扩音系统。专门用于室内扩音的系统，如影剧院、歌舞厅、卡拉 OK 厅、体育馆等，它是一种对音质要求较高、专业性很强的系统。

（5）流动演出系统。这是一种轻便的便于搬运、安装、调试和使用的扩声系统，主要用于大型场地的文艺演出，投资规模大，性能指标要求高。

12.1.2　有线电视系统

1. 有线电视系统的组成

有线电视系统是指共用一组优质天线接收电视台的电视信号，并对信号进行放大处理，通过同轴电缆或光缆传输、分配给各电视机用户的系统，英文简称 CATV（Cable Television）。它由信号源、前端、干线传输和用户分配网络等部分组成，见图 12-2 所示。

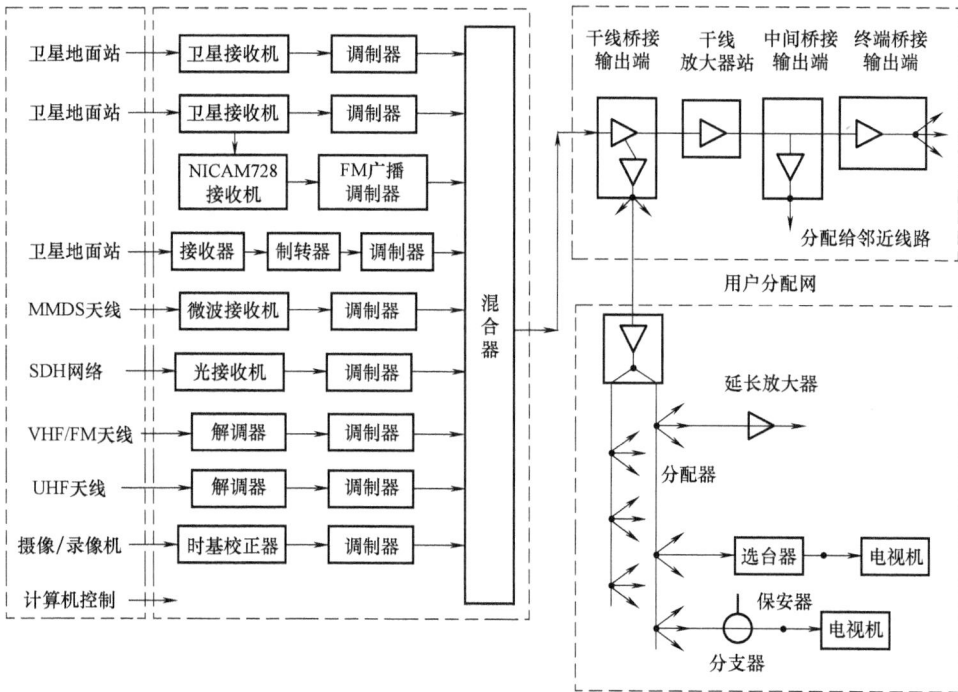

图 12-2　有线电视系统原理方框图

（1）信号源。信号源的主要任务是向前端提供系统欲传输的各种信号，一般包括开路电视接收信号、调频广播、地面卫星、微波以及有线电视台自办节目等信号。

（2）前端系统。其任务是将信号源送来的各种信号进行滤波、变频、放大、调制、混合等，使其适合在干线传输系统中进行传输。主要设备有接收天线、放大器、滤波器、频率变换器、导频信号发生器、调制器、混合器以及连接线缆等。

（3）干线系统。干线系统是把前端接收、处理、混合后的电视信号传输给分配分支系统的一系列传输设备，主要包括干线、干线放大器、均衡器等。干线放大器是安装在干线上，用以补偿干线电缆传输损耗的放大器。均衡器用来补偿干线部分的频谱特性，保证干线末端的各个频道信号电平基本相同。

（4）分配分支系统。分配分支部分是共用天线电视系统的最后部分，其主要作用是将前端部分、干线部分送入的信号分配给建筑物内各个用户电视机。它主要包括放大器、分配器、分支器、系统输出端和电缆线路等。

2. 有线电视系统的主要设备

（1）接收天线。其主要作用是：磁电转换、选择信号、放大信号、抑制干扰、改善接收的方向性等。

按工作频段分为 VHF（甚高频）天线、UHF（特高频）天线、SHF（超高频）天线和 EHF（极高频）天线。

按工作频道分为单频道天线、多频道天线和全频道天线等。

按方向性分为定向天线和可变方向天线。

按增益大小分为低增益天线和高增益天线。

（2）天线放大器。主要作用是放大微弱信号。采用天线放大器可提高接收天线的输出电平，以满足处于弱场强区电视传输系统主干线放大器输入电平的要求。

（3）频率变换器。是将接收的频道信号变换为另一频道信号的器件，主要作用是电视频道信号的变换。

由于电缆对高频道信号的衰减很大，若在 CATV 系统中直接传送 UHF 频道的电视信号，则信号损失太大，因此常使用 U/V 变换器将 UHF 频道的信号变成 VHF 频道的信号，再送入混合器和传输系统。这样，整个系统的器件（如放大器、分配器、分支器等）就只采用 VHF 频段的，可大大降低 CATV 系统成本。

频率变换器按变换的频段不同可分为 U/V、V/V、V/U 和 U/U 频率变换器。

（4）调制器。其作用是将来自摄像机、录像机、激光唱盘、卫星接收机、微波中继等设备输出的视频、音频信号调制成电视频道的射频信号后送入混合器。

（5）混合器。在 CATV 系统中，混合器可将多个电视和声音信号混合成一路，用一根同轴电缆或光缆传输，达到多路复用的目的。如果不用混合器，直接将两路（或多路）不同频道的天线直接在其输出端并接，再由同轴电缆向下传输，则会破坏系统的匹配状态，由于系统内部信号的来回反射会使电视图像出现重影，并使图像（或伴音）产生失真，影响收视效果。

（6）分配器。分配器是把一路射频信号分配成多路信号输出的部件，主要作用有：

1）分配作用：将一路输入信号均匀地分配成多路输出信号，并且损耗要尽可能小。

2）隔离作用：指分配器各路输出端之间的隔离，以避免相互干扰或影响。

3）匹配作用：指分配器与线路输入端和线路输出端的阻抗匹配，即分配器的输入阻抗与输入线路的匹配，输出阻抗与输出线路的匹配，只有这样才能有效地传输信号。

分配器按输出路数的多少可分为二分配器、三分配器、四分配器、六分配器和八分配器等；按使用条件又可分为室内型、室外防水型和馈电型等。

（7）分支器。是从干线或支线上取出一部分信号馈送给用户电视机的部件。它的作用是以较小的插入损耗从传输干线或分配线上分出部分信号经衰减后送至各用户；从干线上取出部分信号形成分支；反向隔离与分支隔离。

分支器可根据分支输出端的个数分为一分支器、二分支器、四分支器等，也可根据其使用场合不同分为室内型、室外防水型、馈电型和普通型等。

（8）用户接线盒。用户接线盒是有线电视系统把信号馈送到用户电视机终端的终端部件，主要是为用户提供电视、语音、数据等信号的接口。

（9）传输线。传输线也称馈线，它是有线电视信号传输的媒介，常用同轴电缆和光缆等。光缆传输具有频带宽、容量大、质量轻、成本低、损耗小、节省资源、保密性好等优点，它正在推动着我国有线电视从单一的传送广播电视节目向大容量、多功能方向发展，并已逐步实现语音、数据、图文、电视会议、因特网接入、视频点播等综合服务。

3. 卫星电视广播

卫星电视广播（如图 12-3 所示）是由设置在赤道上空的地球同步卫星，先接收地面电视台通过卫星地面站发射的电视信号（称上行），然后再把它转发到地球上指定的区域（称下行），由地面上的设备接收处理后供电视机收看，从而实现电视信号的传播。

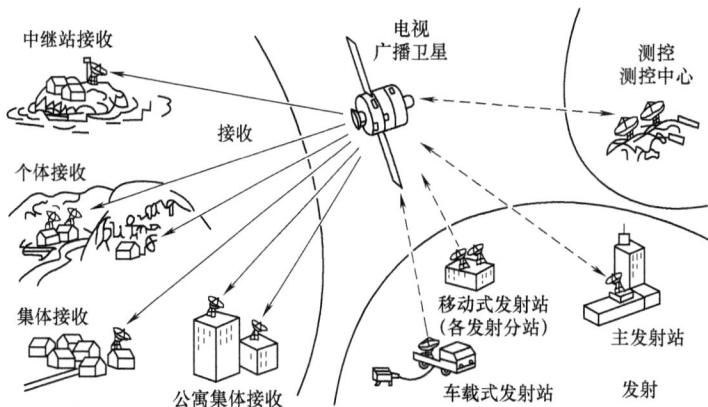

图 12-3　卫星电视广播系统

数字卫星电视是利用地球同步卫星将数字编码压缩的电视信号传输到用户端的一种广播电视形式。它主要有两种方式：一是将数字电视信号传送到有线电视系统的前端，再由有线电视台转换成模拟电视传送到用户家中；二是将数字电视信号直接传送到用户家中，即 Direct to Home（DTH）方式。

DTH 方式的特点：卫星发射功率大，可用较小的天线接收，普通家庭即可使用；可以直接提供对用户授权和加密管理，可以开展数字电视按次付费电视（PPV），高清晰度电视等类型的电视服务；可以提供许多电视服务之外的其他数字信息服务，如互联网高速下载，互动电视等。典型的 DTH 系统由六个部分组成：

（1）前端系统（Headend）。前端系统（Headend）主要由视频音频压缩编码器、复用器等组成，主要任务是将电视信号进行数字编码压缩，利用统计复用技术，在有限的卫星转发器频带上传送更多的节目。DTH 按 MPEG-2 标准对视频音频信号进行压缩，用动态统计复用技术，可在一个 27MHz 的转发器上传送多达 10 套的电视节目。

（2）传输和上行系统（Uplink）。传输和上行系统（Uplink）包括从前端到上行站的通信设备及上行设备。传输方式主要有中频传输和数字基带传输两种。

（3）卫星（Satellite）。DTH 系统中采用大功率的直播卫星或通讯卫星，由于技术和造价等原因，有些 DTH 系统采用大功率通讯卫星。

（4）用户管理系统（SMS）。用户管理系统是 DTH 系统的心脏，主要有以下功能：登记和管理用户资料、购买和包装节目、制订节目记费标准及对用户进行收费、市场预测和营销。

用户管理系统主要由用户信息和节目信息的数据库管理系统以及解答用户问题、提供多种客户服务的 Call Center 构成。

（5）条件接收系统（CA）。条件接收系统有两项主要功能：对节目数据加密、对节目和用户进行授权。

（6）用户接收系统（IRD）。DTH 用户接收系统由一个小型的碟形卫星接收天线（Dish）和综合接收解码器（IRD）及智能卡（Smart Card）组成。

IRD 的主要功能：解码节目数据流，并输出到电视机中；利用智能卡中的密钥（Key）进行解密；接收并处理各种用户命令；下载并运行各种应用软件。

DTH 系统中的 IRD 不是一个单纯的硬件设备，它还包括了操作系统和大量的应用软件。目前较成功的 IRD 操作系统是 Open TV。

4. 数字电视

数字电视（Digital TV）又称为数位电视或数码电视，是指从演播室到发射、传输、接收的所有环节都是使用数字电视信号或对该系统所有的信号传播都是通过由 0、1 数字串所构成的二进制数字流来传播的电视类型。

数字电视的传输过程是：由电视台送出的图像及声音信号，经数字压缩和数字调制后，形成数字电视信号，经过卫星、地面无线广播或有线电缆等方式传送，由数字电视机接收后，通过数字解调和数字视音频解码处理，还原出原来的图像及伴音。因为全过程均采用数字技术处理，因此，信号损失小，接收效果好。

数字电视系统可以传送多种业务，如高清晰度电视（"HDTV" 或 "高清"）、标准清晰度电视（"SDTV" 或 "标清"）、互动电视、BSV 液晶拼接及数据业务等。与模拟电视相比，数字电视具有图像质量高、节目容量大和伴音效果好的特点。

（1）数字电视的分类

1）按信号传输方式可分为地面无线传输（地面数字电视 DVB-T）、卫星传输（卫星数字电视 DVB-S）、有线传输（有线数字电视 DVB-C）三类。

2）按产品类型可以分为数字电视显示器、数字电视机顶盒、一体化数字电视接收机。

3）按清晰度可以分为低清晰度数字电视（图像水平清晰度大于 250 线）、标准清晰度数字电视（图像水平清晰度大于 500 线）、高清晰度数字电视（图像水平清晰度大于 800 线，即 HDTV）。

4）按显示屏幕幅型可以分为 4∶3 幅型比和 16∶9 幅型比两种类型。

5）按扫描线数（显示格式）可以分为 HDTV 扫描线数（大于 1000 线）和 SDTV 扫描线数（600 ~ 800 线）等。

（2）数字电视的功能。数字电视采用了双向信息传输技术，增加了交互能力，使人们可以按照自己的需求获取各种网络服务，如视频点播、网上购物、远程教学、远程医疗等新业务，使电视机成为名副其实的信息家电。

视频点播（Video on Demand，VOD）是视频点播技术的简称，也称为交互式电视点播系统，即根据用户的需要播放相应的视频节目，从根本上改变了过去用户被动式看电视的不足。它提供了更大的自由度，更多的选择权，更强的交互能力，有效地提高了节目的参与性、互动性和针对性。数字电视还可提供其他服务，包括数据传送、图文广播、上网服务等。用户能够使用电视实现股票交易、信息查询、网上冲浪等，从而扩展了电视的功能。

12.2　火灾自动报警系统

12.2.1　火灾自动报警系统的组成

火灾自动报警系统主要由火灾探测器、火灾报警控制器和报警装置组成。火灾探测器将现场火灾信息（烟、温度、光、可燃气体等）转换成电气信号传送至火灾报警控制器，火灾报警控制器将接收到的火灾信号经过处理、运算和判断后认定火灾，输出指令信号，启动火灾报警装置（如声、光报警器等），也可以启动消防联动装置和连锁减灾系统（如关闭空调系统，启动防排烟系统，启动消防水泵，启动疏散指示系统和火灾事故广播等）。

1. 火灾探测器

火灾探测器是火灾自动报警控制系统最关键的部件之一，它是以探测物质燃烧过程中产生的各种物理现象为依据，是整个系统自动检测的触发器件，能不间断地监视和探测被保护区域的初期火灾信号。

2. 手动火灾报警按钮

手动火灾报警按钮主要安装在经常有人出入的公共场所中明显和便于操作的部位。当有人发现火灾时，手动按下按钮，向报警控制器送出报警信号。

3. 火灾报警控制器

火灾报警控制器是火灾报警系统的心脏，是分析、判断、记录和显示火灾的设备。为了防止探测器失灵或线路发生故障，现场人员发现火灾也可以通过安装在现场的手动报警按钮和火灾报警电话直接向控制器发出报警信号。

（1）火灾报警控制器的分类

1）按用途分为区域、集中和双用火灾报警控制器。

2）按结构形式分为台式、柜式和挂式火灾报警控制器。

3）按内部电路分为传统型和微机型火灾报警控制器。

4）按信号处理方式分为开关量和模拟量火灾报警控制器。

5）按系统连线方式分为多线制和总线制火灾报警控制器。

（2）火灾报警控制器的功能

1）故障报警：检查探测器回路断路、短路、探测器接触不良或探测器自身故障等，并进行故障报警。

2）火灾报警：将火灾探测器、手动报警按钮或其他火灾报警信号单元发出的火灾信号转换为火灾声、光报警信号，指示具体的火灾部位和时间。

3）火灾报警优先：在系统存在故障的情况下出现火警，则报警控制器能由故障报警自动转变为火灾报警，当火警被清除后，又自动恢复原故障报警状态。

4）火灾报警记忆：当控制器收到火灾探测器送来的火灾报警信号时，能保持并记忆，不会随火灾报警信号源的消失而消失，同时也能继续接收、处理其他火灾报警信号。

5）声光报警消声及再响：火灾报警控制器发出声、光报警信号后，可通过控制器上的消声按钮人为消声，如果停止声响报警时又出现其他报警信号，火灾报警控制器应能进行声光报警。

6）时钟单元：当火灾报警时，能指示并记录准确的报警时间。

7）输出控制单元：用于火灾报警时的联动控制或向上一级报警控制器输送火灾报警信号。

4. 火灾报警装置

在火灾自动报警系统中，用以发出区别于环境声、光的火灾警报信号的装置称为火灾报警装置。它以光和声音的方式向报警区域发出火灾警报信号，以警示人们安全疏散，采取灭火救灾措施。火灾报警装置主要包括火灾应急照明、疏散指示标志、火灾事故广播、紧急电话系统和火灾警铃等。

火灾应急照明和疏散指示标志要保证在发生火灾时，重要的房间或部位能继续正常工作，大厅、通道应指明出入口方向，以便有秩序地进行疏散。应急照明灯和疏散指示标志，可采用蓄电池做备用电源，且连续供电时间不少于 20min，高度超过 100m 的高层建筑连续供电时间不少于 30min。

火灾发生后为了便于组织人员安全疏散和通知有关救灾事项，应设置火灾事故广播，消防中心控制室应能对它进行遥控自动开启，并能在消防中心直接用话筒播音。未设置火灾应急广播的火灾自动报警系统，应设置火灾警报装置。每个防火分区至少应设一个火灾警报装置，其位置宜设在各楼层走道靠近楼梯出口处。在环境噪声大于 60dB 的场所设置火灾警报装置时，其声警报器的声压级应高于背景噪声 15dB。

紧急电话是与普通电话分开的独立系统，用于消防中心控制室与火灾报警设置点及消防设备机房等处的紧急通话。

5. 系统供电电源

火灾自动报警系统的主电源按一级负荷考虑，在消防控制室能够进行自动切换，同时还有直流备用电源。直流备用电源宜采用火灾报警控制器的专用蓄电池或集中设置的蓄电池。

12.2.2 火灾自动报警系统的分类与应用

1. 区域报警系统

区域报警系统由火灾探测器、手动火灾报警按钮、区域火灾报警控制器、火灾报警装置和电源等组成，如图 12-4 所示。

区域报警系统的保护对象为建筑物中某一局部范围。系统中区域火灾报警控制器不应超过两台；区域火灾报警控制器应设置在有人值班的房间或场所，如保卫室、值班室等。

系统中也可设置消防联动控制设备。当用一台区域火灾报警控制器或一台火灾报警控制器警戒多个楼层时，应在每个楼层的楼梯口或消防电梯前室等明显部位，设置识别着火楼层的灯光显示装置。区域火灾报警控制器或火灾报警控制器安装在墙上时，其底边距地面高度宜为 1.3 ~ 1.5m。

2. 集中报警系统

集中报警系统主要由火灾探测器、区域火灾报警控制器、集中火灾报警控制器、手动火灾报警按钮、电源等组成，如图 12-5 所示。

集中报警系统一般适用于保护对象规模较大的场合，如高层住宅、商住楼和办公楼等。集中火灾报警控制器是区域火灾报警控制器的上位控制器，它是建筑消防系统的总监控设备，其功能比区域火灾报警控制器更加齐全。

系统中应设置消防联动控制设备。集中火灾报警控制器应能显示火灾报警

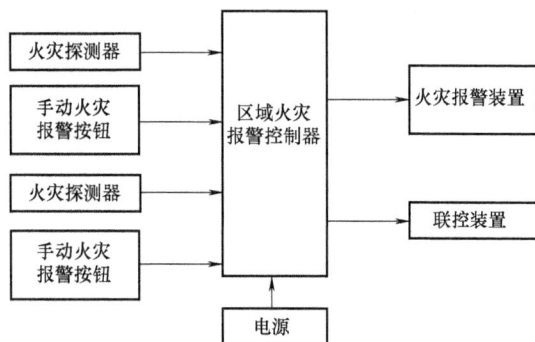

图 12-4　区域火灾报警系统示意图

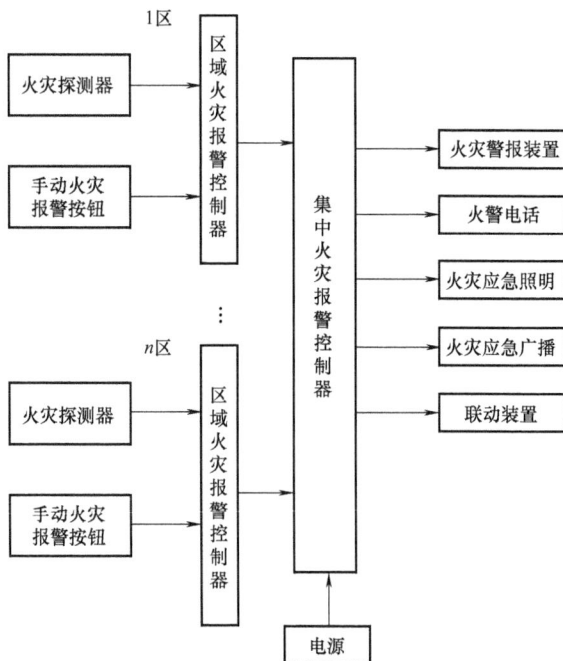

图 12-5　集中火灾报警系统示意图

部位信号和控制信号, 亦可进行联动控制。集中火灾报警控制器应设置在有专人值班的消防控制室或值班室内。集中火灾报警控制器、消防联动控制设备等在消防控制室或值班室内的布置, 应符合下列要求: 设备面盘前的操作距离, 单列布置时不应小于 1.5m, 双列布置时不应小于 2m; 在值班人员经常工作的一面, 设备面盘距墙的距离不应小于 3m; 设备面盘后的维修距离不宜小于 1m; 设备面盘的排列长度大于 4m 时, 其两端应设置宽度不小于 1m 的通道。

3. 控制中心报警系统

图 12-6 所示为控制中心报警系统示意图, 它由火灾探测器、手动火灾报警按钮、区域火灾报警控制器、集中火灾报警控制器、消防联动控制设备、电源及火灾报警装置、火警电话、火灾应急照明、火灾应急广播和联动装置等组成。这类系统进一步加强了对消防设备的监测和控制, 系统能集中显示火灾报警部位信号和联动控制状态信号; 系统中集中火灾报警控制器和消防联动控制设备设置在消防控制室内。

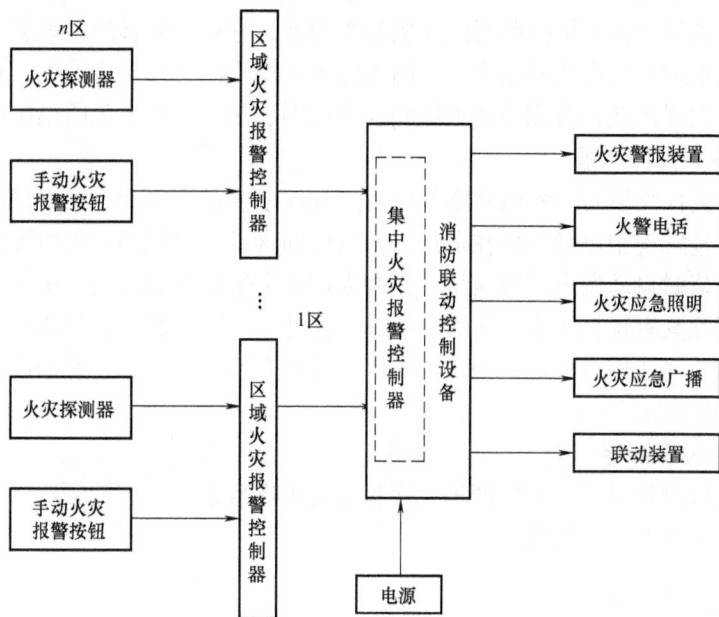

图 12-6　控制中心报警系统示意图

控制中心报警系统适用于大型建筑群、高层及超高层建筑以及大型商场和宾馆等。因该类型建筑规模大, 防火等级高, 消防联动控制功能较多, 它可以对建筑物中的各种消防设备(如消防泵、消防电梯、防排烟风机等)实现联动控制和自动转换。控制中心报警系统在值班室内的布置与集中报警系统要求基本相同。

12.2.3　火灾探测器

常用火灾探测器有以下几种类型:

1. 感烟火灾探测器

感烟火灾探测器是一种检测燃烧或热解产生的固体或液体微粒的火灾探测器。感烟火灾探测器作为前期、早期火灾报警是非常有效的。对于要求火灾损失小的重要地点，火灾初期有阴燃阶段，产生大量的烟和少量的热，很少或没有火焰辐射的火灾，都适合选用。它有离子型、光电型、激光型等几种类型。

2. 感温火灾探测器

感温火灾探测器是响应异常温度、温升速率和温差等火灾信号的火灾探测器。常用的有定温式、差温式和差定温式三种。

（1）定温式探测器：环境温度达到或超过预定值时响应。

（2）差温式探测器：环境温升速率超过预定值时响应。

（3）差定温式探测器：兼有定温和差温两种功能。

3. 感光火灾探测器

感光火灾探测器又称火焰探测器或光辐射探测器，它对光能够产生敏感反应。按照火灾的规律，发光是在烟雾生成及高温之后，因而感光式探测器是属于火灾中、晚期报警的探测器，适用于火灾发展迅速，有强烈的火焰和少量的烟、热，基本上无阴燃阶段的火灾。

4. 可燃气体火灾探测器

可燃气体火灾探测器是一种能对空气中可燃气体浓度进行检测并发出报警信号的火灾探测器。它通过测量空气中可燃气体在爆炸下限以内的含量，以便当空气中可燃气体浓度达到或超过报警设定值时自动发出报警信号，提醒人们及早采取安全措施，避免事故发生。可燃气体火灾探测器除具有预报火灾、防火、防爆功能外，还可以起到监测环境污染的作用，目前主要用于宾馆厨房或燃料气储备间、汽车库、过滤车间、溶剂库、炼油厂、燃油电厂等存在可燃气体的场所。

5. 复合式火灾探测器

复合式火灾探测器是可以响应两种或两种以上火灾参数的火灾探测器，主要有感温感烟型、感光感烟型和感光感温型等。

12.2.4　消防联动控制

当接收到来自触发器件的火灾报警信号时，能自动或手动启动相关消防设备以及显示其状态的设备，称为消防联动控制。

1. 消防联动控制的设备

主要包括灭火设施、火灾报警控制器、非消防电源的断电控制、自动灭火系统的控制、室内消火栓系统的控制、防烟排烟系统及空调通风系统的控制、防火门、防火卷帘的控制、电梯回降控制、火灾应急广播、火灾警报装置、火灾应急照明与疏散指示标志的控制等。

消防控制设备一般设置在消防控制中心，以便实行集中统一控制和管理。也有的消防控制设备设置在被控消防设备所在现场，但其动作信号必须返回消防控制室，实行集中与分散相结合的控制方式。

2. 消防联动控制的方式

根据工程规模、管理体制、功能要求，消防联动控制可采取以下两种方式。

（1）集中控制。指消防联动控制系统中的所有控制对象，都是通过消防控制室进行集中控制和统一管理。此控制方式特别适用于采用计算机控制的楼宇自动化管理系统。

（2）分散与集中控制相结合。指在消防联动控制系统中，对控制对象多且控制位置分散的情况下采取的控制方式。该方式主要是对建筑物中的消防水泵、送排风机、排烟防烟风机、部分防火卷帘和自动灭火控制装置等进行集中控制、统一管理。对大量而又分散的控制对象，一般是采用现场分散控制，控制反馈信号传送到消防控制室集中显示并统一进行管理。如果条件允许，亦可考虑集中设置手动应急控制装置。

3. 消防联动对灭火设施的控制功能

（1）室内消火栓系统：①控制系统的启、停；②显示消火栓按钮启动的位置；③显示消防水泵的工作状态和故障状态。

（2）自动喷水灭火系统：①控制系统的启、停；②显示报警阀、闸阀及水流指示器的工作状态；③显示消防水泵的工作状态、故障状态。

（3）泡沫、干粉灭火系统：①控制系统的启、停；②显示系统的工作状态。

（4）有管网的卤代烷、二氧化碳等灭火系统：①控制系统的紧急启动和切断装置；②由火灾探测器联动的控制设备具有延迟时间为可调的延时机构；③显示手动、自动工作状态；④在报警、喷淋各阶段，控制室应有相应的声、光报警信号，并能手动切除声响信号；⑤在延时阶段，应能自动关闭防火门、窗，停止通风，关闭空气调节系统。

12.3　安全防范系统

物业的安全防范系统主要是把"人防""物防"和"技防"有机地结合起来，形成立体化、多层次、全方位的网络体系，从而减少安全防范中人为因素造成的盲区及漏洞。物业安防系统一般由五道防线构成，如图 12-7 所示。

第一道安全防线：由周界防越报警系统构成，以防范翻越围墙和周界进入物业的非法入侵者。

第二道安全防线：由闭路电视监控系统构成，对物业的出入口、主要通道及重点设施进行监控与管理。

第三道安全防线：由电子巡更系统构成，通过保安人员的巡逻对物业内可疑人员、事件

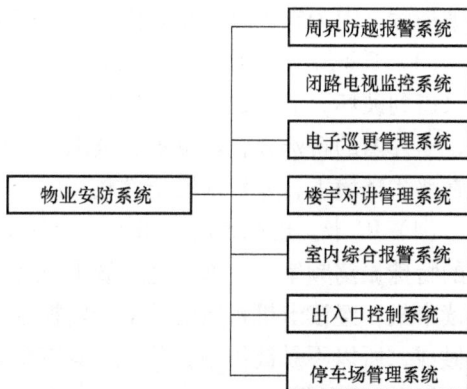

图 12-7　物业安防系统的组成

进行掌控。

第四道安全防线：由楼宇对讲管理系统构成，可防止无关人员进入。

第五道安全防线：由住户室内综合报警系统构成，若发生非法入侵或火灾、老人急病等紧急事件，通过户内各种探测器、报警器报警，值班中心得到报警消息后，迅速派员赶往事件现场进行处理。

12.3.1　出入口控制系统

1. 出入口控制系统的组成

出入口控制系统又称门禁系统，是根据物业安全技术防范管理的要求，对需要控制的各类出入口，按各种不同的通行对象及其准入级别，对其进出时间、通行位置，实施放行、拒绝、记录等进行实时控制与管理，并具有报警功能。

出入口控制系统主要由识读部分、传输部分、管理/控制部分和执行部分以及相应的系统软件组成。主要设备是读卡机、电子门锁、出口按钮、报警传感器和报警喇叭以及中央管理主机等，如图12-8所示。

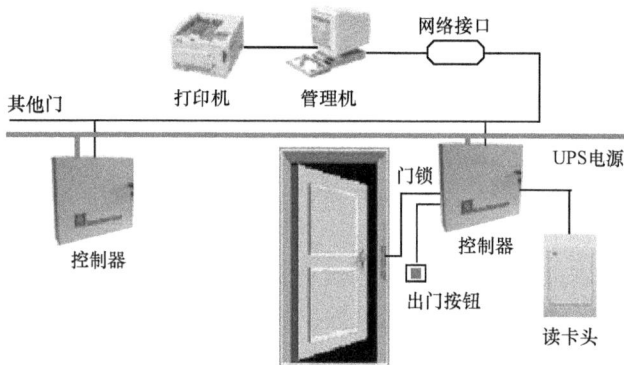

图 12-8　出入口控制系统的组成

2. 出入口识别装置

（1）磁卡。把磁性物质贴在塑料卡片上制成，其优点是价格便宜、容易改写，用户可以随时更改密码，应用方便；缺点是易被消磁、磨损。

（2）条码卡。在塑料片上印上黑白相间的条纹组成条码。这种卡片在出入口系统中已经被淘汰，因为它可以用复印机等设备轻易复制。

（3）铁码卡。卡片中间用特殊的细金属线排列编码，采用金属磁扰的原理制成。卡片如果遭到破坏，卡内的金属线排列就遭到破坏，所以很难复制。读卡机不用磁的方式阅读卡片，卡片内的特殊金属丝也不会被磁化，所以它可以有效地防磁、防水、防尘，可以长期使用在恶劣环境下，是目前安全性较高的一种卡片。

（4）IC卡。也称集成电路卡，卡片采用电子回路及感应线圈制成，利用读卡机本身产生的特殊振荡频率，当卡片进入读卡机能量范围时产生共振，感应电流使电子回路发射信号到读卡机，经读卡机将接受的信号转换成卡片资料，送到控制器。由于卡是由感应式电子电路做成，所以不易被仿制，并且它具有防水功能，不用电源，是非常理想的卡片，目前使用较广泛。

（5）生物辨识系统

1）指纹机：利用每个人的指纹差别做对比辨识，是比较复杂且安全性很高的门禁系统，它可以配合密码机或刷卡机使用。

2）掌纹机：利用人的掌型和掌纹特性做图形对比，类似于指纹机。

3）视网膜辨识机：利用光学摄像对比，比较每个人的视网膜血管分布的差异，其技术相当复杂。正常人和死亡后的视网膜差异也能检测出来，所以它的保安性能极高。

4）声音辨识系统：利用每个人声音的差异以及所说的指令内容不同而加以比较。但由于声音可以被模仿，而且使用者如果感冒会引起声音变化，使其安全性受到影响。

5）面部识别系统：主要用于分析人的面部形状和特征，包括眼、鼻、口、眉、脸的轮廓、形状和位置关系。

3. 出入口控制系统的主要功能

（1）设定卡片权限。出入口控制系统可以设定每个读卡机的位置，指定可以接受哪些通行卡的使用，编制每张卡的权限，即每张卡可进入哪道门，何时进入，需不需要密码。系统可跟踪任何一张卡，在读卡机上读到该卡时就发出报警信号；具有防止一卡出、入多人的防范措施等。

（2）监测与报警。能实时收到所有读卡记录；通过设置门磁开关检测门的开关状况；对门的异常开启能及时报警。

（3）联动。当接到消防报警信号时，系统能自动开启电子门锁，保障人员及时疏散。

（4）系统管理。计算机管理系统能对所接收到的信息进行处理，如存储、实时统计、查询、打印输出等。

12.3.2　闭路电视监控系统

闭路电视监控系统是采用摄像机对被控现场进行实时监视的系统，该系统可以为安防系统提供动态的图像信息，随时观察出入口、重要通道和重点保护场所的动态，也可为消防系统的运行提供监视手段，它还可以与防盗报警系统等其他安全技术防范体系联动运行，使其防范能力更加强大。

1. 闭路电视监控系统的组成

闭路电视监控系统一般由摄像、传输、控制、显示和记录四个部分组成，如图 12-9 所示。摄像部分安装在现场；传输部分是把现场摄像机发出的电信号传送到控制中心；控制部分负责所有设备的控制与图像信号的处理；显示与记录部分把从现场传来的电信号转换成图像在监视设备上显示，并可用录像机记录下来，其主要设备是监视器和录像机。

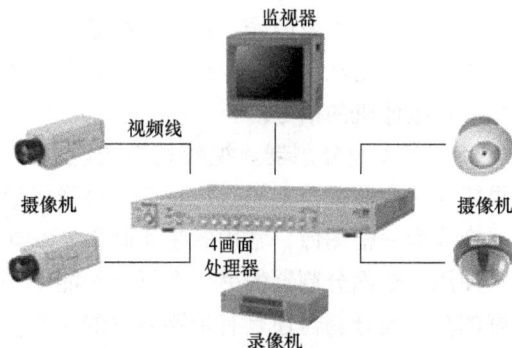

图 12-9　闭路电视监控系统的组成

2. 闭路电视监控系统的主要设备

（1）摄像机。摄像机处于本系统的最前沿，它将物体的光图像转变成电信号——视频信号，为系统提供信号源，因此它是系统中最重要的设备之一。

摄像机的种类很多，按图像颜色划分有彩色摄像机和黑白摄像机两种。按使用环境可分为室内摄像机和室外摄像机。按性能可分为普通摄像机（工作于室内正常照明或室外白天）、暗光摄像机（工作于室内无正常照明的环境里）、微光摄像机（工作于室外月光或星光下）和红外摄像机（工作于室内、外无照明的场所）。按功能可分为视频报警摄像机（在监视范围内如有目标在移动时，就能向控制器发出报警信号）、广角摄像机（用于监视大范围的场所）和针孔振摄像机（用于隐蔽监视局部范围）。

摄像机的性能指标主要有：清晰度、灵敏度和信噪比等。

（2）支架、云台和防护罩。支架是摄像机安装时的支撑，并将摄像机连接于安装部位的辅助器件上。

云台与摄像机配合使用能达到上下左右转动的目的，在扩大摄像机的监视范围的同时，能在一定范围内对目标进行跟踪摄像，提高了摄像机的实用性能。云台分为手动云台和电动云台两种。

防护罩的作用是用来保护摄像机和镜头不受诸如有害气体、灰尘及人为有意破坏等环境条件的影响。

（3）监视器。监视器是电视监控系统的终端显示设备，有黑白与彩色监视器，CRT、LCD、LED 监视器等多种类型。

（4）录像机。现在大多采用硬盘录像机，即数字视频录像机，具有对图像/语音进行长时间录像、录音、远程监视和控制的功能，其主要功能包括：监视功能、录像功能、回放功能、报警功能、控制功能、网络功能、密码授权功能和工作时间表功能等。

（5）视频切换器。其作用是对系统传输的图像信号进行切换、重复、加工和复制。它可以对多路视频信号进行自动或手动控制，使一个监视器能监视多台摄像机的信号。

在多路摄像机组成的电视监控系统中，一般都是按一定的比例用一台监视器轮流切换显示几台摄像机的图像信号。目前，视频输入信号和输出信号间的切换均已采用矩阵视频切换器。它的任务是把 n 台摄像机的视频信号送给 m 台监视器，并且在任一台监视器上能显示任意一台摄像机的信号。

（6）多画面分割器。视频切换器能在一台监视器上，通过切换观看多路摄像机信号。如果要在一台监视器上同时观看多路摄像机信号，就需要多画面分割器，它能够把多路视频信号合成为一幅图像，常用的是 4 画面、9 画面和 16 画面分割器。

使用多画面分割器的另一个好处是能用一台录像机同时录制多路视频信号。现在一些比较好的多画面分割器还具有单路回放的功能，即能选择同时录下的多路视频信号的任意一路在监视器上播放。

（7）传输电缆。常用的有同轴电缆、双绞线、光纤等。同轴电缆用于传输短距离的视频信号，当需要长距离传输视频及控制信号时，宜采用射频、微波或者光纤传输的方式。

3. 闭路电视监控系统的监控要求

根据各类物业安全管理的需要，对物业的主要公共场所、重要部位等进行实时监控和记录，对重要部门和设施的特殊部位进行长时间录像，并且能与安全防范系统中的中央监控室联网。

（1）监控的区域。物业的监视区域通常可分为户外区域、公共通道和重点防范区域。

户外区域的监视包括：建筑物前后的广场和停车场，建筑物周边的门窗，建筑物顶部等。公共通道的监视包括：出入口通道监视，电梯轿厢内的监视，自动扶梯监视等。重点防范区的监视包括：金库、文物库、珠宝库，现金柜台、自动取款机，计算机中心，机要档案室等。

（2）摄像点的布置。摄像点的布置是否合理将直接影响到整个系统的监控效果，从使用角度看，要求监控区域内的景物尽可能进入摄像画面，尽可能减少摄像盲区。摄像点的合理布局就是要求用较少数量的摄像机获得较好的监视效果。

（3）中央监控室。中央监控室应设在禁区内，并应考虑防潮、防雷及防暑降温等措施，监控中心往往与消防控制中心合用。

12.3.3　电子巡更系统

电子巡更系统是在辖区内各区域及重要部位安装巡更站点，保安人员携带数据采集器（棒、卡、钮）按指定的路线和时间到达巡更点并进行记录，再将记录信息传送到管理中心，管理人员通过计算机来读取数据采集器中的信息，掌握保安员的整个巡检活动，取得真实的依据，有效地督促保安工作。

1. 电子巡更系统的组成

电子巡更系统由数据采集器、传输器、信息钮、计算机和专用软件等组成。

（1）数据采集器（巡更棒）：储存巡检记录，内带时钟，体积小，携带方便。巡检时由巡检员携带，采集完毕后，通过传输器把数据导入计算机。

（2）传输器（数据转换器）：由电源、电缆线、通讯座三部分构成，主要是将数据采集器中的数据传输到计算机中。

（3）信息钮：内置巡检地点代码，安装在需要巡检的地方，能适应各种环境的变化，安全防水，不需要电池，外形有多种。

（4）软件管理系统：可进行单机（网络、远程）传输，对巡检数据进行管理并提供详尽的巡检报告。管理人员通过计算机读取信息棒中的信息，了解巡检人员的活动情况，包括经过巡检地点的日期和时间等信息，通过查询分析和统计，可起到对保安员监督和考核的目的。

（5）计算机：进行数据储存、传输的工具。

（6）打印机：打印巡检报表，供管理人员对巡检情况进行检查。

2. 电子巡更系统的分类

电子巡更系统一般有离线式和在线式两种形式。

（1）离线式电子巡更系统。先将信息钮安装在需要巡检的地点，保安人员根据要求的时间，沿指定路线，用巡更棒逐个阅读沿路信息钮，巡更棒记录巡更员到达的时间、地点等相关信息，保安人员巡逻结束后，将巡更棒通过数据转换器与计算机连接，巡更棒中的数据传送到计算机中进行统计。巡更棒在数据传输完毕后自动清零，以备下次再用。管理人员根据巡更数据可知道保安人员的巡查情况，而且所有的历史记录都在计算机里储存，以备事后统计和查询。

（2）在线式电子巡更系统。在线式巡更与离线式巡更的过程基本一致，不同之处在于：辖区内安装的各个信息钮通过总线连接到控制中心主机上，巡更人员的巡查信息可实时传到控制中心的主机，管理人员可随时查询巡更记录，也可以按月、季度、年度等方式查询。由于系统能实时读取保安人员的巡更记录，所以能对保安人员实施保护，一旦保安人员未在规定时间、规定地点出现，或是保安人员出现意外，管理人员可及时采取相应的措施。

3. 电子巡更系统的功能

（1）巡更线路和巡更时间的设置、调整。

（2）巡更人员信息的识别。

（3）巡更点信息的设置与识别。

（4）控制中心电脑软件编排巡更班次、时间间隔、线路走向。

（5）计算机对采集回来的数据进行整理、存档，自动生成分类记录、报表。

（6）在线式巡更系统还具有巡更超时报警、未到位报警和当前巡更位置显示等功能。

12.3.4 停车场管理系统

1. 停车场管理系统的组成

停车场管理系统一般由车辆自动识别子系统、收费子系统、保安监控子系统等组成。通常包括中央控制计算机、自动识别装置、临时车票发放及检验装置、挡车器、车辆探测器、监控摄像机、车位提示牌等设备，如图12-10所示。

（1）中央控制计算机。它负责整个系统的协调与管理，包括软硬件参数控制，信息交流与分析，命令发布等。中央控制计算机集管理、保安、统计及商业报表于一体，既可以独立工作构成停车场管理系统，也可以与其他计算机网相连，组成一个更大的自控系统。

（2）车辆自动识别装置。停车场管理的核心技术是车辆自动识别，车辆自动识别装置一般采用磁卡、条码卡、IC卡、远距离RF射频识别卡等。

（3）临时车票发放及检验装置。此装置放在停车场出入口处，对临时停放的车辆自动发放临时车票。车票可采用简单便宜的热敏票据打印机打印条码信息，记录车辆进入的时间、日期等信息，然后再在出口处或其他适当地方收费。

（4）挡车器。在停车场的出入口处安装电动挡车器，它受系统的控制升起或落下，只对合法车辆放行，防止非法车辆进出停车场。挡车器有起落式栏杆，升降式车挡（柱式、锥式、链式等）。

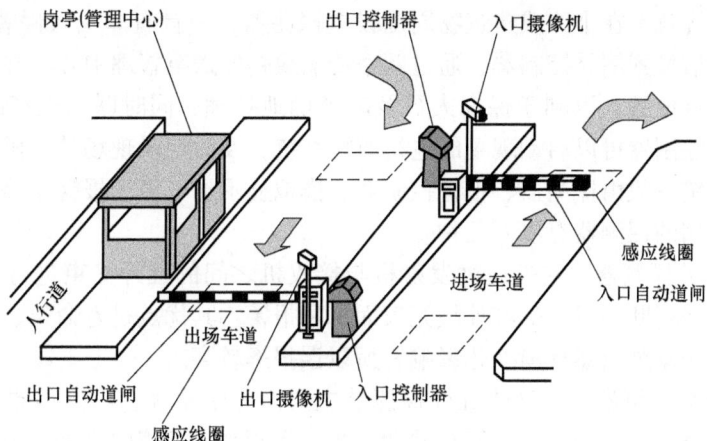

图 12-10　停车场管理系统的组成

（5）车辆探测器和车位提示牌。车辆探测器一般设在出入口处，对进出停车场的每辆车进行检测、统计。将车辆进出数量传送给中央控制计算机，通过车位提示牌显示车场中车位状况，并在车辆通过检测器时控制挡车栏杆落下。

（6）监控摄像机。在停车场进出口等处设置电视监视摄像机，将进入停车场的车辆基本情况输入计算机。当车辆驶出出口处时，验车装置将车卡与该车进入时的照片同时调出，检查无误后放行，以避免车辆的丢失。

2. 停车场管理系统的工作原理

（1）车辆进停车场前，通过信息显示屏，在车位还有空余的情况下，驾驶人将停车卡经读卡机检验后，入口处的电动栏杆自动升起放行，在车辆驶过环形线圈感应器后，栏杆自动放下归位。

（2）车辆驶入时，摄像机将车牌号码摄入，并送到车牌图像识别器，转换成入场车辆的车牌数据，并与停车卡数据（卡的类型、编号、进库时间）一起存入系统的计算机内。

（3）进场车辆在指示灯的引导下，停入规定位置，这时车位检测器输出信号，管理中心的显示屏上立即显示该车位已被占用的信息。

（4）车辆离场时，汽车驶近出口，驾车人持卡经读卡机识读，此时，卡号、出库时间以及出口车牌摄像机摄取并经车牌图像识别器输出的数据一起送入系统的计算机内，进行核对与计费，然后从停车卡存储金额中扣除。

（5）出口电动栏杆升起放行，车出库后，栏杆放下，车库停车数减 1，入口处信息显示屏显示状态刷新一次。

12.3.5　周界防范系统

周界防范系统就是在小区或建筑物周围设置探测器，一旦有非法入侵者闯入就会触发，并立即发出报警信号到周界控制器，通过网络传输线路发送至管理中心，并在小区中心电子地图上显示报警点位置，以利于保安人员及时准确地处理，同时联动现场的声光报警器报警。根据需要，控制器可以启动现场的电视监控系统，及时记录现场的入侵行为。

周界防范系统一般由探测器、报警控制器、模拟显示屏、声光报警器等组成。探测器为其核心设备，常用的探测器有以下几种。

（1）主动红外探测器。它是通过发射机与接收机之间的红外光束进行警戒，当有人翻越监视区域时，将遮断不可见的红外线光束而引发报警。其优点是寿命长、价格低、易调整等；缺点是容易受室外自然环境变化影响，所以误报率较高。

（2）被动红外探测器。被动式红外探测器主要由光学系统、热传感器及报警控制器等部分组成，它本身不发射任何能量而只被动接收、探测来自环境的红外辐射。一旦有人体红外线辐射进来，经光学系统聚焦就使热释电器件产生突变电信号，而发出警报。

（3）微波探测器。它是通过微波磁场建立警戒线，一旦有人闯入这个微波建立起来的警戒区，微波场受到干扰便会发出报警信号。它具有大面积、长距离覆盖的特点，比较适合室外周界的防范，它穿透能力强，风雨雪雾等自然现象对它影响较小，不过电磁辐射对人体有一定的伤害。

（4）超声波探测器。超声波是指 20kHz 以上频率的声波。超声波探测器同微波探测器一样，都是采用多普勒效应的原理实现的，不同的是它们所采用的波长不一样。超声波探测器容易受到气流和振动的影响，在使用时，不要放在松动的物体上，同时也要防止其他超声波源的干扰。

（5）泄露电缆探测器。泄露电缆与普通的电缆不同，它是一种具有特殊结构的同轴电缆，泄露电缆式探测器是由两根平行埋设在周界地下的泄露电缆和发射机、接收机组成，收发电缆之间的空间形成一个椭圆形的电磁场探测区，当有人非法进入探测区时，探测区内的磁场分布被破坏从而引发报警信号。它具有布防隐蔽，相对可靠性较高的特点。

（6）光纤探测器。把光纤固定在长距离的围栏上，当入侵者跨越光纤时压迫光缆，使光纤中的光传输模式发生变化，探测出入侵者的侵入，报警器发出报警信号。

（7）双鉴报警探测器。双技术报警探测器又称为双鉴、复合式探测器或组合式探测器，是将两种探测技术结合以"相与"的关系来触发报警，即只有当两种探测器同时或者相继在短暂时间内都探测到目标时才可发出报警信号。常见的双技术报警探测器有微波-被动红外双鉴器和超声波-被动红外双鉴器。从实际的可信度和误报率来看，微波-被动红外双鉴探测器性能最佳，其准确率是单技术探测器的 421 倍，是其他双技术探测器的 270 倍，因此被广泛地应用到实际的工程项目之中。

12.3.6　楼宇对讲系统

楼宇对讲系统是安全防范系统的一个重要子系统，它把住宅的出入口、住户和保安人员三方面的通讯包含在同一网络中，并与监控系统配合，为住户提供了安全、舒适的生活环境。

楼宇对讲系统由各楼宇单元口安装的防盗门、小区总控制中心的管理员总机、楼宇出入口的对讲机、电控锁、闭门器以及住户家中的对讲分机等组成。住户通过对话或图像确认来访者的身份，住户允许访客进入，可通过分机上的开锁按键打开单元口门上的电控门锁，来访客人进门后，楼门自动锁闭。住宅入口门若被非法打开或对讲系统出现故障，小区对讲管理主机就会发出报警信号并显示报警的地点和内容。

来访者如要向管理处的保安人员询问事情时，也可通过按动大门主机上的保安键与之通话。此系统还具有报警和求助功能，当住户家中遇到突发事情（如火灾），可通过对讲分机与保安人员取得联系，及时得到救助。管理处保安人员也可根据需要开启摄像机监视大门处来访者，在分机控制屏上监视来访者并能与之对讲。

楼宇对讲系统通常分为访客对讲系统和可视对讲系统两种类型。

1. 访客对讲系统

访客对讲系统是指来访客人与住户之间提供双向通话，并由住户遥控防盗门的开关及向保安管理中心进行紧急报警的一种安全防范系统。它由对讲系统、控制系统和电控防盗安全门组成，如图 12-11 所示。

（1）对讲系统。对讲系统主要由传声器、语言放大器及振铃电路等组成，要求对讲语言清晰、信噪比高、失真度低。

（2）控制系统。一般采用总线制传输、数字编码解码方式控制，只要访客按下户主的代码，对应的户主摘机就可以与访客通话，并决定是否打开防盗安全门；而户主则可以凭电磁钥匙出入该单元大门。

（3）电控安全防盗门。电控安全门是在一般防盗安全门的基础之上加上电控锁、闭门器等构件组成。

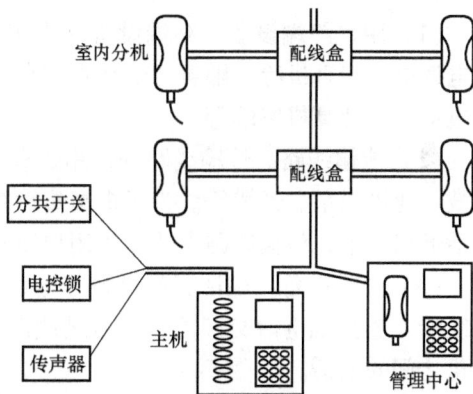

图 12-11　住宅楼访客对讲系统

2. 可视对讲系统

可视对讲系统除对讲功能外，还具有视频信号传输功能，使户主在通话时可同时观察到来访者的情况。因此，系统有一部微型摄像机，安装在大门入口处附近或安装在防盗安全门上，用户终端设一部监视器。

可视对讲系统主要具有以下功能：

（1）通过观察监视器上来访者的图像，可以将不希望的来访者拒之门外。

（2）按下呼出键，即使没人拿起听筒，屋里的人也可以听到来客的声音。

（3）按下电子门锁打开按钮，门锁可以自动打开。

（4）按下监视按钮，即使不拿起听筒，也可以监听和监看来访者长达30s，而来访者却听不到屋里的任何声音；再按一次，解除监视状态。

12.4　电话通信与宽带网络系统

12.4.1　电话通信系统

电话通信系统是物业内部及其外部信息传输网络的主要组成部分，传统的电话通信系统仅限于电话、电报等音频和低速数据通信业务。

1. 电话通信系统的组成

电话通信系统一般由终端设备、传输设备和交换设备三大部分组成，如图12-12所示。

图12-12　电话通信系统示意图

（1）用户终端设备。终端设备的作用是完成信号的发送和接收，常见的用户终端设备有电话机、传真机等，随着通信技术与交换技术的发展，又出现了各种新的终端设备，如数字电话机、计算机终端等。

（2）传输线路。传输线路的作用是有效可靠地传输信号，传输媒体有金属线对、电缆、微波、通讯卫星、光缆等。为了提高传输线路的利用率，传输线路多采用多路复用技术。在电话通信网中，传输线路主要是指用户线和中继线。

（3）交换设备。电话交换设备是电话通信系统的核心。电话通信将每一部电话机（用户终端）连接到电话交换机上，通过线路在交换机上的接续转换，就可以实现任意两部电话机之间的通话。

目前主要使用的电话交换设备是程控交换机。程控是指控制方式，即存储程序控制（Stored Program Control，SPC），它是把电子计算机的存储程序控制技术引入到电话交换设备中来。这种控制方式是预先把电话交换的功能编制成相应的程序（或称软件），并把这些程序和相关的数据都存入到存储器内。当用户呼叫时，由处理机根据程序所发出的指令来控制交换机的操作，以完成接续功能。

现代物业中使用的程控交换机，除了基本的线路接续功能之外，还可以完成物业内部用户与用户之间的信息交换，以及内部用户通过公用电话网或专用数据网与外部用户之间的话音及图文数据传输。程控用户交换机通过控制机配备的各种不同功能的模块化接口，可组成通信能力强大的综合数据业务网。

2. 电话通信系统的功能

程控交换机的产生给通信领域带来了新的发展，扩大了交换机的性能，采用程控交换技术后可提供更多、更新的服务内容。

（1）基本服务：①缩位拨号；②热线服务；③叫醒服务；④呼叫限制；⑤恶意电话跟踪；⑥免打扰服务；⑦无应答转移等。

（2）可供选择服务：①遇忙回叫；②跟随转移；③缺席服务；④留言；⑤三方通话；⑥会议电话；⑦呼叫计费等。

12.4.2　宽带网络

随着互联网的迅猛发展，人们对远程教学、远程办公、远程医疗、视频会议、VOD 点播、WWW 浏览等多媒体应用的需求大幅度增加，电子商务更是成为网络应用的热点。社会的需求对网络的带宽及速率提出了更高的要求，促使网络由低速向高速、由共享到交换、由窄带向宽带方向迅速发展。

宽带是相对于窄带而言的概念，并没有很严格的定义，一般是指高带宽的网络，它也是一个动态的、发展的概念。通常，把骨干网传输速率在 2.5G 以上，接入网能够达到 1 兆的网络定义为"宽带网"。宽带网可以为上网者提供更为平滑的视频图像，更为清晰逼真的声音效果和更为迅速的网站搜索服务。

宽带网络可分为宽带骨干网（核心交换网）和宽带接入网两个部分。

宽带骨干网基于光纤通信系统，能实现大范围的数据流传送。

宽带接入网技术可根据所使用的传输介质的不同分为光纤接入、铜线接入、光纤同轴电缆混合接入和无线接入等多种类型。

1. 计算机网络系统的组成

计算机网络系统是指将地理位置不同、具有独立功能的多个计算机系统通过通信设备和线路连接起来，用功能完善的网络软件进行管理和控制，以实现互相交换信息及共享网络资源的系统。

计算机网络系统主要由网络硬件系统和网络软件系统组成。

（1）网络硬件系统。组成局域网的网络硬件系统可分为五类：服务器、工作站、网络交换互联设备、防火墙及外部设备。

1）服务器。是网络传输优化的个人计算机，服务器应具有较高的性能，包括较快的速度、较大的内存及较大容量的硬盘等。

2）网络工作站。指能使用户在网络环境上进行工作的计算机（客户机），其作用是让用户在网络环境下工作，并运行由网络上文件服务器提供的各种软件。

3）网络交换互联设备。包括网络适配器、调制解调器、网络传输介质、中继器、集线器、网桥、路由器和网关等。

4）防火墙。是在局域网和互联网之间构筑的一道屏障，它是在内外有别及在需要区分处设置有条件的隔离设备，用以保护局域网中的信息、资源等不受来自互联网中非法用户的侵犯。

5）外部设备。是指可被网络用户共享的、常用的硬件资源，如大型激光打印机、绘图设备及大容量存储器等。

（2）网络软件系统。网络软件分为网络系统软件和网络应用软件两类。

网络系统软件是控制及管理网络运行和网络资源使用的软件，它为用户提供了访问网络和操作网络的人机接口。网络应用软件是利用应用软件开发平台开发出来的一些软件，如JAVA. ASP、Perl/CGI、SQL 及其他专业应用软件。在网络系统软件中最重要的是网络操作系统，网络操作系统往往决定了网络的性能、功能、类型等。

2. 计算机网络系统的分类

按照服务范围的大小分为广域网、局域网和城域网三类。

（1）广域网（Wide Area Network，WAN）。WAN 又称远程网，其特点是覆盖范围很广，从覆盖几个城市到一个国家甚至全球。广域网一般是利用电信或公用事业部门现有的公用或专用通信线路作为传输媒介，网络由多个部门或多个国家联合组建。全球最大的广域网是互联网，即 Internet 网。

（2）局域网（Local Area Network，LAN）。LAN 是在局部范围使用的计算机网络，特点是覆盖的地理范围有限、规模较小，网内计算机及有关设备通常局限于一个单位、一幢大楼甚至一个办公室内。局域网组建方便，建网时间短，成本低廉，使用灵活，经济且社会效益显著。

（3）城域网（Metropolitan Area Network，MAN）。MAN 的范围通常覆盖一个城市或地区，介于广域网和局域网之间。随着计算机网络用户的日益增多和应用领域的不断拓宽，一般局域网已显得力不从心，新的应用要求把多个局域网互相连接起来，以构成一个覆盖范围更大，并支持高速传输和综合业务服务的、适合大城市使用的计算机网络，这样就形成了城域网。

3. 常用宽带接入网技术

（1）xDSL。数字用户线（DSL）是基于普通电话线的宽带接入技术，它在同一对铜线上分别传送数据和语音信号，数据信号并不通过电话交换设备，从而减轻了电话交换机的负担，而且无需拨号，一直在线，属于专线上网方式。这是一种简单、快捷、经济的宽带接入方式，也是近年来家庭住宅低成本宽带入网方案，如图 12-13 所示。

xDSL 中的"x"代表各种数字用户线技术，包括不对称数字用户线（ADSL）、高速数字用户线（HDSL）、甚高速数字用户线（VDSL）和速率自适应数字用户线（RADSL）等。它们的主要区别在于上下行链路的对称性以及传输速率和有效距离的不同。

ADSL 是目前众多 xDSL 技术中较为成熟的一种，优点是带宽较大、连接简单、投资较小。ADSL 是针对住宅用户设计的，下行速率高达 6～9Mbit/s，传输距离可达 3～5km，上行速率较低，通常为 16～640kbit/s。ADSL 在一对电话线上同时传送一路高速下行数据、一路较低速率上行数据、一路模拟电话。各种信号采用频分复用方式占用不同频段，低频段传送话音，中间窄频段传送上行信道数据及控制信息，其余高频段传送下行信道数据、图像或高速数据。

（2）Cable Modem（亦称 HFC 接入）。Cable Modem 又称电缆调制解调器，是通过 HFC 有线电视网络进行高速数据接入的终端设备，它由调谐器、解读器、脉冲调制器、处理器和接口组成。我国现行的 Cable Modem 接入业务基本上是基于混合光纤同轴（HFC）网络。Cable Modem 的技术具有连接速度快、成

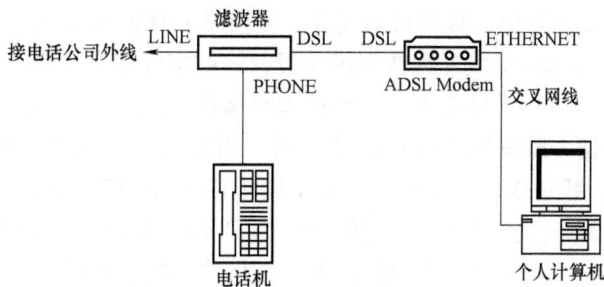

图 12-13　ADSL 的接入网方式

本低廉、非对称的专线连接、不受连接距离限制的优点，但也存在一些不足：Cable Modem 用户共享单一电缆的方式，与局域网中多台电脑共享信道，当上网用户较多时，传输速率将显著下降。

Cable Modem 在 HFC 上可以实现高达 34Mbps 的下行数据传送，上行速率最高可达 768kbps，在其信道带宽内可以传送几百路广播电视节目，200 路的电视点播业务以及双向通信业务。

HFC 即 Hybrid Fiber Coaxial 的缩写，是光纤和同轴电缆相结合的混合网络。HFC 通常由光纤干线、同轴电缆支线和用户配线网络三部分组成，从有线电视台出来的节目信号先变成光信号在干线上传输；到用户区域后把光信号转换成电信号，经分配器分配后通过同轴电缆送到用户。HFC 的主要特点是：传输容量大，易实现双向传输；频率特性好，在有线电视传输带宽内无需均衡；传输损耗小，可延长有线电视的传输距离；光纤间不会有串音现象，不怕电磁干扰，能确保信号的传输质量。

（3）DDN 专线。DDN 是数字数据网（Digital Data Network）的简称，它是利用光纤、数字微波或卫星等数字传输通道和数字交叉复用设备组成，为用户提供高质量的数据传输通道，传送各种数据业务。

数字数据网是以光纤为中继干线网络，组成 DDN 的基本单位是节点，节点间通过光纤连接，构成网状的拓扑结构，用户的终端设备通过数据终端单元（DTU）与就近的节点机相连。

DDN 的优点：

1）传输质量高，时延小，通信速率可以自主变化。

2）路由自动迂回，保证电路高可用率。

3）全透明传输，可支持数据、图像、话音等多媒体业务。

4）方便组建虚拟网（VPN），可以建立自己的网管中心。

5）传输质量高，DDN 的主干传输为光纤传输，高速安全。

6）采用点对点或点对多点的专用数据线路，特别适用于业务量大、实时性强的用户。

7）网管中心以图形化的方式对网络设备进行集中监控，电路的连接、测试、告警、路由迂回均由计算机自动完成，使网络的管理智能化。

DDN 专线月租费用极昂贵，一般家庭较难承受。

（4）光纤接入。光纤接入是指局端与用户之间完全以光纤作为传输媒体，同时利用光波作为载波传送信号的接入网。根据光纤深入用户群的程度，可将光纤接入网分为 FTTC（光纤到路边）、FTTZ（光纤到小区）、FTTB（光纤到大楼）、FTTO（光纤到办公室）和 FTTH（光纤到户），它们统称为 FTTx。实际上，光纤接入网仅仅是从传输介质和光端设备的位置来区分接入网的种类。就目前的技术来说，对于城市住宅小区，实现 FTTZ、FTTC 和 FTTB 已经是非常普遍的现象。

光纤接入的主要特点是：传输距离远，光纤连接距离可达 70km；传输速度快，光纤接入能够提供 10Mbps、100Mbps、1000Mbps 的高速带宽；损耗低、通信质量高、抗扰能力强。

（5）以太网宽带接入。随着城市宽带数据 IP 网的建设，更多的城市选用数十台吉比特级以太网交换机作为城市数据核心网。小区局域网可以直接接入城市数据核心网。

（6）无线宽带接入（LMDS）。LMDS 是 Local Multipoint Distribution Services 的缩写，称为区域多点传输服务。这是一种微波的宽带业务，工作在 28GHz 频段附近，在较近的距离双向传输话音、数据和图像等信息。在城市内它能够将多路电视节目、高速数据、电话等多种业务送到小区和家庭，提供高达 4.8G 的带宽，覆盖范围为 3~10km。

4. 小区常用宽带接入网方案

（1）电话网 + xDSL。大多数小区内部都装有电话系统，利用每户的电话线，通过 Home PNA 技术，小区内部局域网；再通过 xDSL 技术（尤其是 ADSL 技术）实现小区宽带接入。

（2）局域网 + xDSL。对于新建的智能小区，一般都预埋有五类或五类以上双绞线。利用这些线缆，可以组建小区局域网。小区局域网与广域网的接入，目前多选用 xDSL 技术，而不再选用 ISDN、DDN 等技术。

（3）局域网 + 以太网。小区局域网多采用以太网，对于一些采用吉比特级以太网交换机构建城市信息主干网的城市，可以直接或间接利用宽带以太网接入技术实现小区宽带接入。

（4）Cable Modem + HFC。一般小区内部都装有有线电视系统，对于希望利用 HFC 提供双向数据服务的系统来说，需要考虑选用 Cable Modem、双向放大器等设备。小区可以设立网站或服务器，也可以直接通过有线电视台的服务器和路由器访问 Internet。

12.5　建筑弱电系统管理与维护

12.5.1　广播系统的管理与维护

为使广播系统发挥其功能，同时便于统一管理，需要制订有关的工作制度。

1. 广播室管理制度

（1）非工作人员未经许可，不得擅自入内；工作人员离开应随手锁门，妥善保管广播室钥匙，且不得交给非工作人员。

（2）播音系统实行专人管理，非本部门专业人员严禁随意操作，一旦发现将按违纪处理，若有损坏，按原价赔偿。

（3）播音系统的选曲、播放应由公司统一决定，不得随意更改，不得将非本公司的CD、卡带带入广播室播放，也不得将公司的CD、卡带带出广播室；不得把与播放无关的其他音像资料带入广播室。

（4）交接班须留交班表，记录播音状况及有无CD、卡带损坏的情况；播音系统应定期养护、维修。

（5）播音系统免费为顾客提供寻物、寻人启事，广播前须由顾客填写详尽的广播内容并存档保留。

（6）严禁有损公司利益和形象的文字出现，公司的广播要填写广播申请单，并由部门主管签字核准后交企划部复核播送。

（7）工作人员须经过培训并熟练掌握设备操作技能，提前审查播放的节目，播放期间不得擅自离开，对播放节目内容和质量做好实时监听。

（8）播放内容出现意外，必须立即采取有效措施，中断播出，并及时向有关领导报告。广播员每次播出后应及时做好有关记录。

（9）保持环境整洁、美观，播放控制台、播放设备等放入专用机柜，线缆连接规范。

（10）经常进行安全检查，做好防盗、防火和防漏电等工作。

2. 广播管理人员职责

（1）加强学习不断提高业务水平，熟悉广播设备的用途及使用方法，胜任广播器材简单的维修工作，保护设备的安全。

（2）广播器材（包括录音机、磁带、唱片、麦克风、扩大器、喇叭和音响等）要分类编号妥善保管，建立广播器材账本，做到账物相符，未经主管领导批准，不得私自外借。

（3）负责重大活动（如纪念大会、报告会和庆祝会等）的有线广播安装、播放、拆卸工作，做到随叫随到。

（4）播送通知、告示等。

（5）播音室不准外人任意出入，除播音员外其他任何人不得擅自在播音室住宿，播音室内不准用任何炊具烹煮食物，不得在播音室内就餐。

（6）注意播音室卫生，房间要每天打扫，箱柜、设备、器材、线缆要干净整洁。

3. 广播系统维护工作基本要求

（1）广播系统要做好日常的运行维护和管理工作。

（2）根据运行情况提出设备更新、技术改造以及维修计划。

（3）维护人员对发生的故障应进行及时有效的处理，并进行认真的分析，总结经验教训，制订防范措施，并向上级部门报告。

（4）负责本部门运行和维护人员的岗位考核，提高上岗人员的技术水平和处理故障的实际能力，如有设备损坏应及时送修。

（5）负责部门资产的管理，技术资料、图纸、技术文件的收集、整理、保存等管理工作。

12.5.2　火灾自动报警系统的管理与维护

消防管理的目的是预防物业火灾的发生，最大限度地减少火灾损失，为业主（或租户）的生产和生活提供舒适的环境，保卫其生命和财产的安全。

消防工作指导思想是把预防火灾放在首位，人力、物力、技术等多方面充分做好灭火准备，一旦发生火灾，能迅速把火扑灭，将损失降到最低。

物业服务公司对火灾报警系统的管理主要是对消防设备的维护和保养，其维修应由政府认可的专业公司承担。物业服务公司要做好以下几项工作。

（1）系统中所有的设备都应做好日常维护保养工作，注意防潮、防尘、防电磁干扰、防冲击等，保持设备时刻处于完好状态。

（2）探测器投入运行一年后，每隔三年必须全部清洗一遍。

（3）使用单位应具有日常维护所必需的备品备件、专用工具。

（4）系统必须经公安消防监督机构验收合格后方可投入运行，其他任何单位和个人不得擅自决定使用。

（5）系统使用应由经过专门培训，且考试合格的专业人员负责管理、操作和维护。

（6）系统正式启用时，应具备以下资料：系统竣工图，设备技术资料，操作规程，值班员职责，值班记录和使用图表等。

（7）应建立系统的技术档案，主要包括：系统设计的有关图纸、技术资料，系统施工、调试、验收和运行维护等有关的技术资料、规章、记录等。

（8）系统应保持连续正常运行，不得随意中断，如一旦中断，必须及时通报当地消防监督机构。

（9）做好系统的季度、年度检查和试验，以确保整个系统工作状态良好，并填写相关的检查登记表。主要内容包括：报警装置声光显示是否正常，电源切换是否正常，联动控制是否正常，火灾应急广播功能是否正常等。

12.5.3　安防自动化系统的管理与维护

1. 安防自动化系统的维护保养

安防自动化系统的维修一般应由政府认可的专业公司负责。物业服务公司一般应做到：

（1）了解各种安防设备的使用方法，制订物业的安全防范制度。

（2）禁止擅自更改安防设备。

（3）定期检查设备的完好情况，发现问题要及时处理，并向主管报告。

（4）检查电器、电线、管道等有无氧化、熔化、霉坏、锈坏、堵塞等情况，防止短路或爆炸引起火灾。

（5）提高管理人员的安全与保密意识。

（6）定时检查各类安防设备，如防盗报警探测器、摄像机、门磁开关、报警按钮、闭路电视监控器等。

2. 安防自动化系统的使用管理

（1）对讲机使用管理制度

1）对讲机是保安人员执行任务的工具，属于物业公司的公共财产，每个保安员都有责任、有义务保管好，以防遗失或损坏。

2）对讲机只供保安人员执勤时使用，严禁用作其他用途。

3）对讲机严禁转借他人，严禁个人携带外出，如确有需要，需报主管领导批准。

4）对讲机使用应严格按规定频率正确操作，严禁私自乱拆、乱拧或乱调其他频率，违者将按有关规定处理。

5）保安人员交接班时，应做好对讲机交接验收工作，以免出现问题时互相推诿责任。

6）对讲机不用时，应由班长收回，统一交治安办公室保管充电。

（2）门禁系统管理制度

1）了解门禁系统的基本工作原理、性能和常规的维护保养方法，熟练掌握该系统操作规程。

2）定期对门禁系统进行检测；监视系统有无故障发生，如发生故障，要及时通知厂商排除故障，确保系统能够运作正常。

3）接到主管部门的通知后，为新增员工制作门卡。如果要大量制作门卡，应及时与厂家联系购买，并且安排厂商派人给需要制卡的员工拍照。

4）没有接到通知时，不可以随便更改消防通道的开关时间。

5）在接到人事部的《工作卡变动申请表》或《制作工作卡申请表》后，按照表中提出的要求设置系统资料；如果没有收到申请表，则无权更改系统任何资料。

6）做好门禁系统的安全保密工作，以防门禁系统的设置被更改。

7）遇到门开关不了或者门被卡住时，要能够及时找出故障原因，并排除故障。

（3）设备维护保养管理制度

1）检查调整现有设备的控制范围及设备功能。

2）清洁监视器、录像机、主机、适配器、扩展器、云台控制器等监控设备。

3）检查云台的转动、镜头的伸缩是否灵活，检查所有接线是否松动。

12.5.4　通信网络系统的管理与维护

通信网络的维护管理主要有以下几个方面：物理安全、访问控制、传输安全和计算机病毒的预防。

1. 物理安全

通信网络的物理安全是指要避免人为对网络的损坏。因而在埋设电缆时，应有一定的深度和明显的标识。此外，电缆外面应有可靠的保护层，避免电缆因洪水、火灾等灾害而损坏。放置服务器的场所应该干燥，温度适宜。办公室的终端或工作站的接线盒必须在墙上，以免踩断电缆。

2. 访问控制

访问控制涉及用户访问资源权限的维护管理，可从以下三个方面进行：

（1）网络用户注册。网络用户注册是网络安全系统的最外层防线，只有具有网络注册权的用户才可以通过这一层安全性检查，在注册过程中，系统会检查用户名及口令的合法性，不合法的用户将被拒绝进入。

（2）网络用户访问资源的权限。网络管理系统可以显示用户的应用类型及所需的网络资源，为用户制订网络资源访问权限。一般来说，网络资源包括网络服务器的文件系统、网络服务器及外部通信设备。用户权限主要体现在用户对所有系统资源的可用程度上。

（3）文件属性。对于文件属性进行设置可保证文档的安全，这种安全措施尤其对共享文件特别有用。

如果文件属性是"只读"，不论用户的访问资源的权限如何，用户对该文件只能读，不能写，也不能换名或删除。因此，文件属性的安全性优于用户权限。

3. 传输安全

传输安全涉及防止网上信息的走漏和破坏。信息的走漏指非法从网上获取信息，而破坏指向网上加入虚假信号。防止信息走漏或破坏的途径是采用密码技术，在发送站先进行信号加密，再由接收站解密。不掌握解密技术就不知道信息的真正内容，同时由于伪造信息者不知道如何正确加密，因此假信号很容易被识别出来。如果采用密码加密，就必须对密码进行很好的管理。

4. 计算机病毒的预防

计算机病毒是指编制的或者在计算机程序中插入的，能够破坏计算机功能或者破坏数据，影响计算机使用并且能够自我复制的一组计算机指令或者程序代码。病毒是威胁通信系统安全的大敌，应受到高度的重视。市场上虽然有种类繁多的防杀病毒工具，但面对不断涌现的新病毒的进攻，仍应加强管理。

（1）日常预防。利用 Windows Update 确保操作系统的及时更新，防止利用系统漏洞传播的病毒有机可乘；确定系统登录密码已设定为强密码；关闭不必要的共享或将共享资源设为"只读"状态。留意病毒和安全警告信息，做好相应的预防措施。

（2）安装反病毒软件并实时更新。安装优秀的反病毒软件，如瑞星、360、金山毒霸、卡巴斯基等杀毒软件，这些反病毒程序具有自动连接互联网，主动实时升级更新病毒库的功能。

（3）定期扫描系统。第一次运行反病毒软件时，最好扫描整个计算机系统，之后，可以设置成在计算机每次启动时扫描系统或者定期扫描系统。

（4）不轻易执行附件中的 EXE 和 COM 等可执行程序。这些附件极有可能带有计算机病毒或是黑客程序，轻易运行，很可能带来不可预测的结果。对于朋友和陌生人发过来的电子邮件中的可执行程序附件都必须检查，确定无异后才可使用。

（5）不轻易打开附件中的文档文件。对方发送过来的电子邮件及相关附件的文档，首先要用"另存为…"命令（"Save As…"）保存到本地硬盘，待用杀毒软件检查无毒后才可以打开使用。如果用鼠标直接双击 DOC. XLS 等附件文档，会自动启用 Word 或 Excel，如附件中有计算机病毒则会立刻传染；如有"是否启用宏"的提示，不要轻易打开，否则极有可能传染上宏病毒。

（6）不直接运行附件。对于文件扩展名比较特殊的附件，或者是带有脚本文件如 ∗. VBS、∗. SHS 等的附件，不要直接打开，一般可以删除包含这些附件的电子函件，以保证计算机系统不受计算机病毒的侵害。

知 识 小 结

广播音响系统是对音频（音乐、语音）信号进行处理、放大、传输与扩音的电声设备的系统集成。有线电视系统是指共用一组优质天线接收电视台的电视信号，并对信号进行放大处理，通过同轴电缆传输、分配给各电视机用户的系统。电话通信系统的基本目标是实现某一地区内任意两个终端用户之间进行通话。

火灾自动报警系统是对火灾现场实施监控并启动联动装置进行灭火与自动报警的系统，可实现对生命和财产的有效保护。有区域报警系统、集中报警系统、控制中心报警系统三种类型。

安全防范系统主要有周界防范系统、闭路电视监视系统、出入口控制系统、电子巡更系统、停车场管理系统、楼宇对讲系统等子系统组成。安全防范系统的功能主要是防范、报警、监视与记录、自检和防破坏等。

强 化 练 习

一、单项选择题

1. 广播音响系统也叫（　　）系统。

A. 音乐　　　　　　B. 语音　　　　　　C. 扩音　　　　　　D. 声音

2. 当火灾初期有阴燃阶段，产生大量的烟和少量的热，很少或没有火焰辐射的场所，应选用（　　）。

A. 感温探测器　　B. 感光探测器　　C. 感烟探测器　　　D. 可燃气体探测器

3. 下列辨识系统中哪个是采用光学摄像方式进行辨识的（　　）。

A. IC 卡　　　　　B. 视网膜　　　　　C. 磁码卡　　　　　D. 条码卡

4. 闭路电视监控系统一般由摄像、传输、（　　）、显示和记录四个部分组成。

A. 支架　　　　　　B. 线缆　　　　　　C. 云台　　　　　　D. 控制

5. 停车场管理系统一般由车辆自动识别子系统、（　　）子系统、保安监控子系统等组成。

A. 收费　　　　　　B. 车辆探测　　　　C. 挡车器　　　　　D. 车位提示牌

6. （　　）是数据不对称用户线路。

A. ADSL　　　　　B. HDSL　　　　　C. VDSL　　　　　D. RADSL

二、多项选择题

1. 车辆自动识别装置一般采用（　　）等。

A. 磁卡　　　　　　B. 条码卡　　　　　C. IC 卡　　　　　D. 远距离 RF 射频识别卡

2. 在闭路电视监控系统中，常用的多画面分割器是（　　）画面分割器。

A. 4　　　　　　　　B. 6　　　　　　　　C. 16　　　　　　　D. 2

3. 在周界防范系统中，常用的探测器有（　　）探测器。

A. 主、被动红外　　B. 复合式　　　　　C. 微波　　　　　　D. 声光报警器

4. 计算机网络硬件系统主要由（　　）组成。

A. 服务器　　　　　B. 工作站　　　　　C. 网络交换互联设备　　D. 防火墙及外部设备

5. 小区常用的宽带接入网方案有（　　）。

A. 电话网 + xDSL　　　　　　　　　　B. 局域网 + xDSL

C. Cable Modem + HFC　　　　　　　　D. 局域网 + 以太网

三、思考题

1. 广播音响系统由哪几部分组成？

2. 有线电视（CATV）系统由哪几部分组成？

3. 电话通信系统由哪几部分组成？

4. 火灾自动报警系统由哪些基本装置组成？

5. 常见的火灾探测器由哪几类？

6. 安全防范系统由哪些子系统构成？

7. 计算机网络系统的组成和作用是什么？

技 能 实 训

任务1. 安排学生在当地设有火灾自动报警系统的物业进行一次参观实习，具体了解该物业火灾自动报警系统的组成、设备型号、日常的维护管理以及发生火灾时的应急预案等内容。

任务2. 结合实习，学习广播音响系统、有线电视系统、安全防范系统、通信与宽带网络系统的运行管理及维护方法，收集并整理相关资料，制订出有关系统的管理制度。

单元 **13**

建筑智能化系统

1. 知识目标

（1）了解建筑智能化的概念，建筑智能化系统的组成、功能及特点；熟悉综合布线系统、建筑设备自动化系统、通信网络系统及办公自动化系统。

（2）掌握建筑智能化系统的集成以及家庭智能化系统、小区智能化系统的组成。理解建筑智能化管理的特点、节能管理的措施。

（3）掌握建筑智能化设备运行与维护管理以及小区智能物业管理系统。

2. 能力目标

（1）能够判定某物业智能化系统的组成及其功能。

（2）能够熟练地操作家庭智能化系统和小区智能化系统的相关设备。

（3）能够对家庭和小区的智能化系统进行日常管理和维护。

昆明楼市群雄逐鹿 智能小区备受关注

昆明东市区地产崛起极具代表性的景观大盘东骧神骏-万泰小区，自诞生的那天起就致力于打造东市区的宜居居所，为了使居住于此的业主居住、生活质量得到全面的提高，开发商在产品的功能、舒适度、景观、社区文化、安全等方面都倾入了全部的心血。

为做到"人防、技防、物防"三防的安全措施管理体制，小区安防系统采用多手段立体防范形式，充分保障小区的安全性。

第一道防线：全封闭监控小区周界围墙。在小区整个围墙的周边地段预先设立电视监控摄像机。一旦有人试图翻越小区周界围墙进入小区，值班保安人员可通过监控系统从监控画面上看到周界处的非法入侵现象，锁定入侵人员位置，通过对讲系统通知保安人员立即奔向目标，杜绝非法分子翻越围墙进入小区的可能。

第二道防线：电视监控系统。在小区出入口部位设置摄像机，围墙、内部主要通道设置监控点，形成闭路电视监控系统。出入口、主干道、庭园花园、电梯等处人流和车流量较大，是进出小区的必经之地，小区周边围墙段是安防体系的核心关键所在，系统可把各监控点的重要情况监视并录制下来，作为资料留存。

第三道防线：楼宇访客可视对讲防盗管理系统。单元门口设置单元防盗门及对讲门禁主机，室内设置分机，让住户与访客对讲沟通，以便确认来访者的身份。配合出入口 ID 卡一卡通管理系统的运用，加上前述两道防线的配合，住户的安全感得到了充分的增强和保证。

这三道防线构成了整个小区比较完善的安防管理体系。作为小区管理方来说，物业管理水平更是得到了充分的提升。而小区内部设置上述系统可使小区居民生活在一个相对休闲放松的环境中，能够体现一个安宁的生活小区的价值所在。

本案例编写参考自：中国智能家居联盟网

案例思考题：

1. 本案例中采用了哪些技术防范措施（技防）？
2. 案例中小区的安防系统具有哪些特点？

13.1　建筑智能化系统简介

13.1.1　智能建筑的概念

智能建筑（Intelligent Building System）起源于 20 世纪 80 年代初期，美国康涅狄格州哈特福德市建成的"都市大厦"（City Place）是世界上公认的第一座智能化大厦，配有语言通信、文字处理、电子邮件、市场行情信息、科学计算和情报资料检索等服务，实现自动化综合管理，大楼内的空调、电梯、供水、防盗、防火及供配电系统等都通过计算机系统进行有效地控制，City Place 以其全新的设计与服务成为智能建筑跨时代的里程碑。

我国《智能建筑设计标准》（GB/T 50314—2006）对智能建筑的定义是"以建筑物为平台，兼备信息设施系统、信息化应用系统、建筑设备管理系统、公共安全系统等，集结构、系统、服务、管理及其优化组合为一体，向人们提供安全、高效、便捷、节能、环保、健康的建筑环境"。即智能建筑是指利用系统集成方法，将计算机技术、通信技术、控制技术、多媒体技术和现代建筑艺术有机结合，通过对设备的自动监控，对信息资源的管理，对使用者的信息服务及对建筑环境的优化组合，所获得的投资合理、适合信息技术需要，并且具有安全、高效、舒适、便利和灵活特点的现代化建筑物。

13.1.2　建筑智能化系统的组成

建筑智能化主要由通信自动化系统（CAS）、办公自动化系统（OAS）和建筑设备自动化系统（BAS）组成，简称为"3A"。建筑智能化系统是一个综合性的整体，由集成中心（SIC）通过综合布线系统（GCS）或结构化综合布线系统（PDS）来控制 3A（如图 13-1 所示），实现高度信息化、自动化及舒适化的现代建筑。

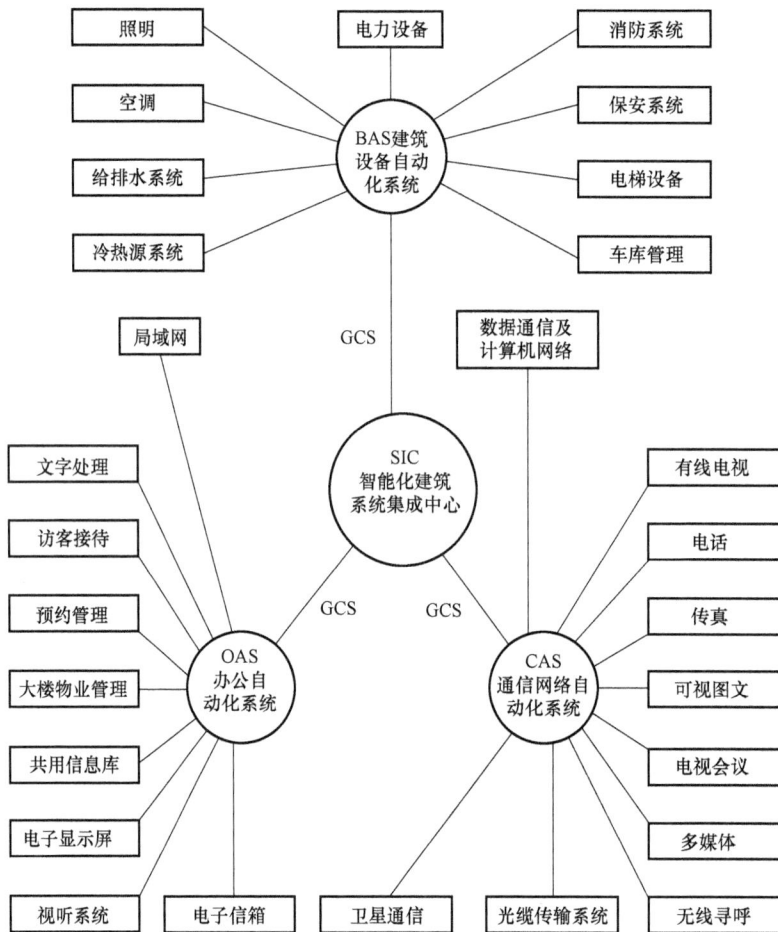

图 13-1　建筑智能化系统的组成

1. 建筑设备自动化系统（Building Automation System，BAS）

BAS 用于对物业各种机电设施设备进行自动控制，包括供热、通风、空气调节、给排水、供配电、照明、电梯、消防、保安等。通过信息通信网络组成分散控制、集中监视与管理的管控一体化系统，随时检测、显示其运行参数；监视、控制其运行状态；根据外界条件、环境因素、负载变化情况自动调节各种设备使其始终运行于最佳状态；自动实现对电力、供热、供水等能源的调节与管理；提供一个安全、舒适、高效而且节能的工作环境。

2. 通信网络自动化系统（Communication Automation System，CAS）

CAS 用来保证物业内、外各种通信联系畅通无阻，并提供网络支持能力。实现对语音、数据、文本、图像、电视及控制信号的收集、传输、控制、处理与应用。通信网络包括：以数字程控交换机（PABX）为核心的、以语音为主兼有数据与传真通信的电话网、有线电视网、联接各种高速数据处理设备的计算机局域网（LAN）、广域网（WAN）、传真网、公用数据网、卫星通信网、无线电话网、综合业务数字网（ISDN）和数字数据网（Digital Data Network）等。借助这些通信网络可以实现物业内外以至国内外的信息互通、资料查询和资源共享。

3. 办公自动化系统（Office Automation System，OAS）

OAS 是服务于具体办公业务的人机交互信息系统。办公自动化系统由多功能电话机、高性能传真机、各类终端、PC 机、文字处理机、主计算机、声像存储装置等各种办公设备、信息传输与网络设备和相应配套的系统软件、工具软件、应用软件等组成。综合型智能物业的 OA 系统，一般包括两大部分：一是服务于物业本身的 OA 系统，如物业管理、运营服务等公共管理和服务部分；二是用户业务领域的 OA 系统，如金融、外贸、政府部门等专用办公系统。

4. 综合布线系统（Generic Cabling System，GCS）

综合布线系统又称开放式布线系统（Open Cabling Systems），也称建筑物结构化综合布线系统（Structured Cabling System，SCS），是智能建筑系统工程的重要组成部分。GCS 是指建筑物或建筑群内的信息传输媒质系统。它将相同或相似的电缆、电线（如双绞线、同轴电缆或光缆）以及连接硬件组合在一套标准的、通用的、按一定秩序和内部关系而集成的系统中，不仅能使话音和数据通信设备、交换设备和其他信息管理系统彼此相连，还能使这些设备与外部通信网络相连接。GCS 是 CAS、BAS 和 OAS 互相连接的平台，是建筑技术与信息技术相结合的产物，是计算机网络工程的基础。

5. 建筑智能化系统的集成（System Integrated Center，SIC）

建筑智能化系统的集成，是将智能建筑内不同功能的智能化系统在物理上、逻辑上和功能上连接在一起，以实现信息综合、资源共享和设备的互操作。

（1）智能建筑系统集成的目标

1）对各子系统实行统一的监控。

2）实现跨子系统的联动，提高各子系统的协调能力。

3）实现各子系统之间的数据传输与信息共享。

4）建立集成管理系统，提高管理效率和质量，降低系统运行及维护成本。

（2）系统集成的内容。从用户角度看，智能建筑的系统集成是功能集成和界面集成；从技术角度看是网络集成和数据库的集成。

1）功能集成。功能集成主要分两个层次：其一，IBMS 最高管理层的功能集成，如集中监视和管理功能、信息综合管理功能、全局事件管理功能、流程自动化管理功能及公共通信网络管理功能等的集成；其二，智能化子系统的功能集成，即 BAS、OAS、CAS 各子系统内部的功能集成。

2）界面集成。界面集成就是要实现在统一的用户界面上运行和操作各子系统，界面集成实际上是功能集成的外在表现形式。

3）网络集成。解决各子系统异构网络之间的互联以及各系统内部管理层信息网络与监控层控制网络之间的互联问题，实现系统内外的通信。网络集成的本质是解决异构网络系统之间的不同通信协议的转换。网络互联可根据不同情况分别在数据链路层、网络层或高层（传输层、会话层、表示层及应用层）上实现。

4）数据库集成。解决的主要问题是综合数据的组织和共享信息的访问。综合数据的组织可采用集中式数据库或分布式数据库方式。集中式数据库位于集成系统管理层，是将各子系统的数据上传汇总集中存放在一个数据库中。分布式数据库由分布在各子系统中的子数据库所组成，各子数据库在逻辑上是相关的，在使用上可视为一个完整的数据库。

13.2　住宅小区智能化系统

13.2.1　小区智能化系统的组成及功能

1. 小区智能化系统的组成

2001 年，国家建设部住宅产业办公室提出了关于智能化小区的基本概念："住宅小区智能化是利用 4C（即计算机、通信与网络、自动控制和 IC 卡），通过有效的传输网络，将多元的信息服务与管理、物业管理与安防、住宅智能化集成，为住宅小区的服务与管理提供高技术的智能化手段，以期实现快捷高效的超值服务与管理，提供安全舒适的家居环境"。

住宅小区智能化系统通常由安全防范子系统、信息网络子系统和管理与监控子系统组成，如图 13-2 所示。

我国《居住小区智能化系统建设要点与技术导则》把小区智能化系统建设划分为一星级（★）、二星级（★★）、三星级（★★★）三种类型。

智能化系统的建设按城镇建设行业产品标准《居住区智能化系统配置与技术要求》（CJ/T 174—2003）进行，具体要求如下。

（1）一星级

1）安全防范子系统：包括①住宅报警装置；②访客对讲装置；③视频监控装置；④电子巡查装置。

2）管理与设备监控子系统：包括①车辆出入与停车管理装置；②物业管理计算机系统。

3）信息网络子系统：为实现上述功能进行科学合理布线，安装家居综合布线箱，每户不少于两对电话线、两个电视插座和一个高速数据插座。

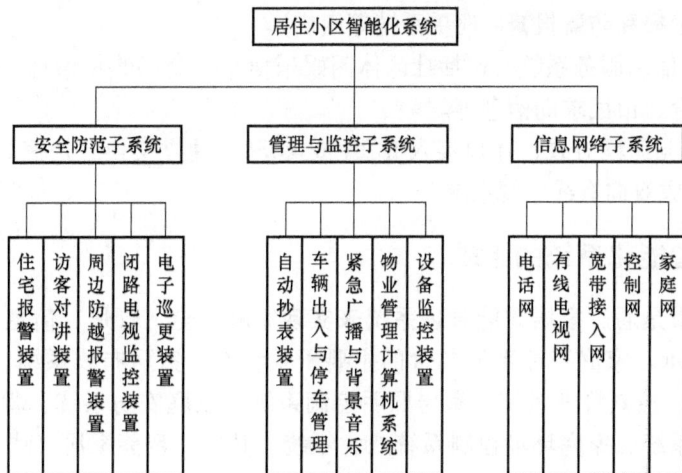

图 13-2　住宅小区智能化系统功能框图

（2）二星级。除具备一星级的全部功能之外，要求在安全防范子系统、管理与设备监控子系统和信息网络子系统的建设方面，其功能及技术水平应有较大提升。并根据小区实际情况，科学合理地选用《居住区智能化系统配置与技术要求》（CJ/T 174—2003）中所列举的可选配置。采用了节省资源和环境保护的智能技术与产品。

（3）三星级。应具备二星级的全部功能，系统先进、实用、可靠。并具有开放性、可扩充性和可维护性。特别要重视智能化系统中管网、设备间（箱）、设备与电子产品安装以及防雷与接地等设计与施工。在节省资源和环境保护的智能技术与产品方面应用效果明显，并在采用先进技术与为物业管理和住户提供服务方面有突出技术优势。

2. 智能小区的主要系统及基本功能

（1）按功能划分，智能小区的主要系统及基本功能如下。

1）家庭智能化：包括家庭安防、家庭自动化管理等。

2）小区安全防范：包括周界报警、通道控制、巡更管理、闭路电视监控、车库管理、可视／非可视访客对讲、公共与紧急广播、安保管理中心等。

3）小区信息通信：包括家庭布线、宽带接入与组网、小区综合信息服务。

4）小区物业管理：包括物业管理信息系统、小区公用机电设备监控系统、电子公告、小区 IC 卡"一卡通"、多表数据自动抄送系统等。

5）小区消防：包括火灾自动报警与消防联动控制系统。

（2）按系统组成划分，智能小区的主要系统及基本功能如下。

1）小区物业管理服务系统：包括供电系统监控、公共区域照明控制、给排水系统监控、冷热源系统监控（集中供热/冷）、火灾自动报警与消防联动控制系统、电梯运行状态监视、停车场（库）管理、背景音响与公共广播、集成化保安系统（由闭路电视监视、出入口控制、周界报警和防盗报警、巡更系统等组成）。

2）小区综合信息服务系统：包括社区休闲娱乐信息、商场购物信息、社区公告板、远程医疗、网络教育、市民求助信息等。

3）通信接入与组网方式：住户接入 ISDN 或 xDSL、建立交换式快速局域网（专用网）或采用 HFC 网构成双向有线电视系统。

13.2.2　家庭智能化系统的组成

家庭智能化就是通过家居智能管理系统来实现家庭安全、舒适、信息交互与通信的能力，如图 13-3 所示。家庭智能系统包含的主要子系统有：家居布线系统、家庭网络系统、智能家居（中央）控制管理系统、家居照明控制系统、家庭安防系统、背景音乐系统、家庭影院与多媒体系统、家庭环境控制系统八大系统。其中，智能家居（中央）控制管理系统、家居照明控制系统、家庭安防系统是必备系统，家居布线系统、家庭网络系统、背景音乐系统、家庭影院与多媒体系统、家庭环境控制系统为可选系统。

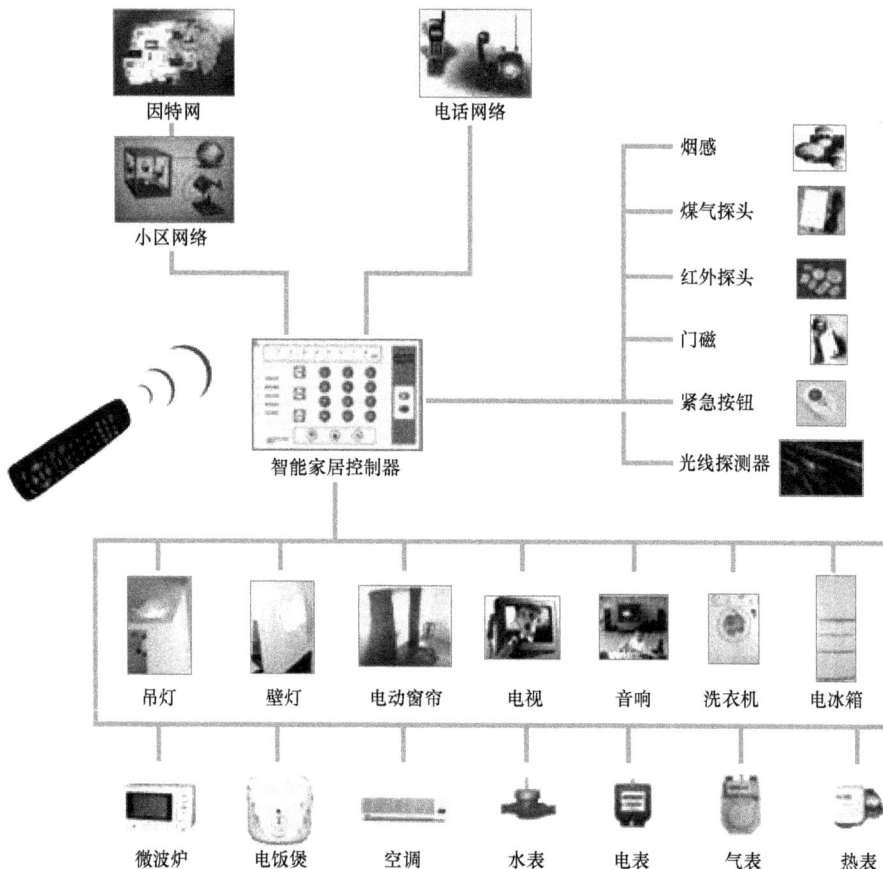

图 13-3　家庭智能化系统的组成示意图

1. 家庭控制器（智能家居控制器）

家庭控制器将家中的通信设备、家用电器和家庭保安装置，通过家庭总线技术连接到家庭自动化系统上，进行集中或异地监视、控制，并保持这些家庭设施与住宅环境的和谐与协调。家庭控制器是智能小区集成管理系统网络中的智能节点，既是家庭智能化系统的"大脑"，又是家庭与智能小区管理中心的联系纽带，它把家庭控制器主机、家庭通信网络单元、家庭设备自动化单元和家庭安全防范单元四大部分有机结合起来。

家庭控制器主机由中央处理器（CPU）和通信模块组成，通过总线与各种类型的模块相连接，通过电话线路、计算机互联网及 CATV 线路与外部相连接。家庭控制器主机根据其内部的软件程序，向各种类型的模块发出各种指令。

2. 家庭设备自动化单元

家庭设备自动化单元由照明监控模块，空调监控模块，电器设备监控模块和电表、水表、暖气、燃气等多表数据采集模块组成。家庭设备自动化主要包括电器设备的集中遥控、远距离异地的监视、控制及数据采集。

（1）家用电器的监视和控制。按预先设定程序的要求对微波炉、开水器、家庭影院、窗帘等家用电器进行监视和控制。

（2）电、水、燃气和暖气自动抄表。对水、电、燃气、暖气等采用自动抄表的户外远程计量方式，保证了数据的准确性、一致性，提高了工作效率，增加了住户的安全感。

（3）空调机的监视、调节和控制。按预先设定的程序根据时间、温度、湿度等参数，对空调机进行监视、调节和控制。

（4）照明设备的监视、调节和控制。按预先设定的时间程序分别对各个房间照明设备的开、关进行控制，并可自动调节各个房间的照度。

3. 家庭安全防范单元

家庭安全防范单元由火灾报警模块、燃气泄漏报警模块、防盗报警模块和安全对讲及紧急呼救模块组成。

家庭安全防范主要包括防火灾发生、防燃气泄漏、防盗报警、安全对讲及紧急呼救等功能。家庭控制器内按等级预先设置若干个报警电话号码（如家人单位电话号码、手机电话号码和小区物业管理安保部门电话等），在有报警发生时，按等级的次序依次不停地拨通上述电话进行报警。

（1）防火灾发生。通过设置在厨房的感温探测器和设置在客厅、卧室等处的感烟探测器，监视各个房间内有无火灾的发生。如有火灾发生，家庭控制器发出声光报警信号，通知家人及小区物业管理部门。家庭控制器还可以根据有人在家或无人在家的情况，自动调节感温探测器和感烟探测器的灵敏度。

（2）防燃气泄漏。通过设置在厨房的可燃气体探测器，监视燃气管道、灶具有无燃气泄漏。如有燃气泄漏，家庭控制器发出声光报警信号，通知家人及小区物业管理部门。

（3）防盗报警

1）住宅周界防护：在住宅的门、窗上安装门磁开关。

2）住宅内区域防护：在主要通道、重要的房间内安装红外探测器。

当家中有人时，住宅周界防护的防盗报警设备（门磁开关）设防，住宅内区域防护的防盗报警设备（红外探测器）撤防。当家人出门后，住宅周界防护的防盗报警设备（门磁开关）和住宅区域防护的防盗报警设备（红外探测器）均设防。当有非法侵入时，家庭控制器发出声光报警信号，通知家人及小区物业管理部门。

（4）安全对讲。住宅的主人通过安全对讲设备与来访者进行双向通话或可视通话，确认是否允许来访者进入，住宅的主人利用安全对讲设备，可以对大楼入口门或单元门的门锁进行开启和关闭控制。

（5）紧急呼救。当遇到意外情况（如疾病或有人非法侵入）发生时，按动报警按钮向小区物业管理部门进行紧急呼救报警。

4. 家庭通信网络单元

家庭通信网络单元由电话通信模块、计算机互联网模块及 CATV 模块组成。通过电话线路双向传输语音信号和数据信号；通过互联网实现信息交互、综合信息查询、网上教育、医疗保健、电子邮件及电子购物等；通过 CATV 线路实现 VOD 点播和多媒体通信等。

13.2.3　小区物业管理信息系统

小区物业管理信息系统是智能住宅小区的智能化子系统，给物业服务公司在小区的安全防范、设备运行管理、信息服务等诸方面提供了较为完善的硬件和软件环境。住宅小区物业管理信息系统一般包括：

1. 物业经营管理系统

（1）小区物业与房产管理子系统。查找/打印住户详细信息，如房产档案、业主档案、出租管理和产权管理等，并可对大量资料及时进行分类、加工处理、保存和传递。

（2）人员管理子系统。包括对小区物业服务人员的人事管理、合同管理、工资管理及考勤管理等。

（3）财务管理子系统。实现小区财务的电子化管理，与相关银行合作，实现业主各项物业费用的直接划拨。

（4）收费管理子系统。通过 IC 卡缴纳各种物业费用，包括租金、月收费、多表（如水、电、气、热量表等）收费及各种日常服务收费（如有线电视、停车、洗衣、清洁和网络服务等），并可以实现与停车场管理、公寓楼出入口安全识别与控制的一卡通功能。

2. 小区安防自动化系统

（1）出入口监控子系统（小区和楼宇出入口控制）。在建筑物入口处，安装配有电控门锁的安全防盗门和访客对讲主机，各户住宅内设置访客对讲用户机，在住宅小区管理中心（或住宅小区保安值班室）配置楼宇访客对讲管理机。根据需要，也可在住宅小区主要出入口设置可视对讲机。

（2）可视对讲子系统。一般由单元门口主机、住户室内分机、电控锁及电源四部分组成。在住宅单元入口处设有带电控锁的防盗门及对讲主机。楼内居民可以用钥匙或 IC 卡自由进入，而外来访客必须通过对讲主机与住户通话，得到允许后，由住户遥控开启防盗门才能进入，这样可以有效地防止陌生人员进入单元内。单元门口主机也可以通过网络与管理中心主机相连，将来访者输入的信号同时传到管理主机上，便于值班人员掌握客人来访的情况。

（3）闭路电视监控子系统。在住宅小区出入口处、主要路口及围墙边绿化带、地下停车场设有监控摄像机，在管理中心值班人员可 24 小时监视摄像机画面，同时录像存储，提供资料。

（4）周界防范子系统。在封闭式管理的住宅小区围墙上设置主动红外线报警探测器、电脉冲栅栏等报警探测装置，并与小区管理中心的主机相连，构筑起小区第一道保护屏障。当有人非法越墙时，即报警，并触发周界摄像机跟踪摄像及录像。

（5）电子巡更子系统。一般采用离线式电子巡更系统，巡检人员按指定的路线、在指定的时间内巡查到达指定的地点并记录巡查情况，将记录巡查信息的信息采集器带回到管理中心，系统管理软件则显示出该巡查员巡查的路线、到达每个巡查点的时间和名称及漏查的巡查点，并按要求生成巡检报告。如未在规定的时间内完成任务或事件记录为异常，则需对相应的人员或事件进行处理。

（6）停车场管理子系统。小区车辆的出入及收费采用 IC 卡管理系统，对长期用户可用月租 IC 卡，对来访车辆可用临时 IC 卡，所有 IC 卡均经读卡机自动收费。在小区车辆出入口设置摄像机，对来往车辆进行自动监控，并把车辆的资料（车牌号码、颜色等）传输到管理中心。当车辆进入停车场时，在读卡机检测到有效卡片后，闸门机上升开启，车辆进入停车场，当车辆驶过感应器线圈时，闸门机自动放下关闭。当有车辆离开时，司机所持的 IC 卡必须和电脑资料一致，闸门机才会开启放行。

3. 设施设备管理自动化系统

（1）小区设备管理子系统。通过住宅小区有关网络，管理中心可显示小区内主要设备如水泵、水池水位、电梯、高低压开关、路灯等的运行状况，并可通过软件控制设备，使设备运行于最经济合理模式中。当设备发生故障时，管理中心发出声光报警并由值班人员通知维修人员处理现场事故。

（2）档案信息管理子系统。管理小区的各种建设图纸以及各类设备设施图纸，为小区的维护和功能变更提供有力保障，提供公共机电设备的运行与维护的资料，建立设备维修、维护文档，确保小区公共机电设备始终处于完好状态。

4. 小区信息公告系统

（1）实现小区广播系统的综合管理，可以提供广播通知、紧急广播和背景音乐。

（2）建立小区综合信息（如告示、通知、天气预报、停水、停电、维修信息等）电子显示屏。

（3）在小区局域网络上，向用户发布各种信息和提供各种服务，如天气预报、电视节目、新闻等，并能提供费用查询、报修、投诉、网上购物和网上订票等服务。

13.2.4　小区通信网络系统

小区通信网络系统一般由以下几个部分组成：

（1）小区综合布线系统。小区综合布线系统是小区智能化系统的支撑平台，是智能小区的"神经"中枢。通过综合布线系统实现智能小区各智能子系统的互联，为语音、视频、数据、监控信号的传输提供统一的通道。

（2）小区电话系统。通过 PABX（用户程控交换机），向小区提供各种电话业务和基于电话线的接入服务（Modem、N-ISDN、ADSL 等）。

（3）小区电视系统。利用卫星电视接收系统和 CATV 系统，向小区提供电视节目服务。

（4）小区计算机网络。在物业服务公司内部以及物业服务公司与住户之间，实现计算机联网，便于各种信息的沟通。

（5）小区接入网。住宅小区接入网是小区信息网络与社会公众通信网（电话网、有线电视网、数据通信网、因特网等）联系的纽带。小区接入因特网的方式可以选择：LAN、ADSL、HFC、FTFC、FTFB 以及帧中继和 DDN 等。

小区通信网络系统的功能主要包括以下几个方面：

（1）把用户的智能控制系统、语音、视频点播及互联网服务有机地联系起来。

（2）把小区的公共服务系统联系起来。

（3）把小区与外界以适当的方式联系起来。

（4）把单个住宅与小区物业管理联系起来。

13.3　智能化物业管理

13.3.1　智能化物业管理的特点和要求

1. 智能化物业管理的特点

智能化物业管理是指由专门的机构和人员，依照合同和契约，在建筑智能化系统的平台下，采用先进和科学的方法与手段，对已竣工验收投入使用的智能化建筑、附属配套设施、设备资产及场地以经营的方式进行管理，同时对建筑的环境、清洁绿化、安全保卫、租赁业务、机电设备运行与维护实施一体化的专业管理，并向物业的使用者提供高效和完善的优质服务。

智能化的物业管理将充分发挥建筑智能化物业的使用价值，并使物业保值、增值。与传统的住宅小区物业管理相比，智能化物业管理具有以下特点：

（1）智能化程度高。传统住宅小区由于其建筑、设备设施等硬件缺乏智能性，一般只能做某个项目的智能化改造，在物业管理方面使用计算机，但使用范围相对狭窄。智能物业由于其先天优势，给物业智能化管理创造了条件，不仅在计算机的使用上，而且在管理的智能化上，都比普通住宅小区范围要宽、程度要高得多。

（2）效率高、内容多、便于管理。

1）物业管理中的一些传统收费项目，如房租、水电、燃气、暖气等的收费使用计算机管理，并且水、电、气的用量可以通过专门的仪表进行数据的精确采集，提高了效率，减少收费纠纷，而且大大方便了住户。

2）物业管理领域中的一些专项与特约服务，如送餐服务、物业租售代理服务、代聘保姆、代为介绍家庭教师，代订车、船、飞机票，其他中介咨询服务、购物服务、洗衣服务等，通过电脑网络联系与处理更为方便高效。

3）物业公司管理人员是电脑网络的操作者与管理者，通过网络（广域网与局域网）提供各种管理和服务，不仅可以收取网络信息使用费和各种服务费，而且从根本上改变了自身的传统形象，提升了物业管理的科技含量、档次和社会地位。

（3）管理人员素质要求高。智能化小区物业管理人员要在智能结构方面不但具有普通住宅小区物业管理人员的知识结构，同时还应熟悉和掌握计算机的基本知识和网络知识，了解计算机的管理维护知识，熟练进行计算机的各种操作。

2. 智能化物业管理的要求

（1）物业人员要了解智能住宅与智能建筑的不同，努力从物业管理的各个方面入手搞好物业管理工作。智能住宅是智能建筑技术的发展和延伸，但它又有不同于智能建筑的特点，从其智能化的内容来看，重点是生活服务、安保和物业的管理维护；系统结构具有适应众多服务对象与服务内容的分散性、多样性、灵活性、控制对象分散、信息传输距离长，布线复杂等。因此，从业人员要真正把智能住宅小区与智能建筑从管理观念和管理服务的具体内容方面区别开来，从住宅小区的角度，向居民提供优质高效的管理服务，同时，积极做好智能化设备设施的维护工作。

（2）强化物业公司对智能住宅小区物业管理的早期介入。其一，物业公司要从思想上把早期介入真正重视起来，并切实付诸实施；其二，政府有关部门要从维护人民生命财产的角度出发，强调和督促物业公司对智能住宅小区物业管理的早期介入。

（3）加强智能住宅小区物业人员，特别是智能化系统维护管理人员的培训工作。物业公司应选派相关专业的技术人员参与智能化系统的设计与实施，进行岗位培训，掌握智能化系统管理的技能，并将系统过程、数据全面存档，作为智能化系统启动的初始条件，以确保智能化系统正常运行，并能保证物业人员正常利用该系统为广大居民服务。

（4）努力做好智能小区物业服务的组织实施工作。

1）公共管理服务的具体内容有：房屋维修管理、房屋设备管理、安全管理、道路交通管理、环境环卫管理、供暖管理以及公众代办性质的服务等等。

2）综合经营服务包括专项服务和特约服务两个方面。具体内容有：衣着、饮食、居住、旅行、娱乐、购物、文教体卫等方面的服务。另外，智能住宅小区物业管理比普通小区物业管理也多了一些新的管理服务内容，如网络信息服务等。在社会信息化进程日益发展的今天，人们对自己住宅的关注已不再仅仅局限于居室面积、周边的自然环境、交通道路状况等基本方面的要求，而是会逐渐把更多的兴趣和注意力放在与外界沟通、信息服务、安全防范、物业管理等方面。

13.3.2　物业智能化设备运行管理

设备运行管理是保证设备正常运行和完好率的重要环节，对于智能化程度比较高的物业尤为重要。因此，在智能化物业管理中，对操作人员的工作提出了以下规范化的要求。

1. 系统操作规程

制订操作规程的目的是为了保证设备和系统正常运行，达到设备最佳的性能和体现系统设计目标，同时规范设备和系统运行时的基本操作要求，正确的操作是保证设备完好的基础。智能物业设备与系统运行操作规程，通常包括以下内容：

（1）操作员进入系统，输入操作者编号和密码。

（2）通过图形方式检索设备运行状况的操作。

（3）设定设备故障报警或撤消报警。

（4）设备报警信息和确认。

（5）设备手动方式的控制和调节。

（6）控制程序的手动方式执行。

（7）设备运行时间的累计。

（8）设备预防性维护提示。

（9）设备运行参数和统计报表的打印。

（10）操作员交班时，退出系统的操作；操作员填写和签署值班日志。

2. 操作员责任界面

操作员责任界面主要包括设备运行和报警信息的确认与处理。设备运行和报警信息确认与处理是指系统处于正常运行时，监控管理计算机 LCD 显示系统总图，当发生设备故障报警或运行状态过限报警，LCD 上立即弹出故障设备位置图或设备运行图，操作员应在规定的时间内（例如 30 秒内）完成对该设备报警点的确认；操作员在 LCD 图形上确认报警点后，应立即通知工程维修部门进行检修。操作员将该设备报警点的有关报警内容填入值班日志，其内容包括：报警点地址编号、报警时间、确认时间、报警状态（故障或过限）及复核结论。

3. 交接班制度

操作员在交接班时，交班人员应退出自己所监控管理的计算机，接班人员应以自己的编号和密码进入自己所监管的计算机，保卫部门和工程管理部门将按进入系统操作员的编号来进行系统和设备的安全管理，以便必要时进行查证。

13.3.3　物业智能化设备维护管理

随着智能化物业的增多，对于物业设备的维护管理工作也正在经历一个由传统的维护管理转变为智能化设备的维护管理的过程。由于大多数设备的维护管理人员仍然习惯于传统的设备维护管理方法，在面对不断更新的智能化设备面前，往往显得措手不及。因此，对员工进行智能化设备维护的培训尤为重要：

（1）通过早期介入让员工熟悉现场环境和设备分布。

（2）接管验收开始之前，请设计单位、施工单位的工程技术人员给员工讲解系统的设计思想、系统构成、设备分布、运行维修注意事项等理论知识，并到现场进行实操训练。

（3）利用接管验收的机会，让员工直接、广泛地接触系统，使接管验收成为综合培训员工的好课堂。

（4）建立设备运行维护共管期。一般情况下，新安装的设备从投入使用到完全正常运行都需要一个磨合期，时间因不同设备而定，在磨合期内设备最容易暴露出问题。而新建智能物业的设备都是刚安装到位，有些设备甚至还处于调试阶段。另外，一些新员工对整个系统及设备都不熟悉，也需要有一个"磨合期"。因此，在设备磨合期，与施工单位建立设备运行维护共同管理期是很有必要的，并且要求施工方在共管期间必须教会物业公司的岗位员工熟悉操作流程、操作方法，达到独自工作的目的。

（5）定期组织员工进行业务知识培训，包括理论和实践两个方面，以不断提高员工的专业知识和专业技能。

除了对员工进行培训之外，还要制订适合物业管理项目的管理体系和相关制度，做到工作规范化、标准化，岗位职责具体化，可操作性强，效果好。

1）建立明确的岗位职责，如《中央控制室操作员岗位职责》《弱电维修工岗位职责》，规定各自的职责分工，每日工作事项。

2）建立日常运行维修制度，明确日检、周检、月检的检修内容和检修标准，并要求每半年对整个系统进行一次全面测试，便于及时发现问题。

3）设计一套符合实际、实用的记录表格，做到事事有记录，清楚明了。BAS 的日常运行维修表格，包括《设备运行参数更改记录》《设备故障维修记录》《中央控制室 BAS 运行记录》《设备保养记录》等，分门别类，便于保管和查询。

4）做好设备台账或设备清单。设备台账包括设备的名称、品牌、型号、规格、出厂编号、安装编号、安装位置、安装数量等。

5）做好竣工资料的接管、保管和借阅工作。

6）重视与业主及设备维保单位的沟通，并对维保单位实施有效监管和定期评估工作，以督促维保单位切实履行维修保养职责。

13.3.4　智能化物业的节能管理

智能物业节能工作是个系统工程，既要考虑通常意义上的建筑节能，又要考虑到智能化系统的 IT 节能。传统意义上的建筑节能，主要是通过增强维护结构的隔热性，来减少夏天空调、冬天暖气的冷热量损耗。其实，减少能耗还只是智能化系统节能的部分体现，只有充分利用智能化系统的各项功能，才能发挥其最大价值，达到充分利用资源和节能的目的。

从使用能源的目的和方式进行划分，节能可以分成直接节能、广义节能和潜在节能三种类型。

直接节能，是减少不合理的需求来节约能耗。例如，在白天时通常就应该关闭路灯一类的室外照明，暖通系统机组、风管的漏风应该尽可能少，即不应该消耗的能源坚决不消耗。

广义节能，是指在满足需要的前提下提高能源的利用率，从而减少能源的消耗。例如，空气热回收设备的利用，保温墙体材料的应用，生活用水的"二次利用"等。

潜在节能，是把能够利用的能源尽可能地利用起来。例如，对太阳能、风能、地下热水的利用就是潜在节能的典型实例。国外有些建筑利用公共走廊地毯下安装的踏板，将人体走路时的重力作用带动发电机的中心轴，产生的电能解决了走廊等的照明。

在这三种节能类型中，直接节能主要取决于人工管理和能源设计。如果一个智能化系统在运行中产生了直接节能效果，则说明能源设计本身不合理或者管理模式不科学。我国智能建筑的节能效果，目前主要体现在广义节能方面。由于智能化系统的介入，加强了对设备的运行控制能力，使得能源更加"精确化"地消耗。因此，通常建筑物节能的内容和对象包括建筑设计、空调系统、照明与设备等几个方面。

（1）建筑设计：①采用南北朝向，而不采用东西朝向；②采用外表面小的圆形或方形建筑；③缩小窗户面积；④采用吸热玻璃、反射玻璃、双层玻璃；⑤采用内、外遮阳；⑥尽量减少建筑物的外墙面积；⑦改善外墙和屋顶的保温性能，采用热容量大的隔热材料。

（2）空调系统：在满足人体舒适条件下，根据室外温、湿度变化，动态调节室内温、湿度设定值，温度 17 ~ 28℃，相对湿度 40% ~ 70%。冬季取低值，夏季取高值。

1）冬、夏季取用最小新风量；过渡季采用全新风量。

2）检测一氧化碳浓度，控制室外空气的取入量。

3）根据室内人员变化情况，增减室外新风量。

4）采用全热交换器，减少新风冷热负荷；在预冷、预热时停止取新风。

5）根据对不同温、湿度的要求进行合理的温、湿度控制区域的划分。

6）加大冷热水的送风温差，以减少水流量、送风量和输送动力。

7）用变风量末端控制（VAV）、变流量控制（VWV），节省风机、水泵和冷水机组电力消耗。

8）降低风道风速，减少系统阻力；采用高效的节能冷热源设备。

9）采用热泵热回收系统；防止过冷过热，增加控制精度。

10）进行最佳启停和运行时间控制；采用计算机节能控制，克服设备运行冗余。

（3）照明与机电设备控制

1）适当降低照度，充分利用自然光照明。

2）根据外界光线变化，自动调节照度变化。

3）根据不同区域对照度的要求，进行照度的合理分区。

4）自动控制公共区域和建筑外立面照明的开启和关闭。

5）自动调速和控制机电设备（例如电梯和排风机）的启停和运行时间。

6）克服不必要的设备运行冗余。

（4）智能物业的综合节能措施

1）提高室内温、湿度控制精度。建筑内温、湿度的变化与建筑节能有着紧密的相关性，资料表明，如果在夏季将设定值温度下调1℃，将增加9%的能耗；如果在冬季将设定值温度上调1℃，将增加12%的能耗。因此将建筑内温、湿度控制在设定值精度范围内是建筑空调节能的有效措施。

2）新风量控制。从卫生的要求出发，建筑内必须保证有一定的新风量，但新风量取得过多，将增加新风耗能量。实施新风量控制的措施有以下两种方法：

方法一：在回风道上设置二氧化碳检测器，根据回风中二氧化碳气体浓度自动调节新风风门的开启度。

方法二：根据建筑内人员变动规律，并采用统计学的方法，建立新风风阀控制模型，以相应的时间而确定的运行程式进行程序控制新风风阀，以达到对新风量的控制。

3）空调设备最佳启停控制。通过 BAS 系统对空调设备进行建筑预冷、预热的最佳启停时间的计算和控制，以缩短不必要的预冷、预热的时间，达到节能的目的，同时在建筑预冷、预热时，关闭室外新风风阀，不仅可以减少设备容量，而且可以减少获取新风带来的冷却或加热的能量消耗。

4）空调水系统平衡与变流量控制。空调系统的热交换本质是，一定流量的水通过表冷器与风机驱动的送风气流进行能量交换，因此，能量交换的效率不但与风速和表冷器温度有关，同时也与冷热供水流量与热效率相关。在没有对空调系统进行有效的空调供水系统平衡与变流量管理时，以恒定供回水压力差的方式来设定空调控制，结果温湿度控制精度很差，能量浪费极其明显。

空调系统的运行具有动态的特点，运行状态中自控系统按照热交换的实际需要，动态地调节着各台空调机的电磁阀，控制流量进行相应变化，因此总的供回水流量值也始终处于不断变化之中，为了响应这种变化，供回水压力差必须随之有所调整。因此，在硬件一定的条件下流量的监控是节能的关键，必须随时调节，通过试验数据建立相应的变流量节能控制数学模型（算法），将空调供回水系统由开环系统变为闭环系统。

5）克服暖通设计中带来的设备容量的冗余。通常在暖通设计时，往往采用传统的冷热负荷的计算方式，没有足够的、准确的科学依据来核定空调系统热效率和能源消耗，因而在设计中带来一定的设备容量和动力冗余，造成能源的浪费，而这种冗余是很难用人工监控的方式加以克服的。由于建筑智能化科学地运用 BAS 的节能控制模式和算法，动态调整设备运行和投入台数，从而有效地克服了系统设计带来的设备容量和动力冗余所造成的能源浪费。

知 识 小 结

智能化物业主要由通信自动化系统（CAS）、办公自动化系统（OAS）和建筑设备自动化系统（BAS）组成。综合布线系统（GCS）作为智能建筑的中枢神经，是实现建筑智能化关键和必备的基础设施。通过建筑智能化系统的集成（SIC），将智能建筑内不同功能的智能化系统在物理上、逻辑上和功能上连接在一起，以实现信息综合、资源共享和设备的互操作。

住宅小区智能化系统通常由安全防范子系统、信息网络子系统和管理与监控子系统组成。家庭智能化系统是指对业主家中的温度、湿度、电器、照明、安全防范及通信等进行智能化操作和控制，是小区智能化的基础；小区物业管理信息系统则能够给物业服务公司在小区的安全防范、设备运行管理、信息服务等方面提供较为完善的硬件环境。

智能化的物业管理将有效地实施对建筑智能化设施设备的管理，具备管理效率高，对操作人员素质要求高等特点。物业的节能管理也是智能化物业管理的重要组成部分，它能够有效地降低物业的使用成本，提高物业服务公司的收益水平。

强 化 练 习

一、单项选择题

1. 借助（　　）可以实现物业内外、国内外的信息互通、资料查询和资源共享。

A. BAS　　　　　　B. CAS　　　　　　C. OAS　　　　　　D. GCS

2. （　　）是建筑物或建筑群内的信息传输媒质系统。

A. OAS　　　　　　B. BAS　　　　　　C. GCS　　　　　　D. SAS

3. （　　）将家中的通信设备、家用电器和家庭保安装置，通过家庭总线技术连接到家庭自动化系统上，进行集中的或异地的监视、控制，并保持这些家庭设施与住宅环境的和谐与协调。

A. 家庭通信网络　　　　　　　　　B. 家庭安全防范单元

C. 家庭设备自动化单元　　　　　　D. 家庭控制器

4. 智能家居用可燃气体探测器通常安装在（　　）。

A. 客厅　　　　　　B. 餐厅　　　　　　C. 厨房　　　　　　D. 卧室

5. 我国《居住小区智能化系统建设要点与技术导则》把小区智能化系统建设划分为

（　　）个等级。

A. 二　　　　　　　B. 三　　　　　　　C. 四　　　　　　　D. 五

二、多项选择题

1. "3A" 智能物业主要是指（　　　）。

A. 保安自动化系统（SAS）　　　　　　B. 建筑设备自动化系统（BAS）

C. 通信网络自动化系统(CAS 或 CNS)　　D. 办公自动化系统（OAS）

2. 建筑设备自动化系统主要用于对物业各种机电设施设备进行自动控制，如（　　　）。

A. 暖通空调　　　B. 供配电　　　　　C. 给水排水　　　　D. 有线电视

3. 小区通信网络一般由（　　）等组成。

A. 统合布线系统　　　　　　　　　　B. 电话系统和有线电视系统

C. 计算机系统　　　　　　　　　　　D. 小区接入网

4. 智能物业节能的内容和对象主要包括（　　　）。

A. 照明控制　　　B. 机电设备控制　　C. 空调系统控制　　D. 建筑设计

5. 智能小区的关键技术包括（　　　）。

A. 自动控制技术　　B. 可视对讲技术　　C. 现代通信技术　　D. 计算机网络技术

三、思考题

1. 建筑智能化主要由哪些系统组成？

2. 智能化小区有哪些子系统组成？各子系统主要有什么功能？

3. 家庭智能化系统有哪些功能？

4. 智能化小区通信网络系统主要有哪些功能？

5. 简述智能建筑系统集成的目标。

6. 智能化物业管理的特点是什么？

7. 智能物业的节能措施主要有哪些？

8. 什么是智能化物业管理？

技　能　实　训

参观考察某智能化小区，制订某一系统智能化设备运行管理的方案。

参 考 文 献

[1] 聂英选，段忠清. 物业设施设备管理 ［M］. 武汉：武汉理工大学出版社，2010.

[2] 史华. 物业设备设施管理与维修 ［M］. 大连：大连理工大学出版社，2009.

[3] 伍培. 物业设备设施与管理 ［M］. 重庆：重庆大学出版社，2007.

[4] 张智慧，张辉. 物业设备设施管理 ［M］. 武汉：武汉理工大学出版社，2012.

[5] 韦节廷. 建筑设备工程 ［M］. 武汉：武汉理工大学出版社，2001.

[6] 李援瑛，曹艳芬，尹桦. 空调与供暖系统运行管理与维护 ［M］. 北京：中国电力出版社，2003.

[7] 《物业标准化管理全程实施方案》编委会. 设施与设备管理 ［M］. 北京：中国标准出版社，2003.

[8] 区世强. 设备管理与维修 ［M］. 北京：中国建筑工业出版社，2001.

[9] 王付全，杨师斌. 建筑设备 ［M］. 北京：科学出版社，2004.

[10] 卢军. 建筑环境与设备工程概论 ［M］. 重庆：重庆大学出版社，2003.

[11] 何天祺. 供暖通风与空气调节 ［M］. 重庆：重庆大学出版社，2002.

[12] 刘昌明，鲍东杰. 建筑设备工程 ［M］. 武汉：武汉理工大学出版社，2007.

[13] 刘绪荒. 物业设备设施维护与管理 ［M］. 北京：化学工业出版社，2008.

[14] 黄军辉. 电工技术 ［M］. 北京：人民邮电出版社，2008.

[15] 周小路. 物业管理实务 ［M］. 北京：电子工业出版社，2007.

[16] 刘薇. 物业设备设施与维修 ［M］. 北京：清华大学出版社，2006.

[17] 吴芳，韩世平，王虹. 物业设备管理 ［M］. 北京：清华大学出版社，2004.

[18] 刘国生，王惟言. 物业设备设施管理 ［M］. 北京：人民邮电出版社，2004.

[19] 魏晓安，张晓华. 物业设备管理 ［M］. 武汉：华中科技大学出版社，2006.

教材使用调查问卷

尊敬的老师：

您好！欢迎您使用机械工业出版社出版的"高等职业教育系列教材"，为了进一步提高我社教材的出版质量，更好地为我国教育发展服务，欢迎您对我社的教材多提宝贵的意见和建议。敬请您留下您的联系方式，我们将向您提供周到的服务，向您赠阅我们最新出版的教学用书、教学资源包及相关图书资料。

本调查问卷复印有效，请您通过以下方式返回：

邮寄：北京市西城区百万庄大街 22 号机械工业出版社建筑分社（100037）
　　　马　宏　（收）

传真：010-68994437　马　宏（收）　　　　　Email：buildbooks@ hotmail. com

一、基本信息

姓名：_____　　　职称：_____　　　职务：_____

所在单位：_____

任教课程：_____

邮编：_____　　地址：_____

电话：_____　　电子邮件：_____

二、关于教材

1. 贵校开设土建类哪些专业？

□建筑工程技术　　　□建筑装饰工程技术　　　□工程监理　　　□工程造价
□房地产经营与估价　□物业管理　　　　　　　□市政工程　　　□其他____

2. 您使用的教学手段：□传统板书　□多媒体教学　□网络教学

3. 您认为还应开发哪些教材或教辅用书？_____

4. 您是否愿意参与教材编写？希望参与哪些教材的编写？

课程名称：_____

形式：　　□纸质教材　　□实训教材（习题集）　　□多媒体课件

5. 您选用教材比较看重以下哪些内容？

□作者背景　　□教材内容及形式　　□有案例教学　　□配有多媒体课件
□其他____

三、您对本书的意见和建议（欢迎您指出本书的疏误之处）_____

_____

_____

四、您对我们的其他意见和建议_____

_____

_____

请与我们联系：

100037　　北京百万庄大街 22 号

机械工业出版社·建筑分社·马　宏　收

Tel：010-88379010（O），68994437（Fax）

E-mail：buildbooks@ hotmail. com